LE
DON QUICHOTTE

DE

FERNANDEZ AVELLANEDA

Traduit de l'espagnol et annoté

PAR

A. GERMOND DE LAVIGNE

Traducteur de la CELESTINE de Rojas
et du DON PABLO DE SEGOVIE de Quevedo
(*El gran Tacaño*)

PARIS

DIDIER, LIBRAIRE-ÉDITEUR

35, quai des Grands-Augustins.

1853

LE

DON QUICHOTTE

D'AVELLANEDA.

PARIS.—IMPRIMERIE BONAVENTURE ET DUCESSOIS,
55, quai des Grands-Augustins.

LE
DON QUICHOTTE

DE

FERNANDEZ AVELLANEDA

Traduit de l'espagnol et annoté

PAR

A. GERMOND DE LAVIGNE

Traducteur de la CÉLESTINE de Rojas
et de DON PABLO DE SÉGOVIE (*El gran Tacaño*)
de Quevedo.

PARIS

DIDIER, LIBRAIRE-ÉDITEUR

35, QUAI DES AUGUSTINS.

1853

INTRODUCTION

« Le premier volume de l'histoire de *Don
« Quichotte* avait paru, il était répandu
« dans toute l'Espagne, réimprimé partout,
« traduit en plusieurs langues, lorsqu'il
« se trouva un homme qui, jaloux de la
« gloire de Cervantès, envieux du gain
« qu'il retirait de ses livres, osa, de son
« vivant, écrire et publier une continua-
« tion de cette histoire inimitable. »

Tels sont les termes dans lesquels don
Gregorio Mayans, l'historien de la vie de
Miguel de Cervantès, parle du second *Don
Quichotte* publié par Fernandez Avellaneda.

Voici quel fut le titre de cette continuation :

« *Second volume de l'ingénieux hidalgo don Quichotte
« de la Manche, contenant le récit de sa troisième sortie,
« et le cinquième livre de ses aventures ; composé par le*

« *licencié Alonso Fernandez de Avellaneda*, naturel de
« la ville de *Tordesillas.*

« Tarragone, imprimé par Felipe Roberto.—1614. »

Neuf ans s'étaient écoulés depuis que Cervantès, en 1605, avait publié le *Don Quichotte;* mais son œuvre ne s'étendait pas au delà de la série d'aventures qui comprend les deux premières sorties du chevalier, le combat contre les moulins à vent, Sancho berné, Maritornes, les galériens, la conquête de l'armet de Membrin, la pénitence dans la Sierra-Morena, les rencontres de Cardenio, de Dorothée, du captif, et enfin le retour de don Quichotte à son village, dans une cage de bois, sous l'escorte du curé et du barbier ses compères.

Cervantès ne songeait pas alors à conduire au delà les aventures de son héros. Son livre avait atteint les bornes qu'il s'était fixées, et il promettait à ses lecteurs, en le terminant, non pas une suite, mais d'autres histoires « non moins véritables. » Ce n'est pas que tout fût dit sur le compte du chevalier manchois, ce n'est pas que le génie de l'auteur fût à bout de spirituelles inventions; mais, par une bizarrerie dont toutes les œuvres d'imagination portent témoignage en Espagne, son esprit inconstant, fatigué d'avoir suivi pendant cinquante-deux chapitres un même sujet et le même héros, songeait à des travaux différents, et préparait déjà les *Nouvelles*, le *Voyage au Parnasse* et les *Aventures de Persilès et Sigismonde.*

La littérature espagnole a donné de fréquentes preuves de cette inconstance ou de ce défaut de persévérance dans les œuvres faciles, que presque tous les écrivains de ce temps ont laissées interrompues.

Ainsi la *Diana* de Montemayor resta longtemps inachevée; le premier acte de la *Célestine* attendit vingt ans un continuateur; don Diego de Mendoza ébaucha neuf chapitres de la vie de *Lazarille de Tormès*, et n'y donna pas suite; Quevedo, mettant au monde le premier-né de cette joyeuse famille de *picaros* qui compta Guzman, Estevanille, Cleofas, Obregon, la Justina et tant d'autres, ne termina pas le *Gran Tacaño;* Mateo Aleman laissa *Guzman d'Alfarache* à la sortie des galères, annonçant une troisième partie qu'il ne publia pas; Espinel, l'ami de Cervantès, forma de fragments incomplets la vie de *Marcos Obregon;* Cervantès lui-même, vingt ans avant de laisser le *Don Quichotte* à moitié de l'œuvre, écrivit la *Galathée*, dont il promit souvent et ne donna jamais la seconde partie.

Cette indifférence des créateurs à l'endroit des œuvres de leur imagination ouvrit la carrière aux continuateurs, pauvres gens pour la plupart qui ne parvinrent à coudre que de chétives inventions aux chefs-d'œuvre de leurs devanciers. De ce nombre furent Domingo de Gastelu, Gaspar Gomez de Tolède, Juan de Herrera, Andrès Parra, qui firent des suites à la *Célestine;* un inconnu, qui écrivit une continuation de *Lazarille*, indigne de l'ébauche laissée par Mendoza; un pseudonyme, Lujan de Sayavedra, qui composa longuement une seconde partie de *Guzman d'Alfarache*, du vivant de l'auteur; puis Fernandez Avellaneda, le compétiteur de Cervantès.

Mais si, par une commune fatalité, les suites de la *Célestine*, de *Guzman*, de *Lazarille*, n'obtinrent d'autre effet que l'oubli, il n'en fut pas de même de l'œuvre d'Avellaneda.

Sans colère à l'égard de Lujan de Sayavedra qu'il appelait son *concurrent*, Mateo Aleman avait rendu hommage à son érudition, à son esprit, à sa science profonde, à l'agrément de son style, et s'était déclaré jaloux de posséder d'égales qualités; regrettant toutefois, et ce fut là sa seule vengeance, que Lujan ne les eût pas appliquées à des travaux assez honorables pour qu'il pût se montrer à découvert, au lieu d'emprunter un nom supposé.

Cervantès n'eut pas une semblable générosité. Il venait d'entreprendre sa seconde partie, et l'annonçait dans le prologue de ses *Nouvelles,* qui parurent en juillet 1613. Un an après, en juillet 1614, il était à moitié de ce nouveau travail, — du moins il datait du 20 de ce mois la lettre de Sancho à sa femme, écrite de Barataria, — lorsque vint le surprendre le livre d'Avellaneda.

En terminant sa première partie, en donnant à entendre à ses lecteurs que, d'après les dires de la tradition, don Quichotte avait quitté une troisième fois sa maison pour aller assister aux joutes de Saragosse, Cervantès, je l'ai dit, était loin d'exprimer l'intention de continuer son livre. Il semblait même, comme fit l'Arioste à propos des aventures de la belle Angélique, engager un écrivain plus confiant, ou mieux inspiré, à reprendre après lui le récit des prouesses du chevalier. La première partie du *Don Quichotte* se termine en effet par ce vers emprunté au trentième chant de l'*Orlando :*

Forse altri canterà con miglior plettro.

Encouragé par neuf années de silence, cet autre se présente, et Cervantès ne trouve pas assez d'aigreurs au bout de sa plume pour exprimer le dépit qu'il en ressent.

« Il ne faut pas qu'on soit surpris, dit Avellaneda « dans son prologue, si cette seconde partie est d'un

« autre auteur que la première; il n'est pas nouveau
« qu'une même histoire ait été conçue et continuée par
« plusieurs écrivains..... Or voilà Miguel de Cervantès
« devenu vieux comme le château de San-Cervantès,
« et tellement maltraité par les années que tout et
« tous lui sont à charge...

« Sans doute, dit-il encore, Cervantès ne trouvera
« rien d'ingénieux dans l'histoire qui va suivre, il n'y
« a là ni la supériorité de son talent, ni l'abondance
« de relations fidèles qui se rencontrèrent sous sa main;
« sans doute aussi il dira que je lui enlève le profit de
« sa seconde partie; mais du moins il reconnaîtra que
« tous deux nous tendons vers une même fin, c'est-
« à-dire combattre à outrance la lecture pernicieuse
« des mauvais livres de chevalerie. »

L'allusion faite par Avellaneda à l'âge de Cervantès
parut à celui-ci une injure grossière; il prit pour une
menace la crainte qu'exprimait le nouveau venu d'enlever à son devancier le profit de son livre, mais il pro-
testa néanmoins ne pas se trouver offensé d'une rivalité
qu'il ne croyait pas redoutable. Malgré cette déclaration,
il est facile de remarquer, ainsi que le dit le savant
commentateur Clemencin, que Cervantès fut profondément blessé, et il le laissa voir aussi bien dans le prologue que dans le courant de sa seconde partie, toutes
les fois qu'il en put faire naître l'occasion.

« Si les offenses, dit-il, éveillent la colère dans les
cœurs les plus humbles, dans le mien cette règle souffre
une exception. Voudrais-tu, lecteur, que je jetasse au
nez de l'auteur du second *Don Quichotte* qu'il est un
âne, un fou, un impertinent? Je n'en ai pas la pensée.
Que son péché le punisse, qu'il le mange avec son pain,
et grand bien lui fasse!... Sans doute ce seigneur en

éprouve aujourd'hui une grande affliction, puisque, au lieu de se montrer au grand jour, la tête haute, il déguise son nom, cache son origine, comme s'il avait commis quelque attentat de lèse-majesté. »

Les vingt derniers chapitres de son deuxième volume, que Cervantès publia à la fin de 1615, portent le témoignage de ce dépit. Il néglige l'intérêt de son récit, et s'épuise en assez pauvres diatribes contre son rival. Le *Don Quichotte* n'est plus un roman, et devient un pamphlet.

Au chapitre LIX commence ce que don Gregorio Mayans appelle une admirable critique.

« Pourquoi, seigneur don Juan, dit don Geronimo à propos du livre d'Avellaneda, voulez-vous que nous lisions ces sottises? Quiconque connaît la première partie de *Don Quichotte* ne peut trouver aucun plaisir à cette seconde. — Lisons-la néanmoins, répond don Juan, car il n'y a pas de livre si mauvais, qu'il ne s'y trouve quelque chose de bon. »

Plus loin, Cervantès parle de la description faite par Avellaneda d'une course de bagues à Saragosse, « dépourvue d'invention, pauvre de style, plus pauvre encore en description de livrées, mais en revanche riche en sottises. »

Ailleurs don Antonio, venant au-devant de don Quichotte, à son entrée dans Barcelone, l'accueille par ces mots : « Qu'il soit le bienvenu, le valeureux don Quichotte de la Manche; non pas le faux, le factice, l'apocryphe qu'on nous a montré dans de menteuses histoires, mais celui que nous a dépeint Cid Hamet Benengeli, fleur des historiens. »

A Barcelone, don Quichotte visite une imprimerie. Il demande le titre d'un livre que l'on corrige. « C'est, lui dit-on, la seconde partie de l'*Ingénieux hidalgo Don Quichotte de la Manche*, composée par un tel, citoyen de Tordesillas.—Ah! j'ai eu connaissance de ce livre, reprend don Quichotte, et je croyais, en ma conscience, qu'il était déjà brûlé et réduit en cendres pour cause d'impertinence. Mais la Saint-Martin viendra pour lui comme pour tout cochon. »

Vaincu à Barcelone par le chevalier de la Blanche-Lune, notre héros reçoit une seconde fois l'hospitalité dans le château du duc, et assiste à la résurrection d'Altisidore. Celle-ci raconte qu'aux enfers elle a vu des diables qui jouaient à la paume avec des livres gonflés de vent et remplis de bourre. « L'un de ces livres, dit-elle, neuf, brillant et bien relié, reçut une taloche qui lui arracha les entrailles et dispersa ses feuillets.—Quel est ce livre? dit un diable à un autre; et celui-ci répondit : C'est la seconde partie de l'histoire de don Quichotte de la Manche, composée par un Aragonais qui se dit de Tordesillas.—Otez-le d'ici, reprit le premier diable, et envoyez-le dans les abîmes de l'enfer, pour que mes yeux ne le voient plus.—Est-il donc bien mauvais? dit l'autre.—Si mauvais, répliqua le premier, que si je voulais le faire pire, je n'en viendrais pas à bout. »

Ailleurs encore (chapitre LXXII) don Quichotte rencontre don Alvaro Tarfé, l'un des personnages du roman d'Avellaneda, et le prend à témoin qu'il n'est pas le don Quichotte imprimé dans cette seconde partie. On convoque l'alcade du village et un greffier, et ils sont requis de recevoir judiciairement la déclaration de don Alvaro.

Puis, dans son testament, le chevalier demande à l'auteur de la *Seconde partie des Hauts faits de don Quichotte de la Manche* de lui pardonner les occasions qu'il lui a si involontairement offertes d'écrire tant et de si grosses sottises, déclarant partir de cette vie avec le remords d'en avoir fourni le motif.

Cela dure jusqu'à la dernière page, et la satisfaction de Cervantès ne serait pas complète, s'il ne trouvait le moyen d'ajouter une équivoque, l'arme qu'il manie le mieux, à ces boutades d'un esprit chagrin.

Avellaneda se disait de Tordesillas, la *Turris Syllana* des Romains : Cervantès l'appelle auteur *tordesillesque*, équivoquant sur les mots *tordo* et *tordillo*, qui signifient *étourneau*.

Après l'auteur viennent les éditeurs et les commentateurs : Navarrete, Gregorio Mayans, Los Rios, Pellicer, Clemencin.

« L'Espagne, dit ce dernier avec quelque emphase, jouissait du plaisir que lui donnait cette admirable histoire comme les champs jouissent des bienfaisantes influences du soleil, sans donner témoignage de leur reconnaissance. Le succès extraordinaire qu'obtint le *Don Quichotte* à l'étranger, et surtout en Angleterre, arracha les Espagnols à leur indifférence, à laquelle succéda une admiration exagérée qui devint de l'idolâtrie[1]. »

---

[1] Clemencin ne pouvait parler du succès du *Don Quichotte* en France, car les traductions y furent rares et peu dignes de l'original. La première fut publiée en 1620 par César Oudin, secrétaire interprète du roi Henri IV, et ne fut, dit M. Bidermann, « qu'une version barbarement littérale, faite mot à mot avec une confusion continuelle. » Oudin ne traduisit d'ailleurs que la première partie du *Don Quichotte*, et son entreprise ne fut complétée qu'en 1639 par une réédition qui comprit la seconde partie, traduite par de Rosset.

M. de Paulmy, dans une note manuscrite en tête d'un exemplaire de cette édition*, se demande pourquoi Oudin n'a traduit que la première

* Bibl. de l'Arsenal. *Le valeureux don Quixotte, ou l'histoire de ses grands exploits d'armes, fidèles amours et avantures étranges.*

Cette passion, qui dure encore, ne permit jamais qu'il fût touché à la gloire du grand écrivain, et fit de ses rancunes personnelles une rancune nationale. Avellaneda fut honni ; chacun sut renchérir sur les injures adressées par Cervantès à son rival. De confiance, sans examen sérieux, on déclara l'œuvre de ce dernier mauvaise en tout point, et elle est arrivée jusqu'à nos jours en quatre éditions, « qui n'ont d'autre mérite, dit Gregorio Mayans, que leur rareté, et qui ne sont rares que parce qu'elles ont été épuisées *à de vils usages.* » Disons en passant, d'après Los Rios, que les amis et les idolâtres de Cervantès contribuèrent à cette rareté en brûlant tous les exemplaires qu'ils purent trouver de ce livre proscrit.

Assurément l'Espagne n'épousa pas avec une pareille ardeur la cause de Mateo Aleman, l'auteur du *Guzman*, contre son compétiteur Lujan de Sayavedra ; et cependant Aleman, dont le livre précéda de six ans celui de Cervantès, avait été déclaré, de par l'Université de Salamanque, l'émule du Démosthène des Grecs, du Cicéron des Latins, le prince de l'éloquence pour la langue castillane, l'écrivain le plus habile et le plus élégant ; le

partie du roman de Cervantès, et rappelle qu'il est mort en 1625, n'ayant pas eu le temps sans doute de mettre au jour la seconde partie. Oudin a dû connaître seulement le premier volume, publié en Espagne en 1605 ; le second n'est parvenu en France que longtemps après. Au peu d'empressement que mit de Rosset à en faire la traduction, on doit juger du peu de vogue que le *Don Quichotte* avait parmi nous au xviie siècle.

Après la publication de Rosset en 1639, sont venues des rééditions faites à Rouen en 1646 et à Paris en 1665. Je ne parle pas des traductions publiées ensuite par Lesage, Filleau de Saint-Martin, Florian et Dubournial ; il est étranger au sujet que je traite de faire ici une bibliographie de ces éditions diverses et une appréciation de leurs mérites.

b

premier, dit Nicolas Antonio, qui sût unir le rire comique à la gravité philosophique. L'un des commentateurs du *Guzman d'Alfarache*, Luis de Valdès, reprocha seulement au continuateur pseudonyme de s'être appelé *Mateo* Lujan, de s'être dit de Valence, pour ressembler à *Mateo* Aleman par le nom et par la patrie, sans avoir pu y réussir par les œuvres.

L'Espagne, à l'exemple d'Aleman, n'exerça pas d'autre vengeance contre Sayavedra; et l'audacieux qui osa se faire le rival de Miguel Cervantès vit se déchaîner contre lui toutes les haines.

Vinrent les épithètes : « homme vil, homme méprisable, action infâme, lecture indigne d'un lecteur honnête, doctrine pédantesque; style plein d'incorrections, de solécismes, de barbarismes, dur et déplaisant; œuvre digne du mépris qu'elle a obtenu; méchant bavardage d'un pédant ridicule. » Ce flot d'aménités se rencontre à chaque page dans la vie de Cervantès par don Gregorio Mayans.

Clemencin, le savant commentateur, n'est pas beaucoup plus doux à l'égard d'Avellaneda. « Ces facéties, dit-il, appartiennent au genre bas et grossier; j'évite de les citer pour ne pas souiller mon travail, et le lecteur, s'il veut prendre connaissance des passages que je lui indique, pourra apprécier la distance qui sépare le badinage de cabaret et d'écurie d'Avellaneda, du style attique et de l'urbaine joyeuseté de Cervantès. »

Je ne citerai qu'un des traducteurs pour montrer avec quelle complaisance on s'associa de ce côté des monts à la querelle de l'illustre écrivain.

« Semblable, dit M. Viardot, aux voleurs de grands chemins qui injurient les gens qu'ils détroussent, l'insolent plagiaire, qui du vivant de l'auteur primitif lui dérobait le titre et le sujet de son livre, commençait le sien en vomissant tout le fiel d'un cœur haineux et jaloux, en accablant Cervantès des plus grossières injures. Il l'appelait manchot, vieux, bourru, envieux, calomniateur; il lui reprochait ses disgrâces, son emprisonnement, sa pauvreté; il l'accusait enfin d'être sans talent, sans esprit, et se vantait de le priver du débit de sa seconde partie. Quand ce livre tomba aux mains de Cervantès, quand il vit tant d'outrages en tête d'une œuvre insipide, pédantesque et obscène, piqué d'une telle insolence, il prépara une vengeance digne de lui... Il répondit aux grossières insultes de son plagiaire, sans daigner toutefois en prononcer le vrai nom, par les railleries les plus fines, les plus délicates et les plus attiques. »

J'ai cité ces railleries, sans en retrancher même celle-ci : « La Saint-Martin viendra pour lui, comme pour tout cochon. » Il est bon de la rappeler à propos d'atticisme.

Ce fiel d'un cœur haineux, ces grossières injures, tout se trouve dans le prologue d'Avellaneda; car, dans le courant du livre, nous ne rencontrons pas un mot qui sorte du sujet et qui soit consacré aux petites passions de rivalité. Or le lecteur verra ce prologue à la suite de la présente étude, et n'y reconnaîtra rien assurément de ce que les défenseurs officieux de Cervantès y ont signalé. Ce n'est qu'une représaille de critiques antérieures dont l'objet est inconnu, et que le prétendu Avellaneda paraît avoir partagées avec Lope de Vega. En bonne conscience, les commentateurs, et M. Viardot qui les a résumés, se sont laissés entraîner, dans cet insignifiant conflit, par trop d'amour pour Cervantès et trop de passion contre son concurrent.

Grossièretés, injures, outrages chez l'un ; finesse, atticisme et délicatesse chez l'autre, sont également contestables.

II

Fernandez Avellaneda était un nom supposé, Tordesillas une patrie d'emprunt, et les contemporains de Cervantès, ses biographes, ses commentateurs s'épuisèrent en vains efforts pour démasquer le pseudonyme.

M. Viardot prétend que Cervantès ne daigna pas prononcer son vrai nom ; don Gregorio Mayans, par une supposition que personne n'a relevée, trouve mystérieux ces mots que j'ai cités du deuxième prologue de Cervantès : « Sans doute ce *seigneur* éprouve aujourd'hui une *grande* affliction, » et en infère que *l'ennemi de Cervantès devait être un grand seigneur.* « Quand un écrivain, dit-il, un soldat, brave, habile au maniement de la plume et de l'épée, n'ose pas faire connaître un rival, c'est que ce rival est puissant, ou bien qu'il est si vil, si méprisable, que ce serait lui octroyer trop d'honneur que de le nommer. » Mayans oublie de supposer que si Cervantès n'a pas désigné son concurrent, cela a pu être tout simplement par ignorance.

Pellicer, qui vint après Mayans, exprime l'opinion que cet écrivain pseudonyme dut être un religieux, et en trouve l'indication dans de nombreux passages de son *Don Quichotte*, qui dénotent des inclinations, des principes et des connaissances conformes à cette profession. A quelques-unes des citations les plus fréquentes et les plus affectionnées, le commentateur reconnut même un frère dominicain.

On s'aperçut également, à des indices encore plus

précis, qu'il ne pouvait être de Tordesillas, dans le royaume de Léon. Son style, certaines locutions, l'absence de l'article en de fréquentes circonstances, des fautes grammaticales ayant un caractère particulier, le déclaraient originaire de l'Aragon, et Cervantès en fit la remarque à plusieurs reprises.

Enfin, on crut être fondé à penser que bien qu'Aragonais il résidait à Tolède, et on s'appuya sur de nombreux passages de son livre où le prétendu Avellaneda parle avec une connaissance précise des quartiers, des monuments et des établissements de cette ville.

En somme, l'auteur de la *contrefaçon* de *Don Quichotte* fut déclaré, de par ces suppositions, Aragonais, dominicain, et habitant de Tolède ; peut-être même, mais ceci est moins fondé, poëte dramatique, parce qu'il prétendait avoir été critiqué par Cervantès en même temps que le grand Lope.

Mais il fallait donner un nom à ces conditions diverses. On commença par chercher la cause du pseudonyme, et un investigateur presque ingénieux avisa qu'une bisaïeule de Cervantès s'était appelée doña Juana Avellaneda. On chercherait vainement en quoi le contrefacteur aurait eu intérêt à cet insignifiant à-propos.

Arrêtons-nous à de plus sérieuses recherches.

Fr. Andrès Perez, contemporain de Cervantès, de plus religieux et dominicain, auteur d'une Vie de saint Raymond de Peñafuerte et de trois tomes de sermons spirituels, s'avisa, en un jour d'étrange fantaisie, et prenant pour modèle le *Guzman d'Alfarache*, d'écrire un roman d'aventures, la *Picara Justina*, qu'il publia en 1608 sous le nom supposé du licencié Francisco Lopez de Ubeda. Admirateur et imitateur de Mateo Aleman, il n'était pas l'ami de Cervantès, et celui-ci le maltraita dans un vers du *Voyage au Parnasse:*

> Capellan légo del contrario bando. [1]

On tenait donc en la personne d'Andrès Perez un dominicain, la victime d'une boutade de Cervantès : il fut facile de supposer que, par vengeance ou par rivalité, il avait entrepris la continuation du *Don Quichotte.* Seulement il était originaire du royaume de Léon, et manquait par là à l'une des conditions reconnues au contrefacteur; mais on sut tourner cette difficulté, et il fut convenu que, pour mieux se cacher, Perez avait affecté d'imiter le langage aragonais [2].

Pendant qu'on fouillait les couvents de l'ordre de saint Dominique pour y découvrir Avellaneda, et qu'on était en voie d'attribuer aux bons frères les péchés picaresques du siècle, on alla jusqu'à avancer [3] que Mateo Aleman était lui-même un pseudonyme, et qu'un dominicain, peut-être ce même Fr. Andrès Perez, était l'auteur du *Guzman.*

On trouva encore un autre religieux du même ordre, Fr. Juan Blanco de Paz, de la province d'Estrémadure, qui avait été compagnon de captivité de Cervantès à

---

[1] Ignorant chapelain de la bande ennemie...

[2] Le licencié Andrès Perez n'était pas précisément modeste, et voici en quels termes la *Picara Justina* s'annonce elle-même dans une strophe en *versos cortados* où elle se place au-dessus de *Don Quichotte*:

Yo soy dne	Que don Quijo y Lazari
Que todas las aguas be	Que Alfarach y Celesti
Soi la rein de Picardi	Si no me conocés cue
Mas que la rud conoci	Yo soy dne
Mas famo que doña Oli	Que todas las aguas be

[3] Nicolas Antonio.

Alger, et qui était devenu son ennemi. Un commentateur, Cean, imagina que ce Juan Blanco, racheté et rentré en Espagne, avait écrit la seconde partie du *Don Quichotte* par haine de l'auteur de la première.

Mais l'Estrémadure est loin de l'Aragon; il n'est pas prouvé d'ailleurs que Juan Blanco ait écrit quelque chose; à moins qu'on ne le confonde avec un autre Fr. Juan Blanco, franciscain régulier du couvent d'Élérena, auquel Nicolas Antonio attribue une histoire manuscrite de la province de Saint-Michel. Il fallut donc encore inventer un quatrième dominicain, et Navarrete suppose que Juan Blanco de Paz associa à sa haine un de ses frères en religion, qu'il eut soin, sans doute, de choisir parmi les originaires de l'Aragon.

De toutes ces fables maladroites aucune n'a pris assez de consistance pour rallier l'opinion des hommes qui se sont occupés d'Avellaneda; mais pourquoi Mayans, Pellicer, Navarrete, Clemencin, et même M. Viardot, ont-ils évité, comme de parti pris, de prononcer un nom qu'on a quelquefois engagé dans la question des deux *Don Quichotte*, et qui se prête assurément à la supposition la plus sensée, la plus vraisemblable parmi celles qui ont été faites?

En cherchant l'écrivain qui s'est caché sous le nom d'Avellaneda, a-t-on voulu seulement trouver une victime pour les nombreuses colères que soulevait la *contrefaçon*? N'a-t-on demandé qu'un bouc émissaire, et s'est-on complu à frapper de préférence sur un moine inoffensif? S'effrayait-on à l'idée de trouver un homme que sa position, son talent, son caractère protégeraient contre toute invective?

Dans ce parti pris d'injurier Avellaneda, de déverser contre lui des rancunes qui étaient à la mode, ne feignait-on pas, pour se donner liberté entière, de proclamer bien haut qu'il n'était qu'un pauvre religieux, lorsqu'on se disait tout bas qu'il pouvait bien être un écrivain connu et digne de considération?

A cette époque en effet, vivait, parmi les contemporains et les émules de Cervantès, un homme né en 1564 à Barbastro, dans l'Aragon, dix-sept ans après l'auteur du *Don Quichotte,* élevé à l'université de Huesca dans la même province, docteur en théologie, puis recteur de la paroisse de Villahermosa dans le royaume de Valence, puis chapelain en 1600 de l'impératrice Marie d'Autriche, puis encore,—après avoir habité Valladolid où était la cour de Philippe III, Naples et Rome où il suivit le vice-roi comte de Lemos,—chanoine de l'église métropolitaine de Saragosse, où il obtint le titre de premier historien du royaume d'Aragon.

Cet homme était le docteur Bartolomé Léonardo de Argensola.

Il est vrai qu'il n'était pas dominicain; mais après tout, cette supposition, la première que fit Pellicer, est-elle inattaquable? Ne peut-on être autre chose que dominicain parce qu'on cite saint Thomas et le *Guide des pécheurs* de Luis de Grenade, parce qu'on parle quatorze ou quinze fois du rosaire, du culte de la Vierge, et parce qu'on raconte qu'un pécheur converti par un dominicain se fit moine du même ordre?

Il était prêtre. Un prêtre n'est-il pas habile à citer de semblables textes?

Mayans et Navarrete auraient pu alléguer qu'un prêtre, un chanoine, le chapelain d'une impératrice, ne peut pas commettre un honteux plagiat; que le continuateur illustre des *Annales* de Zurita, l'historien de la *Conquête des Moluques* n'a pu descendre jusqu'à écrire une histoire d'aventures, un roman facétieux réputé indigne. Passe pour un dominicain!

Et don Diego Hurtado de Mendoza, l'ambassadeur de l'empereur Charles-Quint à Venise, à Rome et au concile de Trente, l'historien de la *Guerre de Grenade*, ne fit-il pas le *Lazarille de Tormès*, qu'on tenta d'attribuer, pour lui sauver l'honneur sans doute, à Fr. Juan de Ortega, un moine encore, non dominicain, mais hyéronimite?

Et don Francisco de Quevedo Villegas, chevalier de Saint-Jacques, *magnum decus Hispanorum* « miracle de la nature et prince des lyriques à défaut d'Apollon », dit Lope de Vega, ne fit-il pas la vie du *Gran Tacaño*, et dix autres folies satiriques qui font le plus étrange contraste avec ses poésies admirables, et, surtout, avec ses œuvres philosophiques?

Et Lope de Vega, deux fois marié, puis franciscain, puis prêtre, puis encore protonotaire apostolique de l'archevêché de Tolède, docteur en théologie, familier du Saint-Office et chevalier de Malte, auteur de dix-huit cents ouvrages dramatiques, ne fit-il pas une collection de poésies burlesques qu'il cacha sous le pseudonyme du licencié Tomé de Burguillos?

Et d'ailleurs le docteur Bartolomé de Argensola était aussi poëte, il a acquis plus de réputation à ce titre que comme prosateur; il a publié avec son frère Lupercio un volume de *rimes* parvenu célèbre jusqu'à nous. De la poésie au roman la distance est petite, et ce n'était pas descendre que de continuer le *Don Quichotte*[1].

---

[1] Voici quelles furent les œuvres connues de Bartolomé de Argensola:

Conquête des îles Moluques, dédiée au roi Philippe III. Madrid, 1609, 1 vol. in-fol.

Relation du tournoi à cheval par lequel la ville impériale de Saragosse

Argensola était, je l'ai dit, plus jeune de dix-sept ans que Cervantès, son émule en littérature, la victime sans doute de quelqu'une de ses critiques, et surtout son rival dans l'amitié du comte de Lemos, généreux protecteur des beaux génies de ce siècle. Rien n'empêche de croire que cette rivalité n'ait donné naissance au désir de publier la seconde partie du *Don Quichotte*, ou que, dans le commerce du généreux grand seigneur, Argensola n'ait conçu un sentiment meilleur, c'est-à-dire la crainte de voir inachevée une œuvre que l'âge avancé de Cervantès semblait condamner à s'arrêter là.

Maintenant, qu'Argensola, écrivain habile, dont la diction est pure et partout élégante, ait fait un roman dans un langage incorrect,—et nous verrons plus tard jusqu'à quel point cette assertion est exacte,—cela ne s'explique-t-il pas par le besoin du pseudonyme, et n'était-ce pas un jeu facile à l'illustre docteur que d'emprunter pour cette frivole entreprise l'idiome de sa province natale?

Reste l'assertion qu'Avellaneda a dû résider à Tolède, parce qu'il parle du château de San-Cervantès, des portes du Cambron et de Visagra, du Zocodover, de

---

célébra l'entrée de la sérénissime reine de Hongrie et de Bohême, infante d'Espagne. Saragosse, 1630. 1 vol. in-4°.

Règle de perfection, écrite en anglais par Fr. Benoit Filchie et traduite en espagnol. Saragosse, 1628. 1 vol. in-8°.

Première partie des Annales d'Aragon, faisant suite à celles du secrétaire Guzman de Zurita, depuis l'an 1516. Saragosse, 1630. 1 vol. in fol.

Vie et martyre de saint Demetrius, écrits par Simon Metaphrastes, et traduits du latin par ordre de l'impératrice Marie d'Autriche.

Rimes de Lupercio et du docteur Bartolomé Leonardo de Argensola. Saragosse, 1634. 1 vol. in-4°.

Commentaires pour l'histoire d'Aragon (manuscrits).

l'Alcana, de la Tarasque, de la cathédrale et de la maison du Nonce.

Ce moyen de reconnaître l'habitant d'une ville est de même invention que l'art de distinguer la profession d'un religieux aux citations qui viennent sous sa plume, et je ne rechercherai pas dans la biographie d'Argensola s'il a fait à Tolède un voyage qui lui ait donné le droit d'en parler.

Mais voici venir une autre supposition ; celle-ci est toute récente, elle résulte d'habiles recherches ; elle est appuyée de preuves spécieuses et contre-balance ce que je viens de dire à propos d'Argensola.

Don Cayetano Rosell, auteur d'une notice critique placée en tête d'une édition moderne du *Don Quichotte* d'Avellaneda[1], pense que notre pseudonyme cache le célèbre père Luis de Aliaga, confesseur du roi Philippe III, et favori du duc de Lerme.

Aliaga, homme de basse extraction, et d'abord obscur dominicain avant de devenir, ainsi que l'histoire le raconte, confesseur du roi et inquisiteur général, était né dans un hameau de la commune de Teruel, et par conséquent était Aragonais. On a inféré de l'un des récits intercalés dans le livre qui nous occupe, qu'Avellaneda avait dû fréquenter, à un titre quelconque, un couvent de religieuses ; et des documents relatifs au père Aliaga établissent que telle fut sa position à la suite du père-maître Xavier, qui fut généralissime de l'ordre des prédicateurs.

Autre indice : Pellicer cite, comme ayant été faite à Saragosse, contre l'auteur du *Faux don Quichotte*, une stance satirique dans laquelle on le nomme *Sancho*

---

[1] Biblioteca de autores españoles. T. 18.—Madrid, 1851. In-4°.

Panza, en le menaçant du fouet par la main du bourreau :

> A *Sancho Panza*, estudiante,
> Oficial o pasante,
> Cosa justa á su talento,
> Le dará el verdugo ciento,
> Caballero en Rocinante.

Or, ce surnom de Sancho Panza avait été donné de longue main au père Aliaga, ainsi que le prouvent ces vers tirés d'une satire du comte de Villamediana *sur la chute des ministres et des favoris du roi Philippe III*.

> *Sancho Panza* el confesor
> Del ya difuncto monarca,
> . . . .
> Que será, segun he oido,
> De inquisidor, inquirido,
> De confesor, confesado.

Maintenant, voici ce que présume don Cayetano Rosell : le surnom de Sancho Panza donné au P. Aliaga serait d'une époque antérieure même à celle où Cervantès écrivit *Don Quichotte*. Par malice et par raillerie, l'illustre auteur aurait donné ce nom à l'un de ses héros, bien qu'Aliaga ne fût ni gros, ni court, ni bon homme. De là, ces plaintes d'Avellaneda, dont toute autre cause échappe aux recherches, qu'il a été maltraité par Cervantès en compagnie de Lope de Vega; de là le nouveau *Don Quichotte*, ayant pour auteur, sous le pseudonyme, le confesseur du roi.

Enfin, vient une preuve bibliographique, une preuve par analogie : Aliaga aurait écrit, — et ce serait la seule chose, encore Nicolas Antonio n'en parle-t-il pas, — Aliaga aurait écrit un petit livre signé du pseudonyme

Juan Alonso Laurelès, et intitulé : *Venganza de la lengua española contra el autor del Cuento de cuentos.* Comparé au *Don Quichotte* d'Avellaneda, cet opuscule aurait le même style, les mêmes locutions, et serait en un mot de la même main.

Je crains que ceci ne prouve pas grand'chose, malgré l'opinion de don Cayetano Rosell ; c'est seulement une preuve de l'intérêt qu'on attache, sans l'avouer, à connaître l'auteur du second *Don Quichotte.*

Quoi qu'il en soit, l'une et l'autre supposition donnent à Cervantès des concurrents illustres, et relèvent, par le nom des auteurs, une œuvre qui est digne, après tout, d'un autre traitement que celui qu'elle a subi depuis deux siècles. Elles justifient, en outre, cette interprétation mystérieuse donnée par don Gregorio Mayans à deux mots, *señor* et *grande*, du deuxième prologue de Cervantès ; elles expliquent enfin le secret gardé au pseudonyme, secret bien vite dévoilé s'il ne se fût agi que d'un moine, et qui convenait d'ailleurs si bien aux gens déterminés à injurier, quand même, le *contrefacteur*.

En donnant à ces deux hypothèses plus de foi qu'aux autres, il ne m'appartient pas de trancher formellement la question. A deux siècles de distance, l'opinion la mieux établie est sujette à controverse, et celles que je viens de développer ne s'appuient encore sur aucune donnée bien irrécusable. Après deux siècles, quoi qu'on découvre, un pseudonyme reste pseudonyme, et l'écrivain qui a voulu jouer à l'inconnu porte à tout jamais la peine de sa discrétion.

Je ne saurais donc déclarer, de ma faible autorité, que l'écrivain qui se cacha sous le pseudonyme de Fernandez Avellaneda fut réellement le docteur Bartolomé de

Argensola ou le P. Luis de Aliaga; mais en fournissant quelques éléments à l'appui de ces probabilités, en les développant, je me suis imposé un devoir nouveau, celui d'établir que la seconde partie du *Don Quichotte*, signée par le pseudonyme, ne mérite pas le jugement passionné sous lequel elle s'est traînée jusqu'à ce jour, et n'est pas, assurément, une œuvre insipide, pédantesque, obscène, ainsi qu'on l'a dit.[1]

Ces trois mots demandent une justification que je ne différerai pas davantage, dussé-je suspendre, pour un intérêt de détail, une discussion que j'aurais voulu maintenir dans un ordre d'idées plus élevé. La question qu'ils soulèvent sera promptement résolue par la comparaison de quelques passages de l'un et de l'autre écrivain.

Je donnerai plus loin de l'œuvre d'Avellaneda une analyse rapide qui permettra d'apprécier si elle est insipide; le texte est là d'ailleurs, et ma traduction est fidèle.

Pédantesque, elle ne le serait que par la manie discoureuse de don Quichotte, par son amour des citations; Avellaneda est resté sur ce point le rigoureux imitateur de Cervantes.

Obscène : ici l'accusation est grave ; mais elle ne

---

[1] J'ajoute, pour être à peu près complet, que M. Villemain a parlé d'une « mauvaise suite de *Don Quichotte*, par Avellaneda » (Tableau de la littérature au xviiie siècle, 11e leçon), et que M. A. Beuchot (Biographie universelle de Michaud) a dit qu'on ne retrouvait dans cette suite ni l'imagination féconde ni la critique judicieuse et piquante de Cervantes.

tombe pas sur Avellaneda seulement, elle touche aux mœurs de cette époque, à tous les livres du même genre, et à Cervantès plus peut-être qu'à son compétiteur.

Et d'abord relisons Cervantès. Que pense le lecteur de cette aventure nocturne où Maritornes pénètre dans le galetas occupé par don Quichotte, Sancho et le muletier ? « Celui-ci et la servante, dit Cervantès, avaient comploté de prendre ensemble cette nuit leurs ébats, et Maritornes lui avait donné sa parole de l'aller trouver pour lui faire plaisir en tout ce qu'il commanderait. » La pauvre fille, qui vient à l'aveuglette, se trompe de chemin, et s'adresse à don Quichotte. Celui-ci la fait asseoir sur son lit, « tâte sa chemise, la presse amoureusement dans ses bras, et se plaint d'être tellement moulu et brisé que si sa volonté voulait correspondre à celle de la visiteuse, il n'en aurait pas le pouvoir. »

« On ne comprend pas, dit Clemencin en parlant d'Avellaneda, comment ont pu sortir de la plume d'un religieux les images, les expressions lubriques et indécentes que contient ce livre. »

Avellaneda n'a rien fait de pis que ce que je viens de citer. Voici dans son livre le pendant, textuellement traduit, de l'épisode de Maritornes.

« Votre grâce, dit à don Quichotte la servante de la première hôtellerie qu'il rencontre, veut-elle quelque chose de moi pour son service ? Veut-elle que je lui tire ses bottes ou que je reste ici cette nuit ? je ferai tout cela bien volontiers... » Et la belle s'approcha du chevalier et fit mine de l'embrasser, pour voir si elle en obtiendrait de la sorte les deux réaux qu'elle lui demandait ; mais don Quichotte recula... « Voyez-moi un peu l'effrontée ! dit plus loin Sancho, n'est-ce pas elle qui tout-à-l'heure dans l'écurie me demandait si je voulais dormir avec elle, et m'offrait d'être tout à ma disposition si je consentais à lui donner deux réaux ! »

La prétendue reine Zénobie, du *Don Quichotte* d'Avellaneda, qui faisait à Alcala je ne sais quel métier de Célestine, offre quelque part à don Quichotte, qui ne la comprend pas, de le recevoir chez elle en compagnie d'une couple de jeunes truites, jolies comme mille merveilles, et qui ne font pas les renchéries.

Cervantès déguise-t-il autant sa pensée lorsqu'il parle de la visite que fait, au milieu de la nuit, la duègne Rodriguez à don Quichotte, qui la reçoit en chemise? — « Je donnerais, dit-il, pour voir ces deux personnages aller, ainsi embrassés, de la porte jusqu'au lit, la meilleure pelisse des deux que je possède. »

La Zénobie d'Avellaneda dit à Sancho qu'elle et lui pourraient bien économiser à l'hôtellerie la dépense d'un lit sur deux, et qu'elle aurait bonne envie d'une couverture de son poil. De même un paysan de Cervantès dit au gouverneur de Barataria : « Je rencontrai cette femme, le diable nous fit badiner ensemble, et je lui payai ce qui était raisonnable. »

Je ne pousserai pas plus loin ce rapprochement de citations ; il démontre suffisamment que les deux écrivains mériteraient également la critique, qu'on a mauvaise grâce à incriminer chez l'un ce qu'on semble ne pas apercevoir chez l'autre, et qu'il y aurait plus d'habileté à ne pas soulever un argument qui retombe tout entier sur le premier *Don Quichotte*.

Quant au bon goût, on reproche à Avellaneda ce passage, entre autres, où don Quichotte, se croyant le roi don Sanche, raconte qu'il était descendu de son cheval pour « pourvoir à certain besoin derrière un buisson » ou, comme dit la romance du Cid :

> con voluntad de hacer
> Lo que á nadie es escusado.

Je ne demanderai pas au lecteur s'il trouve plus de décence dans certaine page où Cervantes se complaît à raconter comment Sancho, poussé par la même nécessité, défait ses chausses, relève sa chemise, met à l'air les deux moitiés d'un postérieur qui n'était pas chétif... sans faire grâce du bruit, de l'odeur et du reste ?

Et cette autre, où par l'opération du baume de fier-à-bras, le maître et l'écuyer sont pris nez-à-nez de nausées dont ils s'envoient réciproquement le produit ?

Ne sont-ce pas là, comme dit don Quichotte à Sancho avec cette finesse attique tant vantée, matières qu'il ne faut pas agiter ?

A ces adorations aveugles, à ces haines éditées de parti pris, j'ai encore à opposer deux auxiliaires : la préface d'un premier et illustre traducteur d'Avellaneda, en 1704 [1]; puis l'approbation de don Augustin Montiano y Luyando, secrétaire du roi Philippe V, laquelle précède l'édition espagnole de 1732.

Les premiers mots de l'écrit de don Augustin Montiano confirment un fait que j'ai avancé dans le courant

---

[1] « *Nouvelles aventures de l'admirable* Don Guichotte *de la Manche, composées par le licencié Alonso Fernandez de Avellaneda, et traduites pour la première fois de l'espagnol en françois.*

« A Paris, 1704, chez la veuve Claude Barbin, au Palais. » 2 vol. in-12.

de ce travail, c'est la rareté du livre d'Avellaneda par suite de la destruction qu'opérèrent les adorateurs de Cervantès. Il n'était pas donné à toute cette classe de lecteurs désintéressés qui auraient bien voulu se faire par eux-mêmes, et non de confiance, une opinion sur le *Don Quichotte* apocryphe, de lire ce livre tant réprouvé, et Montiano avoue qu'en lui en demandant l'examen, on lui fournit, à sa grande joie, une occasion qu'il désirait depuis longues années. « Il ne trouvait pas, ajoute-t-il, dans les critiques adressées par Cervantès à son compétiteur, assez de solidité pour qu'elles lui parussent justes, et la lecture d'Avellaneda lui a donné la preuve qu'aucun homme judicieux ne peut prendre parti pour Cervantès dans cette querelle, s'il compare les deux suites. Les aventures de don Quichotte, dans celle d'Avellaneda, sont naturelles et suivent la règle rigoureuse de la vraisemblance; son caractère est bien le même que celui du héros des deux premières sorties de Cervantès; peut-être moins facétieux et par cela même plus exact. Quant à celui de Sancho, nul ne peut nier que dans Avellaneda, plus que dans Cervantès, il ne donne l'idée parfaite de la rustique joyeuseté d'un paysan. Le caractère du Sancho de Cervantès se compose de deux oppositions inconciliables, une simplicité extrême, et dans d'autres circonstances, une finesse des plus habiles et un rare jugement. On pourrait dire, ajoute Montiano, que Sancho parle et agit souvent comme l'auteur, tandis que celui-ci devrait toujours agir et parler comme Sancho. Dans le livre d'Avellaneda, Sancho ne dément pas un instant les preuves qu'il a données de lui-même dès le commencement, et il ne hasarde ni actions ni discours qui obligent le lecteur à se faire de lui une autre idée. *Il est loin d'être froid et sans grâce comme Cervantès le prétend, et ses saillies sont assurément fort amusantes*[1]. »

Ici je trouve, sur un exemplaire de l'édition assez rare de 1732, exemplaire que possédait un savant bibliographe, M. Vicente Salva, une de ces annotations marginales anonymes qui font la colère des collectionneurs, et souvent la joie des hommes d'étude. La marge d'un livre controversé est le chemin couvert où s'escriment et se succèdent les obscurs champions qui redoutent les grandes luttes du champ de bataille. Ici donc un lecteur espagnol, moins prévenu et plus impartial que ses compatriotes, a émis cette opinion sur le Sancho d'Avellaneda :

« On ne peut nier que Gregorio Mayans et les autres ne parlent avec passion. Il est certain que le Sancho d'Avellaneda est meilleur que celui de Cervantès. — Il suffit d'être persécuté pour n'être pas trouvé bon. »

Cela dit, vient un troisième qui tranche dogmatiquement la question :

Mas valia leyesen y callasen (mieux valait lire et se taire).

Il me paraît prouvé que ce conseil n'a pas été suivi.

Le traducteur de 1704, écrivain illustre, l'homme de son temps le plus versé dans la connaissance de la littérature espagnole dont il a mis au jour toute une série de chefs-d'œuvre, dans laquelle il a puisé les meilleurs éléments du premier roman de notre littérature, c'est

---

[1] Les défenseurs de Cervantès ont été jusqu'à la mauvaise foi quand il s'est agi d'Avellaneda. Clemencin, dans une argumentation contre Montiano (notes du chapitre 59), cite la phrase que je viens de souligner : *no es frio y sin gracejo como Cervantès quiere*; mais il en néglige le dernier mot, et fait dire à l'écrivain : *Avellaneda n'est pas froid et sans grâce comme Cervantès.*

l'auteur de Gil Blas, c'est Lesage. Il avait traduit l'œuvre complète de Cervantès, lorsque celle d'Avellaneda lui tomba entre les mains. Il s'empressa de rendre à celle-ci les mêmes honneurs, et en proclama hautement les mérites. « Avellaneda, dit-il, a fort bien soutenu le caractère de *Dom Guichotte* [1], il en fait un chevalier errant qui est toujours grave, et dont toutes les paroles sont magnifiques, pompeuses et fleuries. Pour son Sancho, il faut demeurer d'accord qu'il est excellent et plus original même que celui de Cervantès. C'est un paysan qui a tout le bon sens de l'autre, mais il est encore plus simple, et il dit au hasard mille choses qui, par l'adresse de l'auteur, ne démentent point sa simplicité, quoiqu'elles renferment souvent des pensées fines et piquantes. Le caractère de l'autre Sancho n'est pas si uniforme; tantôt il lui échappe des traits d'ingénuité, et tantôt il tient des discours malins dont on voit bien qu'il sent toute la malice, qui sont quelquefois trop relevés pour un paysan et trop sensés pour un valet qui est la dupe des folles visions de son maître. J'oublie — le lecteur remarquera que ce sentiment a déjà été exprimé par Montiano — j'oublie que c'est Sancho qui parle, et je sens malgré moi que c'est l'auteur sous le nom de Sancho. Enfin on peut dire, ce me semble, qu'il y a une différence sensible entre les deux Sancho : celui de Cervantès veut souvent faire le plaisant, et ne l'est pas; celui d'Avellaneda l'est presque toujours sans vouloir l'être [2].

[1] Préface de l'édition de 1704. Cette traduction a été réimprimée à Amsterdam en 1705, à Paris en 1716; dans cette dernière *Dom Guichotte* devient *Don Quichotte*; et enfin en 1741 (Paris, David).

[2] Le *Journal des Savants*—mars 1704—reproduit en partie la préface de Lesage, comme appréciation de la nouvelle suite du *Don Quichotte*.

« Cervantès appelle Avellaneda l'*Aragonais*. Il le nomme ainsi par dérision, pour lui reprocher la rudesse de son style. Mais c'est tout ce qu'il dit de plus fort contre son ouvrage. Or, *supposé qu'il soit vrai* que l'un écrive plus purement que l'autre, et que l'*Aragonais* ne parle pas si bon espagnol que le *Castillan*, que nous importe? Pourvu qu'il ait le génie aussi plaisant, et qu'il nous divertisse en notre langue autant que lui [1]. »

En reproduisant, en tête de l'édition originale de 1732, des fragments de cette préface de Lesage, un écrivain espagnol développe en faveur d'Avellaneda une thèse

[1] On ne peut reprocher à Avellaneda que l'originalité de son allure, c'est-à-dire l'emploi de quelques expressions qui caractérisent l'idiome aragonais, et particulièrement l'absence fréquente de l'article en avant des mots. Sauf cela, son style est clair, correct, heureux et souvent animé. Quant à certaines allégations—disparates grammaticaux, inversions dans les idées—elles ont été timidement articulées par des commentateurs qui n'ont pas songé en même temps à relire Cervantès, et qui n'ont pas prévu les arguments qu'une étude scrupuleuse pouvait fournir contre ce dernier, toujours cité comme modèle. Je ne justifierais pas Avellaneda en incriminant contre Cervantès; mais établir que celui-ci n'est peut-être pas à l'abri des reproches accumulés contre son compétiteur, c'est au moins réduire l'accusation au silence.

Si une telle entreprise n'était pas étrangère à ce travail, il serait curieux de reproduire ici, par opposition, cette thèse soutenue, il y a quinze ans déjà[*], par un savant étranger dont le nom est d'une grande autorité en ce qui touche le *Don Quichotte*, que le livre de Cervantès est, comme œuvre littéraire, fort au-dessous de sa réputation. L'opinion de M. François Bidermann est que le *Don Quichotte* a été lu en Espagne avec les yeux de la foi, qu'on l'a admiré sans examen comme une espèce d'arche sainte, et qu'à l'étranger il doit sa réputation à ses traducteurs qui ont corrigé ses fautes. Triste découverte que M. Bidermann appuie de nombreuses preuves d'incorrection, et qui m'amène à répéter ici ce que j'ai dit tout à l'heure à propos de l'accusation d'obscénité portée contre Avellaneda, qu'il n'est pas habile de dénoncer chez lui ce qu'on est forcé de constater chez son illustre adversaire.

[*] Paris, 1837.

qui m'a semblé quelque peu paradoxale, et dont il convient de lui laisser la responsabilité.

Est-il exact de dire, comme le fait cet écrivain, qu'il faut, pour ajouter à l'invention d'autrui, plus de fécondité et d'étude qu'il n'en a été nécessaire pour cette invention elle-même? Doit-on avancer que la matière étant déjà plus épurée par le travail du premier, les yeux y trouvent avec moins d'abondance les ressources pour l'entreprise nouvelle?

Si le génie n'a pas eu besoin de faire de grands efforts pour composer les premières parties du livre, il est juste de dire aussi qu'il a dégagé l'inconnu du néant, et qu'il laisse au continuateur ou à l'imitateur une voie presque tracée. Le continuateur a devant les yeux le travail de son devancier; chaque partie de l'édifice lui montre, pour ainsi dire, une pierre d'attente destinée à recevoir l'appendice nouveau. Il peut juger les fautes du créateur, trouver dans chacune un enseignement pour en éviter de nouvelles; seulement il trouve prises les premières idées qui découlent naturellement de la pensée première; il doit créer, souvent avec effort, pour y ajouter des idées et des inventions de même valeur.

Avellaneda avait-il une entreprise si difficile, et lui fallut-il faire ces efforts de fécondité et d'étude qui mettraient presque, au dire de l'écrivain, le continuateur au-dessus du créateur?

Qu'elle soit prise comme une critique préméditée des romans de chevalerie; qu'elle soit considérée, à un point de vue moins élevé, comme un recueil de plaisantes aventures, l'œuvre de Cervantès présente un plan immense, un canevas prêt à recevoir d'interminables broderies. Après avoir écrit cinquante-deux chapitres, Cervantès laissait encore beaucoup à faire, et il est moins surprenant d'avoir vu paraître un Avellaneda que de n'en avoir pas vu surgir une dizaine. Rien n'est plus séduisant qu'une pareille pâture offerte aux plumes faciles; seulement l'appât cachait un danger redoutable, celui de coudre à un plan habilement conçu de faibles rapsodies n'ayant d'autre mérite que la fécondité[1], ou de faire jouer un rôle de pasquins ou de *graciosos* à des héros dont le caractère était savamment étudié.

Si presque tous les continuateurs ont honteusement échoué dans les œuvres qui nous sont connues, et particulièrement dans les romans espagnols, je puis dire maintenant, au point où en est arrivé cette étude, et après avoir donné large part aux opinions développées sans contradiction jusqu'à ce jour, qu'Avellaneda,

---

[1] On n'a pas su résister à cette tentation en France. La Bibliothèque nationale possède une suite française prétendue traduite d'un manuscrit de Cid Hamet Benengeli, œuvre licencieuse, ornée de gravures qui ne le sont pas moins. (Paris, 1722. Auteur anonyme, 2 volumes in-12.)

M. Armand Bertin a dans sa bibliothèque une autre suite française tout aussi apocryphe, imprimée à Bruxelles en 1706, sans nom d'auteur. 2 vol. in-12, fig. d'Harrawya.

J'ai vu aussi (Bibl. de M. J. Janin) une traduction anonyme du *Don Quichotte*, suivie d'une troisième partie due à l'imagination du traducteur, et attribuée par lui à l'Arabe *Zuléma*. Je la crois de Lesage. (Amsterdam et Leipsig, 1748, in-12, fig. de Coypel, grav. par Folkema.—La même, Paris, 1754.)

La bibliothèque de l'Arsenal possède une histoire de don Quichotte en 14 vol. d'éditions différentes, réunies sous une reliure uniforme. Les 6 premiers sont une réimpression de la traduction de Filleau de Saint-Martin, revue, pense M. de Paulmy, par Lesage (1741). Les 6 autres (t. 7 à 12) contiennent une suite apocryphe que M. de Paulmy attribue à ce dernier (Paris, 1741). L'un de ces volumes (t. 12) forme une histoire à part ayant pour titre : *Sancho Panza, alcade de Blandanda*. Puis viennent (t. 13 et 14) les deux volumes de la première édition de la traduction, par Lesage, du livre d'Avellaneda (Paris, 1704).

seul peut-être, ou quel que soit l'écrivain habile qui s'est caché sous ce nom, s'est montré digne imitateur d'une œuvre justement admirée, tandis que Cervantès est resté inhabile continuateur de son propre livre.

Ce qui a sauvé Avellaneda dans cette entreprise difficile d'enter son génie sur le génie d'autrui, c'est qu'il a voulu faire de sa continuation non pas un recueil plaisant, destiné uniquement à recevoir l'héritage de rires et de joyeuse humeur conquis par le premier *Don Quichotte*, mais une seconde œuvre philosophique ayant le même but moral : la guérison de la grande maladie d'esprit qui possédait à cette époque les nations méridionales, c'est-à-dire le fol amour des récits merveilleux et des lectures de chevalerie [1]. Avellaneda s'est profondément pénétré du plan de Cervantès; il a voulu faire une suite avec le même héros, au risque de copier son devancier, au risque d'être accusé de servilité, de plagiat, de peu d'invention; plutôt que de créer d'autres aventures dans le même cadre, avec un héros différent. Il y aurait eu là sans doute plus de gloire, plus d'amour-propre pour l'écrivain, il était plus lui-même; mais il faisait moins pour le succès de l'œuvre philosophique qu'il recueillait inachevée, et dont il voulait que la fin fût digne de la haute renommée du commencement. Aussi est-il facile de remarquer avec quel soin, dans les premiers chapitres surtout, Avellaneda s'efforce de suivre pas à pas son modèle. Il ne veut pas s'échapper trop rapidement dans le champ ouvert à son imagination, et n'introduit encore dans son œuvre rien de bien

---

[1] Cette guérison fut complète. Le *Don Quichotte* parut en 1605; en 1602 avait été publié le dernier livre de chevalerie, l'*Histoire de Policisne de Béotie*, et aucun autre ne fut mis au jour ou réimprimé depuis.

neuf au point de vue de l'invention[1]. Il s'agit d'ailleurs de rapporter, à la suite du travail de Cervantès, une pièce qui soit bien de même étoffe, semblable par le tissu, pareille par la couleur, et de l'ajuster de telle sorte que le point de jonction échappe aux regards; sauf peu à peu, et d'une manière insensible, à varier la nature du tissu, à prendre des couleurs nouvelles, selon les inspirations de son propre génie.

Ses deux héros sont bien les mêmes. L'un fou incorrigible, chez qui les lectures et les rêveries chevaleresques ont fait une trop profonde impression pour qu'une guérison soit jamais possible, et qui vague selon les caprices de cette folie, jusqu'au moment où elle devient trop dangereuse pour qu'on en tolère le *libre exercice*. C'est toujours cet homme à la mémoire cruelle qui n'oublie aucun des épisodes des romans de chevalerie; et pour se servir d'un nouvel interprète, sa science n'est pas un instant en défaut. L'autre est plein de finesse, prompt à la répartie, et tout aussi expert que le Sancho de Cervantès, sinon davantage, en l'art de défiler les proverbes et les plaisantes équivoques. Bon homme d'abord, entraîné à la suite de l'aventurier par l'espoir du lucre, par cette éternelle promesse de richesses imaginaires, à laquelle il se laisse toujours prendre, il se met à jouer au sérieux son rôle d'écuyer errant. Le métier l'amuse, la maladie du maître le gagne; il se persuade, sans le vouloir, de la vérité des fictions contre lesquelles il avait tant de fois protesté; il use son gros bon sens à ce commerce quotidien avec un maniaque, et devient maniaque lui-même.

[1] Je signale dans les notes des sept premiers chapitres d'Avellaneda les passages imités de Cervantès.

Tour à tour héros ou victimes de rencontres que leur imagination transforme en aventures, ils avancent, sans dévier, vers le but qu'assigne au chevalier la marche fatale des infirmités humaines; don Quichotte reste seul, sans amis, sans famille ; rien ne le sauvera des tristes conséquences de sa folie. Sancho l'a quitté : recueilli par un riche seigneur, l'ingrat écuyer, bien vêtu, bien payé, nourri au gré de sa gourmandise, ne pense plus à son maître, et celui-ci marchant toujours, comme Ahasverus, voit ouvert devant lui, au bout de sa carrière aventureuse, l'hôpital des aliénés de Tolède. Il y pénètre armé de toutes pièces, monté sur Rossinante, et lorsque la porte se ferme, il reconnaît les cabanons où ses futurs compagnons de misère l'attendent en grimaçant.

Tel est le roman sagement conduit, fréquemment égayé par les élans d'un heureux atticisme, qu'Avellaneda met à la suite de l'œuvre incomplète de Cervantes. Celui-ci se réveille, rappelle ses souvenirs, cherche sa plume et se remet à l'œuvre. Mais il avait perdu de vue depuis neuf ans le premier volume de son roman ; il le reprenait à un âge avancé, alors que l'imagination n'accepte que des travaux faciles, et ne se prête plus à l'étude sérieuse d'un plan imposé. Quoi d'étonnant qu'il se trouvât dépaysé, qu'il eût de la peine à rentrer dans le chemin tracé de ses idées précédentes, à reprendre ses deux héros avec le caractère et les pensées qu'il leur avait laissés neuf ans auparavant? Il avait écrit sa première partie de cinquante à cinquante-huit ans, à loisir, avec amour ; sans autre but qu'une magnifique critique de mœurs ridicules ; sans autre rêve qu'une belle répulation à acquérir, et que ne donnaient encore ni la *Galathée*, ni la *Numance*, ni quelques volumes de faibles comédies. La seconde partie s'écrivait sous l'influence du besoin, sous la pression de sollicitations amies, avec l'indolente impression que laisse une œuvre dix fois laissée, dix fois reprise, et que ne dicte plus l'heureuse inspiration de la création première ; sans doute encore sous l'aiguillon de cette pensée pénible qu'il peut surgir un rival inattendu, pensée vague d'abord, que l'on conçoit seul, qu'on n'ose exprimer à personne ; puis qu'un ami articule, qui devient alors une persécution de tous les moments, qui fait entasser les idées incorrectes et les plans à peine élaborés, et qui enfin, prenant tout à coup un corps, surprend comme la foudre à la moitié de l'œuvre, et force à la terminer à la hâte, en mêlant à tout propos les élans d'une acrimonie profonde, les preuves d'une préoccupation jalouse, aux récits désormais incolores d'une verve qui s'éteint.

Le don Quichotte de la troisième sortie n'est plus celui des deux premières ; ce n'est plus le héros des moulins à vent, le libérateur des galériens, le champion de la belle Marcelle, le chevalier de la princesse de Micomicon ; c'est maintenant un pauvre extravagant qui a besoin d'aventures, et qui sachant qu'il a eu un immense succès de rires, sachant qu'on le regarde, court les hasards, non plus pour faire de la chevalerie et gagner des royaumes, mais surtout pour se donner en spectacle et pour amuser. La seconde partie du *Don Quichotte* n'est plus la critique de la chevalerie errante ; c'est seulement un roman où l'esprit abonde, amusant au premier chef, mais distrait de son but. Le héros devient un visionnaire dangereux qui prend des marionnettes pour des hommes, et qui met contre elles l'épée à la main ; un imposteur éveillé qui ment sciemment en racontant ses aventures de la caverne de Montésinos ; un jouet pour les grands : pour le duc et la duchesse dans leur château, pour Roque Guinart dans la forêt, pour don Antonio Moreno à Barcelone ; et qu'on ridiculise à plaisir avec des fantasmagories et des évocations de revenants, qu'on maltraite avec la promenade sur Clavilègne, avec les chats d'Altisidore.

Le lecteur ne s'intéresse plus ; il se prend de pitié pour ces deux hommes qui, d'abord acteurs sérieux dans une grande critique, deviennent le plastron et la victime de tous les mauvais plaisants, et que l'auteur, à bout sans doute d'expédients, transforme enfin en bergers ornés de houlettes enrubannées, et fait mourir au milieu des douceurs de la pastorale, après les avoir créés pour être redresseurs de torts, protecteurs de la veuve et de l'orphelin.

Si je fais ici la critique du plan de cette seconde partie de Cervantès, ce n'est pas que je veuille ou que j'ose toucher en rien au mérite rare des détails de ses quatre-vingts chapitres. Les noces du riche Gamache restent une charmante pastorale, le gouvernement de Sancho à Barataria un cours habile de science gouvernementale et d'économie politique, l'aventure des marionnettes une scène du meilleur comique, le séjour chez le duc et la duchesse une gracieuse étude des mœurs seigneuriales ; mais dans tout cela Cervantès n'a-t-il pas cessé de prendre son héros au sérieux, ne l'abandonne-t-il pas avec un dédain trop peu fraternel aux caprices des événements ? Ce volume, en un mot, ces quatre-vingts chapitres ne semblent-ils pas gonflés d'air et faits de phrases battues, si on les compare aux cinquante-deux chapitres si remplis, si accidentés, si attachants de la première partie? Que dira-t-on encore lorsque le rapprochement des deux suites aura fait reconnaître que Cervantès a été quelquefois le servile copiste, le plagiaire d'Avellaneda, mettant sans doute en pratique, à la honte de son éminent génie, cette vieille et égoïste maxime : « On reprend son bien où on le trouve. »

Ceci n'est pas une allégation hasardée. Clemencin, le commentateur souvent partial, constate une partie des larcins de Cervantès, et avoue que dans ces passages le continuateur aragonais est resté supérieur à son copiste [1]. Mais Clemencin ne relève que des faits insignifiants, et pour ménager la haute renommée de son auteur, il passe sous silence des plagiats réels que le lecteur reconnaîtra dans le cours de l'œuvre d'Avellaneda. Ainsi il signale cette phrase de l'hôtelier du chapitre LIX : « J'ai deux pieds de veau cuits avec des pois, des oignons et du lard, qui disent en bouillant sur le feu : Mange-moi, mange-moi. » Le Sancho d'Avellaneda avait dit (chap. IV) : « Il y a ici un gentil ragout de vache, de porc, de mouton, de navets et de choux qui nous dit : Mangez-moi, mangez-moi. » Il rappelle qu'Avellaneda (chap. V) parle du « bien juste et bien petit soulier de la princesse galicienne », et Cervantès (chap. XIV) du soulier « sale et décousu de madame Dulcinée ». Il considère l'emprunt de six réaux, que la suivante de Dulcinée fait à don Quichotte, dans la grotte de Montésinos, comme une imitation du prêt de deux réaux que réclame une servante du héros d'Avellaneda, afin de payer des assiettes qu'elle a cassées.

Ces rapprochements sont puérils, ils ne sauraient con-

[1] Notes du chapitre 39.

stituer, à bien prendre, le délit que je reproche à Cervantès ; on le constatera ailleurs. Ainsi Avellaneda, le premier, met don Quichotte aux prises avec une troupe de comédiens (chap. XXVI). Cervantès reprend cet épisode et en fait l'aventure du char des *Cortès de la mort*. Plus loin (chap. XXVII) Avellaneda fait assister don Quichotte à une répétition d'une comédie de Lope de Vega, dans laquelle il prend fait et cause pour une reine calomniée, met l'épée à la main, injurie les acteurs et les défie ; Cervantès en a imité son épisode des marionnettes.

Les commentateurs ont injurié Avellaneda qui, par une religieuse étude de son modèle, a fait de ses premières pages un pastiche habile, et ils n'ont pas remarqué que cette maladroite injure retournait à leur auteur. Les rapprochements que signale Clemencin peuvent être l'effet du hasard ; ceux que je viens de faire, et ils ne seraient pas les seuls, constituent le flagrant délit d'imitation servile. L'épisode des comédiens, celui de la répétition, sont d'heureuse invention et franchement comiques : ils valaient la peine d'être regrettés et repris à Avellaneda ; mais cette action est-elle digne du grand talent de Cervantès, et n'avait-il pas assez de richesses dans son propre fonds, sans demander des inspirations à son compétiteur ?

Cela prouve la difficulté que dut rencontrer Cervantès, esprit léger, frivole et vagabond, à s'attacher de nouveau à l'étude d'un plan depuis neuf ans abandonné. L'avantage dans cette espèce de conflit, dans cette course côte à côte de deux génies s'élançant vers le même but, devait donc revenir à celui des deux qui agissait de sang-froid, et qu'animait uniquement l'ardent désir du succès.

A une œuvre telle que le *Don Quichotte*, il y a une

marche nettement et logiquement tracée. Un roman de fantaisie court selon les caprices d'imagination de son auteur, nul n'en peut prévoir la marche irrégulière ou l'étrange issue. Un livre philosophique a au contraire, dès l'exposition, une conséquence forcée, nettement prescrite, comme il serait d'un labeur mathématique; et si la chaîne en est subitement interrompue, si l'écrivain fait défaut, à moitié de sa tâche, sans laisser trace du plan qu'il aurait suivi, sans indiquer le but qu'il voulait atteindre, tout homme au jugement sain, à l'esprit exercé, doit pouvoir prendre sa place et terminer son œuvre comme il l'aurait fait lui-même.

Pénétré du plan de Cervantès, étudiant son style, sa manière, ses allures, laissant de côté toute acception personnelle pour n'être que continuateur, Avellaneda a conduit son roman selon la succession logique des idées du maître, et s'est emparé de la voie que le bon sens aurait tracée à tout autre comme à lui. Le dépit de Cervantès n'a pas eu seulement pour cause l'usurpation du titre et du sujet de son livre, mais l'occupation par son compétiteur de la seule ligne qu'il voulait et pouvait suivre.

Gêné désormais dans la continuation de son œuvre, trouvant prises les idées qui à chaque instant lui venaient à l'esprit, sans cesse coudoyé dans le droit chemin où il avait coutume de marcher tout à l'aise, force lui fut de se jeter dans les voies de traverse, de semer au hasard les trésors de son esprit, et de se faire un gîte loin du terrain occupé par son ennemi.

Là est le secret de la supériorité que j'attribue au plan d'Avellaneda. Cervantès, qui conservait l'éminent avantage d'un style magnifique, d'une renommée incontestée, devait-il donc se venger par un flot d'injures, et ne pouvait-il pas laisser ce triste moyen à ses commentateurs?

Avellaneda eut d'abord un succès réel. Ce qui le prouve, c'est qu'après l'édition première de Tarragone (1614) il en parut tout aussitôt une seconde à Madrid, en 1615. Mais bientôt survinrent la protestation de Cervantès, les injures de ses amis, furieux, sans doute, de s'être laissés prendre au pseudonyme : Cervantès revendiqua ses droits tout entiers ; et Avellaneda, convaincu de témérité, assista, sans vouloir désormais se faire connaître, à l'auto-da-fé de ses derniers exemplaires.

Et comment pouvait-il, le pauvre homme, lutter contre les effets de cette idolâtrie qui, grâce à l'ardeur du sang espagnol, a épuisé toutes les formules du langage? Sa mémoire, dans le cours de ces deux siècles, obtint une seule vengeance, une consolation indirecte, la traduction de Lesage. Mais combien d'adorations ont vengé depuis lors l'illustre auteur du premier *Don Quichotte* de cette protestation isolée, incomplète, d'un savant étranger[1] ! Il n'est d'exemple, dans aucune des littératures de l'Europe, d'un fétichisme aussi absolu. Cervantès a été analysé dans tous les termes, disséqué dans tous les sens, exploité sous toutes les formes. Chacun dans « l'anatomie du livre par excellence[2] » a

---

[1] La traduction de Lesage, réimprimée trois fois sur l'édition première de 1704*, ne peut donner une idée exacte de l'œuvre d'Avellaneda. La fable y est considérablement modifiée, retouchée, augmentée, et l'original disparaît, pour ainsi dire, sous les ornements dont l'a entourée l'imagination du traducteur. C'est ainsi du reste qu'on traduisait autrefois, et que Lesage a fait des histoires de *Guzman d'Alfarache*, d'*Estevanille*, du *Diable boiteux*, qui ressemblent peu aux textes originaux.

[2] Don Firmin Caballero.

* Voir la note 1 de la page XXXII.

cherché un élément à exploiter. Tous ont vécu du *Don Quichotte*, et en ont soumis une parcelle à l'alambic pour en tirer une essence quelconque. Rios en a fait l'*analyse;* Eximène l'*apologie*. Arrieta, imitant ce qui s'est fait de ce côté des Pyrénées pour nos écrivains illustres, en a extrait l'*esprit*. Pellicer l'a *annoté;* Rementeria en a imaginé le *dictionnaire;* Clemencin l'a *commenté* en six volumes in-4º; don Antonio Hernandez Morejon, un amateur de littérature anthropologique, en a tiré des *beautés de médecine pratique;* et le dernier par la date, non pas par l'exagération, don Firmin Caballero, peu content qu'un émule eût évalué à cent soixante-quinze jours la durée du *Don Quichotte*, et qu'un autre eût tracé la carte des pérégrinations du héros, a constaté que l'auteur de cette *œuvre gigantesque*, de ce *puits insondable de science*, de ce *prodige d'imagination* « était maître en géographie universelle, en chorographie des différents états, en topographie de son pays et des contrées étrangères. » Une gravure achève la démonstration, et représente le nom de Cervantès remplissant le globe terrestre, au centre de rayons fulgurants dont les intervalles sont occupés par les noms des géographes du monde connu [1].

C'est ainsi que le pauvre Avellaneda est arrivé jusqu'à nos jours, honni et dédaigné dès qu'il cherchait à reparaître, attendant qu'un lecteur prît en main la révision de son procès.

J'ai tenté cette tâche difficile, cette protestation peut-être hardie contre des préventions passionnées et intolérantes. Plus d'une sympathie a encouragé mes efforts

---

[1] *Pericia geografica de Miguel de Cervantès demostrada con la historia de don Quijote de la Mancha*. Madrid, 1840, in-18.

à conquérir pour notre littérature une œuvre digne d'en augmenter les richesses. Le profit, d'ailleurs, n'est pas seulement pour nous : en tirant Avellaneda de l'oubli, en le défendant contre les colères qui l'ont accablé, j'aurai rendu à l'Espagne, en dépit d'elle-même, une gloire presque égale à celle de Cervantès, et rivale de celle de Mateo Aleman.

« Si le *Don Quichotte* de Cervantès n'existait pas, a dit le savant bibliographe que j'ai déjà nommé, M. Salva, le roman d'Avellaneda serait le plus remarquable de l'Espagne. »

A. GERMOND DE LAVIGNE.

Mai 1853.

Il a été publié quatre éditions originales de l'œuvre d'Avellaneda :

La première à Tarragone (1614 in-8º), imprimeur Felipe Roberto. La Bibliothèque nationale en possède un exemplaire.

La seconde à Madrid, en 1615, in-4º; il en est parlé dans l'*Allgemeines bibliographisches lexicon*, de Ebert.

La troisième, in-4º, a pour éditeur don Isidro Peralès y Torres, et pour imprimeur Juan Oliverès (Madrid, 1732). J'en ai vu un exemplaire chez M. Salva.

La quatrième, dont l'éditeur est don Blas Nasarre, parut à Madrid en 1803, en 2 vol. in-8º. L'éditeur y a supprimé deux nouvelles intercalées, semblables à celles qui se rencontrent dans la première partie de Cervantès. Ces nouvelles forment les chapitres xv à xx du présent volume.

C'est la première de ces éditions qui a servi de texte à Lesage pour sa traduction, sous le titre que j'ai donné plus haut. Cette traduction a été réimprimée en 1705 à Amsterdam, en 1716 à Paris (Compagnie des libraires, 2 vol. in-12, fig. de Clouzier); en 1741, à Paris, chez David.

J'ajouterai aux éditions originales du livre d'Avellaneda une reproduction faite en 1847 ou 1848, à Madrid, dans un recueil de romans à bon marché, et une réimpression comprise dans un volume intitulé : *Romanciers postérieurs à Cervantès*, faisant partie de la *Biblioteca de autores españoles* en cours de publication à Madrid (1851-53).

SECONDE PARTIE

DE L'INGÉNIEUX HIDALGO

DON QUICHOTTE DE LA MANCHE

Contenant sa troisième sortie,
Et commençant au cinquième livre de ses aventures;

COMPOSÉE PAR LE LICENCIÉ

ALONSO FERNANDEZ D'AVELLANEDA

Natif de la ville de Tordesillas.

DÉDIÉE

A L'ALCADE, AUX RÉGIDORS ET AUX HIDALGOS

DE LA NOBLE VILLE D'ARGAMÉSILLA,

patrie fortunée
de l'hidalgo chevalier don Quichotte de la Manche.

A L'ALCADE, AUX RÉGIDORS, AUX HIDALGOS

de la noble ville d'Argamesilla de la Manche, patrie fortunée de l'hidalgo
chevalier don Quichotte,
le lustre des adeptes de la chevalerie errante.

———>·:·<———

Il est d'antique usage de dédier les livres qui racontent la gloire, les grandes actions d'un homme fameux, aux patries illustres qui, comme des mères, leur ont donné le jour et les ont vus grandir : on sait aussi que chaque fois qu'a paru un grand génie, un noble personnage, mille cités se sont disputé l'honneur d'en avoir été le berceau. Tel fut l'hidalgo chevalier don Quichotte de la Manche, si connu dans le monde pour ses prouesses inouïes, et il est juste qu'une part de sa célébrité rejaillisse sur la ville bienheureuse que vos grâces administrent, et qui fut la patrie de cet illustre preux et de son fidèle écuyer Sancho Panza. C'est à ce titre que j'adresse à vos grâces cette Seconde Partie qui retrace les victoires de l'un, aussi enviées qu'elles furent réelles, et les bons services de l'autre. Daignent donc vos grâces recevoir l'hommage d'un écrivain que mille difficultés n'ont point découragé, et prendre sous leur protection manchoise ce livre qui la mérite autant par lui-même que par le péril auquel l'auteur s'est exposé en se mettant à la merci du vulgaire, c'est-à-dire en se livrant aux cornes d'un taureau indompté....... etc.

L'AUTEUR.

PROLOGUE

L'histoire de don Quichotte de la Manche est presque entièrement une comédie; elle ne peut et ne doit donc pas aller sans Prologue. Voilà pourquoi j'écris celui-ci en tête de cette Seconde Partie des hauts faits du héros; mais au moins le ferai-je moins fanfaron et moins provocateur que le prologue placé par Michel de Cervantès Saavedra en tête de sa première partie, et plus humble que certain autre [1] qui précède ses *Nouvelles* satiriques plutôt qu'exemplaires, mais réellement ingénieuses. Sans doute il ne trouvera rien qui le soit dans l'histoire qui va suivre; il n'y a ici ni la supériorité de son talent, ni l'abondance de relations fidèles qui se rencontrèrent sous *sa* main [2]; sans doute encore, il se plaindra de mon travail, il dira que je lui enlève le profit de sa seconde partie [3]; mais du moins il devra reconnaître que tous deux nous tendons vers une même fin, c'est-à-dire combattre à outrance la lecture pernicieuse des mauvais livres de chevalerie, si ré-

---

[1] Voir les notes à la fin du volume.

pandue parmi les gens de la campagne et parmi les oisifs. Toutefois nous différons par les moyens, car il a cru devoir m'attaquer, ainsi que cet autre écrivain que célèbrent avec tant de justice les nations étrangères [4], et à qui la nôtre est si redevable de la gloire dont il a entouré le théâtre espagnol, en produisant un nombre infini de comédies admirables, écrites avec toute la sévérité de l'art et avec toute la grâce et la sagesse qu'on doit attendre d'un ministre du Saint-Office [5].

Je me suis plu à entremêler la présente comédie des simplicités de Sancho Panza, en évitant toutefois d'offenser personne ou de faire un trop grand abus d'équivoques. Celles-ci m'eussent été faciles, sans doute; mais en offenses je n'aurais pas été expert.

Il ne faut pas qu'on soit surpris si cette seconde partie est d'un autre auteur que la première; il n'est pas nouveau qu'une même histoire ait été conçue et continuée par plusieurs écrivains; combien ne se sont pas occupés des amours et des aventures d'Angélique? Les Arcanes n'ont-ils pas eu divers auteurs? La Diane est-elle d'une seule main [6]? Or, voilà Miguel de Cervantès devenu vieux comme le château de Saint-Cervantès, et tellement maltraité par les années, que tout et tous lui sont à charge; il est si à court d'amis, que lorsqu'il veut orner ses livres de quelques sonnets boursouflés, il s'en va leur donner pour auteurs, comme il le dit lui-même, le Prêtre Jean des Indes ou l'empereur de Trébisonde [7], parce qu'il ne trouve pas sans doute, dans toute l'Espagne, un personnage qui ne s'offense de le voir prendre son nom, lorsque tant d'autres consentent à laisser descendre les leurs,—ce dont il murmure,—en tête des livres de l'auteur [8]. Plaise à Dieu que, maintenant qu'il s'est voué à la retraite, il n'aille pas s'en prendre à l'Église et aux choses sacrées! Qu'il s'en tienne à sa Galatée, à ses comédies en prose, je veux dire ses Nouvelles, qui sont réellement dignes d'éloge.

Saint Thomas, dans son 22º chapitre, strophe 36, définit l'envie, d'après saint Jean de Damas : « Cette tristesse que causent le bien et la fortune d'autrui ». Saint Grégoire, dans le 31º livre, chapitre 31, de son Exposition morale de l'histoire de Job, dit que ce vice a pour fils la haine, les murmures, la médisance, la joie des malheurs du prochain, le chagrin des joies qui lui surviennent, et que ce péché se nomme envie : « *a non videndo, quia invidus non potest videre bona aliorum.* » Saint Paul, au contraire, a dit de la charité chrétienne (I ad Corinthios, 13) : « *Charitas patiens est, benigna est, non agit perperam; non inflatur, non est ambitiosa, congaudet veritati, etc........* »

Mais il est une excuse aux torts que Cervantès s'est donnés en cette matière dans sa première partie, c'est qu'elle a été écrite dans une prison, et par conséquent qu'elle s'y est empreinte d'humeur sombre, de dispositions inquiètes, impatientes, hargneuses et colères, comme il arrive à tous les prisonniers. La suite qu'on va lire diffère beaucoup sur ce point de l'œuvre de Cervantès, d'autant que mon humeur est le contraire de la sienne, aussi bien en matières d'opinion qu'en question d'histoire. Quant à l'authenticité, mon livre n'en offre pas moins que celui que je continue ; chacun, pour en juger, peut visiter tout à son aise, et par tel côté que bon lui semblera, la collection de papiers que j'ai lus pour l'écrire, et qui sont aussi nombreux que ceux que j'ai négligés.

Je ne pense pas que personne murmure de ce qu'on permette l'impression de livres de cette nature; celui-ci ne donne aucun exemple déshonnête; il enseigne, au contraire, à ne pas être fou; du moment d'ailleurs qu'on autorise tant de *Célestines* qui s'en vont, mère et fille, par toutes les places⁹, on peut bien laisser courir à travers champs un don Quichotte et un Sancho Panza à qui jamais on ne connut de vices, mais bien le désir très-légitime de protéger la veuve, l'orphelin, et de redresser les torts......, etc. ¹⁰

PEDRO FERNANDEZ AUX LECTEURS ¹¹

SONNET

Bien que pour raconter les plus belles actions,
Il faille des docteurs, des savants et des sages ;
Bien que je sois ignare entre les ignorants,
J'ai mis tous mes efforts au livre que voici.
Il y a de longs jours que dame Renommée
Cachait à nos yeux dans ses muettes annales
Les faits les plus étranges et les plus imprévus
Qu'Illescas aussi bien qu'Olias ait connus.
Maintenant je vous livre, intelligents lecteurs,
Les nouvelles folies, les hauts faits sans pareils
De l'errant hidalgo, du Manchois don Quichotte ;
Ils vous démontreront une vérité grande :
Qu'à mener en tous lieux cette folle existence,
On ne trouve ici-bas ni plaisir ni repos.

L'INGÉNIEUX CHEVALIER

DON QUICHOTTE DE LA MANCHE

LIVRE CINQUIÈME

CHAPITRE I

Comment don Quichotte de la Manche revint à ses rêveries de chevalier errant, et comment arrivèrent à son village d'Argamésilla certains cavaliers grenadins.

ALISOLAN, savant historien, véridique autant que moderne, rapporte que lorsque furent expulsés d'Aragon les Maures de la race d'Agar, ses ancêtres, ils abandonnèrent certaines annales historiques parmi lesquelles se trouva, écrit en arabe, le récit de la troisième sortie que fit, de son village d'Argamésilla[1], l'invaincu chevalier don Quichotte de la Manche, pour aller assister à des joutes qui devaient avoir lieu dans la ville insigne de Saragosse[2]. Voici quel était ce récit.

Après que don Quichotte eut été ramené à son logis, dans une cage, par le curé, le barbier et la belle Dorothée, en compagnie de Sancho Panza son écuyer, on l'enferma dans une chambre avec une grosse et lourde chaîne au pied; et

[1] Voir les notes à la fin du volume.

là, à force de soins, de jus, de conserves et de choses substantielles, on espérait le ramener peu à peu à la saine raison. Au bout de plusieurs jours de captivité, il conjura sa nièce Madeleine de lui chercher quelque bon livre qui pût l'aider à passer les soixante-dix années d'enchantement qu'il se disait condamné à subir. Madeleine en référa au curé Pedro Perez et à Maître Nicolas le barbier, et de peur que l'oisiveté ne ramenât dans son esprit les extravagances de ses mauvais livres de chevalerie [3], on lui donna un *Flos sanctorum* de Villegas [4], les Évangiles et les Épîtres pour toute l'année en langue vulgaire, et le *Guide des pécheurs* de frère Louis de Grenade [5]. Ces lectures lui ayant fait oublier les chimères de la chevalerie errante, il revint en six mois à son bon sens passé, et on le délivra de sa prison. Une fois libre, il allait assidûment à la messe avec son rosaire et les Heures de Notre-Dame, il entendait religieusement tous les sermons; de telle sorte que les habitants du village le considéraient comme complétement guéri, et en rendaient grâces à Dieu. Aucun toutefois, et le curé l'avait bien recommandé, ne lui parlait de ce qui s'était passé; on ne l'appelait plus don Quichotte, mais bien le seigneur Martin Quichada, ce qui était son véritable nom [6]. Il est vrai qu'en son absence on s'amusait bien un peu sur son compte, en se rappelant quelques-unes de ses aventures, comme, par exemple, la délivrance des galériens, la pénitence de la Sierra-Morena, et toutes ces choses plaisantes dont il est question dans la première partie de son histoire.

Sur ces entrefaites, et vers le mois d'août, sa nièce Madeleine fut prise d'une de ces fièvres qui durent vingt-quatre heures et que les médecins appellent éphémères. Cette fièvre fut si violente que la pauvre nièce succomba, laissant le bon gentilhomme seul et sans consolations [7],

Alors le curé mit auprès de lui une bonne vieille, chrétienne et même passablement dévote, qui fut chargée de faire son lit, de préparer sa nourriture, de lui rendre tous les services d'usage, et de plus d'aviser le curé ou le barbier de tout ce que don Quichotte ferait ou dirait, soit chez lui, soit hors de chez lui, afin que ses amis pussent juger s'il avait quelque velléité de songer encore à la chevalerie errante.

Un jour de fête qu'il faisait une chaleur excessive, Sancho Panza s'en vint après le dîner visiter son ancien maître, et le trouvant seul dans sa chambre lisant le *Flos sanctorum*, «¿Eh bien, seigneur Quichada, lui dit-il, comment va[8]?—Ah! Sancho, répondit don Quichotte, sois le bienvenu, assieds-toi là un instant; en vérité, j'avais le plus grand désir de causer avec toi.—¿Quel est, reprit Sancho, ce livre dans lequel lit votre grâce? traite-t-il encore de quelques chevaleries comme celles où nous avons été si sottement engagés l'autre année? ¿Dites-moi un peu, je vous en prie, s'il y a là quelque écuyer à qui cela profite mieux qu'à moi; car, par la vie de ma casaque, notre farce de chevalerie m'a coûté plus de vingt-six réaux, sans compter mon pauvre roussin que m'a volé Ginesille le bon apôtre[9]; et je suis resté avec tout cela comme devant, sans être ni Roi ni Roch, à moins qu'au carême prochain les enfants ne me fassent roi des coqs[10]; en un mot toute la peine que je me suis donnée ne m'a servi à rien.—Je ne lis pas de livre de chevalerie, lui répondit don Quichotte, je n'en ai aucun; mais je lis ce *Flos sanctorum* dont je suis fort content.—¿Et qu'est-ce que ce *Flux sanctorum*, reprit Sancho, est-ce un roi ou quelqu'un de ces géants qui se changèrent en moulins il y a un an?—Sancho, lui dit don Quichotte, tu es toujours simple et grossier. Ce livre traite de la vie des saints : de saint Laurent qui fut rôti, de saint

Barthélemi qui fut écorché, de sainte Catherine qui fut étendue sur une roue garnie de lames de couteaux, et enfin de tous les saints et de tous les martyrs de l'année. Assieds-toi et je vais te lire la vie du saint que célèbre l'Église aujourd'hui vingt août [11], saint Bernard. — Par Dieu! dit Sancho, peu m'importe de connaître la vie des autres, et je n'aurais pas le moindre plaisir à me laisser enlever la peau ou mettre sur le gril; ¿mais dites-moi, je vous prie, dépouilla-t-on saint Barthélemi et mit-on saint Laurent à rôtir, après leur mort, ou pendant qu'ils vivaient?— Quelle niaiserie! répliqua don Quichotte, vivant l'un fut écorché, vivant l'autre grillé.—La peste! fit Sancho, il devait leur en cuire; en conscience, je ne vaudrais pas une figue pour ce *Flas sanctorum;* réciter à genoux une demi-douzaine de *credos*, à la bonne heure, ou bien encore jeûner au lieu de manger raisonnablement trois fois le jour, c'est tout ce que je pourrais faire.—Tous les maux qui ont affligé les saints que je t'ai nommés et ceux dont il est question dans ce livre, ils les ont courageusement soufferts pour l'amour du Seigneur, et ils ont gagné par ce moyen le royaume des cieux.—En bonne conscience, dit Sancho, nous avions assez souffert il y a un an pour gagner le royaume de Micomicon, et nous n'avons pas eu miette dans ce mic-mac [12]; il m'est avis maintenant que votre grâce voudrait que nous nous fissions saints errants pour gagner le paradis terrestre; mais laissons cela et voyons un peu la vie de saint Bernard. » Le brave hidalgo commença sa lecture; à chaque page il y ajoutait de sages raisonnements appuyés d'une foule de sentences tirées des philosophes, et il était facile d'y retrouver ce bon sens, ce clair jugement tant compromis par la lecture immodérée des livres de chevalerie [13].

Lorsque don Quichotte eut fini de lire la vie de saint

Bernard, « ¿Que t'en semble, dit-il à Sancho, as-tu connu un saint qui fût plus dévoué à Notre-Dame? plus ardent dans la prière? plus tendre dans ses larmes? et plus humble en œuvres et en paroles? — En vérité, répondit Sancho, c'était un saint de mérite, et je veux à l'avenir me mettre à sa dévotion lorsque je serai dans quelque mauvaise passe, comme celles des moulins à foulon ou de la couverture de l'hôtellerie; il m'aidera du moins, tandis que votre grâce n'a pas même pu franchir les murs de la basse-cour [14]. Mais il faut que je dise à votre grâce, seigneur Quichada, que dimanche dernier le fils de Pedro Alonso, celui qui va à l'école, nous apporta un livre, sous l'arbre près du moulin, et nous lut dedans pendant plus de deux heures. Ce livre est tout rempli de mille merveilles et c'est bien autre chose que ce *Flux sanctorum*. Il y a au commencement un homme armé, sur son cheval, avec une épée plus large que cette main, dégainée; il donne sur une roche un tel coup, comme un coup de massue, qu'il la partage en deux, et par la fente il sort un serpent auquel il coupe la tête. C'est là, j'espère, par le corps de Dieu, un bon livre! — ¿Comment s'appelle-t-il? demanda don Quichotte; si je ne me trompe, l'enfant de Pedro Alonso m'en vola un l'an passé, et ce doit être de don Florisbran de Candarie, un valeureux chevalier, qu'il y est question, et aussi d'autres preux illustres, tels que l'amiral de Suède, Palmerin de la Pomme, Blastrodas de la Tour, le géant Maléort de Bradanque, avec les deux fameuses enchanteresses Zuldasa et Dalphadée. — Vous avez raison, dit Sancho, ces deux-là emmenèrent un chevalier au château de je ne sais comment. — D'Aséfaros, fit don Quichotte. — C'est cela, et si je puis le prendre et l'apporter ici le dimanche pour que nous le lisions, car je ne sais pas lire seul, je me réjouirai fort d'entendre le récit de ces terribles coups de massue et d'épée qui vous tranchent en deux homme et cheval.—Eh bien! Sancho, reprit don Quichotte, fais-moi le plaisir de me l'apporter, mais que ce soit de manière que le curé ni personne n'en sache rien.—Je le promets à votre grâce, dit Sancho, et ce soir même, si je le puis, je tâcherai de le fourrer sous le pan de ma casaque; et sur ce, seigneur, que Dieu soit avec votre grâce, car ma femme m'attend pour souper. » Sancho s'en fut, et le bon hidalgo resta avec la cervelle quelque peu mise en mouvement par les souvenirs de chevalerie que Sancho y avait fait renaître. Il ferma son livre et se mit à se promener dans sa chambre, donnant libre cours aux terribles chimères de son imagination, se laissant aller de nouveau à toutes ces fantaisies dont il avait vécu si longtemps. On sonna les vêpres, don Quichotte prit sa cape, son rosaire, et s'en alla les entendre avec l'alcade qui demeurait auprès de lui; puis, après vêpres, don Quichotte, l'alcade, le curé et les principaux du village allèrent s'installer sur la place, et là, formant le cercle, ils devisèrent sur ce qui les intéressait le plus.

Au bout de peu d'instants on vit déboucher, de la rue principale sur la place, quatre cavaliers de distinction suivis de valets, de pages et de douze laquais qui conduisaient douze chevaux de main richement enharnachés. Pendant que les personnes qui étaient sur la place se rangeaient et les regardaient arriver, non sans quelque curiosité, le curé se rapprocha de don Quichotte. « Sur ma conscience, seigneur Quichada, lui dit-il, si tout ce monde était venu par ici il y a six mois, vous auriez regardé cela comme une aventure des plus étranges et des plus périlleuses qui eussent jamais été racontées dans vos livres de chevalerie [15], vous vous seriez imaginé que ces cavaliers emmenaient prisonnière quelque princesse de haute lignée, et sans doute ceux à qui tout le reste paraît obéir auraient été quatre géants démesurés, maîtres du château de l'enchanteur Bramiforan. — Tout cela, seigneur licencié, répondit don Quichotte, est maintenant eau écoulée qui, comme on dit, ne peut plus faire tourner le moulin; mais allons à ces cavaliers pour savoir ce qu'ils sont; si je ne me trompe, ils vont à la cour pour affaires d'importance, car leur costume indique que ce sont gens de haute classe. »

Don Quichotte et ses amis marchèrent donc vers les nouveaux venus, et après que des saluts eurent été échangés, le curé, comme le mieux avisé, leur parla de la sorte: « Sans nul doute, seigneurs cavaliers, nous sommes vivement peinés que tant de noblesse soit venue faire halte dans un pays aussi petit que celui-ci, et aussi dépourvu de toutes les commodités et de tous les agréments que vos grâces méritent; nous n'avons ni hôtellerie ni auberge qui puisse recevoir tant de monde et tant de chevaux; mais cependant, si ces seigneurs et moi nous pouvons vous être de quelque utilité, si vos grâces se décident à rester ici cette nuit, nous tâcherons de leur faire le meilleur accueil qu'il nous sera possible. » L'un des cavaliers, celui qui paraissait être le principal, prit la parole au nom de ses compagnons, et remercia le curé. « Nous vous sommes très-reconnaissants, seigneurs, dit-il, du bon vouloir que vous nous témoignez sans nous connaître, et nous en conserverons un éternel souvenir. Nous sommes des cavaliers de Grenade, et nous nous rendons à la ville célèbre de Saragosse pour prendre part à des joutes qui vont y avoir lieu. Ayant appris que le tenant est un vaillant cavalier, nous nous sommes résolus à faire le voyage pour conquérir quelqu'honneur, et cela ne s'acquiert pas sans peine. Nous pensions aller à deux lieues au-delà de ce pays, mais nos chevaux et nos gens sont un peu fatigués, et nous avons pris le parti de nous arrêter ici, dussions-nous dormir cette nuit sur les degrés de l'église, si le seigneur curé veut bien nous en donner la permission [16]. »

L'un des alcades, qui s'entendait mieux à moissonner ses blés et à atteler ses mules et ses bœufs qu'à faire de beaux discours, répondit au cavalier : « Il n'y aura rien à donner à vos grâces, nous leur ferons la faveur de les loger cette nuit ; il nous arrive sept cents fois dans l'année des compagnies de gaillards autrement fanfarons que vous, et qui n'ont ni vos belles façons ni vos belles paroles, à preuve qu'il en coûte à la commune plus de quatre-vingt-dix maravedis par an [17]. » Le curé se hâta d'interrompre l'alcade dans le cours de ses maladresses. « Que vos grâces aient patience, Messeigneurs, leur dit-il, je me fais fort de les loger de ma main, et ce sera de la façon que voici : les deux seigneurs alcades vont emmener chez eux ces deux seigneurs avec leurs serviteurs et leurs chevaux, moi j'hébergerai le troisième, le seigneur Quichada se chargera du quatrième, et chacun fera de son mieux pour bien recevoir son hôte ; car, comme l'on dit, un hôte quel qu'il soit doit être honoré. Vos seigneuries étant des personnes honorables, nous n'en avons que plus d'obligation de les servir, et il ne sera pas dit qu'arrivant dans un pays d'honnêtes gens, bien que petit, elles aient été obligées d'aller dormir, comme votre grâce le pensait, sur les degrés de l'église. » Don Quichotte prit à son tour la parole, et s'adressant à celui qui lui était échu : « Assurément, seigneur cavalier, lui dit-il, je suis heureux que votre grâce veuille se servir de ma maison ; bien qu'elle soit pauvre de tout ce qui peut être nécessaire à un aussi noble gentilhomme, elle sera du moins riche de volonté, et votre grâce voudra bien en recevoir le témoignage.—

Certes, seigneur hidalgo, répondit le cavalier, vous me faites honneur, et je ne puis douter que vos œuvres ne soient aussi bonnes que vos paroles. » Là-dessus ils prirent congé les uns des autres, et s'en allèrent chacun avec son hôte, après être convenus de se remettre en route le lendemain de grand matin, afin d'éviter les chaleurs excessives qu'il faisait à cette époque.

Don Quichotte fit placer les chevaux dans une petite étable, ordonna à sa vieille gouvernante de mettre à la broche des oiseaux et des pigeons dont il était assez bien pourvu, afin de donner à souper à tout ce monde qu'il avait amené, et en même temps il envoya un petit garçon avertir Sancho Panza de venir donner un peu d'aide au logis; Sancho accourut tout aussitôt et de bonne grâce.

Pendant qu'on préparait le repas, don Quichotte et le cavalier se promenèrent dans la cour, où il faisait très-frais, et, entre autres choses, don Quichotte demanda à son hôte quel était son nom et quel motif l'avait porté à venir d'aussi loin à ces joutes. Le cavalier répondit qu'il se nommait don Alvaro Tarfé, et qu'il descendait de l'ancienne famille maure des Tarfé, proches parents des rois de Grenade, famille valeureuse et célèbre à l'égal des Abencerrages, des Zegries, des Gomèles et des Mazas. Il ajouta que les Tarfé s'étaient fait chrétiens lorsque la fameuse ville de Grenade était tombée au pouvoir du roi Ferdinand-le-Catholique. « Quant à ce voyage, dit-il, je l'ai entrepris par l'ordre d'un séraphin sous les habits d'une femme, qui est la reine de ma volonté, le but de tous mes désirs, l'objet de mes soupirs, le motif de toutes mes pensées, le paradis de mes souvenirs, enfin toute la gloire de ma vie. Elle m'a enjoint de partir pour ces joutes, de m'y présenter en son nom, et de lui rapporter quelqu'un des riches joyaux qui doivent être donnés pour récompense aux heureux aventuriers qui seront vainqueurs; et je suis certain d'en conquérir quelques-uns, car accompagné d'elle comme je le suis, en raison de sa présence dans mon cœur, ma victoire est assurée, la récompense m'est acquise, et mes peines m'obtiendront la gloire que depuis si longtemps je rêve et je désire.—Sans contredit, seigneur don Alvaro Tarfé, répondit don Quichotte, cette dame est grandement obligée de répondre aux justes instances de votre grâce, pour bien des raisons. La première, pour la peine que souffre votre grâce à entreprendre un aussi long voyage dans un temps aussi terrible. La seconde, à cause de votre obéissance à ses ordres; car lors même que le résultat serait contraire à vos désirs, vous aurez rempli vos obligations d'amant fidèle, en faisant tout ce qui vous aura été possible pour obtenir le succès. Maintenant, je supplie votre grâce de me faire connaître cette belle dame, de me dire son âge, son nom et celui de ses nobles parents. —Il faudrait un volume, répondit don Alvaro, pour détailler à votre grâce l'une des trois choses qu'elle m'a demandées; je passerai sous silence les deux dernières, à cause du respect que je dois à la qualité de celle que je sers; je ne parlerai que de son âge, seize ans, et de sa beauté qui est telle que tous ceux qui la regardent, même avec des yeux moins passionnés que les miens, affirment n'avoir jamais vu, non-seulement à Grenade, mais encore dans toute l'Andalousie, une plus belle créature. Et en effet, seigneur, outre les vertus de l'âme, elle est blanche comme le soleil, ses joues sont des roses fraîchement cueillies, ses dents sont d'ivoire, ses lèvres de corail, son col d'albâtre, ses mains sont du lait; elle possède enfin, pour tout ce dont la vue peut être juge [18], les grâces les plus parfaites; seulement elle est un peu petite. —Il me semble, seigneur don Alvaro, répliqua don Quichotte, que cela ne laisse pas que d'être un petit défaut ; car l'une des conditions mises par les connaisseurs à la beauté d'une femme, c'est l'exacte proportion du corps. Il est vrai que beaucoup de dames remédient à cet inconvénient à l'aide d'un chapin de Valence plus ou moins élevé ; mais on ne peut le porter ni partout ni à toute heure, et dès qu'il est ôté, ces dames, restant en pantoufles, y perdent d'autant plus d'avantages que les basquines et les jupes de soie et de brocard, qui avaient été taillées selon la hauteur que donnent les chapins, se trouvent longues à trainer de deux palmes sur le sol. Aussi est-ce là une légère imperfection chez la dame de vos pensées.—Bien au contraire, seigneur hidalgo, répondit don Alvaro, c'est à mes yeux une très-grande perfection ; il est vrai qu'Aristote dans le quatrième chapitre de ses Éthiques dit, en décrivant les qualités qui constituent une belle femme, qu'elle doit avoir une certaine disposition à être de haute taille ; mais d'autres ont été d'une opinion contraire. La nature, disent les philosophes, s'est montrée plus habile dans les petites choses que dans les grandes ; si elle se trompe en quelque chose dans la formation d'un petit corps, l'erreur est plus difficile à reconnaître que si c'eût été dans un grand ; il n'y a pas une pierre précieuse qui ne soit petite ; dans le corps humain les yeux sont la partie la plus petite, et aussi la plus belle et la plus précieuse ; de même mon séraphin est un miracle de la nature, qui, en la faisant petite, a voulu nous démontrer comment, dans un espace restreint, son merveilleux artifice sait réunir un nombre infini d'agréments. La beauté, en effet, comme dit Cicéron, ne consiste pas en autre chose qu'en une disposition convenable des membres, dans une juste proportion qui attire le regard et le flatte agréablement [19].—Il m'est avis, seigneur don Alvaro, répliqua don Quichotte, que votre grâce a répondu d'une manière très-subtile aux objections qui peuvent lui être adressées sur la petitesse de la taille de sa dame. Je crois que maintenant notre souper est prêt et notre table mise; s'il plaît à votre grâce, nous irons y prendre place, et je me réserve, après le repas, de l'entretenir d'une affaire d'importance qui mérite l'attention d'une personne qui, comme votre grâce, sait traiter toute espèce de questions.»

CHAPITRE II

De la conversation que tinrent don Alvaro Tarfé et don Quichotte après le souper. Comment notre héros confie à son hôte son amour pour Dulcinée du Toboso, en lui donnant à lire deux lettres fort ridicules; ce qui démontre au cavalier grenadin l'état de l'esprit de don Quichotte.

Don Quichotte offrit à son hôte un souper fort convenable, et lorsqu'on eut desservi, don Alvaro Tarfé prit la parole et s'exprima de la sorte : « Il est une chose, seigneur Quichada, qui a lieu de me surprendre d'une manière excessive, c'est que pendant toute la durée de notre repas, votre grâce m'a paru bien différente de ce qu'elle était lorsque j'entrai dans sa maison. Je l'ai vue en effet, pendant presque tout le temps, tellement absorbée ou exaltée par je ne sais quelle préoccupation d'esprit, qu'à peine elle a répondu, et jamais à propos, aux questions que je lui ai faites; j'en suis venu à soupçonner que quelque grave inquiétude l'agitait. Si cela n'était pas, je ne l'aurais pas vue s'arrêter à tout moment avec la bouchée dans la bouche, regardant la table avec fixité, et tellement distraite que lorsque je lui ai demandé si elle était mariée, elle m'a répondu : « Rossinante ! seigneur, c'est le meilleur cheval qui soit jamais né dans Cordoue. » J'oserai donc affirmer que votre grâce est atteinte de quelque passion ou de quelque inquiétude intérieure ; car il n'est pas possible qu'un tel effet provienne d'une autre cause. Or ce pourrait être assez grave, ainsi que j'en ai vu de nombreux exemples, pour lui faire perdre la vie ou tout au moins lui affaiblir le jugement ; je supplie donc votre grâce de me confier ce qu'elle éprouve. Si la cause en est telle que j'y puisse porter remède de ma personne, je le ferai avec tout l'empressement que commandent la raison et mes obligations. Les larmes, votre grâce le sait, seigneur, sont le sang du cœur ; il se calme, le feu qui le brûle s'éteint, la tristesse qui l'accable se dissipe, dès que les larmes s'échappent par le canal des yeux. De même diminuent la douleur et l'affliction quand on en communique les causes, parce que celui qui en reçoit la confidence sait, n'étant pas aveuglé par la passion, donner le conseil qui convient le mieux à la guérison de la personne affligée.—Je remercie votre grâce de ce bon vouloir, seigneur don Alvaro, répondit don Quichotte, et du désir qu'elle me témoigne de me secourir ; mais il n'est pas étonnant que nous autres qui professons l'ordre de chevalerie, et qui nous sommes vus, dans de si nombreux périls, aux prises avec des géants sans pareils, avec des malandrins, des enchanteurs ou des magiciens, désenchantant des princesses, tuant des griffons et des serpents, des rhinocéros et des dragons, nous soyons quelquefois transportés en imagination vers ces travaux qui sont pour nous l'honneur et la vie, et que nous nous laissions aller à de douces extases, comme celle où votre grâce dit m'avoir vu, bien que je ne m'en sois pas aperçu ; et cependant il est vrai que pas une de ces choses, bien que toutes me soient arrivées, ne m'occupait l'imagination tout à l'heure. »

Don Alvaro Tarfé fut tout surpris d'entendre don Quichotte dire qu'il avait désenchanté des princesses et tué des géants ; il commença à penser qu'il lui manquait quelque peu de jugement ; aussi chercha-t-il à mieux s'en convaincre. «¿ Mais ne peut-on savoir, dit-il, quelle est la cause qui afflige votre grâce en ce moment?—Il est des choses, répondit don Quichotte, qu'on ne peut pas toujours dire, même à des chevaliers errants. Mais en considération de la noblesse et de la sagesse de votre grâce, en raison de ce qu'elle est comme moi blessée par une flèche venue du fils de Vénus, je veux lui découvrir mes douleurs. Ce n'est pas que je demande un remède pour les combattre ; car ce remède ne peut me venir que de cette belle, ingrate et trop séduisante Dulcinée, qui m'a ravi ma liberté ; mais il faut que votre grâce sache que j'ai voyagé et que je voyage sur le grand chemin de la chevalerie errante ; imitant par les œuvres et par les amours ces preux vaillants et primitifs qui furent la lumière et le miroir de tous ceux qui depuis ont mérité, par leurs belles actions, de faire partie de l'ordre sacré de chevalerie auquel j'appartiens. Tels furent l'invaincu Amadis de Gaule, don Bélianis de Grèce et son fils Esplandian, Palmerin d'Oliva, Tablant de Richemont, le chevalier du Bourg et son frère Rosicler, enfin bien d'autres princes vaillants des temps passés aussi bien que de notre époque. Tous je les ai imités par les œuvres et par les hauts faits ; tous je les imite aussi par les amours. Ainsi donc que votre grâce sache que je suis amoureux. »

Don Alvaro, en homme d'esprit et de sens, comprit à l'instant tout ce que son hôte pouvait être, lui qui se vantait d'avoir imité ces héros fabuleux des livres de chevalerie ; il hésitait néanmoins à croire à un tel degré d'extravagance. « Je ne suis pas peu surpris, seigneur Quichada, reprit-il, de voir amoureux un homme sec et maigre comme l'est votre grâce, qui a déjà, si je ne me trompe, plus de quarante-cinq ans. L'amour, votre grâce le sait, amène avec lui bien des fatigues, de mauvaises nuits, des jours plus mauvais encore, les dégoûts, la jalousie, les tourments, les querelles, les dangers ; et si votre grâce doit passer par là, elle ne me paraît pas être de force à rester deux mauvaises nuits au serein, à la pluie ou à la neige, comme je sais par expérience que font les amoureux. ¿Mais qu'elle veuille bien me le dire : cette beauté qu'elle aime est-elle de ce pays, ou bien est-ce une étrangère? Je serais bien heureux si je pouvais la voir avant de partir; il n'est pas permis de croire qu'un homme d'aussi bon goût ait jeté les yeux sur une femme qui ne serait ni une Diane d'Éphèse, ni une Polyxène de Troie, ni une Didon de Carthage, une Lucrèce de Rome ou une Doralise de Grenade.—Elle les surpasse toutes en beauté et en grâce, répondit don Quichotte, mais, hélas! en fierté et en cruauté elle égale l'inhumaine Médée. ¡Dieu veuille cependant que le temps qui change toutes choses attendrisse son cœur de diamant, et que le récit qui parviendra jusqu'à elle de mes mémorables actions la rende plus sensible et plus favorable aux instantes prières que je lui adresse! Oui, seigneur, elle se nomme la princesse Dulcinée du Toboso, comme moi don Quichotte de la Manche ; et sans doute votre grâce l'aura maintes fois entendu nommer, car elle est aussi célèbre par les miracles qu'elle a produits que par ses qualités célestes [1]. » Don Alvaro fut tenté de rire de bon cœur quand il entendit nommer la princesse Dulcinée du Toboso ; mais il se contint de crainte d'irriter son hôte. « J'avoue, seigneur hidalgo, reprit-il, ou pour mieux dire, seigneur chevalier, que je n'ai en aucun jour de ma vie entendu nommer cette princesse, et je ne sache pas qu'elle existe dans la Manche, à moins que « princesse » ne soit pour elle un surnom comme il en est tant d'autres.—On ne peut pas tout savoir, répliqua don Quichotte, mais je ferai si bien avant qu'il soit longtemps, que son nom sera connu, non-seulement en Espagne, mais dans tous les royaumes et dans toutes les provinces du monde les plus éloignées. C'est elle, seigneur, qui inspire toutes mes pensées ; c'est elle qui me met hors de moi-même; c'est pour elle que, pendant de longs jours, je me suis exilé de ma maison et de mes biens, faisant pour son service des actions héroïques; lui envoyant, pour lui rendre hommage, des géants, des enchanteurs, des chevaliers que j'avais vaincus; et malgré tout cela elle accueille mes prières comme une lionne d'Afrique, comme une tigresse d'Hircanie; répondant aux lettres pleines d'amour et de soumission que je lui adresse avec plus de froideur et de dureté que jamais n'en mit princesse répondant à chevalier errant. Je lui écris des harangues plus longues que celles que fit Catilina au sénat romain, des poésies plus héroïques que celles d'Homère ou de Virgile; je lui envoie plus de tendresses que Pétrarque n'en adressa à sa bien-aimée Laure, des épisodes plus agréables que ceux qu'écrivirent en leur temps Lucain et l'Arioste, plus attrayants que tout ce que Lope de Vega dédia de nos jours à Célia, à Lucinde et à toutes celles qu'il a si divinement célébrées. En aventures j'étais Amadis, en fermeté Scévola, en patience Périnée de Perse, en noblesse Énée, en ruse Ulysse, en constance Bélisaire; et pour verser le sang humain, j'étais le Cid Campéador[1] ! Afin que votre grâce, seigneur don Alvaro, puisse juger de la vérité de ce que je lui dis, je veux lui montrer deux lettres que j'ai ici dans ce bureau, l'une que je lui envoyai, il y a quelques jours, par mon écuyer Sancho Panza, et l'autre qu'elle m'adressa en réponse. » Il se leva pour aller les chercher, et pendant ce temps don Alvaro se signait, reconnaissant, à toutes ces preuves de folie, le mal qu'avait produit sur l'esprit de son hôte la lecture passionnée de tant de mauvais livres de chevalerie[3].

Au moment où don Quichotte ouvrait son bureau, entra Sancho Panza, le ventre assez bien garni de ce qu'il avait englouti des restes de la table, et voyant don Quichotte se rasseoir avec ses deux lettres à la main, il s'appuya complaisamment sur le dossier de sa chaise, afin de jouir un peu de sa conversation. « Votre grâce, dit don Quichotte, voit ici mon écuyer Sancho Panza, et il ne me laissera pas mentir en ce qui touche l'inhumaine rigueur de ma dame. — Oui certes, dit Sancho Panza, Aldonza Lorenzo ou Nogalès (car ainsi s'appelait l'infante Dulcinée du Toboso de son propre nom, ce que nous apprend la première partie de cette grave histoire[4]) est une grandissime inhumaine; qu'elle se le tienne pour dit, elle qui force mon seigneur à faire de telles chevaleries de nuit et de jour, à se soumettre dans la Sierra Morena à la cruelle pénitence qu'il y a faite, se cognant la tête à tous les rochers et mourant de faim! Mais je me tais, elle le paiera un jour, et on le lui servira avec son pain[5]; car qui pèche et s'amende à Dieu se recommande; une âme seule ne chante ni ne pleure; quand la perdrix appelle c'est signe d'eau, et quand on n'a pas de pain les tourtes sont bonnes. » Sancho eût défilé bien d'autres proverbes, si don Quichotte ne lui eût fermement ordonné de se taire; il persista néanmoins, mais sur un autre ton : « ¿Vous voulez savoir, seigneur don Turfé, ce que fit la rusée commère lorsque je lui portai cette lettre que mon seigneur va vous lire? Il pleuvait, elle était dans la plus sale des écuries, emplissant un panier d'ordures avec une pelle, et quand je lui dis que je lui apportais une lettre de mon maître (Dieu lui donne pour la peine une colique infernale!), elle prit une grande pelletée du fumier le plus puant et le plus pourri, et sans dire « gare l'eau », elle me la jeta à la volée sur la barbe pécheresse que voici. Et moi qui, pour mon malheur, l'ai plus épaisse qu'une brosse de barbier, j'ai été pendant plus de trois jours sans venir à bout d'en ôter toutes les ordures qu'elle m'y avait mises. » A ces paroles don Alvaro se frappa vivement le front. « Assurément, seigneur Sancho, dit-il, votre extrême discrétion ne méritait pas d'être payée d'un semblable port.—Que votre grâce ne s'effraie pas, répliqua Sancho; car en vérité il nous est arrivé à moi et à mon seigneur, quand nous errions pour l'amour d'elle, pendant nos aventures ou nos mésaventures de l'an passé, de nous donner plus de quatre fois de fort jolies roulées.—Je vous jure, vaurien déhonté, interrompit don Quichotte rouge de colère, que si je me lève et si je prends un bâton, je vous en frotterai les côtes de telle sorte qu'il vous en souvienne *per omnia secula seculorum*. —*Amen!* » répondit Sancho. Don Quichotte se serait levé pour châtier cette impertinence, si don Alvaro ne lui eût retenu le bras, et ne l'eût forcé à se rasseoir en faisant signe à Sancho de se taire, ce que celui-ci fit incontinent. Alors don Quichotte déploya un papier : « Voici, dit-il, la lettre que ce garçon porta les jours passés à ma dame, ainsi que sa réponse, et votre grâce pourra reconnaître si j'ai raison de me plaindre de son ingratitude inouïe [6] :

« *A l'infante Dulcinée du Toboso.*

« O belle ingrate! si l'ardent amour qui bout dans les

pores de mes veines pouvait me porter à m'irriter contre votre beauté, je prendrais à l'instant vengeance de l'extravagance avec laquelle je vous obsède de mes afflictions. Ces afflictions, douce ennemie, j'emploie en vain à les combattre cette force que je mets à redresser les torts de la gent besoigneuse, moi qui tant de fois me suis baigné dans le sang des géants. En un mot, ma pensée vous appartient sans réserve, et elle est fière de s'être donnée à l'une des femmes les plus grandes qui se puissent rencontrer parmi les reines de haut renom. Ce que je vous demande aujourd'hui avec instance, si je me suis rendu coupable de quelque manque de respect, c'est de vouloir me le pardonner, car toujours sont dignes de pardon les torts dont l'amour est cause. C'est ce qu'implore à genoux devant votre impériale présence, votre, jusqu'à la fin de la vie,

Chevalier de la Triste Figure,

Don Quichotte de la Manche. »

—De par Dieu, dit don Alvaro en se mettant à rire, c'est la lettre la plus gracieuse qu'aurait pu écrire en son temps le roi don Sancho de Léon à la noble dame Ximena Gomez, au temps où il la consolait de l'absence du Cid; mais je suis étonné que votre grâce, qui est si diserte, ait ainsi écrit cette lettre dans le genre antique en employant des vocables qui ne sont plus usités en Castille, si ce n'est dans les comédies où figurent les rois et les comtes des siècles dorés.—Je l'ai écrite de la sorte, répondit don Quichotte, parce que j'imite en bravoure ces anciens qu'on nomme le comte Fernan-Gonzalèz, Péranzulès, Bernardo et le Cid; et je veux aussi les imiter par le langage.—¿Mais pourquoi, reprit don Alvaro, votre grâce a-t-elle signé le *Chevalier de la Triste Figure?*—C'est moi qui le lui ai conscillé, dit Sancho Panza qui avait écouté la lecture de la lettre, et en vérité dans tout ce qu'il a lu il n'y a rien de plus vrai[8]. — Je me suis donné le nom de *La Triste Figure*, reprit don Quichotte, non pas pour ce que vous a dit cet imbécille, mais parce que l'absence de ma dame Dulcinée me causait une telle tristesse, que rien ne pouvait me réjouir ; c'est ainsi qu'Amadis s'est appelé le Beau Ténébreux, un autre le Chevalier des Flammes, un autre celui des Images, ou de l'Ardente Épée[9]. — ¿Et quel est, demanda don Alvaro, celui que votre grâce a imité en se nommant don Quichotte? — Aucun, répondit celui-ci ; mais comme je m'appelle Quichada, j'ai fait de ce nom celui de don Quichotte, le jour où on m'a conféré l'ordre de chevalerie. Mais, que votre grâce écoute, je l'en prie, la réponse que m'a envoyée cette ennemie de ma liberté :

« *A Martin Quichada l'insensé.*

« Le porteur de la présente devrait être un mien frère pour que vous reçussiez ma réponse sur vos côtes, par le moyen d'un bon gourdin. N'oubliez pas ce que je vous dis, seigneur Quichada ; sur l'âme de ma mère, si une autre fois vous me traitez d'impératrice ou de reine, si vous me donnez des noms burlesques tels que celui de l'Infante manchoise Dulcinée du Toboso et autres, je ferai en sorte qu'il vous en souvienne. Mon propre nom est Aldonza Lorenzo ou Nogalès par mer et par terre. »

— ¿Que votre grâce me dise, continua don Quichotte, s'il existe un chevalier, fût-il le plus discret et le plus patient du monde, qui puisse sans mourir entendre de semblables discours? — Oh! l'enfant de...... sa mère! fit Sancho, qu'elle essaie de faire avec moi la précieuse, et toute robuste qu'elle est, je vous jure que si je l'empoigne, elle ne m'échappera pas d'entre les ongles ; mon seigneur don Quichotte est trop tendre, s'il lui envoyait une demi-douzaine de coups de pied dans une lettre pour qu'elle se les flanquât sur la bedaine, je vous réponds qu'elle ne serait pas si raisonneuse [10]. Que vos grâces sachent que je connais ces gaillardes-là mieux que je ne sais qu'un œuf vaut un *blanc*[11]; si l'homme leur parle gentiment, elles lui donnent une torgnole et une chiquenaude à lui arracher les larmes des yeux ; sur mon âme ! elles ne plaisantent pas avec moi, parce qu'aussitôt je leur allonge un coup de pied plus arrondi que ceux de la mule de frère Jérôme ; et si je mets mes souliers neufs, gare devant ! mieux vaudrait que ce fût la mule du prêtre Jean ! »

Don Alvaro se leva en riant. « Pour Dieu, dit-il, si le roi d'Espagne savait qu'il se tient en ce lieu pareille conversation, dût-il lui en coûter un million, il voudrait que ce fût en son palais. Seigneur don Quichotte, nous devons nous lever de bonne heure demain, et pour le moins une heure avant le jour, afin d'éviter le soleil ; aussi, avec la permission de votre grâce, je voudrais penser à me coucher. » Don Quichotte lui répondit qu'il en était le maître, et se mettant à disposer le lit qui était dans ce même appartement, il ordonna à Sancho d'aider son hôte à se déchausser. Alors survinrent, pour s'acquitter de ce soin, deux pages de don Alvaro, qui de la porte avaient entendu la conversation ; mais Sancho Panza ne voulut pas les laisser faire, ce qui amusa beaucoup don Alvaro. Pendant ce temps don Quichotte était sorti pour aller chercher des conserves de poire qu'il voulait donner à son hôte. « Tirez bien, ami Sancho, dit celui-ci, et ayez patience. — Oh ! la patience ne me manque pas, répondit Sancho, je ne suis pas une bête, et bien que je n'aie pas le nox, mon père l'avait. —¿Comment cela ? demanda don Alvaro. — Il est vrai, reprit Sancho, qu'il ne le portait pas comme tout le monde; il le mettait par derrière.—¿Comment, par derrière? S'appelait-il Francisco don, ou Juan don, ou Diégo don?—Non, seigneur, fit Sancho, mais bien Pedro Remendon[13]. » Les pages et don Alvaro se mirent à rire à cette réponse. « ¿Votre père vit-il encore? demanda don Alvaro.—Non, seigneur, dit Sancho, il y a plus de dix ans qu'il est mort de l'une des plus mauvaises maladies qu'on puisse imaginer.—¿De quelle maladie?—D'engelures.— ¡D'engelures, Dieu saint! s'écria don Alvaro avec un grand éclat de rire. Votre père est le premier homme que je sache être mort de pareille maladie, aussi je n'en crois rien.—¿Chacun, dit Sancho, ne peut-il pas mourir de la mort qui lui fait plaisir? Si mon père a voulu mourir d'engelures, qu'est-ce que cela fait à votre grâce? »

Au milieu des rires de don Alvaro et des pages, survint don Quichotte suivi de sa vieille gouvernante, laquelle portait une assiette de conserves et une carafe de bon vin blanc. « Seigneur don Alvaro, dit-il, votre grâce voudra bien manger une couple de ces poires et boire une goutte de vin; cela lui fera le plus grand bien.—Je baise les mains de votre grâce, seigneur don Quichotte, répondit don Alvaro, mais je ne puis accepter son offre, je n'ai pas l'habitude de manger après mes repas, cela me ferait mal, et j'ai fait depuis longtemps l'expérience de cet aphorisme de Galien ou d'Avicène que : « Crudité sur indigeste engendre infirmité ».—Ah bien! dit Sancho; par la vie de celle qui m'a mis au monde, quand bien même cet Avicène ou ce Galien me dirait plus de latin qu'il n'y en a dans tout l'A, B, C, il ne m'empêcherait pas plus de manger que de cracher, si j'y avais la main. ¡No pas manger, par saint Belorge! c'est bon pour les salamandres qui vivent d'air! —Eh bien! dit don Alvaro, en prenant une poire à la pointe d'un couteau, sur la vie de celle que j'adore, et avec la permission du seigneur don Quichotte, vous mangerez celle-ci.—Non pas, si votre grâce le permet, seigneur don Tarfé, répondit Sancho, ces bonnes choses-là me font mal quand elles sont en petite quantité, mais il est vrai que lorsqu'il y en a beaucoup elles me font le plus grand plaisir. » Sancho n'en mangea pas moins la poire ; puis don Alvaro se mit au lit, et on en fit un second auprès du sien pour ses pages, qui se couchèrent de même.

« Nous autres, ami Sancho, dit alors don Quichotte, nous allons nous retirer dans la chambre d'en haut ; nous pourrons dormir là le peu de nuit qui nous reste, car tu ne peux penser à rentrer chez toi à pareille heure ; ta femme est couchée, et d'ailleurs j'ai besoin de me consulter avec toi sur une affaire d'importance.—En vérité, seigneur, dit Sancho, je suis on ne peut pas mieux disposé ce soir pour donner de bons conseils, car je suis rond comme une tour ; seulement j'ai peur de m'endormir bien vite, et je sens que les bâillements se succèdent de très-près. » Là-dessus ils montèrent tous les deux, se couchèrent dans le même lit, et don Quichotte prit la parole.—Ami Sancho, dit-il, tu sais, ou bien tu as lu quelque part que l'oisiveté est la mère et le principe de tous les vices ; que l'homme oisif est toujours disposé à penser à mal, et qu'à la pensée l'action succède bien souvent. Le diable, d'ordinaire, attaque et réduit facilement les oisifs, parce qu'il fait comme le chasseur qui ne tire pas les oiseaux pendant qu'ils volent, mais qui attend qu'ils se soient reposés ; alors les voyant immobiles, il les vise et les tue. Je dis cela, Sancho, parce que je remarque que depuis plusieurs mois nous sommes oisifs, et que nous faisons défaut, moi à l'ordre de chevalerie que j'ai reçu, toi aux engagements de fidèle écuyer que tu as pris envers moi. Je voudrais donc (pour qu'il ne fût pas dit que c'est en pure perte que Dieu m'a remis un talent, et pour ne pas être répréhensible comme le serviteur de l'Évangile qui attacha dans son mouchoir, plutôt que de le faire valoir, celui que son maître lui avait confié) que nous reprissions le plus tôt possible notre exercice militaire, à l'aide duquel nous accomplirons deux choses, d'abord le service de Dieu, et ensuite le bien du monde, en en bannissant les affreux géants, les orgueilleux fiers-à-bras oppresseurs et faiseurs de tort, en délivrant les chevaliers besoigneux et les demoiselles affligées. De cette manière nous acquerrerons honneur et renommée pour nous et pour nos successeurs, nous conserverons et nous augmenterons la gloire de nos ancêtres, et bien plus, nous gagnerons mille royaumes et provinces, le temps de souffler un fétu. Puis nous serons riches et nous enrichirons notre patrie.—Seigneur, dit Sancho, je ne sais pas me mettre ces guerroiements-là dans la judiciaire, quand je pense à tout ce qu'ils m'ont coûté l'autre année où j'ai perdu le roussin [13], que Dieu garde; et puis jamais votre grâce ne m'a tenu ce qu'elle m'avait promis mille fois, qu'avant un an je deviendrais gouverneur ou roi pour le moins, ma femme amirante et mes fils infants; or rien de tout cela ne s'est réalisé (votre grâce m'entend-elle, seigneur, ou dort-elle?), et ma femme est aujourd'hui Mari-Guttierez [14] comme devant. Non, non, je ne veux pas d'un chien avec des grelots. Ensuite si notre curé, le licencié Pero Perez, sait que nous voulons retourner à nos chevaleries, il est capable de mettre votre grâce pour cinq ou six mois, avec une chaîne, *in domus Jethro*, comme ils disent, ainsi que l'autre fois; donc, seigneur, je ne veux pas aller avec votre grâce; qu'elle me laisse dormir pour l'amour de Dieu, car mes yeux se collent.— Considère, Sancho, reprit don Quichotte, que je ne veux pas que tu te trouves comme l'autre fois; je veux d'abord t'acheter un âne sur lequel tu seras comme un patriarche, et meilleur que celui que t'a volé Ginesille; de plus nous voyagerons en plus convenables dispositions : nous emporterons de l'argent, des provisions, une valise avec nos vêtements; car j'ai reconnu que tout cela est très-nécessaire pour qu'il ne nous arrive plus ce qui nous est advenu dans ces maudits châteaux enchantés.—Comme cela, à la bonne heure, dit Sancho, et à condition que votre grâce me paiera mes peines chaque mois, alors j'irai avec elle [15]. »

Don Quichotte fut tout joyeux d'entendre cette résolution.—Puisque Dulcinée, continua-t-il, s'est montrée avec moi si inhumaine et si cruelle, et, ce qui est pis, si oublieuse de mes services, si sourde à mes prières, si incrédule à mes paroles, et enfin si opposée à mes désirs, je veux tenter (à l'imitation du chevalier du Soleil qui délaissa Claridane, et de beaucoup d'autres qui cherchèrent de nouvelles amours), je veux voir, dis-je, si chez une autre je ne trouverai pas une foi meilleure, et plus de correspondance à mes ferventes intentions; je veux encore..... ¿Dors-tu, Sancho? Hé! Sancho? » Là-dessus Sancho se réveilla. « Votre grâce a bien raison, seigneur, dit-il, ces géantasses sont de grandissimes coquins, et nous ferons bien de les tordre et retordre.—Pour Dieu! fit don Quichotte, tu es joliment à la conversation, je me casse la tête à te parler de ce qui nous importe le plus à toi et à moi, après Dieu, et tu dors comme un sabot! ¿entends-tu ce que je te dis, Sancho?—Je renie la friponne qui m'a mis au monde, dit Sancho; que votre grâce me laisse dormir, par Barrabas! je crois ce qu'elle me dit et ce qu'elle me dira tous les jours de sa vie.—Un homme n'a pas peu de peine, murmura don Quichotte, à traiter de choses importantes avec des sauvages de cette espèce; je vais le laisser dormir; mais moi, tant que je n'aurai pas vu la fin de ces glorieuses joutes, après y avoir gagné, le premier, le second et le troisième jour, les joyaux importants qui seront la récompense du vainqueur, je ne veux pas dormir, mais bien veiller sans cesse. Je préparerai dans mon esprit tout ce que je veux mettre en œuvre, comme fait le sage architecte qui, avant de commencer ses travaux, distribue confusément, dans son imagination, les appartements, les cours, les chapiteaux, les fenêtres de la maison, afin de les perfectionner à mesure qu'ils prennent forme. »

Enfin le bon hidalgo passa le reste de la nuit à se repaître de chimères, à se bercer de fantaisies extravagantes, tantôt croyant parler aux chevaliers, tantôt aux juges des joutes; réclamant le prix, et enfin saluant avec la plus profonde gravité une belle dame richement parée, à laquelle, de son cheval et à la pointe de sa lance, il présentait un brillant joyau. Puis enfin, au milieu de ces rêveries et d'autres semblables, le sommeil le gagna.

CHAPITRE III

Comment les cavaliers prirent congé du curé et de don Quichotte, et ce qui arriva après leur départ au bon hidalgo et à Sancho Panza.

Le curé et les alcades vinrent frapper à la porte de don Quichotte, une heure avant le jour, pour réveiller le seigneur don Alvaro. En les entendant, don Quichotte appela Sancho pour qu'il allât leur ouvrir, et celui-ci ne s'y prêta qu'au grand chagrin de son cœur. Les nouveaux venus étant entrés dans la chambre de don Alvaro, le curé s'assit auprès de son lit et lui demanda comment il avait trouvé son hôte. Don Alvaro répondit à cette question par le récit rapide de ce qui s'était passé le soir entre lui, don Quichotte et Sancho, ajoutant que si l'époque des joutes n'était pas aussi rapprochée, il resterait volontiers quatre ou six jours dans le village pour jouir de la gracieuse conversation de l'hidalgo; mais qu'il se proposait de séjourner un peu plus longtemps au retour. Le curé lui raconta tout ce qu'était don Quichotte, tout ce qui lui était arrivé l'année précédente, ce qui étonna beaucoup don Alvaro; puis entendant venir le chevalier, ils changèrent de conversation. Don Alvaro se leva après avoir échangé avec son hôte les compliments et les souhaits d'usage, et il donna l'ordre de disposer les chevaux et le reste pour la route. Alors les alcades et le curé s'en retournèrent pour faire déjeuner leurs voyageurs, et pour les ramener à la maison de don Quichotte, d'où le départ devait s'effectuer.

Don Alvaro, s'étant habillé, prit à part le chevalier: « j'ai une faveur à demander à votre grâce, lui dit-il, c'est de me garder avec soin dans sa maison, jusqu'à mon retour, une armure ciselée de Milan que j'ai ici dans un grand coffre, parce qu'il me semble qu'à Saragosse je n'en aurai pas besoin; je ne manquerai pas d'amis qui m'en offriront de moins délicates. Celle-là l'est tellement, qu'elle ne peut guère servir que pour la vue, et j'éprouve un grand embarras à m'en charger. » Il en fit alors apporter toutes les pièces, cuirasse, épaulières, gorgerin, brassards, tassettes et morion. Lorsque don Quichotte les vit, il écarquilla les yeux de son mieux, et arrêta tout aussitôt dans sa tête l'usage qu'il en ferait.—Sans nul doute, seigneur don Alvaro, dit-il, ceci est le moins que je veuille faire pour votre grâce, et j'espère en Dieu que le jour viendra où elle aimera mieux me voir à ses côtés que de me savoir à Argamésilla. » Et pendant qu'on remettait l'armure dans le coffre, il lui demanda quelle devise il pensait prendre aux joutes, quelles couleurs, quel emblème. A tout cela don Alvaro répondit avec complaisance, ne devinant pas, ce que nous dirons plus tard, qu'il venait à l'idée de son hôte d'aller à Saragosse et d'y faire ce qu'il y fit.

En ce moment entra Sancho, rouge, le visage couvert de sueur. « Mon seigneur don Tarfé, dit-il, peut venir se mettre à table, le déjeuner est à point.—¿Vous avez donc bon appétit, ami Sancho? demanda don Álvaro.—*Gloria tibi Domine*, mon cher seigneur, répondit-il, cela ne me manque jamais, et j'en suis pourvu de telle sorte (gloire à Dieu et foin du diable!), que je ne me rappelle pas en tous les jours de ma vie m'être levé de table rassasié; si ce n'est il y a un an, que mon oncle Diego Alonso, étant syndic de la confrérie du rosaire, me chargea de répartir le pain et le fromage de la charité, et il m'en fallut dénouer deux aiguillettes de ma ceinture.—Dieu vous maintienne dans cette disposition! dit don Alvaro, elle ne me fait pas moins envie que votre heureux caractère. » Don Alvaro déjeuna, et peu d'instants après arrivèrent les trois autres cavaliers avec leur suite et le curé, car déjà le jour paraissait. Alors don Alvaro, mettant le pied à l'étrier, s'élança sur son cheval, et au même instant parut don Quichotte conduisant Rossinante sellé et bridé, afin de faire la conduite à son hôte. « Vous voyez là, dit-il à don Alvaro en lui présentant son coursier, l'un des meilleurs chevaux qu'à grand'peine on puisse trouver par le monde; il n'y a ni Bucéphale, ni Alfama, ni Sayan, ni Babieca, ni Pégase qui l'égale [1]. — Sans doute, dit don Alvaro en le regardant et en souriant, il peut être ce que dit votre grâce, mais il n'en a pas l'apparence, car il est trop haut et trop long, sans parler de sa maigreur excessive. Cela provient, je présume, de ce qu'il est, de sa nature, quelque peu astrologue ou philosophe, ou de la longue expérience qu'il a acquise des choses de ce monde, et il a dû en voir passer un certain nombre, si j'en juge par la quantité d'années qu'il cache sous sa selle. Quoi qu'il en soit, son apparence intelligente et pacifique le rend digne d'éloges.

Cela dit, tous partirent à cheval, et le curé ainsi que

don Quichotte les accompagnèrent jusqu'à environ un quart de lieue du village, le curé racontant les extravagances du chevalier à don Alvaro qui s'extasiait sur cette étrange folie. Enfin les voyageurs s'étant opposés à ce qu'on les reconduisît plus loin, don Quichotte et le curé revinrent à Argamésilla; celui-ci rentra chez lui, et pour don Quichotte, la première chose qu'il fit en descendant de cheval fut d'envoyer sa gouvernante dire à Sancho Panza de venir le trouver et d'apporter avec lui ce qu'il avait promis d'apporter, c'est-à-dire Florisbran de Candarie, livre non moins sot qu'impertinent.

Sancho accourut tout aussitôt; tous deux alors s'enfermèrent dans une chambre, et Sancho tirant le livre de dessous sa casaque, le remit à don Quichotte, qui s'en saisit avec joie. « Tu vois ici, Sancho, lui dit-il, l'un des livres les meilleurs et les plus véridiques du monde; il s'y trouve des chevaliers de grande renommée et de grande valeur, auxquels le Cid et Bernard del Carpio ne vont pas à la hauteur du soulier. » Il posa le livre sur une table, et de nouveau se mit à répéter tout au long ce qu'il avait dit à Sancho la nuit précédente pendant qu'il dormait. Il conclut en manifestant le désir de partir pour Saragosse afin d'y assister aux joutes; d'oublier l'ingrate infante Dulcinée du Toboso, et de chercher une autre dame qui reconnût mieux ses services. De là il pensait aller à la cour du roi d'Espagne pour s'y faire connaître par ses hauts exploits. « J'y contracterai amitié, disait le bon chevalier, avec les grands, les ducs, les marquis et les comtes qui se partagent le service de la royale personne; et je verrai si quelqu'une de ces belles dames qui entourent la reine, éprise de ma belle taille, à l'envi des autres, me donnera quelques preuves d'un véritable amour, soit par l'apparence extérieure de sa personne, par sa mise, soit par quelque billet ou quelques cadeaux envoyés dans la chambre que sans doute le roi me donnera dans son royal palais. Cette faveur fera l'envie de bon nombre de chevaliers de la Toison, et ils chercheront tous, par des moyens différents, à me mettre mal avec le roi. Je l'apprends, je les défie, je les combats, j'en tue la plus grande partie, et le roi notre seigneur, reconnaissant ma vaillance, n'hésite pas à me déclarer l'un des meilleurs chevaliers de l'Europe. » Il disait cela d'une voix forte, le regard animé, la main sur la garde de son épée qu'il avait conservée depuis qu'il avait pris congé de don Alvaro, et il y mettait tant de chaleur, qu'on eût dit qu'il éprouvait tout ce dont il parlait. « Je veux maintenant, ami Sancho, continua-t-il, que tu voyes des armes que le sage Alquife [2], mon grand ami, m'a apportées cette nuit pendant que je méditais ce voyage à Saragosse; il veut que j'en sois revêtu pour prendre part aux joutes annoncées, et que j'y remporte le meilleur prix, à la grande gloire de mon nom, et des chevaliers errants des temps passés que j'imite et que même je surpasse. » Et là-dessus, ouvrant le coffre dans lequel elles étaient, il les en tira.

Lorsque Sancho vit ces armes si belles, couvertes d'ornements et de ciselures de Milan, polies et brillantes, il pensa sans doute qu'elles étaient d'argent, et s'écria tout ébahi : « Sur la vie du fondateur de la tour de Babylone, si elles étaient à moi, j'en ferais, sans plus attendre, des réaux de huit [6], ronds comme des hosties, comme ceux qui ont cours aujourd'hui; car rien que l'argent, sans parler des images dont elles sont ornées, vaut au moins, pour le premier venu, près de soixante mille millions. Oh! les scélérates, comme elles reluisent! » Et, prenant en mains le morion, il ajouta : « Par la barbe de Pilate! le chapeau d'argent n'est pas laid davantage, et si ses bords avaient quatre doigts de plus, le roi lui-même pourrait le mettre.

Par ma foi! le jour de la procession du Rosaire, il faut que nous le placions sur la tête de notre seigneur le curé; quand il sortira dans nos rues ainsi coiffé et revêtu de sa chape de brocard, il ressemblera à un soleil. ¿Mais que votre grâce me dise, seigneur, qui a fait ces armes? ¿Est-ce ce sage Esquif, ou bien sont-elles sorties ainsi du ventre de leur mère?—Grand niais, reprit don Quichotte, elles ont été faites et forgées auprès du fleuve Léthé, à une demi-lieue de la barque de Caron, par les mains de Vulcain, forgeron de l'Enfer.—¡La peste soit du forgeron! dit Sancho; du diable si je vais à sa forge pour refaire la pointe du soc de notre charrue. Je parierais que comme il ne me connaît pas, il est capable de me jeter sur ma barbe virginale une jatte de ce mélange de poix et de térébenthine qu'il tient en fusion, et qui serait un peu plus difficile à enlever que le fumier qu'Aldonza Lorenzo m'y a jeté l'autre jour. » Don Quichotte prit alors les armes : « Je veux, ami Sancho, dit-il, que tu voyes comme elles me vont; aide-moi à les mettre. » En même temps il s'affubla du gorgerin, de la cuirasse et des épaulières. « Par Dieu! fit Sancho, ces feuilles de métal vont à votre grâce comme un manteau; ce serait charmant pour faire la moisson, et surtout avec ces gants. » Ce disant, il s'empara des gantelets. Don Quichotte s'arma de toutes pièces, et tout aussitôt il s'adressa à Sancho d'une voix retentissante : « ¿Que te semble, Sancho, lui dit-il, ces armes me vont-elles bien? N'admires-tu pas mon air déterminé, ma tenue sévère? » Et en parlant ainsi, il se promenait dans la chambre, allongeant la jambe, se donnant des poses, tendant le jarret, se rengorgeant et faisant la grosse voix.

En ce moment une lubie lui vint tout à coup dans l'esprit, et mettant précipitamment l'épée à la main, il courut sur Sancho avec colère. « Attends, lui dit-il, attends, dragon maudit, serpent de Libye, basilic infernal, apprends à connaître la valeur de don Quichotte, second saint Georges par la force. Attends, et tu verras si d'un seul coup je ne saurai pas couper en deux, non-seulement toi, mais les dix plus féroces géants que la nation géante ait jamais produits. » Sancho, qui le vit venir dans un tel état, se mit à courir par la chambre, tournant autour du lit, et le mettant sans cesse entre lui et son maître, qui, toujours furieux, distribuait des coups d'épée à droite et à gauche, tranchant les rideaux, les couvertures et les oreillers. « Attends, orgueilleux géant, disait-il, l'heure est venue où, selon l'ordre de la Divine Majesté, tu dois payer les méchantes œuvres que tu as commises en ce monde. » Et il poursuivait le pauvre Sancho autour du lit, lui disant mille paroles injurieuses, et accompagnant chacune d'une estocade ou d'un coup de pointe, de telle sorte que si le lit n'eût été si large, le pauvre écuyer aurait passé un mauvais moment. « Seigneur don Quichotte! disait-il, au nom de toutes les plaies qui ont affligé Job, le seigneur saint Lazare, le seigneur saint François, et qui plus est notre Seigneur Jésus-Christ, au nom des flèches bénies qui ont été décochées sur le seigneur saint Sébastien, que votre grâce ait pitié, compassion et miséricorde pour mon âme pécheresse! » Don Quichotte n'en était que plus animé. « Tu penses, orgueilleux, que tes belles paroles et tes prières vont apaiser ma juste colère contre toi; non, non, rends-moi les princesses, les chevaliers que, contre toute loi et toute raison, tu retiens captifs dans ce château; rends les grands trésors que tu as usurpés, les damoiselles que tu as enchantées; et livre-nous la magicienne qui a causé tous ces maux.—Pécheur que je suis, disait Sancho, je ne suis, seigneur, ni princesse, ni chevalier, ni la magicienne que dit votre grâce, mais bien le pauvre Sancho Panza, son voisin, son ancien écuyer, le mari de la bonne Mari-Guttierez, que votre grâce rend déjà à moitié veuve. Malheur à la mère qui m'a mis au monde et qui m'a conduit ici!—Livre-moi à l'instant, ajoutait don Quichotte, de plus en plus irrité, livre-moi, saine, sauve et sans dommage ni préjudice, l'impératrice que je te dis, et ensuite ta vile et superbe personne se rendra à ma merci en se reconnaissant vaincue.—Je le ferai, par tous les diables! dit Sancho; que votre grâce m'ouvre d'abord la porte et mette son épée dans le fourreau, je lui apporterai à l'instant non-seulement toutes les princesses du monde, mais encore Anne et Caïphe, à la volonté de votre grâce. »

Don Quichotte rengaîna avec lenteur et gravité; il était tout moulu et tout en sueur des coups d'épée qu'il avait donnés à son pauvre lit, dont les matelas et les couvertures étaient taillés comme crible, comme l'eût été Sancho s'il avait été atteint. Celui-ci sortit de derrière le lit, pâle, enroué et le visage inondé de larmes de frayeur, «Seigneur chevalier errant, s'écria-t-il en se jetant à genoux devant don Quichotte, je me confesse vaincu; que votre grâce veuille me pardonner, et je serai bon tout le reste de ma vie. » Don Quichotte lui répondit par ce vers latin qu'il avait retenu et qu'il répétait sans cesse :

« *Parcere prostratis docuit nobis ira leonis.*

«Orgueilleux géant! ajouta-t-il, bien que ton arrogance ne mérite clémence aucune, de même que ces chevaliers et ces princes anciens que j'imite et veux imiter, je te pardonne, parce que j'espère que tu renieras tes méchantes œuvres passées, et que tu seras dorénavant l'appui des pauvres et des besoigneux; enfin, que tu redresseras les torts et les offenses qui se commettent avec tant d'injustice par le monde. — Je jure et promets, dit Sancho, de faire tout ce que votre grâce m'ordonne ; mais, qu'elle veuille bien me le dire, ¿dans les torts que j'aurai à redresser dois-je comprendre le licencié Pedro Garcia, le bénéficier du Toboso, qui l'est d'une jambe ? C'est que je ne voudrais pas me mettre dans les affaires de notre sainte mère l'Église. »

Alors don Quichotte releva Sancho. « Que t'en semble, ami Sancho ? lui dit-il. Celui qui ferait comme je viens de faire, enfermé dans une chambre avec un seul homme comme toi, ne ferait-il pas mieux en rase campagne et en présence d'une armée quelque brave qu'elle fût ? — Ce qu'il me semble, dit Sancho, c'est que si votre grâce veut renouveler souvent ces expériences avec moi, je laisserai là la charge. — Ne vois-tu pas, reprit don Quichotte, que tout cela n'était qu'un jeu, sans autre but que de te faire voir quelle est ma bravoure au combat, mon habileté à l'attaque, et ma vigueur à porter les coups. — Mort de ma vie ! fit Sancho, mais pourquoi votre grâce m'allongeait-elle des estocades aussi démesurées ; si je ne m'étais recommandé au glorieux saint Antoine, elle m'aurait enlevé la moitié du nez, car j'ai senti une fois son épée me siffler aux oreilles en passant. J'aimerais mieux que votre grâce eût fait cette expérience contre ces bergers d'autrefois qui conduisaient deux armées de brebis, et qui lui envoyèrent avec leurs frondes certaines larmes de Moïse qui lui mirent en morceaux la moitié des dents[1] ; cela vaudrait mieux que contre moi ; mais comme c'est la première fois, passons ; seulement que votre grâce avise une autre fois à ce qu'elle fera, et maintenant qu'elle me permette d'aller manger. — Non pas, Sancho, reprit don Quichotte, désarme-moi, et reste à déjeuner avec moi, parce qu'après cela nous parlerons de notre départ. »

Sancho accepta sans hésiter l'invitation, et après le repas, don Quichotte l'envoya chez un cordonnier chercher deux ou trois grandes basanes pour faire une fine rondache. Avec cela, du carton et de la colle, il en fabriqua une aussi grande qu'une roue à filer le chanvre. En même temps il vendit deux pièces de terre et une vigne assez bonne, et du tout il fit de l'argent pour l'expédition qu'il projetait. Il se fit encore un bon fer de lance avec un morceau de fer large comme la main; il acheta un roussin pour Sancho, et sur ce roussin il plaça une petite valise contenant quelques chemises à lui et à son écuyer, et en outre l'argent qui pouvait monter à trois cents ducats. De telle sorte que Sancho sur son âne et don Quichotte sur Rossinante effectuèrent, selon ce que dit leur nouvelle et véridique histoire, leur troisième et mémorable sortie d'Argamésilla, vers la fin d'août de l'année que Dieu sait, sans que le curé ni le barbier, ni aucune autre personne s'en aperçût, si ce n'est le lendemain.

CHAPITRE IV

Comment don Quichotte de la Manche et Sancho Panza, son écuyer, partirent une troisième fois d'Argamésilla, de nuit, et de ce qui leur arriva en route pendant cette troisième et célèbre expédition.

Trois heures avant que le blond Apollon ne répandît ses rayons sur la terre, le bon hidalgo don Quichotte et Sancho Panza sortirent de leur village. L'un était gaillardement monté sur son cheval Rossinante, armé de toutes pièces, et le morion en tête; l'autre était assis sur son âne bâté à neuf, portant en avant deux besaces bien garnies, et en croupe la petite valise. « Tu vois, mon Sancho, dit le chevalier lorsqu'ils furent sortis du village, combien tout nous est favorable dans notre entreprise; la lune éclaire et resplendit; nous n'avons rencontré dans le chemin que nous avons parcouru jusqu'ici rien qui fût de mauvais augure[1], personne ne s'est aperçu de notre départ, en un mot tout nous vient à bouche que veux-tu. — C'est vrai, dit Sancho, mais je crains qu'en ne nous trouvant plus au village, le curé et le barbier ne se mettent à notre poursuite avec du monde; et s'ils nous retrouvent, malgré nous et à notre grand chagrin, ils nous prendront au collet et nous ramèneront dans nos maisons; ou bien ils nous mettront dans une cage comme l'année passée; et s'il en est ainsi, en vérité, la rechute ne vaudra pas mieux que la chute. — ¡O le lâche barbier! s'écria don Quichotte; je jure par l'ordre de chevalerie que j'ai reçu que rien que pour ce que tu as dit, et afin de te persuader qu'il ne peut entrer la plus petite crainte dans mon cœur, je suis tenté de retourner au village et d'y défier à combat singulier tout ce que possède de curés, de vicaires, de sacristains, de chanoines, de marguilliers, de doyens, de chantres, de prébendés et de bénéficiers l'Église romaine, grecque et latine; et aussi tous les barbiers, les médecins, les chirurgiens et les vétérinaires qui combattent sous les bannières d'Esculape, de Galien, d'Hippocrate et d'Avicène. ¿Se peut-il, Sancho, que tu aies de moi si petite opinion et que tu n'aies jamais remarqué la valeur de ma personne? l'invincible force de mon bras? la légèreté inouie de mes pieds? et la vigueur intrinsèque de mon courage? Je te gagerais volontiers que si on m'ouvrait par le milieu et si on me retirait le cœur, on le trouverait comme celui d'Alexandre-le-Grand, qui était couvert de poil, signe évident de bravoure et de force. Ainsi donc, Sancho, et pour l'avenir, ne pense pas m'effrayer lors même que tu mettrais devant moi plus de tigres que n'en produit l'Hyrcanie, plus de lions que l'Afrique n'en élève, plus de serpents qu'il n'en existe en Libye, et plus d'armées que César, Annibal ou Xerxès n'en commandèrent. Restons-en là pour le moment, tu reconnaîtras la vérité de mes paroles à ces fameuses joutes de Saragosse où nous allons maintenant; tu verras de tes proprès yeux ce que je te promets. D'ici là, Sancho, il faut que sur la rondache que je porte (rondache meilleure que celle de Fez, dont s'armait le brave Maure de Grenade lorsqu'il demandait à grands cris qu'on lui sellât le cheval gris de l'alcade de Los Velez [2]), il faut, dis-je, y inscrire quelque emblème ou quelque devise qui indique la passion dont est animé le chevalier qui la porte à son bras. Je veux donc qu'au premier endroit où nous nous arrêterons un peintre m'y représente avec deux bellissimes damoiselles énamourées de ma vaillance; puis au-dessus d'elles, le dieu Cupidon me décochant une flèche que je recevrai sur ma rondache avec un air de dédain qui s'adressera autant au dieu qu'aux damoiselles; le tout entouré de ces mots :

DON QUICHOTTE DE LA MANCHE,
LE CHEVALIER SANS AMOUR [3].

Et enfin dans la partie supérieure, de manière à ce qu'elle me sépare de Cupidon et des dames, je mettrai cette autre devise originale :

> *Vers mon cœur le dieu Cupidon*
> *Décoche une flèche rapide;*
> *Mais d'amour je ne suis cupide,*
> *Et de mon cœur ne ferai don* [4].

—Ma foi, dit Sancho, votre grâce est bien dégoûtée, et je jure bien que si le seigneur Cupidon venait ainsi me proposer deux belles damoiselles, je me hâterais bien de mettre mon cœur aux genoux de l'une d'elles, si ce n'est de toutes les deux; je ne saurais dédaigner la beauté de cette façon.—Cela ne te va pas de parler de la sorte, reprit don Quichotte, à toi qui as une femme bonne et chrétienne, quoique laide [5].—¿Qu'importe cela? dit Sancho ; la nuit tous les chats sont gris, et à défaut de courtepointe, on s'arrange bien d'une couverture. — Laissons cela, répondit don Quichotte, car j'aperçois devant nous l'un des plus beaux châteaux qui se puissent rencontrer, à grand'peine, dans tous les pays hauts et bas, dans les États de Milan comme dans ceux de Lombardie. » Et le bon hidalgo disait tout cela à propos d'une hôtellerie qu'il apercevait à un quart de lieue en avant. « Votre grâce m'amuse, dit Sancho ; ce qu'elle appelle château n'est qu'une hôtellerie, vers laquelle nous ferons bien, attendu que le soleil va se coucher [6], de nous acheminer pour y passer la nuit tout à notre aise, et demain nous continuerons notre voyage. »

Don Quichotte soutenait que c'était un château [7], Sancho que c'était une hôtellerie, lorsque vinrent à passer deux voyageurs à pied. Ces voyageurs, surpris de voir la figure de don Quichotte, ainsi armé de toutes pièces par la chaleur qu'il faisait, et qui n'était pas petite, s'arrêtèrent pour le considérer. Don Quichotte marcha à leur rencontre. « Valeureux chevaliers, leur dit-il, vous qu'un superbe géant, contre tout ordre de chevalerie, a privés de vos chevaux en vous livrant bataille ; vous ravissant en même temps, sans doute, quelque belle damoiselle que vous escortiez, fille de quelque prince ou seigneur de ces contrées, et fiancée au fils d'un comte qui, bien que jeune, est de sa personne un valeureux chevalier [8], parlez et contez-moi votre peine avec détail. Devant vous est le Chevalier sans amour, si jamais vous l'avez entendu nommer, ce qui doit être, car il est bien connu par ses hauts faits. Il vous jure par les ingratitudes de l'infante Dulcinée du Toboso, unique cause de sa désaffection, de vous venger de telle sorte et si bien selon vos désirs, que vous pourrez dire que la fortune vous a bien servis en vous mettant sur ce chemin. » Les deux voyageurs ne surent que répondre; ils se regardèrent l'un l'autre, puis enfin : « Seigneur cavalier, dirent-ils, nous n'avons combattu aucun superbe géant, nous n'avons ni chevaux ni damoiselle qui nous aient été enlevés; mais si votre grâce veut parler d'un combat que nous avons soutenu, tout à l'heure, sous ces arbres, contre certaine engeance qui en voulait à notre peau, et qui nous inquiétait de trop près, elle peut être tranquille; nous avons remporté une victoire complète, et sauf un petit nombre, qui a pu nous échapper en se cachant dans quelques replis, nous avons eu raison de tous les autres, avec l'aide du comte d'Onglade [9]. » Avant que don Quichotte répondît, Sancho s'avança. «¿Seigneurs voyageurs, dit-il, voudriez-vous nous apprendre si ce que nous apercevons est hôtellerie ou château? — ¡Lourde bête! s'écria don Quichotte, ne vois-tu pas d'ici les chapiteaux des tours, ce magnifique pont-levis, et les deux redoutables gardiens qui en défendent l'entrée à ceux qui voudraient pénétrer contre la volonté du châtelain?—Si votre grâce veut bien le permettre, seigneur cavalier armé, reprirent les voyageurs, c'est une hôtellerie et on la nomme *l'hôtellerie du Pendu*, depuis qu'il y a un an on a pendu, tout à côté, l'hôtelier qui avait assassiné un hôte pour lui voler tout ce qu'il avait.—¡Allez au diable! fit don Quichotte; ce sera ce que j'ai dit et malgré tout le monde. »

Les voyageurs se remirent en route, fort surpris de la folie du chevalier. A une portée d'arquebuse de l'hôtellerie, don Quichotte dit à Sancho : « Il serait convenable, Sancho, pour remplir, en tout, ce qu'exige l'ordre de chevalerie, et pour ne pas nous écarter de la voie tracée à la véritable milice, que tu prisses les devants. Va donc vers ce château comme si tu étais réellement un espion, examines-en, avec grande attention, l'étendue et la hauteur;

puis la profondeur du fossé, la disposition des portes et des ponts-levis, les tours, les plates-formes, les chemins couverts, les digues, les contre-digues, les tranchées, les herses, les guérites, les postes, les corps-de-garde; informe-toi de ce que la garnison possède en artillerie; quelles sont ses provisions, pour combien d'années; si elle a des munitions, s'il y a de l'eau dans les citernes, et enfin quels et combien sont les défenseurs d'une aussi grande forteresse. —¡Corps de mon père! fit Sancho, voilà ce qui met le plus ma patience à bout, dans ces aventures ou mésaventures que nous cherchons toujours pour nos péchés; une hôtellerie est là, devant nous; nous pouvons y entrer sans la moindre façon, y souper tout à notre aise, de nos propres deniers, sans livrer bataille, sans avoir querelle avec qui que ce soit; et votre grâce veut que j'aille reconnaître des ponts, des fossés, des biques, des perses, et je ne sais comment diable elle nomme toute cette litanie qu'elle a récitée. Et puis, l'hôtelier me voyant rôder autour de la maison, mesurant les murailles, sortira avec un bâton et me frottera les côtes, dans la pensée que je viens lui voler, dans sa basse-cour, ses poules ou quelqu'autre chose. ¡Sur la vie de votre grâce! marchons, je me fais garant de tout ce qui peut nous arriver, à moins que nous n'allions de nous-mêmes prendre les querelles avec la main. —Je vois bien, Sancho, dit don Quichotte, que tu ne sais rien de ce que doit faire un bon espion; mais pour que tu le saches, apprends que la première condition est d'être fidèle, tandis qu'être double espion, c'est-à-dire servir également les deux partis, c'est mériter un châtiment sévère. La seconde condition est d'être diligent, d'avertir avec promptitude de ce qu'on a vu et entendu chez les ennemis, attendu qu'un avis donné trop tard peut causer la perte de toute une armée. La troisième, est d'être discret au point de ne confier à personne qui vive, ami ou camarade, le secret qu'on porte avec soi, si ce n'est au général lui-même. Ainsi donc, Sancho, vas à l'instant, et fais ce que je te dis sans la moindre réplique. Tu sais que l'une des choses qui font que les Espagnols sont la nation la plus redoutée et la plus estimée du monde, c'est, force et valeur à part, la prompte obéissance qu'obtiennent les chefs dans l'armée; c'est par là qu'ils sont victorieux dans toutes les occasions, c'est là ce qui porte le découragement chez l'ennemi, ce qui donne du cœur aux poltrons; enfin c'est par là que les rois d'Espagne sont arrivés à être les maîtres du monde. Quand les inférieurs obéissent aux supérieurs, les rangs se serrent et se soutiennent, l'ennemi ne peut les rompre ou les entamer, ce qui arrive au contraire aux autres nations qui sont sans discipline, c'est-à-dire sans la clef de tout succès prospère, dans la guerre comme dans la paix [10].—¡A la bonne heure! dit Sancho, je ne répliquerai plus, nous n'en finirions pas; que votre grâce donc me suive tout doucement, et je vais avec mon âne faire ce qu'elle m'ordonne; et s'il n'y a rien de ce que votre grâce m'a dit, nous pourrons nous arrêter là, car en vérité mes tripes grondent de faim. Dieu te donne bonne chance, reprit don Quichotte, afin que tu te tires avec honneur de l'entreprise que tu vas tenter, et que tu obtiennes des mestres de camp et des généraux de quelqu'armée une récompense honorifique pour le reste de tes jours. Je te donne ma bénédiction et j'appelle sur toi celle de Dieu; va, et n'oublie rien de ce que je t'ai dit sur les qualités d'un bon espion. »

Sancho se mit à piquer son âne de telle sorte, qu'en peu d'instants il arriva à l'hôtellerie, et comme il ne vit ni fossés, ni ponts, ni tourelles, comme son maître le lui avait dit, il se prit à rire tout à son aise. « Sans doute, fit-il, que ces tours et ces fossés que mon maître voyait ici n'étaient que dans sa tête, car je ne découvre qu'une maison avec une vilaine cour; ce ne peut être qu'une hôtellerie, comme j'ai dit. » Il s'approcha de la porte, et demanda à l'hôte s'il recevait des voyageurs; celui-ci répondit que oui; alors Sancho descendit de son âne, et remit à l'hôte sa valise pour qu'il lui en rendît compte quand il la demanderait. Puis il s'informa s'il y avait de quoi souper; et l'hôte répondit qu'il avait un bon ragoût de vache, de mouton et de porc, avec des choux délicieux et un lapin roti. A ce détail, le bon Sancho sauta deux fois de joie, il demanda de la paille et de l'avoine pour sa bête, et la conduisit à l'écurie.

Sur ces entrefaites, arriva don Quichotte, monté sur Rossinante et dans la tenue que nous avons cité. L'hôte et quatre ou cinq autres, qui étaient devant la porte, furent tout surpris de voir cette étrange figure, et attendirent ce qu'il allait faire. Notre héros arriva jusqu'à deux longueurs de pique, et regardant d'un air grave et du coin de l'œil les personnes qui se trouvaient là, il passa devant elles sans mot dire, fit le tour de toute l'hôtellerie, l'examinant de bas en haut, mesurant parfois avec sa lance la hauteur des murailles; puis, le tour achevé, il se plaça de nouveau devant la porte et, debout sur ses étriers, d'une voix arrogante, il prononça : « Châtelain de cette forteresse, et vous, chevaliers, qui pour la défendre avec les soldats qu'elle renferme, épiez nuit et jour, été comme hiver, par des froids insupportables, comme par des chaleurs accablantes, les ennemis qui veulent vous assaillir, ou vous attirer dans la campagne pour tenter les aventures; livrez-moi, à l'instant et sans réplique, un mien écuyer que, faux et traîtres que vous êtes, vous avez appréhendé contrairement aux droits de la chevalerie, et sans auparavant lui livrer bataille. Je sais par expérience que si vous lui en aviez offert l'occasion, il n'eût pas hésité à tenir tête à dix d'entre vous ; mais vous l'avez traîtreusement saisi à l'aide des artifices de la vieille enchanteresse qui habite avec vous. Je vous fais donc trop d'honneur déjà en vous le demandant comme je le demande, et je vous le dis de nouveau, rendez-le-moi si vous tenez à la vie, et si vous ne voulez que je vous passe tous au fil de mon épée, et que je détruise ce château sans en laisser pierre sur pierre. ¡Allons! reprit-il avec colère et en élevant la voix, livrez-le-moi ici, à l'instant, sain, sauf et sans la moindre égratignure, et avec lui tous les chevaliers, les damoiselles et les écuyers que vous retenez avec une inhumaine cruauté dans vos prisons obscures ; sinon, venez tous ensemble, non désarmés comme je vous vois maintenant, mais avec vos nobles coursiers, vos fortes cuirasses et vos lances du frêne le plus ferme ; tous je vous attends!» Et à chaque parole, il serrait la bride à Rossinante qui s'épuisait en efforts pour entrer dans l'hôtellerie, où il n'avait pas moins envie d'être que Sancho.

L'hôte et ses compagnons étonnés des discours de don Quichotte, et voyant que, la lance baissée, il les défiait au combat, les appelant poules et poltrons, s'avancèrent enfin vers lui. «Seigneur cavalier, lui dit l'hôte, il n'y a pas ici de château-fort ; nous n'avons de fort que notre vin, et il l'est de telle sorte qu'il suffit non pas seulement pour faire perdre l'aplomb, mais pour faire dire bien autre chose que ce que votre grâce vient de nous débiter ; nous répondrons tous par ma voix, et moi pour tous, qu'il n'est venu ici aucun écuyer de votre grâce. Si maintenant votre grâce veut se reposer, qu'elle entre ; nous lui donnerons un bon souper et surtout un bon lit.—Par l'ordre de chevalerie que je professe ! répliqua don Quichotte, si, comme je vous l'ai dit, vous ne me remettez mon écuyer et les princesses que vous détenez injustement, vous mourrez de la mort la plus honteuse qui ait jamais atteint hôteliers errants en ce monde. » A tout ce bruit, Sancho sortit de l'hôtellerie. « Seigneur don Quichotte, s'écria-t-il, votre grâce peut entrer, car dès que je suis arrivé tous se sont déclarés vaincus ; qu'elle descende donc, tous sont nos amis, et nous nous sommes donné le baiser de paix ; il y a ici un gentil ragoût de vache, de porc, de mouton, de navets et de choux qui nous attend et qui nous dit : mangez-moi, mangez-moi [11]. —¿Dis-moi, Sancho, mon ami, demanda don Quichotte en voyant son écuyer si joyeux, ces hommes-là t'ont-ils fait quelque tort ou causé quelque dégoût ? Je suis ici, comme tu vois, prêt à combattre.—Seigneur, dit Sancho, personne de cette maison ne m'a fait tort, et comme peut le voir votre grâce, j'ai les deux yeux sains et entiers comme lorsque je suis sorti du ventre de ma mère ; quant au dégoût, bien au contraire, il y a là dans la marmite un bon ragoût, et de plus un lapin tel que Juan-Espère-en-Dieu [12] lui-même en voudrait bien manger. — Eh bien ! donc, Sancho, reprit Don Quichotte, prends ma lance et tiens-moi l'étrier ; je vais descendre, car ces gens me paraissent de bonne condition, quoique payens.— Comment, payens ! dit Sancho, c'est nous au contraire qui payons trois réaux et demi pour être seigneurs dissolus de cette grandissime marmite. »

Là-dessus, don Quichotte mit pied à terre, et Sancho conduisit Rossinante à l'écurie. L'hôte invita le chevalier à se désarmer, en protestant qu'il était en lieu sûr, où il ne lui serait pas fait de querelle à condition de payer le gîte et le souper ; mais don Quichotte n'en voulut rien faire, et répondit que chez les payens il ne fallait pas se fier à tout le monde. Sancho néanmoins obtint de lui, à force de prières, qu'il ôtât son morion. Cela fait, il le conduisit devant une petite table, et pria l'hôte d'apporter sans retard le ragoût et le lapin rôti. Don Quichotte n'y toucha pas beaucoup ; mais il ne se fit faute pendant le repas ni de discours, ni d'extravagances[13]. Sancho, de son côté, ne fut pas honteux, car il fit disparaître à pleines joues tout ce qui restait du ragoût et du lapin, avec l'aide d'une bonne mesure de vin de Yepes ; de sorte qu'il fut bientôt rond comme une outre. Le souper fini, l'hôte conduisit don Quichotte et Sancho dans une chambre passable ; et après avoir désarmé son maître, l'écuyer descendit pour servir le souper de Rossinante et du roussin, et pour les mener boire.

Pendant qu'il se livrait à ces soins animaux, une Galicienne, servante dans l'hôtellerie et fille de très-bonne volonté, entra dans la chambre de don Quichotte. « Je souhaite une bonne nuit à votre grâce, lui dit-elle, veut-elle quelque chose de moi pour son service ? Tout noires que nous sommes, nous ne noircissons pas. ¿Veut-elle que je lui tire ses bottes, que je nettoie ses souliers, ou que je reste ici cette nuit ? Je ferai tout cela bien volontiers. Sur l'âme de ma mère ! il me semble que j'ai déjà vu votre grâce ici, ou du moins à sa figure et à sa tournure, elle ressemble à quelqu'un que j'ai bien aimé. Mais l'eau qui est passée ne fait pas aller le moulin ; il me quitta, je l'ai quitté, je suis libre comme le couteau ; je ne suis pas de ces femmes à tout le monde comme il y en a tant, je suis fille, mais honnête et femme de bien, servante d'un honorable hôtelier. J'ai été trompée par un traître de capitaine qui m'enleva de la maison de mon père en me promettant mariage, il s'en alla en Italie, et me laissa perdue comme le voit votre grâce, après m'avoir emporté tous mes joyaux et mes vêtements. » Là-dessus la belle se mit à pleurer : « Hélas ! hélas ! seigneur mon Dieu, disait-elle, je suis orpheline,

je suis seule et sans autre protection que celle du ciel.
Hélas ! Dieu n'enverra-t-il donc personne qui m'assomme
ce traître, pour me venger de tout le mal qu'il m'a fait[14] ! »
Don Quichotte était d'une nature compatissante ; dès qu'il
vit pleurer la galicienne, il s'approcha d'elle. « Belle
damoiselle, lui dit-il, vos plaintes douloureuses m'ont
frappé le cœur de telle sorte, que bien que les combats
l'aient endurci comme l'acier, il est devenu de cire à vous
entendre. Aussi, par l'ordre de chevalerie que je professe,
je vous jure et promets, en vrai chevalier errant dont
le métier est de réparer semblables torts, de ne manger
pain sur table, de ne folâtrer avec la reine, de ne me
peigner la barbe ni les cheveux, de ne me couper ni les
ongles des pieds, ni ceux des mains[15], et de n'entrer dans
une ville ou village, à partir des joutes de Saragosse où je
vais maintenant, que je ne vous ai bien vengée de ce
déloyal chevalier ou capitaine qui vous a tant offensée ; et
vous pouvez dire que Dieu vous a fait rencontrer un véritable redresseur de torts. Donnez-moi donc votre main,
belle damoiselle, je vous jure ma parole de chevalier de
faire ce que je viens de dire ; et demain, dès le jour, montez sur votre précieux palefroi, mettez votre voile devant
vos yeux, seule ou accompagnée de votre nain ; et je vous
suivrai. Je veux même, dans les joutes royales où je vais
maintenant, défendre votre beauté contre tous à la pointe
de mon épée ; je veux vous faire reine de quelque royaume
ou de quelqu'île, en vous unissant à un prince puissant.
Ainsi donc, allez reposer dans votre blanche couche et
fiez-vous à ma parole inviolable[16]. » La mauvaise fille
qui se vit congédiée de la sorte, contrairement à l'espérance qu'elle avait conçue d'être autrement accueillie de
don Quichotte, et d'en recevoir trois ou quatre réaux, fut
très-attristée d'une réponse aussi précise à la suite d'une

harangue aussi prolixe. « Seigneur, lui dit-elle, certains inconvénients m'empêchent de quitter la maison pour le moment ; mais si votre grâce veut me faire quelque bien, je la supplie de me prêter, jusqu'à demain, deux réaux dont j'ai le plus grand besoin [17], car hier, en lavant la vaisselle, j'ai cassé deux plats de Talavera, et si je ne les paie, mon maître me donnera deux douzaines de coups de bâton bien appliqués.—Quiconque vous touchera, reprit don Quichotte, me touchera moi-même à la prunelle des yeux, et je n'hésiterai pas à défier à un combat singulier, non-seulement le maître que vous dites, mais tous les maîtres qui gouvernent des châteaux et des forteresses. Allez donc et couchez-vous sans crainte ; voici mon bras qui ne peut vous manquer.—Je le crois et me le tiens pour dit, répliqua la Galicienne ; que votre grâce veuille bien me faire don de ces deux réaux pendant que je suis ici à ses ordres. »

Don Quichotte n'entendait rien à la musique de la servante, aussi lui répondit-il : « Belle infante, je ne veux pas seulement parler des deux réaux que vous dites, mais de deux cents ducats que je vous donnerai à l'instant. » La belle qui savait que trop embrasser c'est mal étreindre, et que mieux vaut l'oiseau dans la main que la grue qui vole, s'approcha du chevalier et fit mine de l'embrasser pour voir si elle pourrait de la sorte lui arracher ses deux réaux ; mais don Quichotte recula. « Je ne sache pas, ni pour l'avoir vu ni pour l'avoir lu, que des chevaliers errants, placés dans l'alternative où je me vois, aient succombé et commis une action déshonnête ; ainsi ne ferai-je, puisque je tends à les imiter. » Là-dessus il se mit à appeler Sancho. « Sancho ! disait-il, Sancho, monte, et apporte-moi la valise. » Sancho était en bas, occupé avec l'hôtelier et ses autres hôtes à une grande conversation sur les mérites et la bravoure de son maître, et le ragoût dont il était plein ne contribuait pas peu à lui donner de l'éloquence et de la faconde. Aux cris de don Quichotte, il monta apportant la valise. « Ouvre-la, lui dit le chevalier, et remets à l'infante que voici deux cents ducats bien comptés. Quand nous l'aurons vengée de certaine offense qui lui a été faite contre sa volonté, non-seulement elle te rendra cela, mais elle te donnera en profusion de riches joyaux qu'un chevalier discourtois lui a ravis injustement. » Cet ordre mit Sancho dans une grande colère. « ¡ Comment, deux cents ducats! s'écria-t-il, par les os de mes pères, et même de mes aïeux! il m'est aussi facile de les remettre que de donner de la tête contre le ciel. Voyez-moi un peu l'effrontée! ¿N'est-ce pas elle qui tout à l'heure, dans l'écurie, m'offrait d'être toute à ma disposition si je lui donnais deux réaux [18]? Sur ma parole, si je l'empoigne par les cheveux, elle descendra d'un saut les escaliers! »

Lorsque la pauvre Galicienne vit Sancho dans une telle colère, elle tenta de capituler avec lui. « Frère, lui dit-elle, votre seigneur a dit que vous me donniez deux réaux, je ne veux ni ne demande les deux cents ducats, car je vois bien que ce seigneur parle ainsi pour se moquer de moi. » Don Quichotte était tout surpris de ce que disait Sancho. « Sancho, s'écria-t-il, fais à l'instant ce que je t'ordonne, livre les deux cents ducats; si elle te demande davantage, donne-lui davantage; demain nous nous rendrons avec elle dans ses domaines, où nous serons intégralement remboursés.—Allons, sus, fit Sancho, en prenant la valise, descendez belle dame, infante comme la chienne qui vous a mise au monde, » et lui donnant un réal : « Par les armes du géant Goliath, si vous dites à mon maître que je ne vous ai pas donné les deux cents ducats, je ferai de vous plus de morceaux qu'il n'y a de pointes au bât de mon âne.—Seigneur, dit la Galicienne, donnez-moi du moins les deux réaux, et je serai bien contente.—La friponne, murmura Sancho en les lui donnant, sera payée comme si elle avait travaillé. » En ce moment l'hôtelier appela notre écuyer pour qu'il allât se coucher sur un lit qu'il lui avait fait avec des panneaux de bât, et Sancho, prenant sa valise pour oreiller, se gorgea de sommeil jusqu'au lendemain.

CHAPITRE V

Comment don Quichotte se prit de querelle avec l'hôtelier
en quittant l'hôtellerie.

—◆—

Quand le jour fut venu, Sancho alla donner à manger à Rossinante et à son âne, et se fit mettre sur le gril un morceau raisonnable de mouton; puis il alla réveiller don Quichotte. Notre héros n'avait pu fermer l'œil de toute la nuit, si ce n'est un instant vers le matin, occupé qu'il était par ses projets de joute qui lui faisaient tourner la tête, et entreprenant en imagination la défense de la belle Galicienne contre tous les chevaliers de l'Espagne et de l'étranger. Il se voyait déjà la conduisant jusqu'au royaume ou à la province dont elle était souveraine, lorsque l'appel de Sancho le réveilla en sursaut; mais cela ne changea pas le cours de ses idées. « Confesse-toi, vaincu, disait-il, ô vaillant chevalier, et reconnais la beauté de la princesse galicienne; cette beauté est telle que Polyxène, Porcia, Albane, ni Didon ne seraient pas dignes, si elles revenaient au monde, de dénouer les cordons de son bien juste et bien petit soulier.—Seigneur, lui dit Sancho, la Galicienne est très-contente et très-bien payée des deux cents ducats que je lui ai donnés, et m'a chargé de dire à votre grâce qu'elle lui baisait les mains et qu'elle était toute disposée à recevoir ses ordres.—Eh bien, répondit don Quichotte, dis-lui de préparer son noble palefroi pendant que je m'habille et que je m'arme, et ensuite nous partirons. »

Sancho descendit et alla voir d'abord si son déjeuner était prêt, puis il bâta l'âne et sella Rossinante, en suspendant aux arçons la rondache et la lance de don Quichotte. Notre héros parut un instant après, portant ses armes qu'il pria Sancho de lui attacher, parce qu'il voulait partir promptement. Sancho lui demanda de déjeuner avant tout, mais don Quichotte n'en voulut rien faire, disant qu'il ne pouvait s'asseoir à table avant d'avoir terminé certaine aventure à laquelle il s'était engagé; ainsi donc il mangea debout quatre bouchées de pain et un peu de mouton grillé, puis montant lestement à cheval, il salua l'hôtelier et les hôtes qui étaient présents. « Châtelain et chevaliers, leur dit-il, voyez s'il est quelque chose en quoi je vous sois utile, je me mets à vos ordres et je serai prompt à vous servir.—Seigneur cavalier, répondit l'hôte, nous n'avons ici besoin de rien, si ce n'est que votre grâce, ou ce laboureur qui vient avec elle, veuille bien me payer le souper, le coucher, la paille et l'orge, après quoi je leur souhaiterai bon voyage [1]. — Ami, répliqua don Quichotte, je n'ai lu dans aucun livre que lorsqu'un châtelain ou le seigneur d'une forteresse méritait par sa bonne réputation d'héberger un chevalier errant, il lui demandât de l'argent pour son gîte; mais puisque, reniant l'honorable titre de châtelain, vous faites le métier d'aubergiste, je consens à ce qu'on vous paie ; voyez donc ce que nous vous devons. » L'hôte répondit : « Quatorze réaux et quatre quarts. — Je ferais de vous plus de quatre quartiers et de quatorze morceaux, continua don Quichotte, pour l'effronterie de votre compte, si j'en avais le temps ; mais je ne veux pas faire un aussi mauvais emploi de ma valeur. » Et s'adressant à Sancho, il lui donna ordre de payer. En tournant la tête, il aperçut la servante galicienne qui se tenait près de la porte, un balai à la main, se disposant à balayer la cour ; il prit alors son air le plus courtois. « Souveraine dame, lui dit-il, me voici tout disposé à exécuter tout ce que je vous ai promis cette nuit, et sans nul doute vous serez promptement remise en possession de votre beau royaume. Il n'est pas juste qu'une infante comme vous soit dans une pareille position, et aussi mal vêtue, condamnée à balayer les demeures de gens aussi infâmes que ceux-ci ; ainsi donc montez sans perdre de temps sur votre brillant coursier, et si la fortune adverse ne vous a pas permis de le conserver, prenez l'âne de Sancho Panza, mon fidèle écuyer, venez avec moi dans la ville de Saragosse, et là, après les joutes, je défendrai contre le monde entier votre beauté extrême[a]. J'élèverai, au milieu de la place, une tente à laquelle je suspendrai mon cartel ; à côté je dresserai une estrade, petite bien que riche, portant un siége élégant sur lequel vous vous placerez vêtue des plus beaux vêtements. Alors je combattrai contre les nombreux chevaliers qu'auront attirés mon défi, le désir de me vaincre, et d'illustrer le nom de leurs dames ; entreprise difficile, pour ne pas dire impossible pour eux, et qui pour moi sera facile sous l'égide de votre beauté. Ainsi donc, belle dame, laissez là tout le reste, et venez avec moi. » A ce discours l'hôtelier et les assistants ne doutèrent plus de la folie de don Quichotte, et se mirent à rire de l'entendre appeler la Galicienne princesse et infante; puis l'hôte, prenant la chose plus au sérieux, se retourna avec colère vers sa servante : « Je vous jure sur ma tête, malheureuse effrontée, lui dit-il, que je vous ferai souvenir du pacte que vous avez fait avec ce fou; je vous comprends, et c'est ainsi que vous me remerciez de vous avoir tiré de la fange ³ d'Alcala et de vous avoir amenée chez moi où je vous ai installée honorablement, de vous avoir acheté cette jupe qui m'a coûté seize réaux, et ces souliers trois et demi; sans compter qu'aujourd'hui ou demain j'allais vous donner une chemise dont vous n'avez pas un lambeau sur le corps; mais que je ne me fasse jamais la barbe dans un bassin de barbier si vous ne me payez tout à la fois, et si je ne vous renvoie ensuite comme vous le méritez avec un bouchon de paille à la queue ⁴, voir si vous trouverez quelqu'un qui vous fasse le bien que je vous ai fait ici. Allez, vaurienne, et bien vite, nettoyer vos plats, et après cela nous verrons! » A ces mots, levant la main, il lui appliqua un soufflet et trois ou quatre coups sur les côtes, de telle force qu'elle perdit l'équilibre et s'en alla en trébuchant.

¡O Dieu saint! qui pourrait peindre la rage et la colère qui s'élevèrent à ce moment dans le cœur du chevalier! L'aspic offensé ne se redresse pas avec plus de fureur qu'il ne le fit en se levant sur ses étriers; il mit l'épée à la main, et d'un air arrogant et superbe : « Vil et extravagant chevalier, s'écria-t-il, tu as osé frapper au visage l'une des femmes les plus belles qui se puissent rencontrer par le monde; mais le ciel ne voudra pas qu'une aussi grande félonie, qu'un pareil acte de lâcheté reste sans châtiment. » Et en disant ces mots il lui asséna sur la tête et de toute sa force un tel coup d'épée, que si sa main ne s'était un peu dérangée, c'en était fait du pauvre hôtelier, qui n'en eut pas moins la tête fendue. Cet acte mit en émoi tous les gens de l'hôtellerie, et chacun s'arma de ce qu'il trouva à sa portée. L'hôte entra dans sa cuisine, en sortit avec une broche d'une longueur démesurée, et sa femme avec une demi-pique de messier. Don Quichotte cria : « Guerre! » de toute la force de ses poumons et fit prendre du champ à Rossinante. L'hôtellerie s'élevait au sommet d'une petite côte, et à la distance d'un jet de pierre s'étendait une vaste prairie; don Quichotte se plaça au milieu de cette prairie, faisant piaffer son cheval et tenant à la main son épée, la seule arme qu'il eût, car Sancho, qui était resté en arrière, tenait la rondache et la lance. Voyant la marmite renversée[5], le bon écuyer se crut berné une seconde fois; aussi s'épuisa-t-il en efforts pour mettre fin à la querelle et pour obtenir la paix. Mais l'hôtelier, qui avait la tête fendue, était furieux comme un lion; il demandait à grands cris son escopette, et sans aucun doute il eût tué notre héros, si celui-ci n'eût été réservé pour d'autres hasards. Sa femme et les hôtes de l'hôtellerie se joignirent à Sancho pour lui faire entendre que cet homme était fou, et que puisque sa blessure n'était pas grave, il n'avait rien de mieux à faire qu'à le laisser aller à tous les diables. On parvint enfin à le calmer, et Sancho, après avoir protesté qu'il n'était pour rien dans ce qui venait de se passer, prit congé de tout le monde avec une grande courtoisie, et s'en alla rejoindre son maître, conduisant son âne par le licol, et portant la lance et la rondache.

« ¿Est-il possible, seigneur, dit-il en rejoignant don Quichotte, que pour une fille à soldats, pire que la servante de Pilate, d'Anne et de Caïphe, qui était une fripponne, votre grâce veuille nous exposer à une querelle où nous aurions pu laisser notre peau? Sait-elle bien que l'hôtelier voulait venir avec son escopette, et que les armes d'argent de votre grâce ne l'eussent pas défendue d'un mauvais coup, eussent-elles été doublées de velours?—¿O Sancho, fit don Quichotte, combien sont-ils donc ceux qui viennent? ¿Est-ce un escadron volant ou bien un régiment? ¿Combien ont-ils d'artillerie, de cuirasses et de morions; combien de compagnies d'archers? ¿Les soldats sont-ils vieux ou recrues? ¿Sont-ils bien payés? ¿La famine ou la peste règne-t-elle dans l'armée? ¿Combien y a-t-il d'Allemands, de Tudesques, de Français, d'Espagnols, d'Italiens et de Suisses? ¿Comment se nomment les généraux, les mestres de camp, les prévôts et les capitaines de campagne? Vite, Sancho, vite, dis-le-moi, pour qu'en raison des assaillants nous puissions faire dans ce pré des tranchées, des fossés, des contre-fossés, des demi-lunes, des plates-formes, des bastions, des estacades, des mantelets et des réduits d'où nous leur lancerons des grenades et des bombes à feu, et d'où nous dirigerons sur eux des pièces d'artillerie chargées de clous et de moitiés de balles, ce qui est d'un grand effet pour soutenir une attaque.—¡Pécheur que je suis! dit Sancho, il n'y a rien de tout cela; ni Turcs, ni animaux, ni bourricades, ni bestions; bêtes seulement serons-nous si nous ne nous en allons à l'instant. Que votre grâce prenne sa lance et sa rondache, je vais monter sur mon âne, et puisque Notre-Dame des Douleurs nous a délivrés des coups de gaule qui nous attendaient, et que nous avions si bien mérités, fuyons cette hôtellerie comme si elle était la baleine de Jonas; votre grâce ne manquera pas de trouver de par le monde d'autres aventures plus faciles à conduire que celle-là.—Tais-toi, Sancho, reprit don Quichotte; s'ils me voient fuir, ils diront que je suis poltron comme une poule.—Eh! pardine, répliqua Sancho, quand ils diront que nous sommes des poules, des chapons ou des faisans, cela doit-il nous empêcher de nous en aller? Allons! marche, sire âne! »

Don Quichotte, qui vit Sancho si résolu, n'y voulut pas mettre opposition, et se décida à le suivre. « En vérité, Sancho, dit-il néanmoins, nous avons eu grand tort de ne pas retourner à l'hôtellerie[6], et de ne pas y traiter tous ces gens-là de traîtres et de félons comme ils le méritent; puis nous les aurions tous mis à mort, car une canaille aussi indigne ne mérite pas de vivre à la surface de la terre. Maintenant que nous leur avons laissé la vie, ils diront partout que nous n'avons pas eu le courage de les attaquer, ce qui me sera plus sensible que la mort. En un mot, Sancho, en nous en allant, nous avons agi comme de grandissimes poltrons.—¡ Poltrons, seigneur! dit Sancho, poltrons aux yeux de Dieu, soit; mais aux yeux du monde nous avons fait tout ce qui est dans la limite de nos forces[7]. Ainsi donc cheminons avant que le soleil ne soit trop fort, et que votre grâce se tienne pour persuadée qu'elle a suffisamment châtié les gens de l'hôtellerie. »

CHAPITRE VI

Du combat non moins étrange que périlleux que notre chevalier soutint contre
le gardien d'une melonière qu'il avait pris pour Roland Furieux.

―◊―

Le bon hidalgo don Quichotte et son écuyer Sancho Panza suivirent la route de Saragosse, et six jours se passèrent sans qu'il leur arrivât rien qui soit digne d'être rapporté, si ce n'est que dans tous les pays qu'ils traversèrent tout le monde les remarquait, les simplicités de Sancho ne prêtait pas moins à rire que les chimères de don Quichotte. Ainsi à Ariza, notre héros fit de sa main un cartel qu'il suspendit à un pilier de la place, et par lequel il déclarait que quiconque, chevalier du pays ou chevalier errant, dirait que les femmes méritaient d'être aimées des chevaliers, en aurait menti, et qu'il se chargeait de le prouver un contre un ou dix contre dix. Qu'il fallait, il est vrai, les protéger et les défendre, ainsi que l'ordonne la loi de chevalerie, mais que pour le reste, les hommes devaient se borner à se servir d'elles pour la génération, sous les liens du saint mariage, et sans culte, sans adoration, l'ingratitude de l'infante Dulcinée du Toboso démontrant que le contraire est une grande folie. Le cartel était signé *Le Chevalier sans amour*. Quelques autres épisodes de ce genre, tout aussi paisibles et non moins étranges, marquèrent leur passage dans tous les bourgs de la route jusqu'aux approches de la Catalogne, à un endroit nommé Ateca. Don Quichotte devisait avec Sancho sur ce qu'il pensait faire aux joutes de Saragosse, sur son projet d'aller ensuite à la cour et d'y faire connaître la valeur de sa personne; lorsqu'à une portée de mousquet du village, notre héros, tournant la tête, aperçut une cabane au centre d'une melonière, et près de cette cabane un gardien armé d'une pique. Il s'arrêta, regarda cet homme fixement, puis, lâchant la bride aux folies de son imagination, il appela Sancho. « Arrête-toi, lui dit-il, si je ne me trompe, voilà une des aventures les plus étranges que tu aies pu voir ou entendre raconter dans tous les jours de ta vie; cet homme que tu aperçois avec une lance ou un javelot à la main est sans doute le seigneur d'Anglant, Roland-le-Furieux, qui, selon ce que rapporte un livre authentique et véridique qu'on appelle *le Miroir des Chevaleries*, fut enchanté par un More, et commis à la garde et à la défense d'un certain château, parce qu'il était le chevalier le plus fort de l'univers; et le More l'enchanta de telle sorte qu'il n'est vulnérable d'aucun côté, si ce n'est à la plante du pied. C'est ce même Roland qui, de rage et de colère de ce qu'un More d'Agramant, nommé Médor, lui avait enlevé la belle Angélique, devint fou, et dans sa folie déracinait les arbres[1]. On affirme même, et je le crois en raison de sa force inouïe, que saisissant par la jambe une jument sur laquelle venait un malheureux pasteur, il la fit un instant tournoyer autour de son bras droit et la lança à deux lieues de lui. On ajoute bien d'autres choses semblables et non moins étranges que tu pourras lire tout au long dans le livre que je t'ai dit. Ainsi donc, mon Sancho, je suis résolu à ne pas aller plus loin avant d'avoir tenté cette aventure; et si mon bonheur est tel (je l'attends de la bravoure de ma personne et de la vitesse de mon cheval) que je parvienne à le vaincre et à le tuer, toute la gloire, les victoires, les succès qu'il a obtenus, m'appartiendront désormais[2] : à moi seul on attribuera ses hauts faits, les géants qu'il a vaincus ou tués, les lions qu'il a domptés, les armées qu'il a dispersées; et si, comme on le dit, il lança à deux lieues le pasteur et sa jument, tout le monde reconnaîtra que celui qui a su vaincre un tel homme pourra bien envoyer un autre pasteur à quatre lieues. Un tel fait étendra ma renommée par le monde, mon nom sera redouté; et lorsque le roi d'Espagne viendra à être instruit de mes prouesses, il m'enverra chercher, et me demandera point à point comment se sera passée la bataille. Moi, je lui raconterai quels coups j'aurai donnés à mon adversaire, par quelles feintes j'aurai évité les siens, par quels stratagèmes je l'aurai renversé, et enfin comment je lui aurai donné la mort en le piquant à la plante du pied avec une épingle de trois maravédis[3]. Une fois Sa Majesté informée de ces faits que tu auras confirmés comme témoin oculaire, nous lui présenterons la tête que nous aurons apportée dans ces besaces; le roi la regardera et dira : « Ah! Roland, Roland! vous la tête des douze pairs de France, vous avez donc trouvé votre pair! Il vous a servi de peu, vaillant chevalier, d'avoir été enchanté et d'avoir tranché une grandissime roche d'un seul coup d'épée[4]. O Roland, Roland! maintenant s'élève au-dessus de la vôtre la renommée de l'invincible

Manchois et de l'illustre espagnol don Quichotte! » Eh bien donc, Sancho, ne t'éloigne pas d'ici que je n'aie conduit à fin cette difficile aventure en tuant le seigneur d'Anglant, et en lui coupant la tête. »

Sancho avait écouté fort attentivement ce que disait son maître.—« Seigneur Chevalier sans amour, lui dit-il, mon avis est que, si j'y vois bien, il n'y a ici aucun seigneur d'Argant; je n'aperçois là-bas qu'un brave homme qui, avec une lance, garde sa melonière, parce qu'il passe par ici un grand nombre de gens qui, se rendant à Saragosse pour les fêtes, ne manqueraient pas de fêter aussi les melons. Je pense donc, sauf l'avis de votre grâce, que nous n'avons que faire à troubler celui qui garde son bien ; qu'il le garde tout à son aise comme moi je garde le mien, et que votre grâce ne prenne pas un pauvre marchand de melons pour Fernand-le-Furieux, et n'aille pas lui couper la tête. Si cela se savait, nous aurions bientôt à nos trousses la sainte Hermandad qui nous prendrait, nous percerait de flèches, et nous mettrait ensuite pour sept cents ans aux galères, où il nous pousserait, avant que nous ne fussions libres, des cheveux blancs jusqu'aux mollets. ¿Seigneur don Quichotte, ne savez-vous pas le proverbe : Qui cherche le danger périra dans le danger ? Donnez cet homme au diable, et allons au village qui est là-bas; nous y souperons tout à notre aise, et nos bêtes aussi ; car en vérité, si on demandait à Rossinante, qui s'en va la tête basse, ce qu'il aime le mieux d'aller à l'écurie ou de guerroyer contre un marchand de melons, il répondrait bien vite qu'il préfère un demi-picotin d'orge à cent fanègues de Bertrands Furieux[5]. Or donc si cette bête, qui n'est pas pourvue de raison, vous dit et vous demande cela ; si moi je vous en supplie en son nom et en celui de mon âne, que votre grâce veuille bien nous écouter et considérer que pour n'avoir pas, à plusieurs fois, suivi mes conseils, elle nous a mis dans de mauvaises passes. Ce que nous pouvons faire, c'est d'aller lui acheter une couple de melons pour notre souper, et s'il dit qu'il est Gaytère ou Bradamont, ou cet autre démon que dit votre grâce, alors je serai très-content que nous lui coupions le ventre; sinon laissons-le pour ce qu'il est, et allons-nous-en à nos joutes royales.—O Sancho, répliqua don Quichotte, que tu te connais peu en matières d'aventures! Je ne suis parti de chez moi que pour acquérir honneur et renommée, et voici que nous en avons l'occasion sous la main. Or tu sais que les Anciens la représentaient avec une touffe de cheveux sur le front et chauve du reste de la tête, pour nous faire entendre que lorsqu'elle est passée il n'est plus possible de la saisir; eh bien! Sancho, quoi que tu me dises, toi comme tout le monde, je ne renoncerai pas à tenter cette aventure, et je veux, le jour de mon entrée à Saragosse, porter au bout de ma lance la tête de ce Roland avec une inscription qui dira : « J'ai vaincu le vainqueur. » Vois donc, Sancho, quelle gloire j'en retirerai! Tous les chevaliers des joutes me rendront hommage et se reconnaîtront vaincus, et sans doute alors tous les prix seront pour moi. Allons, Sancho, recommande-moi à Dieu, je vais m'exposer à l'un des plus grands périls que j'aie affrontés de ma vie, et si par aventure (les chances de la guerre sont si variées) je viens à mourir dans le combat, tu me porteras à San-Pedro de Cardeña; là tu m'asseoiras sur un siége comme le Cid, tu me mettras mon épée à la main; et je jure que si, comme à lui, quelque juif, pour se railler de moi, ose me toucher à la barbe, mon bras raidi saura se soulever, et le traiter plus mal que le catholique Campéador ne traita l'audacieux qui lui fit pareille injure [6].—¡ O seigneur! répondit Sancho, par l'arche de Noë, je vous en conjure, ne me parlez pas de mourir; car vous me faites sortir des yeux des larmes grosses comme le poing, et mon cœur se met en tranches à vous entendre, tant il est sensible. Oh! par la pauvre mère qui m'a mis au monde, ¿que ferait le triste Sancho Panza, seul, sur une terre étrangère, chargé de deux bêtes, si votre grâce venait à succomber dans cette bataille? » Là-dessus le bon écuyer se mit à pleurer à chaudes larmes. « ¡Pauvre que je suis, ajoutait-il, ¿à quoi m'aura servi de vous connaître pour aussi peu de temps? ¿Que feront les damoiselles trop aventurées? ¿qui fera et défera les torts? La nation manchoise est perdue, il n'y a plus de fruits de chevaliers errants, puisqu'aujourd'hui avec votre grâce en finit la fleur! Il eût mieux valu que nous fussions morts, il y a un an, sous les coups de ces Yangois dénaturés. Oh! seigneur don Quichotte! Pauvre de moi! ¿Que ferai-je maintenant sans votre grâce? pauvre de moi!—Allons, Sancho, ne pleure pas, reprit don Quichotte, je ne suis pas encore mort; j'ai ouï dire au contraire et j'ai lu, au sujet de nombreux chevaliers, et notamment d'Amadis de Gaule, que s'étant vus souvent en passe de mourir, ils avaient vécu néanmoins beaucoup d'années plus tard, et étaient venus finir sur leurs terres, dans la maison de leurs pères, entourés de femmes et d'enfants. Ainsi donc, tout est dit, et si je meurs tu feras ce que je t'ai recommandé.—Je vous promets, seigneur, dit Sancho, si Dieu vous rappelle à lui, de porter votre corps pour être enterré non-seulement à San-Pedro de Sardaigne, mais encore, dût-il m'en coûter la valeur de mon âne, à Constantinople. Et puisque votre grâce est déterminée à tuer ce marchand de melons, qu'avant de partir elle me donne sa main pour que je la baise, et m'accorde sa bénédiction; je lui offre, moi, la mienne, et lui souhaite celle du seigneur saint Christophe. » Don Quichotte imposa les mains à son écuyer d'un air pénétré, puis il fit sentir ses éperons à Rossinante qui n'en pouvait déjà plus de fatigue. Une fois entré dans la melonière, il piqua droit vers la cabane où était le gardien, donnant à chaque pas des malédictions à Rossinante qui, demi-mort de faim, regardait chaque plant, chaque feuille verte et chaque melon d'un œil de convoitise.

Quand le gardien vit venir à lui ce fantôme qui ne paraissait prendre nulle inquiétude du désordre qu'il mettait dans son champ, il lui cria de s'arrêter, de sortir, s'il ne voulait qu'il l'envoyât lui-même à tous les diables. Don Quichotte, ne faisant aucun cas des cris du brave homme, poursuivit jusqu'à ce qu'il fût arrivé à deux ou trois longueurs de pique; alors il appuya sa lance à terre. « Valeureux comte Roland, lui dit-il, toi dont la renommée et les hauts faits ont eu pour chantre l'illustre poëte lauréat Arioste, invincible chevalier, voici le jour où je veux essayer avec toi la force de mes armes et la fine trempe de ma tranchante épée; voici le jour, preux Roland, où ne te serviront plus ni tes enchantements, ni ton rang à la tête de ces douze pairs dont la noblesse et la bravoure font la gloire de la France; je veux, Français redouté, que par moi aujourd'hui tu sois vaincu et tué; je veux porter à Saragosse, à la pointe de cette lance, ta tête orgueilleuse. Voici le jour où je me parerai de tes hauts faits et de tes victoires, sans que tu puisses te prévaloir de la forte armée de Charlemagne, de la vaillance de Renaud de Montauban ton cousin, ni de Montesinos, ni d'Oliveros, ni de l'enchanteur Malgisi avec tous ses sortiléges. Viens à moi, viens! Je suis espagnol, seul, et non pas, comme Bernardo del Carpio ou comme le roi Marsilio d'Aragon, avec une armée nombreuse; je suis seul avec mes armes et mon cheval, contre toi qui en d'autres temps eusses été offensé de ne livrer bataille qu'à dix chevaliers. Réponds-moi, ne reste pas muet; monte sur ton cheval ou viens à moi de la manière que tu voudras. Mais comme j'ai lu que l'enchanteur qui t'a mis ici ne t'a pas donné de cheval; je vais descendre du mien, car je ne veux pas combattre contre toi avec avantage. » Et à ces mots il mit pied à terre. Ce que voyant, Sancho se mit à crier de toutes ses forces : « ¡ Attaque, notre maître, attaque ! Je suis ici à prier pour votre grâce; j'ai promis une messe aux saintes âmes, et une autre au seigneur saint Antoine, s'il protége vous et Rossinante. »

L'homme aux melons, qui vit venir à lui don Quichotte la lance au poing et la rondache au bras, lui dit de s'arrêter et de sortir de là, s'il ne voulait être lapidé; mais comme don Quichotte continuait d'avancer, notre homme jeta sa demi-pique, ramassa une pierre de la grosseur d'un œuf, l'ajusta dans une fronde, et d'un demi-tour de bras l'envoya à don Quichotte, rapide comme si elle eût été lancée par un pierrier. Le chevalier la reçut sur sa rondache; mais la rondache, qui n'était que de cuir et de carton, céda sans peine, et notre héros reçut au bras gauche un coup si terrible, que si ce bras n'eût été protégé par le brassard, il eût été infailliblement brisé. Don Quichotte soutint néanmoins le choc très-bravement. Quand l'homme aux melons vit que son assaillant tenait bon et faisait mine de s'avancer encore, il prit une autre pierre et l'envoya si droit, que le chevalier la reçut en pleine poitrine, et sans la cuirasse ciselée elle se logeait dans son estomac. Mais la pierre était lancée par un bras vigoureux, et le bon hidalgo tomba à la renverse; sa chute fut telle, par le poids de ses armes et par la force du coup, qu'il resta étendu sur le sol et à moitié étourdi. L'homme qui le crut mort, ou du moins fort maltraité, se sauva en courant vers le village.

Sancho, qui vit tomber son maître, pensa que de ce coup c'en était fait de don Quichotte et de toutes les aventures, et il s'en alla vers lui, conduisant son âne par la bride et se lamentant. « O mon pauvre seigneur sans amour, disait-il, ¿ne disais-je pas à votre grâce que nous serions bien mieux au village, plutôt que d'aller livrer bataille à ce melonier, qui est plus luthérien que le géant Goliath ¿Comment votre grâce s'est-elle hasardée à l'approcher sans son cheval, lorsqu'elle savait par Dieu et par sa conscience qu'elle ne pouvait le tuer qu'en lui enfonçant une aiguille ou une épingle d'un demi-maravédis dans la plante du pied? » Arrivé auprès de son maître, Sancho lui demanda s'il avait quelque mauvaise blessure ; don Quichotte répondit qu'il n'avait pas de mal, mais que ce superbe Roland lui avait lancé une énorme roche qui l'avait renversé. « Mais donne-moi la main, Sancho, ajouta-t-il, car je suis sorti de là avec une victoire complète; il me suffit pour l'avoir remportée que mon adversaire se soit enfui et n'ait pas osé m'attendre. A l'ennemi qui se retire, il faut faire un pont d'argent[7], dit le proverbe ; laissons-le donc aller ; le temps viendra où je le retrouverai, et malgré lui nous continuerons notre combat. Je me sens cependant le bras gauche malade, ce furieux Roland m'a sans doute porté un coup d'une terrible masse qu'il avait à la main, et, sans la bonté de mes armes, j'aurais eu le bras brisé.—Une masse, dit Sancho, je réponds bien qu'il ne l'avait pas; mais il a lancé à votre grâce deux cailloux avec sa fronde, et si l'un d'eux l'eût atteinte à la tête, je jure bien que malgré ce chapiteau d'argent, ou autrement, comme votre grâce le nomme, nous étions quittes des travaux que nous avons à entreprendre à ces joutes de Saragosse. Mais votre grâce peut dire qu'elle doit la vie à une romance du comte Peranzulès que j'ai récitée, et qui est souveraine pour le mal de dents[8]. — Donne-moi la main, Sancho, fit don Quichotte, et entrons nous reposer un instant dans cette cabane; ensuite nous irons au village, puisqu'il est près d'ici. » Là-dessus don Quichotte se leva et débrida Rossinante; Sancho débarrassa son âne de la valise et du bât, déposa le tout dans la cabane, de sorte que les deux montures restèrent maîtresses absolues de la melonière. Sancho, lui, choisit deux melons, les meilleurs, les partagea avec un mauvais couteau, et les servit sur le bât, devant don Quichotte, qui se contenta d'en prendre quatre bouchées, en disant à Sancho de garder le reste pour souper à l'hôtellerie le soir.

Sancho avait à peine mangé une demi-douzaine de tranches, que l'homme aux melons reparut tout-à-coup avec trois gaillards déterminés, armés chacun d'un bon bâton. La vue du cheval et de l'âne qui se promenaient librement, foulant aux pieds les plants et mangeant les melons, augmenta leur colère; ils entrèrent dans la cabane, et traitant nos deux héros de voleurs et de destructeurs du bien d'autrui, ils accompagnèrent leurs reproches d'une demi-douzaine de coups de bâton si bien appliqués, que don Quichotte, qui par malheur avait quitté son morion, en reçut sur la tête trois ou quatre qui le mirent en fort mauvais état. Ce fut bien pis pour Sancho; n'étant pas, comme son maître, protégé par une armure, il ne perdit pas le plus petit coup sur les côtes, sur les bras, sur la tête, et resta tout étourdi sur la place. Cela fait, les hommes, sans s'inquiéter le moins du monde de leurs victimes, s'en retournèrent au village, emmenant avec eux Rossinante et l'âne en garantie du dommage qu'ils avaient souffert.

Au bout d'un instant Sancho revint à lui, et voyant dans quel état il était, sentant ses côtes et ses bras endoloris au point qu'il ne pouvait remuer, il appela don Quichotte. « Holà! seigneur chevalier errant, lui dit-il, que votre grâce s'en aille en la compagnie de tout ce qu'il y a de diables en enfer! ¿Trouve-t-elle que nous soyons bien à l'aise? ¿Est-ce là le triomphe qui doit nous précéder aux joutes de Saragosse? ¿Qu'est donc devenue cette tête de Roland l'enchanté que nous devions embrocher au bout d'une lance? J'ai dit à votre grâce sept cents fois qu'il nous fallait éviter ces batailles impertinentes, et passer notre chemin sans nuire à personne; ¿est-ce donc si difficile? ¿Votre grâce voit-elle ces gaillards qui nous sont tombés sur les côtes, et qui vont sans doute revenir avec une demi-douzaine d'autres pour nous achever si nous restons ici plus longtemps? Sus donc! pour l'amour de Dieu! que votre grâce se lève et marche; et qu'elle remarque qu'elle a la tête couverte de bosses, que le sang lui coule tout le long du visage; elle mérite une fois de plus maintenant, grâce à ses extravagances, son nom de la Triste-Figure! »

Don Quichotte eut de la peine à reprendre connaissance. « Hélas! s'écria-t-il enfin,

> O toi don Sanche! roi don Sanche!
> Ne t'avais-je pas averti
> Que des remparts de Zamora
> Un déloyal était sorti[99]

—Par la vie du Christ! fit Sancho, nous sommes là avec l'âme entre les dents, et le voilà qui s'amuse avec le roi don Sanche. Allons! partons, pour l'amour de toute notre race; soignons-nous, car ces Barrabas de Gaytères ou quels qu'ils soient nous ont battus plus que plâtre, et m'ont arrangé les bras de telle sorte, que je ne puis les lever jusqu'à ma tête.—O bon écuyer, mon ami, reprit don Quichotte, tu sauras que le traître qui m'a mis dans cet état est Bellido d'Olfos, fils d'Olfos Bellido [10]. — ¡Au diable soit, dit Sancho, ce Bellido ou ce brigand d'Olfos, ou quiconque nous a conduits dans cette melonière!—Je sortais avec lui vers Zamora [11], continua don Quichotte, et nous suivions la route côte à côte, lorsque ce traître, profitant du moment où je descendais de mon cheval pour pourvoir à certain besoin derrière un buisson, m'a porté honteusement un coup de son javelot et m'a mis dans l'état où tu me vois [12]. Ordoñe, fidèle vassal, élance-toi sur un puissant coursier, et puisque tu te nommes don Diego Ordoñes de Lara, cours à Zamora, et en approchant des murs tu verras entre deux créneaux le bon vieux Arias Gonzalo [13], et devant lui tu défieras toute la ville, les tours, les fossés, les créneaux, les hommes, les enfants et les femmes, le pain qu'ils mangent, l'eau qu'ils boivent; enfin tous les autres termes du défi par lequel le fils de don Bermude défia la ville, et tu tueras les fils d'Arias Gonzalo, Pedro Arias et les autres [14].— ¡Corps de saint Quentin! dit Sancho, ¿votre grâce ne voit donc pas dans quel état nous ont mis ces quatre marchands de melons, qu'elle veut m'envoyer à Zamora défier une ville de cette importance? Ne pense-t-elle pas qu'il en sortira cinq ou six millions d'hommes armés, et que c'en sera fait de nous et de notre espérance de remporter les prix des joutes royales de Saragosse? Que votre grâce me donne la main, et qu'elle se lève; nous irons au village qui est près d'ici, pour nous reposer et pour laver le sang dont votre grâce est couverte. » Don Quichotte se leva, non sans peine, et tous deux sortirent de la cabane. Mais quand ils ne virent plus ni Rossinante ni l'âne, ils éprouvèrent un grand chagrin, et Sancho fit plusieurs fois, d'un air contrit, le tour de la cabane. « Oh! l'âne de mon cœur[13], disait-il; quels péchés as-tu commis pour qu'on t'ait ôté de mes yeux, toi qui en es la lumière; âne de mes entrailles, miroir où je me regardais, qui donc m'a privé de toi? Oh! mon âne, toi qui méritais d'être le roi de tous les ânes du monde! Où donc trouverai-je un autre homme de bien comme toi, le soutien de mes fatigues et la consolation de mes peines; toi seul comprenais toutes mes pensées, de même que moi les tiennes, comme si j'eusse été ton propre frère de lait. O mon pauvre âne, toi qui étais si joyeux, toi qui riais et qui brayais si bien lorsque je te conduisais à l'écurie pour prendre ta pitance! Et quand tu respirais jusqu'au fond de toi-même, tu faisais entendre un sifflement si gracieux, que je souhaiterais bien à la guitare du barbier de mon village de faire une aussi bonne musique, quand il chante la nuit la passacaille. — Ne t'afflige pas autant, Sancho, lui dit don Quichotte; moi j'ai perdu le meilleur cheval du monde, et cependant je commande à ma douleur jusqu'à ce que je le retrouve, car je veux le chercher dans toute l'étendue de l'univers. — Oh! seigneur, répliqua Sancho, comment votre grâce veut-elle que je ne me lamente pas, pauvre pécheur que je suis, lorsqu'on m'a dit que mon âne était parent très-proche de ce grand rhétoricien d'âne de Balaam; et cela se voyait bien au sang-froid avec lequel il a assisté à cette rude bataille que nous avons soutenue contre les plus fiers gardiens de melons du monde. — Sancho, reprit don Quichotte, il n'y a rien à faire au passé selon ce que dit Aristote; ainsi donc tout ce que tu peux pour le moment, c'est de prendre cette valise sous ton bras, et de porter ce bât sur tes épaules jusqu'au village; là nous ferons toutes les dispositions nécessaires pour retrouver nos bêtes. — Qu'il soit fait comme votre grâce l'ordonne, » dit Sancho en prenant la valise, et en courbant le dos pour que don

Quichotte le chargeât du bât. « Vois si tu pourras porter les deux, fit le chevalier, sinon porte d'abord la valise, et tu reviendras ensuite pour le reste. — Ah! bon Dieu, répondit Sancho, ce ne sera pas le premier bât que j'aura porté dans ma vie! » Là-dessus il s'en chargea; et comme la croupière lui pendait près de la bouche, il pria son maître de la rejeter en arrière, parce que, disait-il, elle avait une odeur de paille mal mâchée.

CHAPITRE VII

Comment don Quichotte et Sancho Panza arrivèrent à Ateca, et comment un clerc charitable, nommé messire Valentin, les reçut dans sa maison où il leur fit l'accueil le plus empressé.

Don Quichotte et Sancho se mirent en route, l'un portant sa lance, l'autre portant le bât qui lui allait comme une bague au doigt, et dès qu'ils parurent dans la première rue du bourg, ils furent entourés par une troupe de gamins qui les accompagna jusqu'à la place. Tous ceux qui y étaient, apercevant ces étranges figures, se mirent à rire, et des magistrats, des clercs et d'autres personnes honorables vinrent au-devant d'eux. Dès que don Quichotte se vit sur la place, entouré de tant de monde, il s'arrêta. « Sénat illustre, leur dit-il, et vous invincible peuple romain, dont la ville a été et est encore la reine de l'univers, voyez s'il peut être permis à des voleurs (vous qui les avez toujours sévèrement proscrits de votre noble république) de sortir de vos murs pour venir me voler à moi un cheval précieux, et à mon fidèle écuyer son âne qui était chargé des joyaux et des prix que j'ai gagnés dans les joutes et dans les tournois ! Or donc, pieux Romains, s'il y a dans vos cœurs quelques restes de cette antique valeur, faites-nous rendre à l'instant ce qu'on nous a ravi, et livrez-nous les perfides qui, lorsque nous étions à pied et sans méfiance, nous ont frappés de la manière que vous voyez; sinon je vous défie tous comme traîtres et fils de traîtres, et je vous somme de venir avec moi en combat singulier, un contre un ou tous contre moi seul. » A ces extravagances, ceux qui étaient là poussèrent de grands éclats de rire; mais un des leurs, un clerc, les engagea à se contenir, leur disant qu'il pensait connaître le faible de cet homme, et qu'il fallait s'y prêter pour l'agrément de tous [1]. Il s'avança donc vers don Quichotte au milieu d'un silence général. « S'il plaisait à votre grâce, seigneur cavalier, lui dit-il, de nous donner le signalement de ceux qui l'ont ainsi maltraité, et qui lui ont volé son cheval, les illustres consuls, ici présents, promettent à votre grâce non-seulement de châtier les malfaiteurs, mais encore de lui faire restituer tout ce qui sera reconnu lui appartenir.—Ce serait chose difficile, répondit don Quichotte, que de retrouver celui à qui j'ai livré bataille; car c'était, à ce qu'il me semble, le valeureux Roland-le-Furieux, ou pour le moins ce traître de Bellido d'Olfos. » Tous se mirent à rire; mais Sancho, qui n'avait pas quitté son bât, prit la parole. « A quoi bon, dit-il, faire tant de façons? Celui qui a renversé mon maître d'un coup de pierre est un homme qui gardait une melonière, un blanc-bec à barbe longue et à moustaches bien fournies; c'est lui, que Dieu le confonde! qui nous a volé la rosse, et qui m'a pris aussi ma bête; et certes j'aimerais mieux qu'il m'eût pris les oreilles que voilà. » Messire Valentin, ainsi se nommait le clerc, acheva de comprendre de quel pied clochaient don Quichotte et son écuyer; mais comme c'était un homme charitable, « Que votre grâce, seigneur cavalier, dit-il à don Quichotte, veuille bien venir avec moi ainsi que son serviteur, et tout sera fait selon ses désirs. » Il les emmena dans sa maison et fit coucher don Quichotte dans un assez bon lit; puis il fit appeler le barbier de l'endroit pour guérir les blessures que son hôte avait à la tête et qui n'avaient rien de dangereux.

Lorsque don Quichotte vit venir le barbier, « Je suis bien heureux, maître Elizabad[2], lui dit-il, d'être tombé entre vos savantes mains; je sais et j'ai lu qu'elles ont une telle habileté, en y joignant la vertu des médecines et des plantes que vous employez, qu'Avicène, Averroès et Galien pourraient venir s'instruire auprès de vous. Ainsi donc, illustre savant, dites-moi si ces pénétrantes blessures sont mortelles, et il me paraîtrait difficile qu'elles ne le fussent pas, car ce furieux Roland m'a frappé avec un énorme tronc de chêne; or si elles le sont, je vous jure par l'ordre de chevalerie que je professe de ne pas consentir à être soigné que je n'aie obtenu entière satisfaction et vengeance complète de celui qui m'a frappé si traîtreusement, sans attendre, en loyal chevalier, que j'eusse mis l'épée à la main. » Le clerc et le barbier, en entendant ce discours, achevèrent de comprendre que notre héros était fou, et le clerc ordonna au barbier de le panser sans lui répondre, afin de ne pas lui donner nouvelle matière à parler. Cela fait, on le laissa reposer.

Sancho, qui avait tenu la chandelle pendant qu'on soignait son maître, se mourait d'envie de parler; aussi dès qu'on fut hors de la chambre, il prit à partie messire Valentin. « Votre grâce saura, lui dit-il, que ce Richard-le-Furieux m'a frappé tout comme mon maître; je ne sais si c'est avec le même chêne ou avec quelque barre d'or, et il le pouvait, puisqu'on dit qu'il est enchanté ; toujours est-il que les côtes me font mal et que j'y sens une fièvre du diable ; je n'ai rien dans tout mon pauvre corps qui soit resté en place, si ce n'est quelque petite envie de manger, et si j'en étais débarrassé, je donnerais sans peine au diable tous les Rolands, les Ordoñès et les Claras du monde. » Messire Valentin, qui devina l'appétit de Sancho, lui fit donner à souper ; puis il alla s'informer du cheval et de l'âne qu'il retrouva et qu'il fit ramener chez lui. Sancho était assis sous le vestibule ; dès qu'il aperçut le roussin, il courut à lui et l'embrassa. « Ane de mon âme, lui dit-il[3], sois le bien-venu, comme les bonnes pâques, et que Dieu t'accorde toute la joie que me donne ton retour ; mais, dis-moi, ¿comment t'es-tu trouvé dans le gouvernement de Zamora, avec ce Roland que je voudrais bien voir rouler du haut en bas de la montagne où Satan tenta notre Seigneur Jésus-Christ? »

Messire Valentin, qui vit Sancho si joyeux du retour de son âne, lui dit que s'il ne l'avait pas retrouvé, il lui aurait donné une ânesse aussi bonne sinon meilleure. « Cela n'aurait pas été possible, dit Sancho, parce que mon âne est habitué à moi, comme je le suis à lui ; à peine a-t-il commencé à braire que je le comprends, et je sais s'il demande de l'orge ou de la paille, s'il veut boire ou s'il veut que je le débâte pour se rouler dans l'écurie ; en un mot, je le connais mieux que si je l'avais mis au monde.—¿Et comment savez-vous, seigneur Sancho, dit le clerc, quand votre âne veut reposer?—Oh ! seigneur, fit Sancho, je comprends très-bien la langue âsine. » Cette réponse fit rire le clerc, il ordonna qu'on eût grand soin de Rossinante et du roussin, ce qui fut fait avec ponctualité.

Après le souper, deux autres clercs, amis de messire

Valentin, vinrent s'informer de la santé de ses hôtes. « Sur mon âme, seigneurs, leur dit-il, nous avons chez moi le plus agréable passe-temps qui se puisse imaginer ; l'un de mes hôtes, celui qui est maintenant au lit, se figure être chevalier errant, comme le fut cet Amadis ou ce Phébus dont parlent les livres mensongers de chevalerie. Je crois que, dans son extravagance, il projette d'aller aux joutes de Saragosse, et d'y conquérir des prix et des joyaux importants ; mais nous en jouirons du moins pendant tout le temps qu'il aura besoin de passer ici pour se rétablir, tout autant que de la simplicité extrême de ce bon paysan qu'il appelle son fidèle écuyer. » Les trois clercs entamèrent la conversation avec Sancho et lui demandèrent de leur faire par le menu l'histoire de don Quichotte. Sancho leur raconta tout ce qui s'était passé l'année précédente, et les amours de Dulcinée du Toboso, et l'origine du nom pris par notre héros devenu le Chevalier sans amour, et son projet d'aller aux joutes de Saragosse ; une fois sur ce terrain, don Sancho dégoisa tout ce qu'il savait de son maître. La délivrance des galériens, la pénitence de la Sierra-Morena et la mise en cage de don Quichotte, donnèrent beaucoup à rire aux auditeurs de Sancho, qui demeurèrent convaincus de la folie de l'un, comme de la naïveté de l'autre.

Les deux voyageurs restèrent de la sorte chez messire Valentin près de huit jours, au bout desquels don Quichotte, se sentant rétabli et pensant qu'il était temps d'aller à Saragosse, dit un jour à son hôte après le dîner : « Il me semble, bon et sage Lirgando, maintenant que, grâce à votre grand savoir, j'ai été soigné et guéri dans ce magnifique château, sans que vous fussiez obligé en rien vis-à-vis de moi, qu'il est temps que je me dispose à partir pour Saragosse ; car vous savez combien il importe à mon honneur et à ma réputation d'assister aux joutes qui s'y préparent. Si la fortune m'est favorable, et ce sera, si vous faites des vœux pour moi, je veux vous offrir quelques-uns des plus beaux joyaux que j'y conquerrai ; je vous demande aussi de ne pas m'oublier dans les moments difficiles, car il y a bien longtemps que je n'ai vu le sage Alquife à qui est échu le soin d'écrire mes hauts faits[1], et je crois que c'est avec intention qu'il m'abandonne à moi-même dans certaines passes, afin de m'apprendre à manger mon pain avec sa croûte, comme l'on dit. Ainsi donc, je vais partir à l'instant, et vous me ferez une grande faveur si vous voulez bien me charger de quelque message pour me recommander à la sage Urgande la Déconnue, afin qu'elle daigne prendre soin de moi si je suis blessé à ces joutes.—Seigneur Quichada, lui répondit messire Valentin après l'avoir écouté avec beaucoup d'attention, votre grâce pourra s'en aller dès qu'il lui plaira ; seulement elle remarquera que je ne suis pas Lirgando, ce prétendu sage dont elle parle, mais un honnête prêtre qui suis tout peiné de voir la folie à laquelle votre grâce s'abandonne, et les chimères de chevalerie dont elle se repait. J'ai reçu votre grâce pour l'éclairer et pour la conseiller ; pour la prévenir, dans le secret de ma demeure, qu'elle marche vers le péché mortel en abandonnant de la sorte son logis et le soin de son patrimoine, en parcourant follement les grands chemins, en se donnant en spectacle, et en commettant de pareilles extravagances. Qu'elle songe qu'il peut lui en échapper de telles que la justice s'en inquiète, et lui inflige sans la connaître un châtiment public, honte éternelle pour sa race. Que votre grâce pense qu'entraînée par sa folie, elle peut commettre un meurtre tomber entre les mains de la sainte Hermandad, qui n'entend pas plaisanterie, et qui peut la faire pendre, lui ôtant ainsi à la fois la vie, et du corps et de l'âme. Qu'elle considère qu'elle scandalise non-seulement ses compatriotes, mais encore tous ceux qui la voient parcourir les grands chemins ainsi armée. Que votre grâce en juge par l'escorte que lui ont faite, le jour de son arrivée dans notre pays, tous les enfants qui la suivaient comme on suit un fou, en criant : « A l'homme armé! à l'homme armé! » Je sais bien que dans tout ce que votre grâce a fait elle a eu en vue d'imiter, comme elle le dit elle-même, ces chevaliers anciens, Amadis, Esplandian et d'autres dont parlent certains livres de chevalerie, non moins fabuleux que préjudiciables, que votre grâce tient pour vrais et authentiques. Elle ne peut pas ignorer cependant, puisque c'est la vérité, que jamais aucun de ces chevaliers n'exista de par le monde; qu'il n'est histoire quelque peu authentique, espagnole, française ou italienne, qui en fasse mention ; parce qu'ils ne sont que des créations fictives, écrites par quelques hommes à imagination vagabonde, dans le but d'amuser des personnes oisives, passionnées pour de semblables mensonges. La lecture des bons livres engendre les bonnes mœurs, de même les mauvais principes naissent de la lecture de livres semblables; aussi avons-nous dans le monde tant de gens ignorants, qui voyant tous ces livres-là imprimés, et en aussi grand nombre, se figurent, comme votre grâce, qu'ils sont véritables. En un mot, seigneur Quichada, par la passion que souffrit notre Seigneur, je conjure votre grâce de revenir à elle, de combattre ces accès de folie, de retourner chez elle ; et puisque Sancho me dit qu'elle a quelque bien, qu'elle le dépense au service de Dieu en secourant les pauvres, qu'elle se confesse et communie souvent; qu'elle aille chaque jour entendre la messe, visiter les malades; qu'elle lise des livres de dévotion ; qu'elle recherche l'entretien des gens honorables et surtout des clercs de son bourg, qui ne lui diront pas autre chose que ce que je lui dis ; et elle verra ensuite combien elle sera aimée et honorée au lieu d'être regardée par tout le monde (par ses concitoyens aussi bien que par les étrangers) comme un homme sans jugement. Je m'engage même, par les ordres que j'ai reçus, à accompagner votre grâce, si elle veut, jusqu'à sa propre maison, bien que ce soit à quarante lieues d'ici ; je ferai même toute la dépense du voyage, pour lui prouver que je tiens plus qu'elle-même à son honneur et au bien de son âme. Qu'elle laisse donc la vanité de ces aventures ou plutôt de ces mésaventures ; qu'on ne dise pas qu'elle revient à l'âge des enfants, et enfin qu'elle ne conduise pas à sa perte ce brave laboureur, qui a déjà le cerveau presqu'aussi faible que celui de votre grâce [5]. »

Sancho, assis sur le bât de son cher âne, avait écouté très-attentivement messire Valentin. « En vérité, seigneur licencié, lui dit-il, votre révérence a grandement raison ; ce qu'elle dit à mon maître, je le lui ai dit, moi, et le curé de notre village le lui a dit aussi ; mais rien n'y fait : nous sommes destinés à aller de par le monde comme l'an passé, cherchant, sans les trouver, des torts à redresser, et rencontrant des gens qui nous secouent la poussière des côtes. Chaque jour nous nous voyons en danger de perdre notre peau, grâce aux extravagances que mon maître commet sur les grands chemins, en prenant les hôtelleries pour des châteaux, et en appelant les hommes les uns Gayters, les autres Bertrands, les autres Bermudes, d'autres Roulamonts, et que le diable les emporte. Ce qu'il y a de bon, c'est que ce sont ou des marchands de melons, ou des barbiers, ou des muletiers, ou des gens de passage. A ce point que l'autre jour il appelait à pleine bouche Infante de Galice la servante galicienne d'une hôtellerie, une drôlesse qui s'offrait à moi pour moins d'un réal; pour elle il assomma l'hôtelier, et nous avons pensé nous voir engagés dans un *confit* de malédictions; votre grâce peut m'en croire, j'en prends à témoin sainte Barbe l'avocate des tonnerres et des éclairs, et je consens, si je mens, à ce que ce bât me fasse défaut à l'heure de ma mort. J'ai la tête fatiguée de le prêcher sans cesse sur ce sujet; mais il n'y a pas de remède, et il le veut. Il m'en coûte beaucoup de le suivre, mais c'est pour cela qu'il m'a acheté mon bon âne, et qu'il me donne chaque mois pour ma peine neuf réaux et la nourriture. Quant à ma femme, elle pourvoit à la sienne comme bon lui semble, elle en a bien le moyen. »

Don Quichotte était resté tête basse pendant tout le temps que messire Valentin et Sancho avaient parlé, et, comme s'il fût sorti d'un profond sommeil, il répondit de la sorte et sans hésitation : « Je suis tout affligé, seigneur archevêque Turpin[6], de ce que votre sainteté, qui appartient à l'illustre maison de l'empereur Charles, surnommé le Grand par excellence, qui est parente des douze pairs de la noble France, ait autant de pusillanimité et de poltronnerie. ¿ Pourquoi donc craint-elle les entreprises hardies et difficiles; pourquoi redoute-t-elle les dangers sans lesquels il n'est pas possible d'acquérir le véritable honneur? Jamais on n'a fait de grandes choses sans de grandes difficultés et de grands périls, et si j'affronte ceux présents et ceux à venir, je le fais parce que j'ai l'âme haute, parce que je veux acquérir renommée pour moi et honneur pour mes successeurs; et cela est permis, car quiconque ne pense pas à son honneur, néglige aussi celui de Dieu. Ainsi donc, Sancho, prépare-moi à l'instant mes armes et mon cheval, et partons pour Saragosse. Si j'avais su quel honteux esprit règne dans cette maison, je n'y serais jamais entré ; sortons-en donc au plus tôt pour n'y pas gagner une telle vermine. »

Sancho s'en alla seller Rossinante et bâter le roussin, et le bon clerc, voyant don Quichotte si résolu et si inflexible, ne répliqua pas et se résigna à écouter tout ce qu'il disait pendant que Sancho l'habillait et le revêtait de ses armes. Et ce que disait notre héros était une foule de citations charmantes des romances anciennes. Et lorsqu'il fut temps de partir, il s'écria : « Il chevauche Calaïnos, Calaïnos l'infant [7]! » Puis se retournant vers messire Valentin, la lance au poing et la rondache au bras : « Illustre chevalier, lui dit-il, je vous suis bien reconnaissant de la grâce que vous nous avez faite, à moi et à mon fidèle écuyer, dans votre palais impérial; voyez donc si je puis vous être de quelqu'utilité, si je puis vous venger de quelque tort qui vous aurait été fait par de féroces géants; devant vous est Mucius Scévola, celui qui sans peur ni crainte, pensant tuer Porsenna qui assiégeait Rome, plaça bravement son bras nu au-dessus d'un brasier ardent, donnant la preuve d'autant de courage et de résolution qu'il avait montré de hardiesse auparavant. Soyez donc certain que je vous vengerai de vos ennemis, et tellement à votre gré que vous vous féliciterez de m'avoir accueilli chez vous. » Après avoir ainsi parlé, notre héros, sans attendre réponse, donna de l'éperon à Rossinante. Lorsqu'il arriva sur la place, les enfants le reçurent aux cris de : « L'homme armé! l'homme armé! » Il passa au milieu d'eux au petit galop, et tous lui firent escorte jusqu'à la sortie du bourg.

Cependant Sancho montait sur son âne, mais avant de partir : « Je ne fais pas comme mon maître, dit-il à messire Valentin, je ne vous offre pas des combats, parce que je sais mieux être battu que battre; mais je vous remercie du service que vous nous avez rendu, et je souhaite que vous puissiez en rendre de tels pendant de longues années. Mon village se nomme Argamésilla; dès que j'y serai retourné, je me tiendrai à votre disposition, ainsi que ma femme Mari-Guttierez, qui dès à présent vous baise les mains.—Frère Sancho, répondit messire Valentin, que Dieu vous garde; quand votre maître retournera chez lui, passez par ici et vous y serez le bien-venu.—Je le promets à votre grâce, répliqua Sancho; que Dieu soit avec vous, et plaise à sainte Agueda, la patronne des mamelles, de faire que vous viviez aussi longtemps que notre père Abraham. » Cela dit, il talonna son âne, et se mit à courir après son maître. Lorsqu'il passa sur la place, il fut arrêté et entouré par les clercs et les magistrats qui s'y trouvaient et qui voulaient rire un instant. « Seigneurs, leur dit Sancho, mon maître va à Saragosse pour prendre part aux joutes et aux tournois; si nous y tuons une grosse de ces géants et de ces Fierabras qui s'y trouvent, je vous promets, puisque vous nous avez rendu le service de nous ramener Rossinante et le roussin, de vous apporter quelqu'un des riches joyaux que nous gagnerons, et une demi-douzaine de géants en saumure. Et si mon maître parvient à être (et il le sera, tant il est brave) roi ou pour le moins empereur, et moi par conséquent pape ou monarque de quoi qu'église[8], nous vous promettons de faire tous les habitants de ce bourg au moins chanoines de Tolède. » Tous se prirent à rire à ce discours de Sancho qui se dressait cavalièrement sur son âne, et les enfants, qui étaient derrière le cercle, croyant qu'on se moquait de lui, se mirent à le siffler et à lui envoyer des concombres et des aubergines en telle quantité, qu'ils l'auraient assommé sans l'intervention de tous ceux qui étaient là; aussi Sancho sauta-t-il à terre, afin de pousser son âne à grands coups de bâton jusqu'à ce qu'il fût sorti du village. Il trouva don Quichotte qui l'attendait. « ¿Eh bien! Sancho, lui dit-il, qu'as-tu fait, à quoi t'es-tu arrêté?—Holà! fit Sancho, au diable soient les talons de la femme à Job! Se peut-il que votre grâce ne soit pas venue, et qu'elle m'ait laissé entre les mains de ces chaudronniers de Sodome! Je certifie (puissé-je me voir aussi bien archevêque dans la ville que votre grâce m'a promise l'an passé!) qu'une fois votre grâce partie, ils m'ont saisi à six ou sept des scribes ou pharisiens qui étaient là, et m'ont conduit chez l'apothicaire : là ils m'ont administré une médecine de plomb fondu telle, qu'à chaque instant, et sans que je puisse m'arrêter, il m'échappe par la fausse porte des dragées brûlantes.—Ne t'en tourmente pas, répondit don Quichotte, le temps viendra où nous serons bien vengés de tous les torts qu'on nous a faits dans ce village, sans nous connaître. Mais maintenant marchons vers Saragosse, c'est là l'important[9]; tu y verras et tu y entendras raconter des merveilles. »

CHAPITRE VIII

Comment le bon hidalgo don Quichotte arriva à la ville de Saragosse, et de l'étrange aventure qui lui survint, au moment de son entrée, à propos d'un homme qu'on emmenait pour le fouetter.

Notre bon chevalier et Sancho voyagèrent avec tant de hâte que le lendemain, vers onze heures, ils se trouvèrent à un mille de Saragosse, rencontrant sur leur chemin une foule de gens à pied et à cheval qui revenaient des joutes. Les joutes avaient eu lieu en effet, sans que don Quichotte les honorât de sa présence, et pendant qu'il était à Ateca à soigner ses coups de bâton. Informé de tout cela par les voyageurs avec lesquels il se croisait, notre héros était au désespoir; il maudissait sa fortune, et accusait de ce contre-temps le savant enchanteur son ennemi, qui, disait-il, n'avait clos les joutes si promptement que pour lui ravir l'honneur et la gloire qu'il y aurait conquis, et pour les donner à quelque préféré. Il s'en allait donc tout abattu et tout mélancolique, sans vouloir parler à personne sur le chemin. Cependant, aux approches de l'Aljaferia[1], comme plusieurs personnes venaient à lui pour le voir de plus près, s'informant de ce qu'il était et de ce qu'il venait faire dans la ville, ainsi armé de toutes pièces, il s'adressa à elles à haute voix : « ¿Dites-moi, chevaliers, combien il y a de jours que les joutes sont terminées ? Il m'a été impossible d'y assister, et le désespoir que j'en éprouve se voit clairement sur mon visage ; la cause en est que j'ai été occupé à une certaine aventure contre ce furieux de Roland ; mais je ne serais pas Bernard del Carpio, si pour me dédommager d'avoir été retenu ailleurs, je n'adressais pas un défi public à tous les chevaliers de cette ville qui sont amoureux, afin de pouvoir recouvrer l'honneur que je n'ai pu acquérir, privé que j'étais de prendre part à ces fêtes célèbres. Demain sera le jour de ce défi, et malheur à celui que rencontrera ma lance ou qui sentira le fil de mon épée ; il me faut cette rencontre pour assouvir la colère et l'ennui avec lesquels je viens ici, et s'il est quelqu'un d'entre vous, s'il y a dans cette forteresse quelques-uns des vôtres qui soient amoureux, je les appelle et les défie sur l'heure, les tenant pour lâches et poltrons, et je le leur ferai confesser ici même. Vienne la justice qui régit cette ville, viennent ses magistrats et ses chevaliers, tous sont félons et grandement félons, puisqu'un seul chevalier les défie, et qu'ils n'osent pas se présenter contre lui ! Et comme je vois qu'ils n'ont pas la hardiesse de venir me chercher dans cette campagne, je vais entrer dans la ville, j'y appendrai mes cartels à toutes les places et à tous les carrefours, puisque par crainte de ma personne et pour ne pas me laisser remporter le prix et l'honneur de ces joutes, ils les ont terminées si rapidement. Sortez, venez à moi, Saragossais malandrins, je vous ferai confesser votre sottise et votre discourtoisie. » En parlant de la sorte, il faisait manœuvrer son cheval à droite et à gauche, et tous ceux qui l'entouraient, et qui étaient plus de cinquante, le regardaient avec étonnement, sans savoir que penser. Les uns disaient : « Sans nul doute cet homme est fou »; les autres : « C'est quelque grandissime vaurien, et si la justice l'appréhende, elle fera bien de lui donner un refuge pour tout le reste de sa vie. » Et cependant notre héros faisait piaffer Rossinante, qui eût mieux aimé une demi-mesure d'orge.

Les choses en étaient là, lorsque Sancho prit la parole : « Ne dites point de mal de mon maître, seigneurs, car c'est l'un des meilleurs chevaliers qui se puissent trouver dans mon pays. Je l'ai vu, des yeux que voici, guerroyer de telle sorte, dans la Manche et dans la Sierra-Morena, que s'il fallait raconter ses hauts faits, ce ne serait pas assez de la plume du géant Goliath. Il est vrai que nos aventures ne tournaient pas toujours comme nous l'aurions désiré, et que quatre ou cinq fois nous avons eu les côtes un peu chatouillées ; mais, ma foi, c'était au petit bonheur : aussi mon seigneur a-t-il juré que si nous rencontrons nos ennemis une autre fois, et si nous les trouvons seuls, endormis et pieds et mains liés, nous leur prendrons leurs peaux pour en faire une fine rondache. » Les assistants se mirent à rire, et l'un d'eux demanda à Sancho de quel pays il était. « Sauf tout le respect que je dois à vos barbes honorables, répondit-il, je vous dirai, seigneurs, que je suis de mon village, qui se nomme Argamésilla de la Manche. — Pour Dieu, dit un autre, aux précautions que vous paraissiez prendre, je croyais que votre village portait un tout autre nom. ¿Qu'est-ce que cette Argamésilla dont je n'ai jamais entendu parler? — Oh ! dit Sancho, par le corps de celle qui m'a donné l'être, c'est un endroit au moins meilleur que votre Saragosse. Il est vrai qu'il n'a pas autant de tours, car dans mon pays il n'y en a qu'une seule ; on n'y voit pas non plus cette grande muraille de terre qui environne la vôtre, mais on y rencontre des maisons, quoique peu nombreuses, qui ont des cours charmantes contenant chacune deux mille têtes de bétail; nous avons aussi un très-habile forgeron qui repasse les socs des charrues comme une bénédiction. Lorsque nous sommes partis, les alcades s'occupaient de l'envoyer au Toboso qui en est dépourvu. Nous avons aussi une église qui, bien que petite, possède un très-beau maître-autel, puis un autre dédié à Notre-Dame du Rosaire, avec une mère de Dieu de deux aunes de haut, qui porte un rosaire dont les *notre père* sont en or et gros comme mon poing. Il est vrai que nous n'avons pas d'horloge, mais le curé a promis qu'au prochain jubilé nous aurions de très-belles orgues. » Cela dit, le bon Sancho fit mine de s'en aller pour rejoindre son maître qui n'était pas entouré d'un moindre nombre d'auditeurs, mais l'un des assistants le retint par le bras. « Ami, lui dit-il, apprenez-nous comment se nomme ce cavalier. — Pour vous dire la vérité, seigneurs, répondit Sancho, il se nomme don Quichotte de la Manche. Il y a un an, lorsqu'il fit dans la Sierra-Morena cette pénitence dont vous avez dû entendre parler, on le surnommait le Chevalier de la Triste-Figure, et aujourd'hui le Chevalier sans amour ; moi, je m'appelle Sancho Panza, le fidèle écuyer, homme de bien selon ce que disent les gens de mon village; ma femme s'appelle Mari-Guttierez; elle est bonne et honorable aussi, et de taille à tenir tête, de sa personne, à toute une communauté². » Là-dessus Sancho descendit de son âne, laissant dans l'hilarité tous ceux qui l'avaient entendu, et se rapprocha de son maître que plus de cent personnes environnaient.

Les cavaliers qui sortaient de la ville pour prendre le

frais apercevant un groupe nombreux, et au milieu de ce groupe un homme armé, s'en approchaient pour voir ce qui se passait. Lorsque don Quichotte les aperçut il fut pris d'un nouvel accès oratoire, et posant à terre le bout de sa lance : « Princes valeureux, leur dit-il, et nobles chevaliers grecs dont le nom et la renommée s'étendent d'un pôle à l'autre, de l'Arctique jusqu'à l'Antarctique, de l'Orient jusqu'à l'Occident, du Septentrion jusqu'au Midi, de la pâle Allemagne jusqu'à la brune Scythie, vous qui voyez briller dans votre grand empire de Grèce non-seulement l'illustre empereur de Trébisonde et don Bélianis, mais encore les deux frères invincibles et jamais vaincus, le chevalier du Soleil et Rosicler ; voici le siége opiniâtre que nous avons mis depuis tant d'années sous les murs de la fameuse ville de Troie, et pendant lequel, au milieu de toutes les escarmouches que nous avons engagées avec les Troyens et avec mon rival Hector (car vous saurez que je suis Achille, votre capitaine-général), je n'ai jamais pu rejoindre ce prince pour combattre avec lui corps à corps, et pour le contraindre, malgré sa forte ville, à nous rendre Hélène qu'ils nous ont enlevée par force. Il convient donc, ô valeureux héros ! que vous suiviez mes conseils, si vous voulez que nous en finissions avec ces Troyens par une éclatante victoire, en mettant tout chez eux à feu et à sang, et sans en laisser échapper un seul, si ce n'est le pieux Énée. Quant à ce prince, les cieux en ont ainsi disposé : sauvant son père Anchise de l'incendie, et l'emportant sur ses épaules, il s'en ira avec quelques hommes et des navires à Carthage, et de là en Italie, pour peupler avec ses compagnons cette fertile province. Voici donc mon avis : nous construirons un palladium ou un grand cheval en bronze, nous ferons entrer dans l'intérieur le plus d'hommes armés que nous pourrons, et nous l'abandonnerons dans cette campagne avec le seul Sinon que vous connaissez tous, et à qui nous aurons attaché les pieds et les mains. Les Troyens, sortis de la ville après notre départ, viendront questionner Sinon; trompés par ses larmes et entraînés par ses conseils, ils voudront emmener notre cheval pour le sacrifier à leurs dieux, ce qu'ils feront en abattant une partie de leur muraille afin de l'introduire dans la ville; puis au milieu de la nuit, au moment où tous reposeront, nos hommes armés sortiront des flancs qui les portaient, et mettront le feu à la ville tout à leur aise. Alors nous accourrons tous pour leur prêter main-forte, et nous mêlerons nos cris aux pétillements des flammes qui s'attaqueront aux tours, aux chapiteaux, aux créneaux et aux balcons : le feu! le feu! Troie nous enlève Hélène! » Et cela dit, donnant de l'éperon à Rossinante, don Quichotte partit laissant tous les assistants étonnés de son étrange folie. Sancho au même moment se mit à battre son âne, et à courir sur les traces de son maître.

A peine don Quichotte eut-il passé la poterne, qu'il retint son cheval et s'avança peu à peu, regardant avec la plus grande précaution chaque rue et chaque fenêtre. Sancho suivait son maître, tenant son âne par le licol et attendant que le chevalier entrât dans une hôtellerie, ce que désirait fort Rossinante, qui à chaque enseigne qu'il apercevait s'arrêtait sans vouloir passer outre; mais don Quichotte jouait de l'éperon jusqu'à ce que la pauvre bête se remît en marche, à son grand regret, non moins qu'à celui de Sancho, qui mourait de fatigue et de faim.

Pendant que don Quichotte s'en allait ainsi par la rue, donnant à causer et à rire à toutes les personnes qui le voyaient passer dans son étrange tenue, venait en sens inverse la justice, laquelle conduisait un homme à cheval sur un âne[3], nu de la tête à la ceinture, et portant une corde au cou; on administrait à cet homme, chemin faisant, deux cents coups de bâton auxquels il avait été condamné comme voleur, et il avait pour escorte trois ou quatre alguazils, des greffiers et plus de deux cents enfants. A ce spectacle notre chevalier arrête Rossinante, se place au milieu de la rue d'un air arrogant, la lance en arrêt, puis il élève la voix. « O vous, dit-il, chevaliers infâmes et impudents, indignes du titre que vous portez, laissez à l'instant libre, sain et sauf, ce cavalier que vous avez injustement et traîtreusement capturé, usant en hommes de rien d'indignes stratagèmes et d'artifices pour le surprendre pendant qu'il s'était endormi auprès d'une claire fontaine, à l'ombre d'un bosquet d'aulnes, succombant à la douleur que lui causait l'absence ou la rigueur de sa dame. Vous, lâches et malandrins que vous êtes, vous lui avez enlevé sans bruit son cheval, son épée, sa lance et ses autres armes; vous l'avez dépouillé de ses précieux vêtements, l'emportant, attaché par les pieds et par les mains, à votre château-fort, pour l'y réunir aux chevaliers et aux princesses que sans raison vous tenez enfermés dans vos prisons aussi obscures qu'humides. En un mot, rendez-lui à l'instant ses armes, laissez-le monter sur son puissant coursier; il est tel de sa personne, qu'en peu de temps il aura pris raison de votre vile et gigantesque canaille. Lâchez-le, lâchez-le promptement, vauriens, ou bien venez tous ensemble, comme c'est votre coutume, contre moi seul, et je vous ferai connaître, ainsi qu'à celui qui vous envoie, que vous êtes tous une infâme et vile engeance! » Ceux qui conduisaient le patient, et qui entendirent parler de la sorte un homme armé d'une épée et d'une lance, ne surent que lui répondre; mais un des greffiers qui composaient l'escorte, voyant le cortège arrêté au milieu de la rue et l'action de la justice interrompue, donna de l'éperon à son cheval, et, s'approchant de don Quichotte, s'empara de la bride de Rossinante. « ¿Que diable faites-vous? dit-il au chevalier; ¿êtes-vous fou? Allons! ôtez-vous de là! »

Grand Dieu! qui pourrait peindre la furieuse colère qui s'empara en ce moment du cœur de notre héros. Il se pencha un peu en arrière, puis il porta un coup de sa lance au pauvre greffier, qui en eût reçu le fer rouillé en pleine poitrine, s'il ne se fût laissé glisser sur la croupe de son cheval. A cette attaque inattendue, les alguazils et les autres agents qui se trouvaient là, supposant que notre chevalier était un parent du condamné et qu'il voulait le délivrer par force, se mirent à crier : « Aide à la justice! Aide à la justice! » Des passants, qui étaient nombreux, et quelques cavaliers que la rumeur avait attirés, s'empressèrent de porter aide à la justice¹, et cherchèrent à saisir don Quichotte. Celui-ci voyant tout ce monde contre lui, les épées nues, se mit à pousser de grands cris : « Guerre! guerre! A moi saint Jacques, saint Denis! Ferme! Attaque! Meurent! » Et il porta trois coups de sa lance à un alguazil, qui s'en fût trouvé fort mal, si elle ne fût passée sous son bras gauche. Puis jetant sa rondache et mettant l'épée à la main, il la manœuvra contre tous avec tant de bravoure et de colère, qu'il aurait pu sortir heureusement de ce mauvais pas s'il eût été aidé par son cheval; mais le pauvre Rossinante accablé de fatigue, demi-mort de faim, pouvait à peine se mouvoir. La foule, déjà nombreuse, s'augmentait aux cris continuels d'aide à la justice, les épées s'accumulaient autour de don Quichotte, et enfin, grâce à l'immobilité de Rossinante et à la fatigue qui accablait notre chevalier lui-même, on vint à bout de le désarmer. On le descendit de son cheval, on lui attacha les mains derrière le dos, et cinq ou six recors l'enlevèrent et l'emportèrent brutalement à la prison. Pendant qu'on le transportait notre héros recommença ses cris. « O sage Alquife! disait-il, O Urgande la rusée! voici venir le moment de montrer à ce faux enchanteur que vous êtes mes vrais amis. » Puis il se débattait et faisait, pour se délivrer, d'inutiles efforts. Le cortége du justicié continua sa marche, et on conduisit notre chevalier, par le chemin opposé, à la prison, où on lui mit les fers aux pieds et aux mains après l'avoir désarmé. En ce moment, vint auprès de lui un fils du geôlier, pour dire à un valet de lui mettre une chaîne autour du corps; en entendant cet ordre, don Quichotte leva ses mains garnies de menottes, et en asséna sur la tête du pauvre garçon un coup si terrible, que son chapeau, qui était neuf, ne le préserva pas d'une grave blessure. L'hidalgo aurait redoublé si le père du jeune homme n'eût levé le poing, et n'eût donné au pauvre prisonnier une demi-douzaine de gourmades qui lui firent sortir le sang par le nez, par la bouche, et le mirent dans un état pitoyable, sans qu'il eût même un peu d'eau pour se laver.

Le bon Sancho qui avait assisté à tout ce qui s'était passé, en tenant son âne par le licou, se mit à pleurer à chaudes larmes quand il vit emporter son maître de la sorte. Il le suivit sans dire qu'il était son serviteur, maudissant sa fortune et l'heure où il avait connu don Quichotte. « Hélas! disait-il, personne ne m'aime, personne ne prend pitié de moi dans cette triste occurrence; ¿ pourquoi aussi suis-je revenu avec cet homme après avoir supporté avec lui, la première fois, tant de calamités; après avoir été bâtonné, berné, et avoir risqué plus d'une fois d'être mis en quatre quartiers par la sainte Hermandad, ce qui m'aurait empêché d'être désormais ni Roi ni Roch, ni rien au monde? Hélas! que ferai-je, pauvre que je suis, condamné maintenant à aller par tous ces mondes, par ces Indes et par ces mers, en désespéré, à travers monts et vaux, mangeant les oiseaux du ciel et les bêtes de la terre, faisant grande pénitence comme un autre frère Juan Garisma[5], marchant à quatre pattes comme un ours des forêts, jusqu'à ce qu'un enfant de soixante-dix ans me dise : «Lève-toi, Sancho, don Quichotte est hors de prison. » Tout en disant ces niaiseries, et en arrachant des poils de sa barbe touffue, Sancho arriva à la porte de la prison, dans laquelle il vit introduire son maître. Alors, et tenant toujours son âne par le licou, il s'appuya contre une muraille pour attendre l'issue de cette triste affaire. De temps en temps il pleurait, surtout quand il entendait ceux qui descendaient de la prison dire aux passants qu'ils souhaitaient à cet homme armé d'être fouetté par la ville. Quelques-uns prononçaient que son audace méritait la potence; d'autres, touchés d'un peu de pitié, le condamnaient seulement à deux cents coups de bâton et aux galères, réduisant la peine en raison du gracieux discours par lequel il avait un instant suspendu l'action de la justice. « Je ne voudrais pas, disait un autre, être dans sa peau, dût-il donner pour excuse de son insolence qu'il était ivre ou fou. » Sancho entendait tout cela avec un chagrin mortel, mais il se taisait comme un saint. Il arriva ensuite que les deux alguazils, le geôlier et son fils s'en allèrent ensemble trouver le juge à qui ils racontèrent le cas de telle sorte, que celui-ci ordonna qu'incontinent et sans plus ample information, on traînât notre chevalier par les rues, et qu'on le ramenât ensuite à la prison, où il attendrait l'instruction juridique de son délit. Quand les alguazils revinrent pour exécuter cette sentence subite, le condamné dont nous avons déjà parlé arrivait sur son âne à la porte de la prison avec l'escorte d'enfants accoutumée, et l'un des alguazils, en le voyant, dit au bourreau en présence de Sancho : « Holà! faites descendre cet homme, et ne renvoyez pas votre âne, attendu que vous allez y placer, pour parcourir le même chemin, ce fou que nous avons là-haut, et qui a prétendu entraver la justice. Tel est l'ordre du juge, en attendant les galères et les coups de fouet qu'il mérite. » Grande fut la tristesse qui pénétra dans le cœur du pauvre Sancho quand il entendit ces paroles, et surtout quand il vit que tout se disposait pour l'exposition publique de son maître; ce fut bien pis quand il entendit tous ces curieux qui étaient devant la porte de la prison. « Le chevalier armé, disaient-ils, mérite bien les coups qui l'attendent, puisqu'il a été assez inconsidéré pour s'opposer à la justice, sans compter qu'il vient dans la prison d'assommer le fils du geôlier. » Sancho, à demi-fou, ne savait que faire ni que dire; aussi se bornait-il à prêter l'oreille de côté et d'autre, et il n'entendait de toutes parts que de mauvaises nouvelles des faits et gestes de son maître. En même temps on débarrassait celui-ci de ses fers pour lui faire commencer sa promenade publique.

CHAPITRE IX

Comment don Quichotte, par une étrange aventure, fut délivré de la prison
et de l'exposition honteuse à laquelle il était condamné.

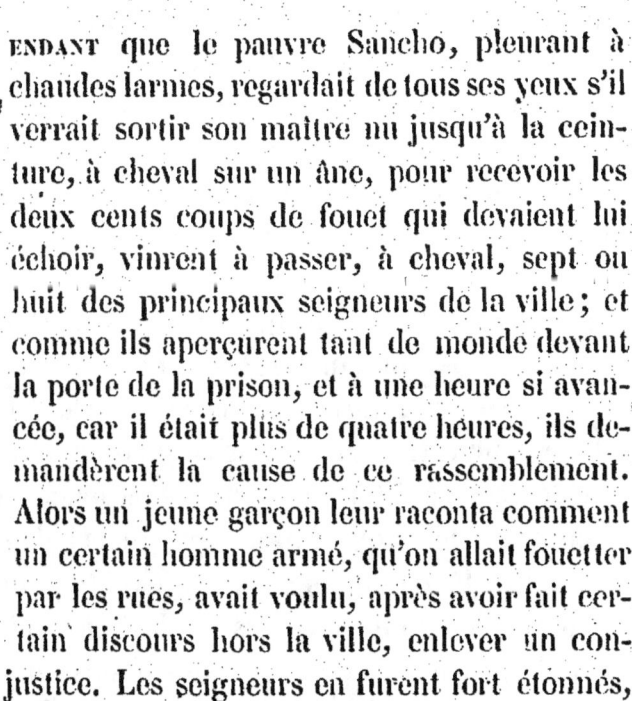

PENDANT que le pauvre Sancho, pleurant à chaudes larmes, regardait de tous ses yeux s'il verrait sortir son maître nu jusqu'à la ceinture, à cheval sur un âne, pour recevoir les deux cents coups de fouet qui devaient lui échoir, vinrent à passer, à cheval, sept ou huit des principaux seigneurs de la ville; et comme ils aperçurent tant de monde devant la porte de la prison, et à une heure si avancée, car il était plus de quatre heures, ils demandèrent la cause de ce rassemblement. Alors un jeune garçon leur raconta comment un certain homme armé, qu'on allait fouetter par les rues, avait voulu, après avoir fait certain discours hors la ville, enlever un condamné à la justice. Les seigneurs en furent fort étonnés, surtout quand ils surent qu'il n'y avait dans la ville homme ni femme qui connût cet homme. Sur ces entrefaites, survint un autre individu qui leur raconta tout ce qu'avant d'entrer dans la ville notre héros avait dit à une troupe de cavaliers qu'il nomma. Ce récit les fit rire beaucoup, mais ils s'étonnèrent de ce que personne ne pût leur dire dans quel but cet homme était ainsi armé. En ce moment le hasard voulut que Sancho approchât de ce groupe pour entendre ce qu'on disait de son maître, et en examinant les cavaliers, il reconnut parmi eux don Alvaro Tarfé qui, bien que les joutes fussent terminées depuis six jours, n'était pas encore parti, attendant une course de bague que des cavaliers de la ville et lui avaient organisée pour le dimanche suivant.

En le voyant, Sancho lâcha la bride de son âne, et se jeta à genoux au milieu de la rue devant les cavaliers, son chaperon à la main, et pleurant amèrement. « Ah ! seigneur don Alvaro Tarfé, s'écria-t-il, par tous les Évangiles du seigneur saint Luc, que votre grâce ait pitié de moi et de mon seigneur don Quichotte ; il est dans cette prison, et on veut l'emmener pour le fouetter, à moins que le seigneur saint Antoine et votre grâce n'y apportiez remède. On dit qu'il a fait à la justice je ne sais quelle injustice ou quelle offense, et pour cela on parle de le conduire aux galères pour trente ou quarante ans. » Don Alvaro Tarfé reconnut aussitôt Sancho Panza, et devina ce dont il retournait. « Que m'apprenez-vous là, Sancho ? lui dit-il, c'est donc pour votre maître que se dispose tout cet appareil ? Certes, on peut tout attendre de sa folie, de ses ridicules fantaisies et de votre ignorance ; mais j'ai peine encore à le croire, bien que vous me l'affirmiez, et que j'en puisse juger à l'état où je vous vois. — C'est bien lui, seigneur, dit Sancho, c'est lui, pécheur que je suis, et si votre grâce veut entrer là-dedans, et lui faire une visite de ma part, qu'elle daigne lui dire que je lui baise les mains et que je l'avertis, si l'on veut le mettre sur cet ânon que voici, de n'y monter à aucun prix, parce que je lui garde le grison sur lequel il sera comme un patriarche, et qui marche si doucement, comme il le sait, que celui qui le monte peut porter à la main une tasse de vin vide sans qu'il s'en renverse une goutte. »

Don Alvaro se mit à rire de cette simplicité de Sancho, et lui ordonna de ne pas s'éloigner qu'il ne fût revenu. Puis, après s'être concerté avec deux de ses amis, il entra avec eux dans la prison, où ils trouvèrent le bon chevalier don Quichotte dont on commençait à détacher les fers. En le voyant dans cet état, la figure et les mains couvertes de sang, les poignets retenus par des menottes, don Alvaro l'appela. « ¿Qu'est-ce que cela, seigneur Quijada, lui dit-il, et par quelle aventure ou mésaventure votre grâce se trouve-t-elle ici; ne lui semble-t-il pas maintenant qu'il est bon d'avoir des amis à la cour? Votre grâce reconnaîtra, je l'espère, que je suis le sien. Mais qu'elle veuille bien me raconter quel est ce nouveau malheur. » Don Quichotte le regarda en face et le reconnut tout aussitôt; puis, avec un rire grave : « O mon seigneur don Alvaro Tarfé, lui dit-il, que votre grâce soit la bienvenue; elle me voit encore tout émerveillé de l'étrange aventure à laquelle elle vient de mettre fin. Qu'elle veuille donc me dire, pour Dieu, comment elle est entrée dans ce château inexpugnable, où j'ai été amené par enchantement avec tous ces princes, ces chevaliers, ces damoiselles et ces écuyers qui se trouvent dans ces cruelles prisons. ¿Comment est-elle parvenue à mettre à mort ces deux géants redoutables qui gardaient la porte, et dont les bras, armés de deux massues de fin acier, fermaient le passage à tous ceux qui voulaient entrer malgré eux? ¿Comment votre grâce a-t-elle tué ce féroce griffon qui était dans la première cour du château, et qui, saisissant dans ses bras ailés un homme armé de toutes pièces, l'enlève dans les airs et l'y met en morceaux? Une telle prouesse éveille sans doute mon envie, mais puisque nous allons tous être libres par les mains de votre grâce, le savant enchanteur mon ennemi sera mis à mort sans pitié, et la magicienne sa femme, qui a causé tant de maux dans le monde, sera, sans miséricorde, publiquement et honteusement fouettée [1].—Il en eût été autant de votre grâce, dit don Alvaro, si sa bonne fortune ou pour mieux dire si Dieu, qui dispose de toutes choses selon sa volonté, n'eût ordonné ma venue. Quoi qu'il en soit, j'ai tué tous ces géants dont elle parle, j'ai donné à tous les chevaliers qui l'accompagnent la liberté qu'ils attendaient. Maintenant il convient, puisque j'ai été le libérateur de votre grâce, qu'elle veuille bien m'obéir selon que l'y oblige la reconnaissance qu'elle me doit, et qu'elle reste seule ici dans cette salle, les menottes aux mains, jusqu'à ce que j'ordonne le contraire; ceci importe à la bonne conclusion de mon heureuse aventure.—Votre grâce sera ponctuellement obéie, seigneur don Alvaro, fit don Quichotte, et je veux même, pour lui accorder une nouvelle faveur, lui permettre de m'accompagner partout à l'avenir, chose que je n'avais jamais pensé faire pour aucun chevalier du monde. Mais celui qui a mis à fin une aussi périlleuse entreprise mérite à juste titre mon amitié et ma compagnie, afin qu'il puisse être témoin de ce que j'ai fait et de ce que je pense faire dans tous les royaumes, les îles et les presqu'îles du monde, jusqu'à ce que je conquière le grandissime empire de Trébisonde, et que j'épouse quelque belle reine d'Angleterre de laquelle j'obtiendrai deux fils après d'abondantes larmes, des vœux et des prières. Le premier de ces deux fils naîtra avec le signe d'une épée de feu sur la poitrine, c'est pourquoi on l'appellera le chevalier de l'Ardente Épée ; le second aura au côté droit un autre signe, couleur gris d'acier, dans la forme d'une massue, pour indiquer les terribles coups qu'il donnera dans ce monde, et on l'appellera Mazinbrun de Trébisonde¹. » Tous les assistants se mirent à rire; mais don Alvaro Tarfé, se contenant, les fit sortir, et pria l'un des deux cavaliers qui étaient montés avec lui de rester auprès de don Quichotte afin que personne ne le molestât; pendant ce temps il irait avec l'autre, qui était parent du juge suprême, négocier la liberté du chevalier, chose facile maintenant que sa folie était si évidente pour tous.

Au sortir de la prison, don Alvaro chargea un de ses pages d'emmener Sancho à sa maison, et de lui faire donner à manger, sans lui permettre de s'éloigner un instant jusqu'à son retour. « Mon seigneur don Alvaro, s'écria Sancho en entendant cet ordre, que votre grâce veuille bien remarquer que mon roussin est tout aussi triste de ne pas voir Rossinante, son bon ami et son fidèle compagnon, que je le suis moi-même de ne pas me trouver dans ces rues avec mon seigneur don Quichotte. Que votre grâce veuille donc bien demander compte à ces pharisiens qui ont pris mon maître, de ce noble Rossinante qu'ils ont emmené avec eux, sans que le pauvre animal ait dit à aucun la moindre mauvaise parole. Que votre grâce sache aussi des nouvelles (et ils pourront en donner) de la lance insigne et de la précieuse rondache de mon maître; car, en conscience, celle-ci nous a coûté plus de trois réaux, pour la faire peindre toute à l'huile par un vieux peintre qui avait une grosse bosse entre les épaules, et qui demeurait dans je ne sais quelle rue d'Ariza. Mon maître me donnerait à tous les diables, si je ne lui en rendais pas compte.—Allez, Sancho, répondit don Alvaro, mangez, reposez-vous, et ne vous tourmentez pas du reste, on songera à tout. » Sancho s'en alla avec le page, menant son âne par le licol à petits pas. Arrivés à la maison, la bête fut mise à l'écurie où on lui fournit bonne provende, et Sancho fut emmené à l'office où il paya en simplicités sans nombre la nourriture abondante qui lui fut servie. Il raconta aux pages et aux gens de la maison tout ce qui était arrivé à son maître et à lui pendant le chemin, soit avec l'hôtelier, soit avec l'homme aux melons, soit à Ateca.

Don Alvaro, pendant ce temps, était avec l'autre cavalier chez le juge qu'il instruisit de ce qu'était don Quichotte, et de ce qui lui était arrivé avec le condamné, avec le geôlier et avec eux-mêmes dans la prison. Le juge envoya tout aussitôt à la prison l'ordre au geôlier comme aux alguazils de livrer ce prisonnier, libre de tous dépens, lui, son cheval et tout ce qui lui avait été retiré, au seigneur don Alvaro Tarfé, et il fut fait ainsi. Don Alvaro revint au moment où on armait don Quichotte, maintenant débarrassé de ses fers ; et lorsqu'on lui remit la rondache, portant l'inscription du *Chevalier sans amour*, et ces figures de Cupidon et des dames, il s'en amusa beaucoup. Il attendit qu'il fît nuit pour que le chevalier ne fût pas remarqué, et il le fit conduire à sa demeure par un page qui monta Rossinante. Don Alvaro fit souper don Quichotte avec lui et avec les cavaliers ses amis qui s'en amusèrent beaucoup, et après le repas on fit raconter à Sancho tout ce qui leur était arrivé en chemin. Lorsque Sancho dit qu'il avait joué son maître en ne donnant pas à la Galicienne deux cents ducats, mais seulement deux réaux, don Quichotte se mit en colère : « Homme infâme et de vile race, s'écria-t-il, on voit bien que tu n'es pas un noble chevalier, toi qui as osé offrir deux réaux à une princesse comme celle dont tu fais si injustement une servante d'auberge; mais je jure par l'ordre de chevalerie que j'ai reçu que la première province, la première île ou la première péninsule que je gagnerai sera pour elle, malgré toi et malgré tous les vilains comme toi qui sont au monde. » Les convives furent étonnés de la colère de don Quichotte, et Sancho chercha à le calmer. « Par les vieux de sainte Suzanne, lui dit-il, ¿votre grâce ne voyait-elle pas à la physionomie et aux guenilles de cette fille qu'elle n'était ni infante ni amirante? Je jure qu'un marchand de vieux chiffons l'eût plutôt ramassée pour en faire du papier gris; la sale ne me revenait pas du tout, et en vérité, si je n'en avais pas eu peur, je lui aurais donné assez de gourmades pour qu'elle se souvînt de Sancho Panza, la fleur de tous les écuyers errants du monde. Mais qu'elle s'en aille au diable, et si elle m'a donné un soufflet, plus deux coups de poing sur les épaules, en revanche je lui ai mangé un bon morceau de fromage qu'elle avait caché dans un coin. » Don Alvaro se leva en riant de ce que disait Sancho, et les autres avec lui, et il ordonna qu'on conduisît don Quichotte dans un appartement où on lui disposa un bon lit. En même temps, les pages emmenèrent Sancho dans leur chambre, où ils eurent avec lui une très-agréable conversation.

CHAPITRE X

Comment don Alvaro Tarfé invita à dîner quelques amis, afin de s'entendre avec eux au sujet des couleurs qu'ils devaient porter dans la course de bagues.

—⋅—◇—⋅—

Le matin venu, don Alvaro Tarfé entra dans la chambre de don Quichotte et vint s'asseoir auprès de son lit. « ¿Comment va ce matin, lui dit-il, mon seigneur don Quichotte, la fleur de la chevalerie manchoise? ¿Y a-t-il quelque nouvelle aventure dans laquelle moi et mes amis nous puissions aider votre grâce? Chaque jour on en rencontre de nombreuses et de périlleuses dans ce royaume d'Aragon, et dernièrement, aux joutes qui ont eu lieu ici, il est venu de diverses provinces un grand nombre de géants immenses et redoutables qui ont rudement traité quelques-uns de nos chevaliers. Il nous aurait fallu votre grâce pour donner à cette engeance le châtiment que méritent ses forfaits; mais peut-être se pourra-t-il que votre grâce les rencontre par le monde, et leur fasse payer le passé et le présent[1]. — Seigneur don Alvaro, répondit don Quichotte, j'éprouve et j'ai éprouvé une grande peine de ne pas m'être trouvé à ces joutes royales ; car je pense que si j'avais pu y prendre part, ces indignes géants ne se seraient pas en allés joyeux, non plus que certains chevaliers qui, à mon défaut, ont remporté les prix. Mais je me souviens que *nondam sunt completa peccata amorreorum*, je veux dire que le nombre de leurs péchés est sans doute loin d'être complet, et quand il le sera, Dieu me permettra de les châtier. — Votre grâce, seigneur don Quichotte, reprit don Alvaro, saura que nous avons concerté pour après-demain, qui sera dimanche, une course de bagues à laquelle doivent prendre part les cavaliers de cette ville. On y gagnera des prix importants et des joyaux précieux ; nous aurons pour juges les juges des joutes, qui sont trois chevaliers des plus importants du royaume, un titulaire et deux commandeurs. Nous aurons aussi un grand nombre de belles infantes, des princesses et des dames d'honneur d'une beauté remarquable, qui transformeront pour nous en ciel les fenêtres et les balcons de la fameuse rue del Coso, où votre grâce trouvera des aventures à mains pleines. Nous y paraîtrons tous avec de riches livrées ; sur les écussons de nos écus seront de nombreuses devises amoureuses ou plaisantes ; et si votre grâce veut y prendre part, je m'offre à l'accompagner, à lui procurer une livrée, et je lui demanderai de ne pas me séparer d'elle un instant, afin de partager sa bonne fortune, et de prouver à la ville et au royaume que je me fais honneur d'être l'ami d'un tel chevalier, capable de remporter tous les prix de la course. — J'en serai enchanté, répondit don Quichotte en s'asseyant sur son lit, et surtout afin que votre grâce voie de ses propres yeux tout ce qu'elle a pu entendre dire de mes mérites. Quelque vrai que soit le proverbe latin qui dit que la louange perd son prix en passant par la bouche de l'intéressé, je crois néanmoins pouvoir dire de moi ce que j'en dis, puisque c'est aussi connu. — Je pense de même, reprit don Alvaro ; mais que votre grâce ne quitte pas son lit, et y prenne un repos complet, afin d'être en meilleures dispositions quand le temps sera venu. Nous ferons mettre la table ici même, nous y dînerons avec plusieurs chevaliers de ma quadrille, et après le repas nous conviendrons de ce que nous avons à faire ; prenant tous pour règle, en toutes choses, la savante opinion d'un homme qui, comme votre grâce, a une aussi grande expérience des jeux de cette nature. »

Don Alvaro se retira, et le bon hidalgo resta avec la tête pleine de chimères. Ne pouvant plus reposer, il se leva et commença à se vêtir, se voyant déjà à cette course de bagues tant désirée. Emporté par son imagination, il se tenait les yeux fixés sur le sol, les chausses à demi relevées ; et au bout d'un instant il dirigea son poing vers le mur, comme s'il eût fourni une carrière, en disant : « J'ai enlevé l'anneau du premier coup à la pointe de ma lance, et ainsi je prie vos Excellences, juges très-intègres, de me faire donner le premier prix, car il m'est dû de toute équité malgré l'opposition des aventuriers et des envieux qui m'entourent. » Aux éclats de sa voix, montèrent un page et Sancho Panza ; et lorsqu'ils entrèrent dans l'appartement, ils trouvèrent don Quichotte, les chausses basses, parlant aux juges en regardant le plafond ; et comme sa chemise était un peu courte, elle mettait à découvert d'assez vilaines choses. Ce que voyant, Sancho Panza lui dit : « ¡ Pécheur que je suis ! Que votre grâce, seigneur sans amour, cache les et-cætera que voici ; il n'y a pas ici de juges qui veuillent de nouveau vous mettre en prison, ni vous faire donner deux cents coups de fouet, ni vous exposer en public ; c'est bien assez de l'exposition que nous fait votre grâce. » Don Quichotte tourna la tête, et en relevant ses chausses par derrière pour les mettre, il se baissa un peu et laissa voir beaucoup d'autres choses non moins déplaisantes. « Au nom de ma casaque, seigneur, dit Sancho, ¿que fait donc votre grâce? C'est encore pis que tout-à-l'heure, ¿veut-elle donc nous saluer avec toutes les immondices que Dieu lui a données²? » Le page se mit à rire, et don Quichotte, se composant du mieux qu'il put, se retourna vers Sancho. « Je déclare, seigneur chevalier, lui dit-il, que je consens à ce que le combat ait lieu comme bon vous semblera, soit à pied, soit à cheval, avec ou sans armes. Vous me trouverez disposé à tout ; quelque sûr que je sois de la victoire, je ne puis que me réjouir grandement de livrer bataille à un chevalier renommé, et en présence d'une telle assemblée, qui jugera par ses propres yeux la valeur d'une personne aussi dégagée d'amour que je le suis. — Seigneur chevalier, répondit le page, il n'y a ici personne qui prétende engager la bataille contre vous, et si nous devons en livrer une, ce sera dans deux heures contre un beau paon qui nous attend pour être notre convive à table. — ¿Le cavalier que vous nommez Paon, demanda don Quichotte, est-il de ce royaume ou est-il étranger ? Je ne voudrais pas pour toutes les choses du monde qu'il fût parent ni commensal du seigneur don Alvaro. » Sancho n'y tint plus à cette réponse. « ¡ Par la vie du cordier qui a fait la corde avec laquelle Judas s'est pendu, s'écria-t-il, votre grâce n'y entend rien avec tout son latin, avec tous les livres qu'elle a lus, et toutes les litanies qu'elle a étudiées ; qu'elle descende, et elle verra la cuisine pleine de rôtissoires et de marmites grandes comme les demi-cuves dont nous nous servons au Toboso ; puis des viandes, des tourtes, des pâtés en telle quantité qu'il semble que ce soit un paradis terrestre. En vérité, si on me demandait un peu de salive à jeun, je ne pourrais la donner, car j'ai dans le corps trois verres de Malvoisie, comme ils l'appellent en ce pays, et je n'ai pas tort, car une tasse vide ne vaut rien. Ce vin là vaut mieux que celui de Yèpes que connaît votre grâce et aussi ce jeune seigneur; et afin que je ne me trouve pas mal d'avoir bu seulement, le cuisinier boiteux, qui est en bas, m'a donné un petit pain blanc d'environ deux livres et demie et deux cous qui pouvaient bien être des cous d'autruche; toujours est-il que je m'en suis léché les doigts. Tout cela en un instant a fait un bon lit pour ce que j'avais bu et m'a ravigoté l'estomac. Voilà selon moi, seigneur, les véritables et les bonnes aventures; je les ai rencontrées dans la cuisine, dans la dépense ou dans l'officine, comme on voudra l'appeler, et elles sont fort de mon goût. Je ferais bien volontiers remise à votre grâce du salaire qu'elle me donne chaque mois, si nous restions ici sans aller chercher des marchands de melons qui nous frottent l'échine. Que votre grâce me croie, c'est là le plus sûr; il y a en bas le cuisinier boiteux qui m'adore, et toutes les fois que je vais le voir, ce qui n'est pas rare, il m'adjuge un grand plat de viandes froides que j'expédie en un clin d'œil comme si je humais un œuf; puis il se met à rire de voir la grâce et la vivacité avec lesquelles je mange, et Dieu m'est témoin que cela est vrai. Hier au soir, l'un des seigneurs pages ou papegais, ou quels qu'ils soient, me dit de boire une tasse de bouillon qu'il portait, m'assurant qu'il me rendrait la vie; moi qui ne suis pas honteux, je pris la tasse à deux mains, et pour lui faire honneur j'avalai trois ou quatre gorgées. J'aurais mieux fait de m'abstenir, car ce grandissime traître de page,—qu'il se le tienne pour dit,—avait posé la tasse sur les charbons, de sorte que je me mis le feu dans l'estomac, ce qui me fit sortir par les yeux autant de bouillon que j'en avais avalé. Le cuisinier, le page et celui que voici se mirent à rire à se décrocher la mâchoire ; mais ils ne me reprendront plus de pareille manière, et je me tiens pour averti. Aussi, tout-à-l'heure, le cuisinier m'a donné une jolie tranche de melon, et j'ai eu bien soin de la tâter peu à peu de crainte qu'elle ne fût brûlante.—O grande bête! dit don Quichotte, ¿comment une tranche de melon pouvait-elle être brûlante ? Comme tout cela prouve ta gourmandise, et me démontre qu'au lieu de chercher le véritable honneur des chevaliers errants, tu ne songes qu'à te remplir la panse!—Je fais selon ce que je suis, répondit Sancho. »

En ce moment, arriva don Alvaro, accompagné de cinq ou six cavaliers qui devaient figurer à la course de bagues, et qu'il avait conviés autant pour se concerter sur les livrées qu'ils auraient à prendre, que pour s'amuser de don Quichotte comme d'un spectacle sans égal. La vue de notre héros à demi vêtu, dans l'appareil que nous avons dit, les fit beaucoup rire; mais don Alvaro le gronda de s'être levé malgré sa recommandation, et l'invita à se recoucher à l'instant, lui déclarant qu'ils entendaient ne se mettre à table qu'auprès de son lit. On servit, et le repas, pendant lequel les convives affectèrent de n'appeler don Quichotte que Souverain prince, fut animé par une vive et piquante conversation. Notre héros, assailli de questions sur ses aventures, y répondit avec beaucoup de calme et de dignité, oubliant de manger pour raconter ce qu'il projetait de faire, soit à Constantinople, soit à Trébisonde, avec telle infante ou contre tel géant ; leur donnant des noms tellement extraordinaires, qu'à chaque instant les convives se tordaient de rire. Aussi peu de retenue faillit irriter don Quichotte, mais par égard pour don Alvaro qui s'interposait pour lui, il fit bonne contenance et se retint avec une sage dissimulation. Il se borna à leur dire qu'il n'était pas digne de vaillants cavaliers de rire hors de propos sur des choses qui arrivent chaque jour aux chevaliers errants. « Il paraît, seigneurs, ajouta don Alvaro, que vos grâces sont novices, et qu'elles ne connaissent pas la valeur du seigneur don Quichotte de la Manche, comme je la connais ; mais si elles ne savent pas ce qu'il est, qu'elles le demandent à ces cavaliers qui l'autre jour fouettaient un soldat dans les rues, et vos grâces apprendront ce qu'il fit, ce qu'il dit en leur présence et pour la défense du patient, afin de redresser, en vrai chevalier errant, le tort qu'on lui faisait. » Le repas terminé, on desservit, et la conversation s'engagea sur les livrées, les chiffres et les devises que chacun porterait à la course de bagues. ¿Et le seigneur don Quichotte? demanda l'un des convives, ¿ quelle sera sa livrée? laisserons-nous sans cartes notre meilleur joueur? A mon avis, il devrait porter le vert, couleur de l'espérance, puisqu'il a celle d'atteindre et de remporter tous les prix de la course.—Non pas, dit un autre, puisqu'il se nomme le Chevalier sans amour, il serait mieux qu'il se vêtît de violet, avec quelque devise qui fût contraire aux dames.—Au contraire, fit un troisième, puisque le seigneur don Quichotte est sans amour, il faut qu'il porte la livrée blanche comme témoignage de sa chasteté. Ce n'est pas peu de chose qu'un chevalier d'un tel mérite soit sans amour, ou du moins qu'il ait cessé d'aimer, pour n'avoir trouvé dans le monde personne qui en fût digne.—Mon opinion, seigneurs, reprit le dernier cavalier, est, puisque le seigneur don Quichotte a tué et tue encore tant de géants dont il rend veuves les femmes, qu'il choisisse une livrée noire. Il fera entendre de la sorte à tous ceux qui prétendront lutter contre lui, qu'il leur réserve de noires destinées. — A mon tour, dit don Alvaro, et avec la permission de vos grâces, j'exprimerai ma manière de voir, et elle sera unique, comme l'est le seigneur don Quichotte. Il me semble donc que sa grâce ne doit avoir aucune livrée. Il vaut mieux qu'en vrai chevalier errant il paraisse sur la place armé de toutes pièces; et pour que celles qu'il portera lui appartiennent, je lui fais don de la fameuse armure de Milan avec laquelle il est venu ici, et que je lui avais laissée en garde à Argamésilla. Lui seul peut faire honneur à cette armure; et comme elle est un peu ternie par la poussière du chemin, et par le sang des géants contre lesquels le seigneur don Quichotte a combattu, je la ferai nettoyer et repolir afin qu'il paraisse avec plus d'éclat. Pour devise il suffit de celle qu'il porte au milieu de sa rondache, puisque personne ne l'a vue à Saragosse, et que depuis Ariza, où elle a été peinte, elle a été couverte d'une housse pendant tout le chemin, pour qu'elle ne s'abîmât pas. Enfin, cet appareil inusité, la noble tenue du seigneur don Quichotte, et la légèreté du fameux Rossinante, feront reconnaître à tout le monde l'illustre chevalier errant qui, l'autre jour, prit publiquement la défense d'un honorable fustigé, qui tenta l'aventure de l'homme aux melons, et beaucoup d'autres qu'on ignore. » Tous s'écrièrent que l'opinion du seigneur don Alvaro était parfaite, et don Quichotte compara ses paroles à des perles. « La proposition du seigneur don Alvaro, dit le chevalier, est digne d'approbation; il arrive souvent dans des fêtes de ce genre qu'il survienne quelque fameux géant, roi d'une île étrangère, portant d'inconvenants défis contre l'honneur du roi ou des princes de la ville, et pour châtier un tel orgueil il est bien que je sois armé de toutes pièces. Je baise mille fois les mains au seigneur don Alvaro pour la libéralité avec laquelle il me fait don des armes que je venais lui restituer ; et viennent quelque traître jaloux, quelque horrible géant désolant le monde, grâce à elles il ne pourra pas se vanter de n'avoir rencontré personne, dans ce fameux royaume d'Aragon, qui osât livrer bataille contre lui. » Et en un instant s'élançant de son lit avec une subite furie, il se plaça au milieu de la chambre avec sa chemise écourtée, et dégaînant son épée sans qu'aucun des assistants eût le temps de se reconnaître et de le retenir, il s'écria avec de grands éclats de voix : « Je suis ici, ô superbe géant, moi que n'émeuvent ni les paroles arrogantes, ni les hauts faits ! » Puis donnant six ou sept coups d'épée aux tapisseries qui couvraient les murailles :—O pauvre roi, si tu l'es, s'écria-t-il, maintenant est venu le temps où Dieu t'a réservé le châtiment de tes méchantes œuvres. » Don Alvaro et ses convives se levèrent et se retirèrent à l'écart, craignant que don Quichotte ne les prît aussi pour des géants de quelqu'île maléandritique. Puis le besoin de rire succéda à la crainte, et don Alvaro s'avançant prit son hôte par le bras. « Holà, lui dit-il, fleur de la chevalerie de la Manche, que votre grâce remette son épée dans le fourreau et revienne se coucher ; le géant s'est enfui par l'escalier, et n'a pas osé attendre les coups de cette tranchante lame. —Je le crois, repartit don Quichotte, ces gens-là et bien d'autres redoutent autant les cris et les paroles que les actions ; par affection pour votre grâce, je n'ai pas voulu le suivre ; qu'il vive donc puisque son malheur le veut ainsi ; mais, je le jure, qu'il prenne garde de se rencontrer de nouveau avec moi. » Là-dessus il s'arrêta tout haletant et respirant à peine ; on le remit au lit, et don Alvaro, donnant ordre qu'on l'y retînt jusqu'au jour de la course, fit monter Sancho pour lui tenir compagnie. Puis lui et ses amis prirent congé du chevalier pour aller chez un des principaux seigneurs de la ville se concerter avec d'autres cavaliers, et ils ne manquèrent pas de faire part à tous ceux qu'ils rencontrèrent de la comédie qu'ils se proposaient de donner aux acteurs comme aux spectateurs de la course, en la personne de don Quichotte.

CHAPITRE XI

Comment don Alvaro Tarfé et d'autres cavaliers de Saragosse et de Grenade coururent la bague dans la rue del Coso, et de ce qui arriva à don Quichotte.

Trois jours durant, à force de prières et de demi-violences, don Quichotte fut retenu au lit. Il avait pour continuels gardiens Sancho Panza, des pages de don Alvaro et deux cavaliers amis de ce seigneur, soit grenadins, soit saragossais, auxquels il procura de joyeux instants. A tout moment en effet il se figurait qu'il était à la course, qu'il disputait avec les juges, qu'il combattait des géants étrangers, et mille autres sottises de ce genre, car il était réellement fou. Sancho, de son côté, brochait sur le tout avec ses bêtises et ses simplicités. Don Quichotte était parfaitement traité; don Alvaro en avait fait la recommandation expresse, et venait chaque jour dîner ou souper auprès de lui, en compagnie de quelques cavaliers.

Enfin parut le dimanche où allait avoir lieu, pour le

plaisir de tous, la course tant promise. Ceux qui devaient y prendre part revêtirent dès le matin leurs riches livrées.

Deux arcs de triomphe s'élevaient aux deux extrémités de la rue [1]. Ils étaient ornés des statues de Charles-Quint, de Philippe II, de Philippe III, du duc d'Albe, de don Juan d'Autriche, de don Antonio de Leyva, et couverts de chiffres, d'inscriptions et de devises de toute nature. D'une extrémité à l'autre, la rue del Coso était richement parée, les balcons et les fenêtres étaient tendus de brocards et de tapis aux vives couleurs, et garnis d'un nombre immense de séraphins amenés chacun par l'espérance de recevoir de son amant ou de quelque cavalier l'un des joyaux qui composaient les prix. On vit arriver tour à tour, pour assister à la fête, la noblesse du royaume et de la ville, le vice-roi, le grand justicier, les députés, les jurats et les autres fonctionnaires, lesquels se rangèrent aux places qui leur avaient été réservées. Vinrent aussi les juges de la course qui, comme nous l'avons dit, étaient un titulaire de Castille et deux commandeurs; ils se placèrent à une tribune richement ornée.

Enfin, les hautbois et les trompettes se firent entendre, et en même temps entrèrent dans la rue, et deux à deux, les cavaliers qui devaient courir. Ils étaient au nombre de vingt ou trente, vêtus avec la plus grande richesse, sans armes, et portaient seulement des écus ou boucliers blancs sur lesquels étaient inscrits des chiffres, des énigmes et des devises où brillaient le savoir, l'intelligence et l'esprit subtil de chacun [2].

Don Quichotte était à l'arrière-garde, en compagnie du seigneur don Alvaro Tarfé. Ce rang leur avait été indiqué par les juges. Don Alvaro était sur un beau cheval cordouan, gris pommelé, richement harnaché; son habit était de toile d'or brodée de lis et de roses entrelacés; et sur le champ blanc de son écu était peint don Quichotte entrant à Saragosse et tentant la délivrance du condamné. Autour du champ était cette inscription :

> « Le chevalier que j'accompagne
> Voudrait devenir, malgré tous,
> Empereur comme Charlemagne ;
> Il est déjà Prince des fous. »

Ces mots firent rire tous ceux qui connaissaient les aventures de don Quichotte. Notre héros parut monté sur Rossinante, l'air hardi, la prestance noble ; il était armé de toutes pièces, sa tête même était couverte du morion ; et à la pointe de sa lance il portait, suspendu par un cordon, un grand parchemin déroulé sur lequel était écrit l'*Ave Maria* en caractères gothiques. Au-dessus des peintures de sa rondache ce tercet expliquait le motif de ce parchemin pendant [3] :

> « Plus heureux que Garcilasso,
> J'ai reconquis à l'infidèle
> Ce trophée dont il s'honorait. »

Les spectateurs, très-surpris de voir cet homme ainsi armé pour courir les bagues, ne comprenaient pas dans quel but il portait ce parchemin suspendu à sa lance. Du reste sa figure étrange, la maigreur de Rossinante, cette immense rondache couverte de peintures indignement faites, mettaient tout le monde en gaîté, et on sifflait à l'envi. Quant aux acteurs de la fête, ils étaient initiés comme nous l'avons dit au caractère de don Quichotte, et ils savaient qu'en l'amenant au Coso, don Alvaro avait eu pour but d'égayer la course par quelqu'aventure étrange et imprévue, ce qui du reste n'est pas chose inaccoutumée en semblable occasion. On a vu souvent en effet, sous la protection de quelque cavalier, des fous ridiculement et richement vêtus, prendre part aux joutes, aux courses, aux tournois, et même remporter des prix, et Saragosse en a été témoin plus d'une fois.

Les cavaliers, en passant devant les dames, leur adressaient de profonds saluts. L'un, pour faire preuve de la science de son cheval, le faisait agenouiller devant la reine de ses pensées ; l'autre faisait faire au sien des sauts et des courbettes ; tel autre caracolait ; tous enfin agissaient de leur mieux pour qu'on les remarquât. Seul don Quichotte s'avançait avec calme et gravité. Lorsqu'il fut parvenu, en compagnie de don Alvaro, à la hauteur de la tribune où étaient les juges, il salua, et l'un d'eux, cavalier de joyeuse humeur, s'avança tout aussitôt jusqu'au balcon et parla de la sorte au chevalier, à haute voix et au milieu des rires des assistants : « Prince fameux, miroir et fleur de la chevalerie errante, moi et toute cette ville nous sommes extrêmement reconnaissants de ce que votre grâce a eu pour agréable de daigner nous honorer de la présence de sa valeureuse personne. Il est vrai que quelques-uns de nos cavaliers sont tristes, persuadés qu'ils sont que votre grâce va remporter dans cette course les prix les plus précieux ; aussi ai-je décidé que lors même que votre grâce les mériterait tous, elle en recevrait seulement un seul, de manière à satisfaire également tous ces princes et tous ces chevaliers.—Ce que votre grâce vient de décider, très-illustre juge, répondit don Quichotte avec la même gravité, est digne de Rhadamanthe, le miroir des juges ; je suis si peiné de n'avoir pu me trouver à vos dernières joutes, que je suis prêt à en mourir de dépit ; mais j'en ai été détourné par je ne sais quelles aventures de grave importance. Aussi mon absence m'ayant empêché de donner ici des preuves de ma valeur, je veux du moins que dans cette course de bagues (bien que ce soit un jeu pour un homme habitué à des prouesses telles que les miennes) votre grâce puisse voir de ses propres yeux si ce qu'elle a ouï dire de moi et de mes actes n'est pas vrai et réel, comme ce qu'on dit d'Amadis et des autres chevaliers anciens qui recueillirent dans le monde tant de renommée. Je lui offre du reste un gage tout récent de ma valeur : ce matin, au moment où le blond amoureux de la fière Daphné paraissait aux balcons de notre horizon, je pus me couronner de l'*Ave* de la puissance de Dieu, c'est-à-dire de celui avec lequel l'ange Gabriel salua la Vierge. En un mot, ce matin passait sous ma fenêtre un Turc insolent qui portait, suspendu à la queue d'un magnifique frison, le parchemin que vous voyez à la pointe de ma lance ; l'infidèle a lassé ma patience chrétienne, mais il a trouvé en moi un autre Garcilasso, plus brave et plus grave que le premier, et j'ai puni son insolence. » Le juge à qui parlait don Quichotte lui demanda alors son parchemin et sa rondache, et les fit passer à ses collègues et aux cavaliers qui les entouraient ; puis, après qu'ils en eurent plaisanté tout à l'aise, il les rendit au chevalier. Celui-ci continua son chemin en se posant d'un air digne et en regardant de tous côtés avec fierté, jusqu'à ce qu'il eût rejoint à l'extrémité de la rue les cavaliers de la course.

Alors sonnèrent les hautbois et les trompettes pour annoncer le commencement de la lutte. Les juges avaient établi qu'après chaque passe on donnerait quatre prix aux quatre cavaliers qui se seraient le mieux conduits ; ainsi fut fait la première fois, bien qu'un seul cavalier eût emporté la bague, et ce fut don Alvaro, qui avait voulu courir avec les premiers. Ces prix furent aussitôt offerts par les vainqueurs à leurs dames ; seul, don Alvaro, qui avait laissé à Grenade l'objet de son amour, donna son prix, qui était une paire de gants d'ambre richement brodés, à une demoiselle d'une grande beauté, sœur d'un titulaire du royaume, qui les reçut avec émotion, et avec tous les signes de la gratitude. On courut une seconde passe, et les prix furent donné à quatre autres, dont deux avaient emporté la bague, et ceux-là comme les premiers les offrirent à leurs dames; de sorte qu'il n'y eut pas un cavalier qui n'eût obtenu un prix.

Don Quichotte avait été réservé pour la fin par ordre des juges; aussi comme il se faisait tard, il se mit à presser don Alvaro de le laisser courir sa lance, menaçant, si on le retenait encore, de partir malgré tous les juges de l'Europe. Les juges, avertis, firent signe à don Alvaro de le laisser fournir deux carrières, et le seigneur grenadin, prenant le héros par la main, le conduisit au milieu de la rue, faisant face à la bague, où il lui fit attendre le signal des trompettes. Ce signal se fit entendre, et le chevalier s'élança, portant sa rondache au bras gauche, et éperonnant de son mieux Rossinante, dont tous les moyens allaient tout au plus à un demi-galop. Mais notre héros ne fut pas heureux, car sa lance passa à deux palmes au moins au-dessus de la bague, et néanmoins, arrivé au bout de la carrière, il examina son arme avec l'attention la plus comique, et à la grande hilarité de l'assistance, pour s'assurer si elle portait le gage de la victoire. Lorsqu'il reconnut le contraire, il retourna furieux au point de départ auprès de don Alvaro. « Seigneur don Quichotte, lui dit celui-ci, avec une feinte gravité, que votre grâce fournisse sans plus tarder une seconde course, avant que son cheval ne se refroidisse, car bien qu'elle n'ait pas emporté la bague, le coup a été très-bien porté et n'a dévié que d'environ une demi-vare au-dessus. » Sans répondre et sans perdre un instant, don Quichotte tourna bride, et se remit à courir, au milieu d'un rire universel, suivi à une petite distance par don Alvaro. Arrivé une seconde fois à la bague, et troublé par l'émotion et par la colère, don Quichotte manqua de nouveau, et cette fois d'une demi-vare en-dessous; mais l'habile don Alvaro, témoin de la maladresse de son compagnon, se dressa sur ses étriers, éleva le bras autant qu'il put, s'empara de la bague, puis, rejoignant don Quichotte, il la mit avec dextérité à la pointe de sa lance, ce qui lui fut d'autant plus facile, que notre héros, en signe d'une victoire dont il ne doutait pas, avait appuyé son arme sur son épaule. « Victoire! s'écria don Alvaro, victoire, mon seigneur don Quichotte, l'honneur de la Manche! Votre grâce, si je ne me trompe, porte la bague au bout de sa lance. Don Quichotte tourna la tête : « J'aurais été fort surpris, seigneur don Alvaro, répondit-il, si je l'avais manquée deux fois; mais la faute de la première course est à Rossinante (à qui Dieu donne male Pâques), qui n'a pas couru avec la vitesse que j'aurais voulue. — Tout s'est très-bien passé, fit don Alvaro, allons donc vers les juges, et que votre grâce réclame d'eux la justice à laquelle elle a droit. »

Le bon hidalgo était si radieux et si gonflé, que la rue n'était pas assez large pour lui; arrivé devant les juges, il dressa sa lance et leur présenta la bague. « Que vos seigneuries, dit-il, veuillent bien voir ce que demandent cette lance et l'anneau dont elle est garnie, qu'elles veuillent remarquer que ces gages réclament le prix que j'ai justement conquis. » Le juge qui avait parlé au chevalier au commencement de la course avait fait apporter par un page deux douzaines de grandes aiguillettes en cuir, d'une valeur d'environ un demi-réal; il les prit, et appelant tous les cavaliers de la course pour qu'ils fussent témoins de ce qu'il allait dire à don Quichotte, il les attacha au bout de sa lance, et à haute voix : « Moi, fit-il, le roi Fernando deuxième, je vous donne de ma propre main, à vous invaincu chevalier errant, fleur de la chevalerie errante, cet insigne joyau, c'est-à-dire ces rubans apportés des Indes et faits avec la peau de l'oiseau Phénix, pour que vous les offriez, vous qui êtes le Chevalier sans amour, à celle des dames ici présentes qui vous paraîtra la moins digne d'être aimée. En outre je vous ordonne, sous peine de disgrâce, à vous et à don Alvaro Tarfé, de venir souper ce soir avec moi dans ma demeure, en compagnie d'un écuyer vôtre, que je sais très-fidèle, et digne de servir une personne de votre mérite. »

Les hautbois sonnèrent, et don Quichotte passa en revue tous les balcons et toutes les fenêtres du Coso. Enfin à une fenêtre basse, il aperçut une honorable vieille, plus savante sans doute des propriétés de la rue et de la verveine qu'habituée à recevoir des joyaux; la bonne femme regardait la fête en compagnie de deux demoiselles fardées comme on en connaît à Saragosse. L'hidalgo s'approcha de la fenêtre, et posant ses aiguillettes sur l'appui à l'aide de sa lance, il dit en s'adressant à la vieille de manière à être entendu de tous : « Sapientissime Urgande la Déconnue, moi, votre chevalier que tant avez favorisé en toute occasion, je vous supplie de me pardonner mon audace, et d'agréer ces rubans étrangers, tirés, selon ce qui m'a été dit, de l'oiseau Phénix lui-même. Veuillez aussi y attacher quelque prix, car ils valent toute une ville. » Les deux femmes qui entendirent un semblable discours, et qui voyaient que tout le monde s'amusait de cette scène, se retirèrent sans dire un seul mot, et fermèrent la fenêtre au nez de don Quichotte, ne sachant trop si elles devaient rire ou se fâcher, pendant que notre héros restait fort désappointé et fort courroucé d'un semblable accueil.

Sancho Panza était venu dès le commencement de la course, en compagnie de deux filles de cuisine, pour voir courir la bague et pour être témoin des conquêtes de son maître. Lorsqu'il s'aperçut de l'offre faite à la vieille par don Quichotte, et du refus peu gracieux de celle-ci, il éleva la voix depuis l'extrémité de la place. « Que la fièvre l'étouffe, s'écria-t-il, cette maudite vieille, plus vieille que Mari-Castagne la femme du Grand Juif, vieillard plus indigne que les deux de sainte Suzanne réunis [5]! peut-elle oser ainsi fermer sa fenêtre au nez de l'un des meilleurs chevaliers de mon endroit, et refuser les aiguillettes qu'il offre! Puissent-elles lui porter malheur! ¿ Mais qu'est-ce qu'une vieille qui se nomme Urgande, et pourquoi mériterait-elle des aiguillettes qui, si j'en juge, sont belles et bonnes et sans nul doute de peau de chien? En vérité, si je rencontre un morceau de brique, je forcerai bien ces maudites femmes à ouvrir, quoi qu'elles fassent. » Puis s'adressant à don Quichotte : « Envoyez-les moi, seigneur, lui dit-il, puisqu'elles n'en veulent ni ne les méritent ; je les garderai et nous en aurons soin. Avec cela que j'en ai besoin d'une, autant que ma bouche a besoin de pain, pour mettre à mes culottes, et pour remplacer celle de devant qui est pleine de nœuds. Envoyez-les, je vous le dis, pour l'amour de Dieu, elles serviront dans de meilleures occasions. » Don Quichotte abaissa sa lance : « Prends, Sancho, dit-il, garde ces précieux rubans, et mets-les dans notre valise jusqu'à ce que leur temps soit venu. » Sancho les prit. « Corps de Barrabas! voyez ce que la sorcière a refusé! Sur mon âme! on ne me les ôtera pas des griffes maintenant pour moins de vingt maravédis, bien qu'elles ne les vaillent pas ; car elles sont tout au plus de peau de lièvre, ou de truite, ou de je ne sais quel diable! » Dix ou douze personnes s'approchèrent pour voir les aiguillettes que tenait le bon écuyer, et parmi elles un garçon d'assez mauvaise mine, non moins léger des pieds que subtil des mains, qui s'emparant du trophée et s'aidant des armes du lapin, fut en quatre bonds hors de la rue du Coso. Don Quichotte n'en vit rien, et s'il l'eût vu, le mauvais garçon l'eût payé de son oreille. Le bon Sancho s'en allait en toute confiance; dès qu'il s'aperçut de ce larcin inattendu, il se mit à pousser de grands cris : « Arrêtez-le, seigneurs, dit-il, pécheur que je suis! Arrêtez-le, il m'emporte le plus beau prix du tournoi. » Mais quand le pauvre homme reconnut que ses instances étaient vaines, il se mit à pleurer amèrement, s'arracha les poils de la barbe; puis joignant les mains, il reprit : « ¡Malheureuse soit la mère qui m'a mis au monde! O jour funeste pour moi, qui viens de perdre d'aussi précieuses aiguillettes, les meilleures de la Lombardie! Hélas! ¿ que ferai-je ? ¿ Quel compte rendrai-je à mon seigneur du joyau qu'il m'a confié? ¿ Quelle excuse donnerai-je pour échapper à son errante colère, et pour ne pas avoir les côtes caressées avec quelque chêne noueux? Si je lui dis que je les ai perdues, il me tiendra pour un écuyer sans fermeté; si je lui dis qu'un filou me les a prises, il en conservera un tel courroux qu'il voudra défier aussitôt en bataille rangée, non-seulement celui qui les a volées, mais tous les filous qui se peuvent trouver dans le royaume de Filouterie. Hélas! ¿ la mort ne viendra-t-elle pas m'appeler à elle, plutôt que de m'exposer à une telle douleur? En vérité, je dis que je me tuerais de bon gré, si je ne craignais de me faire mal. Allons! les mains à l'œuvre: je veux aller à l'instant trouver le cuisinier boiteux de don Alvaro, et lui demander de me prêter deux quartos pour acheter une corde et me pendre (je lui en rendrai le double ensuite). Et si je trouve un arbre tel que mes pieds puissent ne pas perdre terre, j'attacherai la corde à la première branche, et j'attendrai qu'il vienne à passer quelqu'homme charitable. Alors je le prierai, les larmes aux yeux, de me faire l'aumône et la charité de m'aider à me pendre, pour l'amour de Dieu, moi, pauvre homme, orphelin de père et de mère! Allons! que Dieu t'assiste, don Quichotte de la Manche, le plus vaillant de tous les chevaliers errants qui soient sur la terre comme aux cieux; va aussi en paix, Rossinante de mon âme, et souviens-toi de moi qui pensais à toi toutes les fois que j'allais te donner à manger. Souviens-toi aussi de ce jour où passant sans songer à rien près de ta porte de derrière, en te disant : « Comment va, ami Rossinante? » toi qui ne savais pas parler espagnol, tu me répondis par deux arquebusades qui sortirent sans se faire annoncer par le trou au fumier, et avec tant de grâce, que si je ne les avais pas reçues entre le museau et le nez, je ne sais pas ce qu'il serait advenu de moi. Et toi, le roussin de mes yeux, reste avec la bénédiction de tous les roussins de Ronceveaux; si tu savais la tribulation à laquelle je suis en proie, je suis certain que tu m'enverrais quelque consolation pour calmer mon immense douleur. Maintenant je vais conter mes peines à mon ami le cuisinier, de qui j'espère quelque remède : car mieux vaut faire tard ce qu'on devait faire de bonne heure; Dieu aide l'homme qui se lève tard; long bâillement signifie faim ou sommeil; et mieux vaut la grue qui vole que l'oiseau dans la main[6]. » Et Sancho se dirigea vers la demeure de don Alvaro, en enfilant de la sorte, l'un par-dessus l'autre, quarante proverbes qu'il variait à sa manière.

CHAPITRE XII

Comment don Quichotte et don Alvaro Tarfé allèrent souper chez le juge qui les avait invités ; de l'aventure étrange et imprévue qui survint à notre valeureux hidalgo dans la salle même du festin.

Après les courses, survint la nuit ; chacun abandonna la place et retourna chez soi. Don Alvaro, pour faire de même, prit don Quichotte par la main. « Allons, seigneur hidalgo, lui dit-il, faire un ou deux tours dans les rues voisines, en attendant l'heure de nous rendre au souper du seigneur que vous savez, et qui, en juge libéral, nous a conviés pour ce soir. —Allons où il plaira à votre grâce, répondit don Quichotte. » Don Alvaro voulut l'engager à remettre sa rondache et sa lance à un page pour qu'il les reportât au logis ; mais le chevalier ne voulut pas s'en dessaisir, et force fut à don Alvaro de l'accompagner dans tout cet attirail. Ils arrivèrent de bonne heure à l'hôtel du titulaire ; ils descendirent de cheval, remirent à un page de don Alvaro, qui se tenait sous le vestibule, la lance et la rondache, puis ils montèrent à l'appartement de don Carlos. Celui-ci, accompagné d'autres cavaliers, ses amis, qu'il avait conviés, se leva, vint au-devant de don Quichotte, l'embrassa et lui parla de la sorte : « Soyez le bienvenu, seigneur chevalier errant, et puisse votre santé être telle que nous le désirons ! Il serait bien, pour que votre grâce pût mieux se reposer de ses fatigues d'aujourd'hui, qu'elle voulût se débarrasser de ses armes ; elle est ici en lieu sûr et au milieu d'amis, qui seraient tous heureux de la servir, et d'apprendre de sa valeur les nobles exercices de la guerre. J'ai lieu de croire que nous en avons tous besoin, à en juger par le peu d'adresse dont nos cavaliers ont fait preuve à la course de bagues ; et si votre grâce n'y remédie, nos fêtes sont destinées à être tristes longtemps encore.—Seigneur don Carlos, lui répondit don Quichotte, je n'ai pas pour habitude en quelqu'endroit que j'aille, fussé-je entouré d'amis ou d'ennemis, de me séparer de mes armes, pour deux raisons[1]. La première, c'est qu'en les portant toujours l'homme se fait à elles, selon ce que disent les philosophes : *ab assuetis non fit passio*. Or l'habitude, comme le sait votre grâce, rend les choses naturelles, et fait qu'aucune fatigue n'est à charge. La seconde est que l'homme ne sait jamais à qui il doit se fier, ni ce qui peut lui survenir, tant sont variables les hasards de la guerre. Je me souviens d'avoir lu dans le livre authentique des hauts faits de don Belianis de Grèce, que ce héros et un autre chevalier, tous deux armés de pied en cap, s'étant égarés dans un bois, arrivèrent à une clairière où étaient dix ou douze sauvages occupés à faire rôtir une pièce de gibier, et ces sauvages les invitèrent par signes à manger avec eux. Les chevaliers, qui n'étaient pas peu affamés, voyant avec quelle humanité ces barbares les accueillaient, descendirent de leurs chevaux et les débridèrent pour qu'ils pussent paître; mais ils ne voulurent pas quitter leurs salades, et se bornèrent à lever les visières. Ils prirent place sur l'herbe et attaquèrent une cuisse de l'animal que les sauvages avaient placé devant eux; mais ils en avaient à peine mangé une demi-douzaine de bouchées, pendant que les sauvages se concertaient dans une langue que nos chevaliers ne connaissaient pas, que deux hommes, qui s'étaient glissés derrière eux à petits pas, assénèrent à chacun, sur la tête, un tel coup de massue, que s'ils n'eussent gardé leurs heaumes, ils fussent devenus sans doute la pâture de ces misérables. Néanmoins ils tombèrent étourdis, et les sauvages, avec de grands cris de joie, se mirent à vouloir les désarmer. Mais ne sachant comment s'y prendre, ils ne firent autre chose que les retourner dans tous les sens. Rappelés à eux par le mouvement et par la fraîcheur de l'air, Belianis et son compagnon, voyant la triste alternative à laquelle ils étaient exposés, se relevèrent légèrement, et mettant à la main leurs riches épées, tombèrent sur les sauvages comme sur une armée ennemie, et ils ne donnèrent pas un coup de revers qui d'un sauvage ne fît deux morceaux, en raison de sa nudité. »

Don Quichotte mettait tant d'animation à son récit, qu'il tira aussi son épée. « D'un côté, disait-il, ils frappaient de taille, d'un autre d'estoc; ici ils pourfendaient un barbare jusqu'à la poitrine, là ils en laissaient un sur un pied comme une grue, et ainsi jusqu'à ce qu'ils en eussent tué la plus grande partie. » Cette colère de don Quichotte contre les sauvages qu'il se figurait avoir devant lui amusa beaucoup don Carlos et ses amis; on lui fit rengaîner son épée, et don Carlos, le prenant par la main, le conduisit dans une autre pièce où étaient dressées les tables pour le souper.

Avant de prendre place, don Carlos appela un de ses pages : « Courez, lui dit-il, à la demeure de don Alvaro, vous la connaissez; demandez l'écuyer du seigneur don Quichotte, Sancho Panza; dites-lui que son maître le mande, engagez-le à venir avec vous, parce qu'il est convié, et ne rentrez pas sans l'avoir amené pour quelque raison que ce soit. Le page prit sa cape, s'en alla en toute hâte, et trouva Sancho dans la cuisine, racontant au cuisinier, avec une profonde tristesse, l'histoire du vol de ses précieuses aiguillettes. « Seigneur Sancho, dit le page, je prie votre grâce de s'en venir à l'instant avec moi, parce que le seigneur don Quichotte la demande, et que mon maître don Carlos ne veut pas se mettre à table avec ses convives avant de l'avoir vue.—Seigneur page, répondit Sancho avec un grand flegme, votre grâce pourra dire à ces seigneurs que je leur baise les mains, et que je ne suis pas ici, par conséquent que je ne puis me rendre auprès d'eux, que je suis occupé sur la place à chercher une certaine chose importante que j'ai perdue. Mais si Dieu me guide de manière à la retrouver, je leur donne ma parole d'aller les rejoindre.—Non pas, dit le page, votre grâce doit venir avec moi, j'en ai reçu l'ordre, et d'ailleurs elle est également invitée au souper. Puisqu'il en est ainsi, reprit Sancho, ma réponse servira pour demain, j'y vais à l'instant et avec le plus grand plaisir; et en vérité votre grâce me prend dans un moment où je ne suis pas en mauvaise disposition; voici plus de trois heures qu'il n'est entré la moindre chose dans mon corps, si n'est une petite assiette de viande froide et un petit pain que m'a donnés le seigneur cuisinier, que Dieu garde, pour me remettre l'âme au corps. Allons donc, je ne veux ni manquer à la fête, ni être traité d'impoli. » Là-dessus, Sancho et le page prirent congé du cuisinier et partirent.

Don Carlos et ses invités étaient à table, don Carlos au haut bout, don Quichotte à côté de lui, et les autres cavaliers, au nombre de vingt environ, selon leur rang. Sancho s'en vint auprès de son maître, ôta son chaperon à deux mains, et faisant une grande révérence : « Je souhaite à vos grâces, dit-il, le bonsoir du bon Dieu, et je le prie de les avoir en son saint paradis. — O Sancho, répondit don Carlos, soyez le bienvenu, et, comme vous dites, que Dieu nous ait en son saint paradis ; car si nous ne sommes pas encore morts de fait, ces cavaliers le sont tous de faim, tant est chétif, malgré toute ma bonne volonté, le souper que je leur ai offert. — Mon seigneur, dit Sancho, il n'y a pas pour moi de plus grande joie que de voir une grande table servie, et d'y compter comme ici tant de plats de viandes diverses, d'oiseaux et de hochepots ; je ne puis empêcher la salive de m'en venir à la bouche. » Don Alvaro Tarfé prit un melon qui était sur la table, et le donna à Sancho. « Goûtez ce melon, brave homme, lui dit-il, et s'il vous semble bon, je vous donnerai son poids de la viande que voici. » Il lui présenta en même temps un couteau pour l'ouvrir, mais Sancho le refusa. « Il ne m'a pas réussi, dit-il, dans la melonière d'Ateca, de trancher des melons avec un couteau, et j'aime mieux l'ouvrir à ma manière, et comme on fait en mon pays. » Et aussitôt il l'envoya d'un coup sur le sol, d'où il le releva en quatre morceaux. « Votre grâce voit, reprit-il, que je n'ai pas eu besoin d'en faire des tranches avec un couteau. — En vérité Sancho, fit don Carlos, vous êtes un homme habile et votre intelligence me fait grand plaisir, car en une seule fois vous faites ce que d'autres ne feraient pas en huit. Tenez donc, et pour m'être agréable, mangez ce chapon (et il lui en donna un qui n'était pas petit), on dit que vous mettez une grâce parfaite à vous en acquitter [2]. — Que la

Sainte-Trinité, dit Sancho, en tienne compte à votre grâce quand elle aura quitté ce monde. » Il prit le chapon, qui était déjà découpé aux quatre membres, et se l'administra en moins d'un clin d'œil.

Les pages, voyant l'agilité de ses dents, se mirent à vider dans son chaperon tous les plats qu'ils retiraient de la table, de sorte qu'en peu d'instants Sancho fut rond comme une toupie. Néanmoins don Carlos prit un plat de boulettes farcies : « Sancho, dit-il, pourriez-vous bien manger deux douzaines de ces boulettes, si vous les trouviez à votre goût ? — Je ne sais, répondit Sancho, ce que c'est que ces boulettes, et je n'y ai pas grande confiance, si elles ressemblent à celles qu'on jette dans les rues, à Ciudad-Réal, pour se défaire des chiens errants [3]. — Nous n'en sommes pas là à votre égard, Sancho, reprit don Carlos, ce sont de petites boules de viande délicatement assaisonnées. » Sancho ne demanda pas une plus longue explication, et, prenant le plat, il engloutit les boulettes une à une comme s'il se fût agi de grains de raisin, ce qui n'amusa pas petitement les convives. Quand il fut arrivé à la fin : « Oh ! les traîtresses et les sorcières, s'écria-t-il, comme elles ont bon goût ! je parierais que ce sont là les boules avec lesquelles jouent les petits enfants dans les limbes ; sur ma foi si je retourne dans mon pays, j'en sèmerai un bon picotin dans un jardin que j'ai auprès de ma maison, car il n'y en a pas de pareilles à Argamésilla. Et si l'année est bonne aussi bien que les régidors favorables, elles vaudront bien huit maravédis la livre ; on n'aura jamais rien vu de pareil. » Sancho disait tout cela de son air naïf et avec la conviction que ces boulettes pouvaient se semer ; mais voyant que tout le monde riait : « Je n'y trouve, reprit-il, qu'un inconvénient, c'est que comme j'en suis très-friand, je pourrais bien les manger avant qu'elles ne vinssent à maturité ;

mais je dirai à ma femme d'y mettre un épouvantail pour m'empêcher d'en approcher.

— ¿ Vous êtes donc marié, Sancho? demanda don Carlos.—Je le suis, seigneur, répondit Sancho, pour servir votre grâce, ainsi que ma femme qui lui baise mille fois les mains en remerciment des bontés qu'elle a pour moi. » Tous les convives se mirent à rire à cette réponse. « ¿ Est-elle belle? demanda encore don Carlos.—Si elle est belle! Par le saint patron des prunes¹, si j'ai bonne mémoire, elle aura, aux foins prochains, cinquante-trois ans. Sa figure est un peu hâlée par le soleil, il lui manque trois dents par en haut et deux molaires par en bas; mais avec tout cela il n'y a pas un Aristote qui lui aille au soulier. Son seul défaut c'est que lorsqu'arrive en son pouvoir un demi-réal ou un réal tout entier, elle le dépose tout de suite chez Juan Perez, le cabaretier de mon village, pour le faire changer en eau de ceps, dans une grande cruche que nous avons, et qu'elle a égueulée à force d'y mettre la bouche³. —Votre femme boit bien, dit don Carlos, et vous êtes toujours en bonne disposition pour manger, vous devez faire un bon ménage. » Puis, étendant la main vers un plat qui contenait six pelottes de blanc manger⁶, il ajouta : « Vous est-il resté quelque coin inoccupé pour y placer ces six pelottes? je crains qu'en raison de ce que vous avez mangé vous n'ayez plus de place pour elles. — Je baise les mains à votre grâce, dit Sancho en tendant les siennes et en prenant les pelottes, que votre grâce se fie à moi, je les mangerai à la satisfaction de Dieu et de sa bienheureuse mère. » Et se retirant dans un coin, il avala les quatre premières pelottes avec une hâte et une gloutonnerie dont porta témoignage sa barbe toute barbouillée de blanc-manger; puis il mit les deux dernières dans son sein, dans l'intention de les garder pour le lendemain matin.

Après le souper et les tables enlevées, les convives prirent place dans le même ordre sur des siéges rangés autour de la salle, don Alvaro et don Quichotte à la gauche de don Carlos, et Sancho Panza aux pieds de celui-ci. Don Quichotte était resté muet pendant le repas, autant pour laisser les invités s'amuser de Sancho, que parce qu'il était absorbé par ses chimères accoutumées, et occupé à méditer la vengeance qu'il ferait bien de tirer de la sage Urgande, qui l'avait si publiquement offensé en lui fermant sa fenêtre au nez, sans accepter les précieuses aiguillettes qu'il lui offrait. Néanmoins don Alvaro, détournant à son profit les rêveries de son voisin, engagea la conversation avec lui, pendant que don Carlos devisait avec Sancho, et les autres cavaliers entre eux.

Sur ces entrefaites entrèrent dans la salle deux excellents musiciens et un jeune homme qui dansait à merveille. Les musiciens chantèrent plusieurs romances fort jolies, et ensuite le jeune homme sauta et dansa d'une fort bonne manière. Pendant ce temps, don Carlos se baissant vers Sancho lui demanda, de telle sorte que tout le monde l'entendit, s'il se sentirait de force à faire quelques pirouettes comme ce danseur. Sancho, l'estomac chargé et les yeux fermés par le sommeil, bâilla et se fit une croix sur la bouche avec le pouce[7]. Assurément, seigneur, répondit-il, je pirouetterais très-joliment étendu sur deux ou trois coussins et non ailleurs; ce diable d'homme ne doit avoir ni tripes ni intestins, tant il est léger; s'il est creux en dedans, il n'y a qu'à lui mettre une chandelle allumée dans le derrière, et il servira de lanterne. » En ce moment don Carlos appela un page, et lui parlant à l'oreille : « Allez, lui dit-il, et avertissez mon secrétaire qu'il est temps. »

Le lecteur saura qu'entre don Alvaro Tarfé, don Carlos et le secrétaire de celui-ci, il avait été convenu que ce soir-là on introduirait dans la salle l'un de ces géants de carton qui figurent à Saragosse dans la procession de la Fête-Dieu. Ces géants ont plus de trois vares de haut [8], et ils sont construits de telle manière qu'un seul homme peut en porter un sur ses épaules. Dès que le secrétaire eut reçu le message de don Carlos, il fit entrer le géant par une extrémité de la salle qui à dessein n'avait pas été éclairée, et le fit adosser à la muraille contre la porte. Il existait au-dessus de cette porte une petite imposte qui par un heureux hasard se trouvait à la hauteur de la tête du géant ; celui-ci placé, le secrétaire monta à l'imposte, prêt à jouer son rôle.

A la vue du nouvel arrivé, les invités de don Carlos feignirent un grand émoi, et chacun mit la main sur la garde de son épée. Mais don Quichotte se leva. « Que vos grâces, dit-il, n'aient aucune crainte, ceci n'est rien, et je sais seul ce que ce peut être ; chaque jour de semblables aventures arrivaient chez les empereurs anciens. Que vos grâces veuillent donc se rasseoir, et nous verrons ce que veut ce géant, je serai prêt à lui répondre. Tous reprirent leurs places, et le secrétaire, qui était un homme intelligent, fourra sa tête dans la cavité de celle du géant et demanda d'une voix qu'il grossissait de son mieux : « ¿ Qui de vous ici est le Chevalier sans amour ? » Tous firent silence, et don Quichotte, d'une voix grave et posée, répondit : « Géant superbe et démesuré, je suis celui que tu cherches.—Je rends grâces aux dieux, reprit le secrétaire, et surtout au grand Mars qui est le dieu des batailles, de m'avoir fait rencontrer dans cette ville, après tant de courses et tant de fatigues, celui que je cherche depuis une éternité avec tant de sollicitude, et qui est le Chevalier sans amour. Sachez, princes et cavaliers qui vous êtes réunis dans ce royal palais, que je suis, si jamais vous ne l'avez ouï dire, Bramidan de Taillenclume, roi du royaume de Chypre que j'ai conquis seul, en l'enlevant à son seigneur légitime, et en me l'appropriant comme le méritant le mieux. Lorsqu'est parvenu jusqu'à moi, dans mon royaume, le bruit des mémorables actions et des étranges aventures du prince don Quichotte de la Manche, surnommé le Chevalier de la Triste Figure ou le Chevalier sans amour, j'ai ressenti une grande honte qu'il y eût, dans toute la rondeur de la terre, un homme qui rivalisât avec moi de valeur et de force. Aussi j'ai quitté mon royaume, j'ai traversé des contrées étrangères, malgré ceux qui les gouvernaient, cherchant, m'informant, demandant avec inquiétude et persistance à tous ceux que je rencontrais, où, dans quel royaume, dans quelle province, était ce chevalier qui avait dans le monde une si grande renommée. Car je ne puis le nier, partout où j'ai passé, on ne parle d'autre chose, sur les places, dans les temples, dans les rues, dans les tavernes ou dans les écuries, que de don Quichotte de la Manche. Or donc comme je le dis, jaloux, envieux de tous tes hauts faits, ô grand don Quichotte, je suis venu te chercher, et seulement pour deux choses. La première pour te livrer bataille, t'enlever la tête et l'emporter à Chypre pour la suspendre à la porte de mon château royal, devenant de la sorte possesseur de toutes tes victoires [b]. Car je veux que le monde sache que moi seul suis sans égal, que seul je mérite d'être loué, estimé, honoré et renommé dans tous les royaumes de l'univers, comme plus brave, plus vaillant, plus illustre que toi, et tous ceux qui ont été avant ou qui seront après toi. Ainsi, si tu veux t'épargner la peine d'engager le combat, fais-moi livrer à l'instant ta tête pour que je l'emporte au bout de ma lance, et fais ensuite ce que tu voudras. La seconde chose pour laquelle je viens, c'est que j'ai ouï dire que don Carlos, maître de ce château, avait une jeune sœur de quinze ans d'une beauté et d'une grâce remarquables ; je la veux, et je demande qu'elle me soit remise en même temps que ta tête, pour que je l'emmène en Chypre où elle sera ma maîtresse pendant tout le temps qu'il me plaira. Et si don Carlos me refuse, je l'appelle et le défie, et avec lui tout le royaume d'Aragon, les Aragonais, les Catalans et les Valenciens qui s'y trouvent, à combattre contre moi à pied ou à cheval. J'ai, à la porte de ce château, mes magnifiques armes enchantées que traînent, dans un char, six paires de bœufs robustes de Palestine ; car ma lance est le mât d'un navire, mon heaume égale en grandeur la coupole du clocher du grand temple de Sainte-Sophie de Constantinople, et mon écu la roue d'un moulin. Réponds donc à tout cela et à l'instant, toi le Chevalier sans amour, car je suis pressé, j'ai beaucoup à faire, et on a besoin de moi dans mon royaume.»

Le géant se tut, et tous ceux qui étaient dans le secret dissimulèrent le mieux qu'ils purent, attendant quelle serait la réponse de don Quichotte. Celui-ci se leva de son siége, et plia le genou devant don Carlos. « Souverain empereur Trébacien de Grèce, lui dit-il, plaise à votre Majesté, qui a bien voulu m'accueillir dans son empire et me nommer son fils, me permettre de répondre au nom de tous, et surtout pour vous et pour ce noble royaume, à cette bête endiablée, et de lui donner plus tard le châtiment que méritent ses blasphèmes et ses paroles sacriléges.» Don Carlos, se mordant les lèvres pour ne pas rire, lui jeta les bras autour du cou, et le releva en lui disant : « Prince souverain de la Manche, cette cause n'est pas seulement la mienne, elle est aussi la vôtre ; la vue du géant Bramidan de Taillenclume m'a donné une telle crainte, que le cœur me veut sortir du corps ; aussi vous dis je, s'il vous en semble ainsi, qu'il sera bon, pour nous préserver de la calamité qui nous menace, de lui accorder les deux choses qu'il nous demande ; c'est-à-dire, d'abord, que vous lui donniez votre tête. Quant à moi, je suis tout-à-fait disposé, bien moins de gré que de force, à lui donner aussi ma sœur Lucrèce, à la condition qu'il s'en ira aussitôt à tous les diables, avant de nous faire de plus grands maux. C'est là mon opinion, et néanmoins je vous abandonne le soin de résoudre cette affaire comme vous l'entendrez; ainsi donc, cher prince, faites la réponse qui vous conviendra le mieux, je l'approuve à l'avance. »

Sancho, à qui le géant faisait une peur excessive, ayant entendu la réponse de don Carlos à son maître, se tourna vers celui-ci. « Oh! mon seigneur don Quichotte, au nom des quinze auxiliaires parmi lesquels se trouve Miguel Aguileldo, le sacristain d'Argamésilla, qui est très-dévot, je supplie votre grâce de faire ce que lui dit le seigneur don Carlos. ¿ A quoi servirait de livrer bataille à ce géant qui, dit-on, partage en deux une enclume plus forte que celle du forgeron de notre endroit, ce qui, au dire de graves auteurs, l'a fait nommer Taillenclume, et qui a pour écu une roue de moulin (il le dit lui-même, et je le crois, parce qu'un aussi grand homme de bien ne peut vouloir dire une chose pour une autre)? Envoyons-le à tous les diables, expédions-le d'un coup avec ce qu'il demande, et ne perdons pas plus de temps avec lui pour amuser le démon.—Oh! le sale et l'extravagant! s'écria don Quichotte en lui assénant un coup de pied dans le derrière, ¿ qui te prie de te mêler de ce qui ne te regarde pas ?» Puis se plaçant au milieu de la salle, en face du géant, il lui parla d'une voix grave en ces termes : « Superbe géant Bramidan de Taillenclume, j'ai écouté avec attention tes arrogantes paroles, j'ai compris tes vains et ridicules désirs, et tu recevrais le paiement des uns et des autres avant de sortir de cette salle, si je n'étais retenu par le respect que je dois à l'empereur et aux princes ici présents. Mais comme je veux te donner, en place publique, devant tout le monde, le châtiment que tu as mérité, afin qu'il serve d'exemple à tous ceux qui te ressemblent, et afin de prévenir désormais des sottises et des folies semblables, je réponds à tes demandes en disant que je consens à la bataille que tu proposes, et j'entends qu'elle ait lieu demain, après déjeuner, sur la vaste place de cette ville qu'on nomme la place del Pilar. C'est là que s'élève ce temple sacré, ce noble sanctuaire qui a reçu en dépôt le divin pilier sur lequel se plaça la Vierge très-sainte, pour donner des consolations à son neveu, le grand patron de notre Espagne, l'apôtre saint Jacques [10]; c'est là que tu pourras venir en toute sûreté avec les armes que tu auras choisies. Si tu as pour écu une roue de moulin, j'ai, moi, une rondache de Fez qui ne le cède pas à la roue elle-même de la Fortune. Enfin, en échange de ma tête que tu demandes, je jure et je promets de ne pas manger pain sur table, de ne pas folâtrer avec la reine, je jure tout ce que jurent dans les occasions semblables les véritables chevaliers errants (et tu en trouveras la formule dans le livre qui rapporte la triste complainte qui se fit sur le malheureux Baudoin [11]), que je n'aie tranché ta propre tête, pour la suspendre au-dessus de la porte de ce palais de l'empereur mon seigneur et père.—O dieux immortels! dit le secrétaire de sa voix la plus grosse et la plus agitée, comment permettez vous que de semblables injures me soient adressées par un homme seul, sans qu'à l'instant ma colère le transforme en chair à pâté! Je jure, moi aussi, par l'ordre de secrétaire que j'ai reçu, de ne pas manger pain sur terre, de ne pas jouer avec la reine de pique, de cœur, de trèfle ou de carreau [12], de ne pas dormir sur la pointe de mon épée, jusqu'à ce que j'aie pris du prince don Quichotte de la Manche une telle vengeance, que les bras lui en restent pendus aux épaules, les jambes et les cuisses attachées aux hanches, la tête tournant à tous les vents, et la bouche (malgré tous ceux qui sont nés ou à naître) béante entre le nez et le menton. »

Sancho, étourdi par cette foule de menaces et d'imprécations, se leva du sol où il était assis, et se plaça entre don Quichotte et le géant, tenant son chaperon à deux mains. « Seigneur Bramidan de Fend-enclume, dit-il d'un air cérémonieux, par la passion de Notre-Seigneur, ne faites pas tant de mal à mon maître ; c'est un homme de bien, et il ne veut pas se battre avec votre grâce, parce qu'il n'est pas habitué à se frotter à de semblables Mange-enclumes. Que votre grâce lui amène une demi-douzaine de marchands de melons, à la bonne heure, il s'entendra avec eux très-gentiment, encore faut-il la faveur du seigneur saint Roch, l'avocat de la peste. » Sans faire cas de ce que Sancho disait, le géant tira un gant fait de deux peaux de chevreau, et le jeta à terre. « Chevalier couard, dit-il à don Quichotte, ramasse ce gant, le plus petit de ceux que je possède, et reçois-le comme gage de ma présence, demain matin, sur la place, après le déjeuner. » Cela dit, il tourna les épaules, et se retira par la porte où il était entré.

Don Quichotte releva le gant qui n'avait pas moins de trois palmes de longueur, et le donna à Sancho. « Prends ce gant, lui dit-il, et garde-le; demain matin tu verras des merveilles. » Sancho le prit et se signa. « ¡Le diable soit, s'écria-t-il, de Balandran d'Avale-enclume! Quelles terribles mains il a, le traître! Gare à celui qui en recevrait un soufflet! En vérité, seigneur, nous n'avons qu'à nous bien tenir avec ce démon, tant il est grand et effronté ; et que votre grâce se souvienne qu'il a juré de la traiter comme ces boulettes que nous avons mangées ce soir. J'aimerais mieux, avant qu'il en vînt là, que votre grâce fît de lui des pelotes de blanc-manger comme nous en avons eu à la fin ; je les aime bien, et j'en ai encore deux ici, dans mon sein, que je réserve pour un besoin. »

Comme il se faisait tard, don Carlos se leva de son siége, et prenant congé de ses convives, de don Quichotte, de don Alvaro et même de Sancho, il ordonna à ses pages d'allumer des torches, et de reconduire chacun à son logis. Don Alvaro prit don Quichotte par la main, et, suivi de Sancho, l'emmena chez lui, où notre bon hidalgo passa l'une des plus mauvaises nuits qu'il eût jamais subies, occupé à penser à cette rude bataille qu'il devait livrer, le lendemain, à ce géant démesuré qu'il croyait être réellement le roi de Chypre.

LIVRE SIXIÈME

CHAPITRE XIII

Comment don Quichotte partit de Saragosse pour aller à la cour du roi
catholique d'Espagne livrer bataille au roi de Chypre.

Ce qui venait de se passer, donnant un libre champ aux étranges fantaisies du héros manchois, accrut encore le désordre de son esprit et le peupla de fantômes nouveaux. Le lendemain matin, au petit jour, lorsqu'il commençait seulement à prendre un peu de repos, il rêva que l'orgueilleux Bramidan s'était traîtreusement introduit dans le château pour le tuer. Cette vision le réveilla en sursaut, il se leva tout furieux pour se mettre à la recherche du géant. «¡Attends, traître, disait-il d'une voix animée par la colère, attends; ni ruses, ni stratagèmes, ni surprises, ni enchantements ne te sauveront de mes mains!» En parlant de la sorte, il prit sa salade, son corselet, ses épaulières, s'arma de sa lance et de sa rondache, et se mit à regarder de tous côtés. Il entra à tâtons dans la grande salle, et sous la porte d'une petite chambre qui y communiquait, et dont le volet était entr'ouvert, il aperçut une vive lumière produite par les premiers rayons de l'aurore. Le malheur voulut que ce fut là que reposait le pauvre Sancho ; il s'était couché tard, accablé de fatigue, et dormait la tête à demi-cachée par le gant immense que son maître lui avait confié, et que le roi de Chypre, Taillenclume, avait jeté comme gage de combat. Don Quichotte pousse brusquement la porte; il s'imagine à la vue du gant qu'il est le double de celui dont Sancho a la garde; il croit que le dormeur est le géant lui-même, fatigué sans doute de ses travaux d'escalade, et attendant en repos un moment favorable pour surprendre et tuer don Quichotte. Pénétré de cette chimère, notre hidalgo assène au pauvre diable, sur les côtes, un terrible coup du bois de sa lance. «Tel soit, s'écrie-t-il, le châtiment des traîtres et des félons! Meurs, vil Taillenclume! Ainsi doit advenir à quiconque, ayant des ennemis tels que moi, dort auprès d'eux sans méfiance. »

Sancho, réveillé par le coup qu'il avait reçu, s'était mis sur son séant pour voir qui le saluait de si rude façon, lorsque don Quichotte, qui avait jeté sa lance, lui allongea un grand coup de poing dans la figure, en ajoutant : « Il est inutile de te lever, traître, tu mourras ici. » Sancho, qui n'avait pas envie de mourir, descendit de son lit le mieux qu'il put, et se sauva dans la grande salle en criant : « Ce n'est pas moi, seigneur, je ne suis pas traître, je ne suis que Sancho, l'écuyer de votre grâce.—Tu es Bramidan, répondit don Quichotte, je te reconnais à ce gant qui est le pareil de celui que tu m'as jeté hier, lorsque nous nous sommes défiés. »

Tous deux étaient en chemise, car don Quichotte, dans la précipitation avec laquelle il s'était levé, n'avait pris que sa salade, son corselet et ses épaulières, comme nous l'avons dit, oubliant de voiler ou de préserver ce qui, pour mille raisons, avait le plus grand besoin de l'être. D'un autre côté, la chemise de Sancho n'était pas entière. La salle était obscure, ce qui faisait que don Quichotte toujours furieux, et ne reconnaissant pas Sancho, persistait à vouloir le tuer, pendant que Sancho continuait à crier, à demander du secours et à implorer les saints. En peu d'instants toute la maison fut en émoi, quelques serviteurs sortirent de leurs chambres, à la hâte, en chemises, pour connaître la cause de ce bruit; mais leur venue ne fit que jeter du bois dans le feu : car don Quichotte, en les voyant tous vêtus d'une même livrée, se figura qu'ils étaient une escouade de géants accourus, par enchantement, pour prêter main-forte à Bramidan. Dans cette malheureuse pensée, il se mit à jouer de la lance dans tous les sens avec furie; renversant l'un, brisant la tête de l'autre, et tout cela fort à l'aise; car aucun n'avait pris une arme. Puis voulant, au milieu des cris, des malédictions des blessés, s'assurer de ceux qu'il croyait ses ennemis, il ferma la porte de la chambre de Sancho, et se mit en travers de l'entrée par laquelle les serviteurs étaient venus, en s'écriant : « Voyons, vils malandrins, si tous ensemble vous emporterez ce passage inexpugnable ! »

Aux cris de Sancho qui continuaient de plus belle, don Alvaro, se réveillant en sursaut, se douta de l'aventure, et s'enveloppant d'une longue robe de damas, il monta à la hâte, les pantoufles aux pieds, et l'épée à la main. Grande fut sa surprise lorsqu'il vit tout ce désordre, ses pages en émoi, et don Quichotte en furie, le gant du géant à la main. Alors, pour terminer cette tragédie, il se plaça à côté de Sancho. « ¡Holà ! seigneur don Quichotte, s'écria-t-il, mort aux traîtres ! Nous voici Sancho et moi prêts à donner notre vie pour votre grâce, et pour la défense de son honneur; mais afin que nous puissions le faire avec fruit, il faut que votre grâce nous fasse connaître à l'instant quelles offenses elle a reçues, et quels sont les offenseurs. Par tout ce que je puis jurer, je jure d'en tirer à l'instant une vengeance exemplaire! — ¿Quels peuvent être mes ennemis, répondit don Quichotte, sinon ces géants insolents et démesurés qui ont pour métier de parcourir le monde en commettant des torts et des injustices, en offensant les princesses, en maltraitant les dames d'honneur, et enfin en ourdissant mille trahisons semblables à celle dont j'ai failli être victime? Oui, seigneur! cette nuit l'insolent Bramidan de Taillenclume, aidé des malandrins que votre grâce voit ici, a escaladé ce château par enchantement, dans l'intention de me donner traîtreusement la mort, et afin sans doute de prévenir celle qu'il redoutait de recevoir de moi, aujourd'hui, sur la place del Pilar. Mais ses ruses n'ont pas eu un heureux succès; le sage Lirgande (qui m'a reçu dans son château à Ateca, et dont les mains ont guéri les blessures sans pareilles que m'avaient faites celles du furieux Roland), le sage Lirgande, dis-je, m'a averti, et j'ai pu surprendre le traître sur le point de commettre son crime, et muni de ce gant, le pareil de celui de Sancho. Aussi me suis-je mis en devoir d'en finir avec lui, ce que j'aurais fait, si votre grâce n'était survenue, en compagnie de Sancho, mettre un frein à ma fureur. Mais je ne puis me plaindre, car je dois beaucoup à l'un pour les faveurs que j'en ai reçues, à l'autre pour ses très-fidèles services. — ¡En conscience, dit Sancho, votre grâce me l'a donné belle, la récompense! Telle soit celle que Dieu lui réserve! Mais je ne sais ce que mes os peuvent lui devoir pour qu'elle me les rompe ainsi à coups de bâton dès le matin; je ne suis cependant ni Bramidan ni Coupe-enclumes! Mes pauvres membres n'en voient jamais d'autres, et ils commencent à se fatiguer de toujours recevoir, soit dans les châteaux, soit dans les grands chemins, soit dans les melonnières ! —¿ Quelle est cette plainte, Sancho, mon fils, demanda don Quichotte; est-il possible que ce traître de Bramidan t'ait aussi maltraité ce matin? ¡O vil chien, indigne et honteuse engeance, qui a porté les mains sur mon fidèle écuyer ! Par les douze signes du zodiaque, je te jure que tu vas me le payer à l'instant ! » Et il allait, avec une furie infernale, redoubler de coups contre les pages; mais ceux-ci se précipitèrent dans l'escalier, et don Quichotte, retenu par don Alvaro, ne frappa que dans le vide.

Sancho, pendant ce temps, se donnait aux trente mille diables de voir que son maître, après l'avoir bien rossé, rejetait la faute sur Bramidan. Enfin notre héros mit bas les armes. « Dans des circonstances aussi graves, dit-il à don Alvaro avec une profonde humilité, dans une affaire aussi ardue, dans un péril aussi sérieux et un événement aussi étrange, je prie votre grâce de me conseiller ce que je dois faire, m'engageant à ne pas me départir un instant de la voie qu'elle m'aura indiquée. — Une affaire de cette nature, répondit don Alvaro, exige un long examen. Il me semble donc que jusqu'au moment convenu, jusqu'à ce que nous sachions si ce maudit géant viendra ou non à la place, votre grâce ferait bien de se retirer dans son appartement, sans se montrer en public, afin de ne point effaroucher son ennemi. Je me chargerai moi, pendant ce temps, de faire toutes les démarches nécessaires pour le retrouver, pour l'épier, et Sancho en fera autant de son côté. Votre grâce doit se trouver satisfaite, pour le moment, de l'avoir mis en fuite, et de l'avoir forcé à abandonner ce gant, qui sera pour nous un gage éternel, aussi bien de sa couardise que de la valeur de votre grâce. »

Cet avis fut très-goûté de don Quichotte, qui, sans répliquer, rentra dans sa chambre où il se coucha après s'être désarmé, satisfait de la victoire qu'il avait remportée. Don Alvaro l'enferma pour être plus sûr de lui, puis appelant ses pages, qui n'étaient pas peu mécontents de ce qui s'était passé le matin, et les consolant de son mieux en leur démontrant que des extravagances d'un fou il fallait non pas se plaindre mais se garder, il leur ordonna de se tenir prêts à sortir avec lui. Puis il rentra dans sa chambre, en priant Sancho de venir lui tenir compagnie et d'apporter ses vêtements pour s'habiller en même temps que lui. Mais Sancho était si poltron qu'il ne voulut pas rentrer chez don Quichotte pour y prendre ses chausses et sa casaque. « Que votre grâce me pardonne, dit-il à don Alvaro, mais par les dents et par les os de mon roussin, je lui jure de ne plus entrer dans cet appartement de tous les jours de ma vie, dussé-je aller tout nu comme notre père Adam, qui l'était toujours, et qui valait cependant mieux que moi. ¡Nom de ma casaque ! après tout ce qui m'est arrivé là-dedans, votre grâce veut que j'y retourne, pour voir encore mon maître, furieux comme un Roland, achever de me rompre le côté droit comme il a fait du côté gauche! Sans doute pour me mettre le sang en équilibre, et me prendre encore une fois pour son Rogne-enclume? La farce est bonne une fois, et je le donne en quatre à votre grâce de se mettre à ma place dans mon lit et de recevoir de mon maître ce que j'en ai reçu. Déjà fais-je beaucoup de ne pas quitter la maison, et de ne pas le planter là ; mais je ne veux pas perdre ce que j'ai gagné par ma bonne lance (ou par la mauvaise lance de mon maître que Dieu pardonne), c'est-à dire le gouvernement de la première péninsule qu'il conquerra, et qu'il m'a promise depuis si longtemps. »

La simplicité et la poltronnerie de Sancho firent beaucoup rire don Alvaro, qui, entrant lui-même dans la chambre de don Quichotte, en jeta dehors les hardes du fidèle écuyer. Celui-ci les prit sous son bras, et suivit don Alvaro dans son appartement. Là, observant attentivement le gentilhomme, il mit à se vêtir le même soin et la même lenteur que lui, bavardant de telle sorte et avec une telle naïveté, que l'heure et demie que dura cette toilette parut à don Alvaro n'avoir été qu'un instant. Le jeune seigneur projetait d'aller trouver don Carlos pour lui raconter l'aventure de la matinée, et pour se concerter avec lui sur quelque nouveau moyen de mettre à profit la folie de don Quichotte, lorsqu'il vit arriver le secrétaire du titulaire, auteur et acteur de la comédie de la veille, lequel venait l'informer de l'obligation où était son maître, en raison des nouvelles qu'il venait de recevoir, de se rendre à la cour pour y conclure le mariage de sa sœur avec un membre du conseil de Castille. Cette communication, qui était si intéressante pour l'ami de don Alvaro, fit à celui-ci d'autant plus de plaisir qu'il ne pouvait trouver plus agréable occasion pour effectuer une partie de son retour à Grenade, et en même temps pour passer quelques jours à la cour. « La seule difficulté que j'y trouve, dit-il au secrétaire, c'est que je ne sais comment me débarrasser de don Quichotte. Je ne puis songer en effet à l'emmener avec moi; il me faudrait renoncer à voyager avec diligence, car à chaque pas il trouve une aventure, et chaque aventure nous demandera plus d'un jour, ne serait-ce que pour en rire ou pour en réparer les suites; et celle de ce matin m'a donné trop à rire pour que j'y renonce entièrement. » Là-dessus don Alvaro raconta au secrétaire de quelle manière il avait été réveillé. « Une bonne pièce comme le pauvre hidalgo, dit celui-ci, est un mets de roi, et nous aurions bien tort de n'en pas faire profiter toute la cour ; je pense donc, si telle est l'opinion de votre grâce, que nous devons nous employer tous pour en arriver là.—Cela me plairait fort, répondit don Alvaro, mais à la condition qu'il y viendrait par un autre chemin que nous ; il ferait le voyage à sa guise, avec Sancho, de manière à nous rencontrer, comme par hasard, soit le jour même de l'arrivée, soit quelques jours auparavant. — Je trouve un moyen, reprit le secrétaire, pour que tout cela se fasse ainsi que nous le désirons, et qui s'accorde parfaitement avec l'idée chimérique dont se nourrit don Quichotte, que Bramidan a eu peur de lui et s'est enfui. Que votre grâce veuille donc bien me laisser me déguiser ; j'entrerai ici en présence de toute la maison, vêtu en nègre et chargé, comme esclave de Bramidan, de remettre à notre hidalgo un message portant défi, sous peine de couardise, de se trouver, dans un délai de quarante jours, à la cour, où devra avoir lieu le combat auquel ils se sont engagés, sous le prétexte qu'il n'y a pas sûreté pour Bramidan à Saragosse, où don Quichotte compte tant d'amis, de dévoués et de parrains. »

Cette idée plut tant à don Alvaro, qu'après en avoir complimenté le secrétaire, il le fit entrer tout aussitôt dans son appartement pour s'y déguiser du mieux qu'il le pourrait. L'opération ne fut pas longue, parce que le secrétaire trouva chez don Alvaro tout ce qui lui était nécessaire. Ce fut d'abord une robe de velours noir, avec des chausses de couleur rougeâtre, un bonnet tout orné de camées et de plumes, puis des chaînes et des colliers pour le cou, une épée et un ceinturon dorés, des bagues et des anneaux pour les doigts. Il se noircit en outre le visage, le cou et les mains, et il ressemblait complétement de la sorte aux rois nègres qui sont peints sur tous les tableaux de l'Adoration des Mages. Dès qu'il fut prêt à jouer son rôle, don

Alvaro l'introduisit dans la salle, et y fit monter tous ses serviteurs, puis il envoya l'un d'eux à la cuisine chercher Sancho, qui déjà contait ses peines au cuisinier boiteux, et cherchait à les oublier en dévorant les tripes que celui-ci lui donnait. Sancho rejoignit les serviteurs, qu'il trouva tout en émoi de la présence de cet étranger.

Alors don Alvaro prit la parole : « Maintenant, dit-il, que nous sommes entourés de témoins, pourriez-vous, noble messager, me dire qui vous êtes et ce que vous voulez ? — Je cherche, répondit le secrétaire, l'invincible prince manchois don Quichotte, à qui je suis envoyé en ambassade ; je sais qu'il demeure en ce palais. — Il y demeure en effet, fit don Alvaro, et il habite cette chambre où vous pourrez lui parler. » Et ouvrant la chambre du chevalier, il y entra avec le secrétaire et tous les assistants. « Voici venir, seigneur don Quichotte, lui dit-il, un ambassadeur de je ne sais quel prince, à vous envoyé. » Don-Quichotte leva la tête, et ayant vu le nègre, lui demanda d'un ton dédaigneux quel était ce message, et par qui il lui était adressé. « ¿Es-tu, reprit le secrétaire, le Chevalier sans amour ? — Je le suis, répondit don Quichotte, ¿ que me veux-tu ? — Chevalier sans amour, dit le secrétaire en se rengorgeant, Bramidan de Taillenclume, roi tout-puissant de Chypre, et mon maître, m'envoie vers toi pour te faire savoir qu'il s'est présenté hier une certaine aventure qui l'a obligé de partir pour la cour du roi d'Espagne, et il se réjouit de l'occasion qui se présente de t'attirer, pour l'exécution du défi qu'il t'a donné, sur la plus noble place de l'Europe, où tu n'auras pas du moins autant de protecteurs et de partisans que tu en as ici. Il te défie donc, et te convie par cartel à t'y présenter, armé de toutes armes, dans un délai de quarante jours ; et là il verra si tout ce qu'on rapporte de toi est vrai, comptant que tu lui en donneras la première preuve en ne manquant pas au rendez-vous qu'il t'assigne. Sinon, il ira par tous les royaumes et par toutes les provinces de la terre, déclarant ta couardise et le peu de considération que tu mérites. Voici donc une occasion d'accroître la renommée que tu te prêtes, et cependant je doute que tu oses combattre un prince aussi redoutable que le mien. Si tu es vainqueur, ce dont sera témoin la première noblesse d'Espagne, tu deviendras roi et seigneur légitime de l'illustre et agréable royaume de Chypre, et tu pourras nommer gouverneur soit de Famaguste, soit de Belgrade[1], qui en sont les principales cités, un tien fidèle écuyer nommé Sancho Panza, digne par son bon naturel et par sa vigilance d'en être le seigneur et de jouir de leurs produits. On y trouve en effet les arbres fertiles qui portent les boulettes farcies et les pelotes de blanc-manger. »

Sancho, qui avait écouté le messager, sentit l'eau lui venir à la bouche aux mots de boulettes farcies et de blanc-manger. « Seigneur nègre, s'écria-t-il, Dieu donne à votre grâce telles Pâques que mérite sa figure! ¿Votre grâce veut-elle bien me dire où sont les deux villes bénies et de bon appétit qu'elle vient de nommer? ¿Sont-elles par delà Séville et Barcelone, ou bien de ce côté-ci, vers Rome et Constantinople? Je donnerais un œil de ma figure pour y aller tout de suite. — ¿Seriez-vous par hasard, demanda le secrétaire, l'écuyer du seigneur sans amour? » Sancho se redressa, tendit la jambe, releva ses moustaches, et se croyant déjà gouverneur de Chypre, répondit d'un ton arrogant : « Écuyer superbe et démesuré, je suis celui que tu demandes, et tu peux le reconnaître à ma philiosomie. » A ces mots don Alvaro fut au bout de tous les efforts qu'il faisait pour dissimuler; il se détourna pour contenir son envie de rire en disant : « O mon ami don

Carlos, combien tu perds de n'être pas ici ! » Le secrétaire continua. « Réponds-moi sans retard, dit-il, Chevalier sans amour, car il faut que je rejoigne le géant mon maître qui s'avance déjà vers Madrid avec toute la hâte possible. — Mes mains, répondit don Quichotte, l'ont traité de telle sorte qu'il ne peut guère courir la poste ; mais dites-lui d'aller sans crainte, je le rejoindrai dans le délai qu'il m'assigne, et il me trouvera là-bas dans les dispositions que j'avais ce matin. Il fait bien en tout cas de différer notre rencontre de quarante jours ; c'est autant de répit pour sa vie qui a failli lui échapper il n'y a pas longtemps. Allez donc en paix avec ma réponse, et rendez grâces au ciel de ce que vous êtes messager, et de ce que vous avez par conséquent un sauf-conduit, selon le droit des gens[2] ; car autrement, et sur ma parole, vous paieriez la trahison de votre maître, et le mauvais traitement qu'il a fait subir à mon fidèle écuyer pendant qu'il dormait. » Le secrétaire se retira en retenant avec peine son sérieux, et il était déjà à la porte de l'appartement lorsque Sancho le rappela. « Holà ! seigneur nègre, lui dit-il, au nom des coups que j'ai reçus de votre maître, ce dont je ne suis pas certain, bien que l'affirme mon seigneur, dites-moi si le gouverneur de ces villes que je gouvernerai est seigneur absolu de toutes ces boulettes dont vous parlez ? — Sans doute, frère, répondit le secrétaire. — Alors, soyez avec Dieu ! Nous irons là le plus tôt possible, mon maître, moi, et Mari-Guttierez qui est ma femme, comme le savent Dieu et tout le monde. — Vous ferez bien, dit le secrétaire, la femme de celui qui régit le pays a pour lot de gouverner les femmes de Chypre. — Par Dieu ! dit Sancho, ma femme ne sait gouverner que mon roussin, et moi-même, si je me mets à lier conversation avec ces boulettes, je ne penserai pas plus au gouvernement que si j'étais né pour tout autre chose. » Le secrétaire sortit, et monta à la hâte dans l'appartement de don Alvaro où il se déshabilla, se lava et reprit ses vêtements ; puis il disparut sans être vu des serviteurs, que don Alvaro retenait dans la salle avec Sancho et don Quichotte, devisant sur ce qui venait de se passer.

Pendant tous les jours qui suivirent, Sancho pressait son maître de partir pour Chypre et le saluait chaque matin avec cette prière, jusqu'à ce que don Quichotte lui eut répondu qu'il fallait auparavant qu'il eût vaincu, en combat public, sur la place de Madrid, le roi de ce pays, le grand Taillenchume. En même temps don Alvaro conférait avec don Carlos, et ils convinrent de partir ensemble et avec les cavaliers grenadins que nous avons vus passer à Argamésilla. Don Alvaro se chargea en outre de presser le départ de don Quichotte ; mais il n'en eut pas besoin, car un jour en rentrant chez lui il le trouva songeant à ses préparatifs de voyage, et don Quichotte lui dit en le voyant : « Seigneur don Alvaro, ma réputation ne permet pas que je reste plus longtemps dans cette ville ; il faut que je parte et que je rejoigne mon superbe ennemi. Que votre grâce me pardonne si je ne sais pas la remercier des bontés que j'en ai reçues, mais qu'elle soit certaine qu'en moi elle aura toujours l'ennemi de ses ennemis, l'adversaire de ses émules ; que dans ce bras invincible elle trouvera mille Hercules, mille Hectors, mille Achilles, pour châtier les injures qui lui seraient faites même par la pensée ;- les insolents fussent-ils ces géants qui fondèrent la tour de Babylone, revenus au monde dans le seul but de lui nuire. » Puis se retournant vers Sancho : « Allons Sancho, lui dit-il, selle promptement Rossinante, car la prompte issue de cette affaire t'intéresse autant que moi, puisqu'il y va pour toi du gouvernement que tu espères.—Oui j'espère, dit Sancho, il y a aussi un bon repas qui nous espère, et nous n'avons aucune raison de le perdre, ni de faire à mon grand ami le cuisinier l'affront de le dédaigner. C'est un si brave homme, il est si empressé de m'être agréable, que je lui ai offert de l'emmener à Chypre et de l'y faire roi des cuisiniers et alcade mayor des casserolles, car il est savant en matière de plats autant que le fut Platon ou Pluton. »

Don Alvaro approuva la motion de Sancho et fit servir ce repas d'adieu; puis Sancho sella Rossinante et arma son maître qui, sautant sur son cheval la lance au poing et la rondache au bras, prit à la hâte congé de don Alvaro. Celui-ci lui donna rendez-vous à la cour, où il lui offrit de lui servir de parrain. Puis notre héros piqua son cheval et partit avec rapidité. Sancho courut à son tour bâter son âne, pendant que don Alvaro faisait garnir sa besace de tous les restes de pain et de viande provenant de la table; et le fidèle écuyer prenant congé de tout le monde, maître et valets, avec force actions de grâces, et force promesses de reconnaissance fondées sur son gouvernement de Chypre, s'échappa à son tour en jouant des talons pour rejoindre son seigneur, et aller avec lui à la recherche du fier Bramidan.

CHAPITRE XIV

De la bataille qui eut lieu entre Sancho Panza et un soldat écloppé qui revenait de Flandre, et se rendait en Castille accompagné d'un pauvre ermite.

Quelque diligence que fit Sancho pour rejoindre son maître, il ne le retrouva qu'à la sortie de la ville. Escorté par une troupe d'enfants qui le harcelaient de leurs cris, notre héros ne s'était pas soucié de s'arrêter pour attendre son écuyer, et avait marché jusqu'en face de l'Aljaferia, où il avait trouvé, pour tenir tête à cette étrange escorte, le concours d'un pauvre soldat et d'un vénérable ermite qui s'en allaient à pied en Castille. Sancho trouva la conversation déjà engagée entre son maître et les deux voyageurs; on se mit en route de compagnie, et don Quichotte, portant au soldat une grande attention, lui demanda d'où il venait. Sancho comprit à la réponse de celui-ci qu'il avait servi le roi dans les États de Flandre, où lui était survenue certaine disgrâce qui l'avait forcé à quitter l'armée sans congé; qu'en passant la frontière de France, il avait été dévalisé par certains aventuriers qui lui avaient enlevé ses papiers et son argent. « ¿Combien donc étaient-ils? demanda don Quichotte. —Quatre, répondit le soldat, et ils avaient des bouches à feu.—O les fils de drôlesses et les traîtres, s'écria Sancho; ils avaient des bouches à feu ! Je parierais que c'étaient des fantômes de l'autre monde, sinon des âmes du Purgatoire, pour jeter ainsi du feu par la bouche. » Le soldat se retourna vers Sancho, et lorsqu'il eut vu cette barbe touffue, cette grosse figure, et ce corps ramassé sur le dos de l'âne, il pensa que c'était quelque grossier laboureur d'un village voisin, et il ne se douta point qu'il appartînt à don Quichotte. « ¿Qui a prié ce rustre, demanda-t-il, de venir mettre son nez où il n'a rien à faire? Je jure que si je mets la main à mon épée, je lui en donnerai plus de coups sur les épaules qu'il n'a dans la barbe de pointes de porc-épic; j'ai rossé dans ma vie plus de malotrus comme lui que je n'ai bu de gorgées d'eau. » Sancho, en entendant le soldat, talonna son âne pour le rejoindre et lui répondre en bons termes. « C'est vous, lui dit-il, qui êtes un porc-épic et un picotin, et un avaleur de porcs-épics et de picotins[1]. »

Le soldat, qui n'entendait pas la plaisanterie, tira son épée, et avant que don Quichotte et l'ermite pussent intervenir, il asséna à Sancho une demi-douzaine de coups du plat de sa lame, puis le prenant par un pied il le jeta de son âne en bas. Il n'en fût pas resté là si don Quichotte ne fût intervenu, et n'eût porté au soldat un coup du talon de sa lance dans la poitrine. « Holà! lui dit-il, tenez-vous en repos, sur votre vie, et faites attention, je vous prie, que je suis là, et que cet homme est mon serviteur.—Seigneur chevalier, dit le soldat en s'arrêtant, que votre grâce me pardonne, je ne savais pas que ce laboureur fût à elle. »

Sancho s'était relevé, et armé d'un gros caillou qu'il avait ramassé, il se mit à crier avec furie : « Que votre grâce se retire, mon seigneur don Quichotte, et qu'elle me laisse seul avec lui ; je ferai en sorte, du premier coup, qu'il se souvienne de la gueuse qui l'a mis au monde. » L'ermite s'empara de Sancho, et il eut peine à le retenir, tant il était en colère. Cependant sa furie s'étant un peu calmée, il s'adressa à don Quichotte. « ¿Par le corps de ma casaque, lui dit-il, ne laissé-je pas toujours votre grâce mener ses aventures à sa guise, sans y mettre aucun empêchement? ¿Pourquoi donc alors ne me laisse-t-elle pas avec celles que Dieu m'envoie? ¿Comment veut-elle que j'apprenne à vaincre les géants, encore que ce coquin ne le soit pas? Votre grâce sait bien que c'est à la barbe du vilain que le barbier s'exerce. — Frère, lui dit l'ermite, par charité, n'allez pas plus loin et laissez cette pierre. — Je n'en ferai rien, répondit Sancho, si d'abord ce vaurien ne s'avoue vaincu. » L'ermite alla au soldat. « Seigneur soldat, lui dit-il, ce laboureur est à moitié idiot, autant que j'en puis juger à ses discours; ne le poussez pas davantage, pour l'amour de Dieu. — Je ne demande pas mieux, répondit le soldat, que d'être son ami, puisque c'est le désir de votre grâce et du seigneur cavalier. » Alors tous trois, le chevalier, l'ermite et le soldat allèrent vers Sancho. « Ce soldat, dit l'ermite, se donne pour vaincu comme votre grâce le demande, et maintenant, pour que vous soyez amis, il manque seulement que vous lui donniez la main. — Eh bien donc, répondit Sancho, il est dans ma volonté, géant superbe et démesuré, ou soldat, ou quoi que tu sois, puisque tu t'es donné à moi pour vaincu, que tu ailles à mon village te présenter devant ma noble femme, Mari-Guttierez, la future gouvernante de Chypre et de toutes ses boulettes farcies, que tu dois déjà connaître par renommée; fléchissant le genou devant elle, tu lui diras de ma part comment je t'ai vaincu en bataille rangée, et si tu as sous la main ou dans ta poche quelque grosse chaîne de fer, mets-toi-la au cou pour ressembler à Ginesille de Passamont et aux autres galériens que mon seigneur sans amour, alors qu'il était le Chevalier de la Triste-Figure, envoya à Dulcinée du Toboso qu'on appelle par son vrai nom Aldonza Lorenzo, fille d'Aldonza Nogalez et de Lorenzo Corchuelo. »

Cela dit, Sancho se retourna vers don Quichotte. « ¿ Eh bien! seigneur, lui dit-il, qu'en semble à votre grâce? ¿ est-ce ainsi que se conduisent les aventures? ¿ Votre grâce ne trouve-t-elle pas que je donne bien dans le but? —Je trouve, Sancho, répondit don Quichotte, que celui qui s'attache aux bons devient bon à son tour, et que celui qui va parmi les lions apprend à rugir. —Fort bien, reprit Sancho, mais non à braire celui qui fréquente les ânes; autrement, il y a longtemps que je serais maître de chapelle parmi cette moinaille, tant il y a que je vis parmi eux. Mais j'oublie que j'ai une affaire à arranger; voilà ma main, seigneur soldat, prenez-la avec joie et sans rougir, et soyons amis *usque ad mortuorum*. Quant au voyage au Toboso, pour aller voir ma femme, je vous autorise à le laisser là pour le moment. » Là-dessus Sancho embrassa son antagoniste, puis tirant de sa besace un morceau de viande froide, il le lui donna et remonta sur son âne. Le soldat trouva dans son sac un rogaton de pain, et grâce à la générosité de Sancho il put réconforter un peu son estomac.

Enfin on se remit en route pas à pas. Au bout de quelques instants : « Mon fils Sancho, dit don Quichotte, ce que tu viens de faire m'a donné à réfléchir, et j'en conclus qu'avec quelques petites aventures comme celle-là, tu arriveras à mériter d'être gradué chevalier errant.—Corps d'Aristote! s'écria Sancho, je jure par l'ordre d'écuyer errant que j'ai reçu le jour où mes os ont été bernés en vue de tout le ciel et de l'honnêtissime Maritornes, que si votre grâce me donnait chaque jour à jeun deux ou trois douzaines de leçons (car j'ai l'esprit bien rebelle à ces devoirs-là), je répondrais d'être, au bout de vingt ans, aussi bon chevalier errant que qui que ce soit, depuis le Zocodover jusqu'à la rue des Merciers dans la ville impériale de Tolède. » Le soldat et l'ermite ne furent pas longtemps sans comprendre quelle était l'humeur de leurs deux compagnons de voyage. Néanmoins don Quichotte, rempli d'attention pour eux, les convia ce soir-là, comme les deux autres jours qu'ils furent ensemble, à partager ses provisions, jusqu'au moment où ils arrivèrent auprès d'Ateca, ce qui fut à l'entrée de la nuit. « Seigneurs, leur dit-il alors, moi et Sancho, mon fidèle écuyer, nous sommes obligés d'aller loger ce soir chez un clerc de nos amis; j'engage vos grâces à venir avec nous; c'est un homme si bon et si accompli, qu'il voudra bien nous recevoir tous et nous héberger. » Comme les deux voyageurs avaient la bourse fort maigre, ils acceptèrent sans hésiter, et tous ensemble se dirigèrent vers le bourg. Avant d'y entrer, don Quichotte demanda à l'ermite comment il se nommait. Celui-ci répondit que son nom était frère Étienne, qu'il était de Cuenca, et qu'après avoir été à Rome pour une affaire importante, il retournait à son pays où il serait heureux de trouver l'occasion de témoigner au seigneur don Quichotte, en le recevant, sa reconnaissance pour les bontés qu'il avait eues pour lui. Le soldat, à qui notre héros demanda également son nom, répondit qu'il se nommait Antonio de Bracamont, d'une famille illustre d'Avila.

Ces confidences échangées, nos voyageurs entrèrent dans le bourg, et se dirigèrent tout droit vers la maison de messire Valentin. En arrivant à la porte, Sancho sauta à bas de son âne, et entrant dans la cour, se mit à crier de toutes ses forces. « Holà ! seigneur messire, comment le nomme-t-on ? voici les anciens hôtes de votre grâce qui viennent lui témoigner leurs remerciments et lui faire honneur, comme il les y a engagés quand ils allaient aux joutes royales de Saragosse. » A ces cris la gouvernante sortit avec une chandelle à la main, et, ayant reconnu Sancho, elle courut appeler son maître. « Que votre grâce vienne, seigneur, lui dit-elle, voici notre ami Sancho Panza. » Le clerc accourut, et lorsqu'il vit Sancho et don Quichotte qui avait mis aussi pied à terre, il donna sa lumière à la gouvernante et courut embrasser notre héros. « Bien venu soit, lui dit-il, le miroir de la chevalerie errante avec son bon et fidèle écuyer Sancho Panza¹. —Il m'a semblé, seigneur licencié, lui dit don Quichotte en l'embrassant à son tour, que je me serais rendu coupable d'une grave offense, si, en passant par ce pays, je n'étais pas venu me reposer et prendre gîte au logis de votre grâce, avec ce révérend et ce seigneur soldat qui sont avec moi, et qui m'ont fait très-bonne compagnie. Messire Valentin répondit : « Bien que je ne connaisse pas ces seigneurs, sinon pour les servir, il suffit qu'ils soient avec votre grâce pour que je sois tout entier à leur disposition. » Puis il se retourna vers Sancho. « ¿Eh bien ! Sancho, lui demanda-t-il, comment va ?— Très-bien pour servir votre grâce, répondit Sancho ; mais la mule baie de votre grâce va-t-elle mieux ? Des personnes de crédit m'ont dit à Saragosse qu'elle avait été très-malade d'une sciatique ou d'une colique, et d'une grande colère qu'elle avait eue contre le mulet du médecin, ce qui faisait qu'elle ne pouvait avaler une bouchée de pain. » Messire

Valentin se mit à rire. « Cette indisposition est passée, répondit-il, ainsi que la colère ; ma mule va très-bien maintenant, elle est à votre service et vous baise les mains pour l'intérêt que vous lui portez. Mais que vos grâces, dit-il aux voyageurs, veuillent bien entrer chez moi, et pendant qu'elles se reposeront, on leur préparera à souper. »

Messire Valentin mit en effet le plus cordial empressement à bien recevoir ses hôtes, et leur offrit un excellent repas. Sancho servait à table et n'en perdait pas pour cela un coup de dents, de sorte qu'il avait la bouche toujours pleine. « ¿Eh bien ! Sancho, lui dit messire Valentin, et ce joyau que vous deviez m'apporter des joutes de Saragosse? ¿Est-ce ainsi que les hommes de bien tiennent leur parole?—J'assure votre grâce, répondit Sancho, que si nous avions tué ce vilain géant de roi de Chypre Bramidan, je lui aurais apporté le plus beau joyau que géant puisse posséder en ce monde. Mais je crois que nous serons à Chypre avant peu de jours, et si nous le tuons, que votre grâce s'en rapporte à moi. —¿Quel géant et quel Chypre est-ce que cela? demanda messire Valentin. ¿Est-ce une aventure comme celle de ce pauvre marchand de melons que, l'autre jour, vous appeliez Bellido d'Olfos ?» Don Quichotte prit alors la main de messire Valentin pour lui répondre, et lui raconta point à point tout ce qui s'était passé à Saragosse, chez le seigneur don Carlos, ainsi que le lendemain matin chez don Alvaro, lorsque Bramidan s'était traîtreusement introduit dans la maison pour y tuer tout le monde. « Mais au moins, dit-il, l'en ai-je cruellement puni, et en peut-il savoir quelque chose aux coups du bois de ma lance dont j'ai caressé ses côtes. —Ce sont les miennes qui les ont reçus, par la vie de mes chausses, s'écria Sancho, et ils n'étaient pas donnés de main-morte!—C'est le géant, ami Sancho, répliqua don

Quichotte, qui s'en prenait au bât, faute de pouvoir atteindre l'âne.—Il est vrai, reprit Sancho, que l'âne était à l'écurie ; mais plût à Dieu que ce jour où il a plu des coups du géant, de votre grâce ou de la friponne qui vous a mis tous deux au monde, j'eusse été couvert de mon bât comme lorsque nous sommes arrivés de la melonnière ici, à cette maison sainte et sacerdotale, bien étrillés tous deux et orphelins, moi de mon roussin, et votre grâce de Rossinante ! »

Tous applaudirent aux simplicités de Sancho, et messire Valentin, qui connaissait l'humeur de don Quichotte, comprit l'énigme. « Je veux bien qu'on me tue, dit-il au soldat et à l'ermite, si quelques cavaliers n'ont pas inventé cette histoire de géant pour s'amuser du chevalier. » Sancho, qui était auprès du clerc, entendit cette réflexion. « Que votre grâce se détrompe, lui dit-il ; j'ai vu moi-même, avec ces yeux que ma mère m'a donnés en me mettant au monde, le géant entrer dans la salle de don Carlos ; bien plus, il faut pour porter ses armes des chars attelés de cinq ou six douzaines de bœufs, et, selon ce qu'il a dit lui-même, son bouclier est grand comme une roue de moulin ; il est impossible qu'un aussi grand personnage puisse mentir, lui qui mange par jour la valeur de six ou sept fanègues de nourriture. »

Il devint tout-à-fait évident pour le soldat et pour l'ermite que si don Quichotte avait perdu la raison, Sancho était d'une simplicité peu commune. Messire Valentin qui les voyait regarder don Quichotte avec une grande attention, et qui voulait détourner la conversation des tristes folies et des éternelles chimères de notre héros, pria le soldat de lui faire la grâce de lui apprendre quels étaient son nom et son pays. Le soldat, qui était un homme de cœur et de sens, comprit à l'instant vers quel but tendait la question de son hôte, et répondit : « Je suis, seigneur, de la ville d'Avila, célèbre en Espagne par les sujets illustres qu'elle a produits, et qui honorent les lettres, la vertu, la noblesse et les armes. Je reviens en ce moment de Flandre où m'avaient conduit les honorables sentiments que j'ai hérités de mes pères, et le désir de ne pas dégénérer d'eux, mais au contraire d'accroître la valeur et l'amour des combats qu'ils m'ont donnés avec le lait. Bien que votre grâce me voie ainsi déguenillé, j'appartiens aux Bracamonts, famille si connue à Avila, qu'il n'est pas dans la ville une noble maison qui ne se soit alliée à elle¹. — ¿ Votre grâce, demanda messire Valentin, s'est-elle par hasard trouvée en Flandre à l'époque du siége d'Ostende?—J'y étais le jour où il a commencé, répondit le soldat, j'y étais encore lorsque le fort s'est rendu. Je pourrais vous faire voir mes cuisses blessées de plus de deux coups de balle, et cette épaule à moitié brûlée par une bombe que l'ennemi lança sur quatre ou six braves soldats espagnols parmi lesquels j'étais, et qui voulaient donner au rempart le premier assaut. Peu s'en est fallu que nous ne restions sur la place. »

Le souper était fini, messire Valentin fit desservir, puis, appuyé de don Quichotte qui s'animait aux mots de bataille et d'assaut, choses si conformes à son humeur, il pria le soldat de leur raconter quelque chose de ce siége si terrible. Bracamont s'y prêta avec beaucoup de grâce. Il fit d'abord étendre sur la table un tapis noir et demanda un morceau de craie. Puis il traça le plan du fort d'Ostende, indiquant, avec une exactitude parfaite, les tours, les plates-formes, les chemins couverts, les digues et tout le reste des fortifications, ce qui fit le plus grand plaisir à messire Valentin. Puis il leur dit les noms des généraux, mestres de camp et capitaines qui se trouvaient au siége, le nombre et la qualité des personnes qui y moururent, soit du côté de l'ennemi, soit du nôtre, ce que nous ne rapporterons pas comme étranger à notre sujet; seulement dirons-nous ce que l'histoire raconte ici de Sancho Panza. Il avait écouté avec une grande attention tout ce que le soldat avait dit d'Ostende, de sa force, des mestres de camp qui y avaient péri, du nombre infini de soldats qui étaient restés sur le terrain, en un mot, de tout le sang que cette conquête avait fait répandre. « Par le corps de celle qui m'a mis au monde! s'écria-t-il hors de propos, selon son habitude, est-il possible qu'il n'y ait pas eu dans toute la Flandre un seul chevalier errant qui donnât à ce bandit d'Ostende [5] un coup de lance à travers la poitrine, pour l'empêcher de faire une aussi grande boucherie des nôtres? » Tout le monde se mit à rire. « Gros animal! fit don Quichotte, ¿ ne sais-tu pas qu'Ostende est une grande ville de Flandre sur le bord de la mer?—Ce que j'ai dit sera pour demain, repartit Sancho, je croyais que c'était quelqu'autre géantasse comme ce roi de Chypre que nous allons chercher à la cour. Et j'espère bien que nous le trouverons, à moins qu'il ne nous échappe encore par enchantement, car tout s'enchante autour de nous, et je commence à craindre qu'on ne vienne un jour nous enchanter le pain dans les mains, la boisson aux lèvres, et tout le reste. »

Il se faisait tard; messire Valentin voyant que si on ne coupait court aux demandes et aux réponses du maître et de l'écuyer, il y en aurait pour mille nuits, se leva de table et dit: « Vos grâces sont fatiguées, et il me semble que voici l'heure du repos. Le seigneur don Quichotte connaît l'appartement que je mets à sa disposition. Le seigneur soldat et le révérend, qui sont compagnons de route, voudront bien sans doute l'être aussi de lit; l'impossibilité de faire autrement m'oblige à les en prier. Ami Sancho, voici, une chandelle, conduisez votre maître, désarmez-le et montez ensuite à votre soupente; en un mot, allons tous nous coucher. »

Pendant que Sancho conduisait son maître, messire Valentin retint un instant dans la salle le soldat et l'ermite, et leur raconta tout ce qu'il savait de don Quichotte. Ceux-ci n'en furent pas moins étonnés qu'ils ne l'avaient été depuis qu'ils voyageaient avec le chevalier, et on convint que le lendemain tous les efforts seraient réunis pour l'amener, par tous les raisonnements de la sagesse et de la religion, à renoncer à ses rêveries, à ses courses de grand chemin, à ses aventures, et à retourner vivre chez lui, plutôt que de s'exposer à mourir quelque jour, au coin d'un champ ou dans une fondrière, la tête brisée et le corps criblé de coups. La nuit se passa, et le lendemain matin les conjurés se mirent à l'œuvre ; mais ce fut en pure perte. Bien au contraire, don Quichotte, qu'ils avaient pris au lit pour lui parler plus à l'aise, voulut se lever tout aussitôt, et ordonna à Sancho de seller bien vite Rossinante sans attendre le déjeuner. Messire Valentin, qui vit qu'il perdrait son temps, n'insista pas davantage. Il fit donc servir à la hâte le repas du matin, afin de rendre la liberté à notre héros comme il le désirait.

Don Quichotte, l'ermite, le soldat et Sancho prirent congé de l'honorable clerc et de sa gouvernante, et, en sortant d'Ateca, se dirigèrent vers Madrid. Ils avaient à peine fait trois lieues, que le soleil vint à frapper de telle sorte que l'ermite qui était le plus âgé, et aussi le plus fatigué, demanda à faire halte. « Seigneurs, dit-il, cette chaleur est excessive, et comme nous n'avons plus que deux petites lieues à faire pour arriver à l'étape que nous avons choisie, il me semble que nous pourrions et que nous devrions aller nous asseoir, jusque vers trois ou quatre heures de l'après-midi, au pied de ces saules qui sont là-bas à quelque distance du chemin. Si je me souviens bien, il y a là une jolie source ; et lorsque le soleil sera un peu descendu, nous continuerons notre route. Le conseil plut à tout le monde, et nos voyageurs se dirigèrent vers ces arbres.

En y arrivant ils virent, assis à l'ombre, deux chanoines du Saint-Sépulcre de Calatayud, et un jurat de la même ville, qui étaient venus, comme eux, attendre là que la chaleur fût passée. L'ermite les salua très-courtoisement, et après un compliment galamment tourné, il leur demanda la permission pour ses compagnons et pour lui de partager avec eux cette ombre et cette fraîcheur. Les chanoines protestèrent du plaisir qu'ils éprouveraient à passer en aussi bonne compagnie les cinq ou six heures pendant lesquelles ils comptaient rester là, et l'un d'eux, étonné de voir un homme armé de toutes pièces, demanda à l'ermite, à voix basse, qui il était. Celui-ci répondit que tout ce qu'il savait sur cet homme c'était qu'il l'avait rencontré à quelque distance de Saragosse, en compagnie de ce laboureur qui était son serviteur et de plus homme d'une simplicité extrême ; qu'il paraissait que la lecture des livres de chevalerie l'avait rendu fou, et que depuis près d'une année, poussé par cette folie, il courait le monde, se croyant l'un de ces anciens chevaliers errants dont on raconte l'histoire. L'ermite ajouta que si les chanoines voulaient s'amuser un peu, il leur serait facile de mettre le chevalier sur son terrain, et qu'ils entendraient des merveilles.

En ce moment arrivèrent don Quichotte et Sancho qui s'étaient arrêtés pour débrider Rossinante et pour débâter l'âne ; des saluts furent échangés, et l'un des chanoines proposa à don Quichotte d'ôter ses armes en raison de la chaleur, et puisqu'il n'avait auprès de lui que des amis. Don Quichotte, comme toujours, pria le chanoine de l'en dispenser, en lui déclarant que les lois de sa profession lui interdisaient de les quitter si ce n'était pour se coucher. Cela dit, il s'assit avec une gravité telle que les assistants renoncèrent au projet de le plaisanter. On s'entretint pendant un instant de choses indifférentes, puis don Quichotte prit la parole : « Il me semble, seigneurs, dit-il, que puisque nous avons à rester ici quatre ou six heures, nous devrions les consacrer à quelque récit qui nous intéressât tous ensemble.—Si ce n'est que cela, dit Sancho, en prenant place dans le cercle, je conterai à vos grâces de très-beaux contes, car j'en sais qui sont agréables, à bouche que veux-tu. Que vos grâces écoutent plutôt, je commence.

«—Il y avait ce qu'il y avait, tout est pour le mieux, que le mal s'en aille, que le bien s'en vienne, et foin de pauvreté. Il y avait un champignon et une champignonne qui s'en allaient chercher des rois au fond de la mer.....[6] — Ote-toi de là et tais-toi, grosse bête, fit don Quichotte; voici le seigneur Bracamont qui voudra bien nous raconter quelque chose de Flandre, ou de tout autre pays à son gré. » Le soldat répondit qu'il ne refuserait pas pour être agréable à la compagnie, et surtout pour que quelqu'un après lui voulût bien raconter quelque chose d'intéressant, qualité qu'il ne garantissait pas à ce qu'il allait dire.

CHAPITRE XV

Dans lequel le soldat Antonio de Bracamont commence son conte
du Riche désespéré [1].

Dans une ville du duché de Brabant, en Flandre, nommée Louvain, vivait un jeune cavalier, âgé d'environ vingt-cinq ans, appelé monsieur de Chappelin, et qui étudiait à l'Université les droits civil et canon. La mort de son père et de sa mère l'avait laissé de bonne heure maître absolu d'une des fortunes les plus considérables de la ville, et il en usait avec toute la fougue de la jeunesse, négligeant l'étude, et se livrant à corps perdu à toute espèce de désordres. Il arriva qu'un dimanche de carême il était entré dans l'église des pères de saint Dominique pour entendre prêcher un orateur éminent. Ce discours, auquel il n'avait prêté qu'une attention distraite, fit néanmoins sur lui une impression inattendue; la parole de Dieu le toucha, et il sortit de l'église tellement changé, qu'il forma soudain la résolution de quitter le monde et d'entrer en religion. Il remit donc sa maison et ses biens à un parent qu'il chargea de les administrer pendant une absence à laquelle, disait-il, il était obligé; puis il se rendit au couvent des Dominicains où il prit tout aussitôt l'habit de novice.

« Dix mois se passèrent pendant lesquels il donna de grandes preuves de ferveur, mais un malheureux hasard ramena à Louvain deux de ses amis qui avaient été les compagnons de ses plaisirs. Ils apprirent que Chappelin s'était fait dominicain, et cette résolution leur parut si étrange, ils en furent si vivement affligés, qu'ils projetèrent de se rendre au couvent et de chercher à ramener leur ami au monde et à ses études. Ils obtinrent facilement la permission du prieur, car la consigne des couvents est moins rigoureuse en Flandre qu'en Espagne, et ils n'épargnèrent au novice ni remontrances ni conseils. Chappelin était faible, le souvenir des jouissances de la vie mondaine était loin d'être éteint de son cœur; il céda donc sans peine aux discours de ses amis, et s'en alla tout aussitôt demander au prieur de lui faire rendre ses habits séculiers, prétextant des affaires importantes, des engagements auxquels il ne pouvait se soustraire, et surtout l'impossibilité de se soumettre plus longtemps aux rigueurs de la vie monastique. Grand fut l'étonnement du prieur, qui fit d'inutiles efforts pour retenir son novice. En vain le conjura-t-il de rester quelques jours encore, lui offrant le concours de ses prières et de celles de tous ses religieux, pour l'aider à résister à ce qu'il considérait comme une embûche du démon; Chappelin persista et quitta le couvent le soir même. Le lendemain il reprit, avec la direction de ses biens, toutes ses habitudes passées, et il n'y eut bientôt dans la ville festin ou réunion joyeuse dont il ne fit partie. Au bout de quelque temps, il retrouva dans le monde une jeune parente, belle, spirituelle et riche, à laquelle il avait rendu quelques soins lorsqu'elle était au couvent, et avant que lui-même n'entrât chez les Dominicains. Il la demanda en mariage, et comme l'union était des mieux assorties, elle fut promptement conclue.

« En réunissant à sa fortune la fortune de sa femme, Chappelin était extrêmement riche ; cette heureuse position s'accrut encore par la mort d'un oncle qui était gouverneur d'une ville située vers les frontières de la Flandre, et nommée Cambrai. Notre cavalier obtint même de Son Altesse le vice-roi, et grâce aux bons services de son oncle, de lui succéder dans sa charge, et il partageait son temps entre Cambrai où l'attiraient les devoirs de son gouvernement, et Louvain où sa femme continuait d'habiter.

« Or donc, un jour qu'il se trouvait dans cette dernière ville et qu'il se promenait seul aux environs, il rencontra sur le chemin un bas officier espagnol qui voyageait. Il l'aborda, lui demanda où il allait, et celui-ci répondit qu'il se rendait à Liège où des amis l'avaient invité à passer quelques jours. Il ajouta qu'il était en garnison dans le château de Cambrai, et alors Chappelin, sans se faire connaître, lui adressa sur l'état de la forteresse quelques questions auxquelles l'Espagnol répondit avec intelligence et sagacité. En arrivant aux portes de la ville, Chappelin demanda à son compagnon de route s'il avait intention de s'arrêter à Louvain, et lui offrit de venir loger chez lui.

« Votre grâce saura, ajouta-t-il, que je porte une grande affection à la nation espagnole, et je serai heureux de lui en donner une preuve en la recevant ce soir chez moi ; demain elle pourra se remettre en route après s'être reposée, par une bonne nuit, des fatigues du chemin. » Le jeune officier répondit qu'il était très-reconnaissant de cette offre, et que ce serait manquer à la courtoisie que professait sa nation que de ne pas l'accepter avec empressement; qu'il passerait donc cette nuit à Louvain, bien qu'il eût pu encore profiter du reste de la journée pour approcher un peu plus du but de son voyage.

« Ils arrivèrent bientôt à la porte de la demeure de Chappelin, qui conduisit aussitôt le jeune Espagnol à l'appartement de sa femme. Celui-ci se présenta avec une extrême courtoisie; mais ses yeux n'eurent peut-être pas toute la réserve désirable, et ses regards eurent peine à se détacher de son hôtesse, dont la beauté le frappa vivement. C'était en effet, selon que j'ai ouï dire moi-même, la plus belle créature de toute la province de Flandre. On servit un repas abondant; mais le jeune homme, qui repaissait ses yeux de cette merveilleuse beauté, dont la toilette était fort élégante et dont les épaules étaient quelque peu découvertes, selon la coutume flamande, mangea peu, ou du moins avec une continuelle distraction.

« Le souper terminé et la table desservie, Chappelin fit apporter un clavicorde, et se plaçant devant l'instrument, il exécuta un gracieux prélude à la suite duquel sa femme chanta, d'une voix des plus agréables, de jolies romances dont lui-même était l'auteur.

« La soirée se passa de la sorte, grâce à la musique, et à une conversation choisie dans laquelle la femme de Chappelin déploya, aux yeux émerveillés du jeune officier, toutes les ressources d'un esprit éclairé et subtil. Enfin, sur l'ordre du maître, vint un page qui retira le clavicorde, et un domestique, qui, prenant un flambeau, conduisit le jeune homme dans une pièce voisine de celle de la jeune femme et qu'occupait d'ordinaire le valet de chambre de M. de Chappelin. L'Espagnol, qui devait se remettre en route au point du jour, prit congé de ses hôtes avec tous les témoignages ordinaires de reconnaissance, et l'ordre fut donné au majordome de faire disposer, dès le matin, un déjeuner abondant et quelques provisions de route, afin que le jeune homme pût, avant son départ, prendre les forces nécessaires pour terminer d'une traite le chemin qu'il avait à parcourir. En même temps que lui, M. de Chappelin, qui avait à s'occuper de quelques travaux, se retira dans une chambre plus éloignée où il devait passer la nuit.

« Notre jeune homme se coucha, et le valet de chambre, qui occupait la même pièce, lui dit que pour ne pas troubler le repos dont il devait avoir grand besoin, il le laisserait seul cette nuit dans sa chambre, et s'en irait chercher gîte ailleurs, en compagnie des autres domestiques de la maison. Mais l'Espagnol ne put s'endormir, son imagination était toute remplie de l'image de sa belle hôtesse, et sa passion, aussi ardente qu'elle avait été subite, s'irritait encore par diverses circonstances fatales : d'abord le voisinage de la chambre où reposait la jeune femme, puis l'éloignement de M. de Chappelin, et enfin la solitude où il était lui-même, par suite d'une attention contraire aux ordres du maître. Ces circonstances firent naître dans son esprit un projet diabolique, projet offensant pour la majesté divine, indigne de la loyauté espagnole, et en même temps de la noble hospitalité du seigneur flamand. Il se résolut donc à quitter son lit, et à pénétrer sans bruit dans la chambre de la dame, présumant qu'autant pour ne pas scandaliser la maison que pour sauver son honneur aux yeux des autres, elle garderait le silence. Il alla même jusqu'à supposer que touchée des regards qu'il lui avait adressés pendant toute la soirée, elle le recevrait avec plaisir, et qu'il lui devait déjà, sans doute, l'éloignement de son mari. Il considéra néanmoins qu'il pouvait y avoir pour lui péril de la vie, que la dame appelant à son aide, le mari accourrait, qu'il y aurait lutte, scandale et sang versé; mais son ardente passion lui suggéra une solution pour chaque difficulté. Il se leva donc vers le milieu de la nuit, et sans bruit, les pieds nus, en chemise, il pénétra dans la chambre, où il s'arrêta quelques instants immobile, et sans prendre de résolution. De là il retourna dans la pièce où il avait couché, prit son épée, la dégaina, et revint pas à pas jusqu'au lit de la Flamande. Alors il étendit la main, la toucha et la réveilla. Celle-ci pensa que c'était son mari : « ¿C'est vous, seigneur, lui dit-elle; d'où vient que vous revenez sitôt? » Le jeune officier, profitant de cette erreur, garda le silence, prit la place du mari; puis lorsqu'il eut satisfait ses honteux appétits, il se leva, ramassa son épée, et rentra sans bruit dans sa chambre. Mais le repentir suit de près la faute, le remords n'est pas loin du péché, et une fois sa passion assouvie, le jeune homme eut honte de ce qu'il avait fait et commença à craindre que le mari, venant à se lever avant lui, ne découvrît quelque chose dans les questions de sa femme. Celle-ci en effet toute surprise de la conduite étrange de celui qu'elle avait cru son mari, du silence obstiné qu'il avait gardé, de sa retraite précipitée, s'était endormie en se proposant de lui en faire le matin un amoureux reproche.

« Aux premières lueurs du jour, le jeune officier, que la honte avait empêché de fermer les yeux, se leva à la hâte. Il chargea les premiers serviteurs qu'il rencontra de l'excuser auprès de leur maître, si, pressé de terminer son voyage de bonne heure, il ne pouvait accepter le déjeuner qu'on lui avait préparé ; et quelques instances que fissent les serviteurs, qui du moins voulaient le charger de provisions, il refusa, ajoutant qu'il y avait à deux lieues de Louvain une hôtellerie où il comptait prendre un peu de repos. Là-dessus il se fit ouvrir la porte, prit congé des serviteurs, et sortit de la ville. »

CHAPITRE XVI

Où Bracamont continue son conte du Riche d sespéré

Les chanoines et les jurés prêtaient la plus grande attention à ce récit, aussi bien que don Quichotte; mais celui-ci avait de fréquentes tentations d'interrompre le narrateur. Il essaya de fulminer une diatribe, lorsqu'il fut question des mauvais conseils que les étudiants donnèrent à Chappelin pour l'arracher au couvent. Plus tard il voulut féliciter le jeune seigneur de son mariage, et du parti qu'il avait pris d'embrasser la carrière des armes pour succéder au gouvernement de son oncle; mais le bon ermite était auprès de lui et le contenait. Il n'en était pas de même pour Sancho, et l'on ne put l'empêcher de se jeter à la traverse lorsqu'il eut été dit que le jeune officier avait refusé de prendre les provisions que les serviteurs lui offraient. « Je jure Dieu et cette croix, s'écria-t-il, rouge de colère, que ce grandissime coquin mérite plus de coups de bâton que mon âne n'a de poils, et si je le tenais ici, je le mangerais à bouchées. ¿Où donc le brigand a-t-il appris à ne pas prendre ce qu'on lui offre? ¿N'est-il pas vrai que cela n'est défendu, je ne dirai pas ni aux soldats ni aux rois; mais pas même aux chevaliers errants, qui sont les meilleurs de tous? » Les chanoines et Bracamont se mirent à rire de cette sortie de Sancho; mais il n'en fut pas de même de don Quichotte, qui interrompit son écuyer d'une voix triste et avec un air mélancolique digne de son caractère chevaleresque. « Tais-toi, Sancho mon fils, lui dit-il, ne blâme pas le manque de prudence de ce jeune officier; mais verse des larmes de sang pour l'offense qu'il a faite à cette noble princesse, et pour la tache qu'a reçue l'honneur de l'illustre Chappelin. Maudit soit donc ce cavalier, infamie de notre Espagne, déshonneur de tout cet art militaire à la gloire duquel travaillent tant d'hommes de cœur, et moi parmi eux, au prix du noble sang de leurs veines. Mais je verserai le sien, si Dieu me prête vie, et si je le rencontre avant peu de jours comme je le désire.—Votre grâce, dit Bracamont, est désormais quitte de ce soin, ainsi que le lui démontrera la suite de cette histoire, si elle veut bien l'écouter avec patience. » Tout le monde pria donc le chevalier de contenir sa juste colère, et Sancho d'écouter en silence; puis Bracamont reprit ainsi qu'il suit :

« Le jeune officier était parti avec la précipitation que j'ai dite, chargé de crainte et de honte. Peu d'instants après, le noble et malheureux Chappelin, réveillé par le mouvement de la maison, se leva, et se rendit dans la chambre de sa femme à qui il demanda comment elle avait passé la nuit, ajoutant que les affaires dont il avait eu à s'occuper ne lui avaient laissé que fort peu de repos.—

En vérité, seigneur, lui dit sa femme en souriant et avec un petit air boudeur, vous savez dissimuler très-agréablement, et votre langue, qui était si obstinément muette cette nuit, me semble bien agitée ce matin. Allez-vous en donc d'ici, pour l'amour de Dieu, lui dit-elle, et ne me revenez pour le moins de toute la journée ; vous me devez bien cette pénitence pour apaiser la juste colère que j'ai conçue contre vous. » Chappelin se mit à rire, l'embrassa malgré elle, et lui demanda quel était le sujet de cette grande colère. « ¿Comment, lui dit-elle, ne vous souvient-il plus de la visite que vous m'avez faite cette nuit, poussé par je ne sais quelle subite passion, et pendant laquelle vous n'avez pas daigné me dire un seul mot ? » Il serait difficile de peindre l'étonnement qu'éprouva Chappelin en recevant cette confidence ; son esprit subtil comprit promptement ce que ce pouvait être. Il pensa que le jeune Espagnol avait dû rester seul dans la chambre qu'on lui avait donnée, par la faute du serviteur qui devait la partager avec lui, et que la maudite occasion, mère de tous les crimes, l'avait amené à commettre la grave offense de laquelle il n'osait s'assurer. Il ne voulut toutefois rien laisser voir de ses soupçons à sa femme. « N'accusez, lui dit-il, que l'amour extrême que j'éprouve pour vous ; mon silence vous donne la mesure de la honte que j'éprouvais à troubler votre repos. » Hors de lui, jurant de tirer vengeance d'un tel affront, il saisit un prétexte pour prendre congé de sa femme, et sortit de sa chambre. Il prit à part un de ses serviteurs, et lui ordonna de lui seller un cheval. Pendant ce temps il s'habilla à la hâte, et choisit parmi ses armes une riche demi-pique, puis descendit dans la cour. Le cheval n'était pas encore prêt, et en attendant qu'on le lui amenât, il se promenait avec agitation devant l'écurie. « ¡Indigne Espagnol, murmurait-il, combien tu as mal reconnu l'hospitalité que je t'ai accordée ! Attends-moi, traître et adultère, et je te jure que ton indigne conduite te coûtera cher. Fuis, infâme, et cache-toi ; mais il ne sera pays si lointain ou retraite si profonde où je ne puisse l'atteindre, fussent-ce les entrailles de l'Etna ! »

« Lorsque son cheval fut prêt, Chappelin se mit en selle avec la rapidité de l'éclair, défendit à ses domestiques de l'accompagner, puis il saisit sa demi-pique, éperonna son cheval, et le lança au galop sur le chemin qu'il supposait avoir été pris par l'Espagnol. Au bout d'une heure il l'aperçut qui traversait lentement un site entièrement désert. Alors Chappelin pressa son cheval, baissa son chapeau sur son visage pour n'être pas reconnu à l'avance, et dès qu'il eut atteint le traître, sans prononcer une parole, sans lui donner le temps de se reconnaître ni de songer à la défense, il lui plongea entre les épaules la pointe acérée de son javelot, qui le traversa d'outre en outre, et ressortit par devant de la longueur de la main. Le misérable Espagnol tomba pour ne plus se relever. »

« A la bonne heure ! interrompit don Quichotte, et c'est là le fait d'un noble cavalier, et je ne lui garderai pas rancune de m'avoir devancé pour tirer vengeance de ce délit. — Ni moi non plus, ajouta Sancho, bien que j'eusse formé le projet de venger d'une manière éclatante l'offense de ce digne seigneur. »

« Là ne s'est point terminée la tragédie, mes seigneurs, reprit Bracamont, non plus que la vengeance de Chappelin ; il descendit de cheval, retira son javelot du cadavre, le frappa cinq ou six fois encore avec une férocité sans exemple, puis l'abandonna baigné dans son sang pour qu'il servît de pâture aux bêtes et aux oiseaux. Cependant la jeune femme, voyant que l'heure s'avançait sans que son mari fût de retour, s'informa de ce qu'il était devenu. Le palefrenier lui raconta alors que pendant tout le temps qu'il avait été occupé à seller un cheval, il avait entendu son maître, qui se promenait devant la porte de l'écurie, se plaindre de l'officier espagnol, l'appelant traître, infâme et adultère, l'accusant d'avoir abusé de l'innocence de sa femme, et jurant de le poursuivre jusqu'à ce qu'il l'eût atteint, et de le mettre en morceaux. Alors la malheureuse femme comprit tout, et tomba sans connaissance. Au bout de quelques instants elle revint à elle et se mit à verser des torrents de larmes, puis songeant au prochain retour de son mari, redoutant de paraître devant lui souillée à jamais par un crime dont elle porterait désormais la peine, quoique innocente, elle descendit dans la cour, et après l'avoir parcourue pendant quelques instants avec égarement, elle se précipita la tête la première dans un puits profond, sans qu'aucun de ceux qui étaient présents eût le temps de la retenir. A ce funeste spectacle toute la maison poussa des cris affreux, auxquels accourut la foule du dehors, les uns s'enquérant de ce qui s'était passé, les autres cherchant, mais en vain, à secourir la pauvre femme, qui dans sa chute s'était brisée en mille morceaux.

«Au milieu de ce tumulte universel arriva le malheureux Chappelin. Lorsqu'il aperçut cette foule qui remplissait sa cour, ces gens en larmes qui se pressaient au bord du puits, il descendit de cheval et demanda ce qui s'était passé. Alors quelques-uns de ses serviteurs, en se déchirant le visage, vinrent lui apprendre comment sa femme, après s'être plainte de l'infâme conduite de l'Espagnol, s'était précipitée dans ce puits où elle gisait toute brisée. A cette affreuse nouvelle, le pauvre homme resta quelques instants frappé de stupeur et hors d'état de prononcer une parole; puis enfin, lorsqu'il fut revenu à lui, il se précipita à genoux auprès du puits en versant des larmes et en s'arrachant les cheveux et la barbe. « Hélas ! s'écria-t-il, femme de mon âme, ¿ pourquoi t'es-tu séparée de moi ; pourquoi, mon Séraphin, m'as-tu abandonné ? ¿ Pourquoi te punir toi-même de la ruse infâme dont tu as été victime ? Cet indigne Espagnol était seul coupable, aussi en a-t-il porté la peine. Hélas ! ¿ comment vivrai-je maintenant sans te voir ? ¿ Que ferai-je ? ¿ Où irai-je ? ¿ Que deviendrai-je ? Je ne le vois que trop, ce que je vais devenir ! » Et en parlant de la sorte, il se releva tout furieux, et tira son épée. A ce mouvement les personnes qui l'entouraient, parmi lesquelles étaient quelques-uns des principaux personnages de la ville, craignant qu'il n'arrivât un nouveau malheur, s'approchèrent de lui pour lui donner des consolations. Il paraissait leur prêter attention, lorsqu'au milieu de ses serviteurs il aperçut son enfant dans les bras de sa nourrice, laquelle pleurait amèrement ; alors, courant à elle avec une furie diabolique, il saisit son enfant et le frappa à plusieurs reprises sur la pierre du puits, de telle sorte qu'il lui brisa la tête et le corps. « Meure, s'écria-t-il, l'enfant d'un père aussi misérable, d'une mère aussi infortunée, et qu'il ne reste sur terre aucune trace de nous. » Puis il se remit à appeler sa femme : « Si tu n'es pas au ciel, ma bien aimée, s'écria-t-il, je ne veux ni ciel ni paradis, il n'y a de bonheur pour moi qu'à être où tu es ; l'enfer même, avec toi, vaudra pour moi le bonheur des anges ; âme de ma vie, attends-moi, me voici. » Alors, et sans que personne pût le retenir, il se jeta dans le puits, et son corps brisé alla tomber auprès de celui de sa femme.

« Ce terrible événement porta au comble l'émotion des assistants, l'on n'entendit pendant quelques moments que sanglots et cris d'effroi, et la maison, comme la rue, furent bientôt remplis de curieux frappés de stupeur. Survint le gouverneur de la ville qui fit retirer les deux corps, et, avec l'agrément de l'évêque, les fit transporter dans un bois voisin de la ville, où ils furent brûlés, et leurs cendres furent jetées dans un ruisseau qui passait près de là. »

« En vérité, dit Sancho, le seigneur Bracamont a bien acquis le droit de se rafraîchir la gorge, tant il se l'est desséchée à nous raconter la vie, la mort, les funérailles et le bout de l'an de toute cette famille flamande et de ce malavisé cavalier espagnol. Je renie une pareille vengeance.—Sancho a raison, dit l'un des chanoines, et bien triste a été la fin de tous les personnages de cette histoire; mais cela ne pouvait être autrement dès l'instant où le chef de cette famille avait renoncé à la religion après s'y être consacré. Le prieur du couvent des Dominicains lui avait bien dit que rarement ont une bonne fin ceux qui se séparent de l'Église.—¡Sur mon âme! dit don Quichotte, si le seigneur de Chappelin était mort aussi honorablement que ce soldat adultère, je donnerais, pour être à sa place, la moitié du royaume de Chypre que je vais conquérir; s'il était mort en effet, non pas en désespéré, mais dans quelque bataille, il resterait avec une glorieuse mémoire, que enfin, bien nourrie honore toute la vie. »

Après son maître Sancho parut disposé à prendre la parole et à raconter quelque conte; mais les chanoines le retinrent, et don Quichotte lui fit comprendre que par respect pour l'habit religieux du vénérable ermite, il devait lui céder le pas. On pria celui-ci de faire un appel à ses souvenirs, et d'y chercher quelqu'histoire qui fût moins triste que celle qu'on venait d'entendre; tout le monde néanmoins remercia le brave soldat, et le félicita autant de l'intérêt de son récit, que de l'habileté avec laquelle il l'avait rapporté, et de la délicatesse avec laquelle il avait passé sur des détails qui étaient quelque peu entachés d'infamie.

L'ermite, qui s'était défendu de son mieux, ne résista pas aux instances qui lui furent faites, et ayant obtenu que personne ne l'interrompît, il commença le récit qu'on va lire.

CHAPITRE XVII

Où l'ermite commence son conte des AMANTS FORTUNÉS.

IL existe, auprès des murs de l'une des meilleures villes de l'Espagne, un monastère de religieuses de certain ordre. L'une d'elles, qui se nommait doña Luisa, était célèbre dans tout le pays autant par ses vertus que par sa rare beauté; elle se rendit en peu de temps si recommandable, que bien qu'elle n'eût que vingt-cinq ans, les religieuses la choisirent d'un commun accord pour leur abbesse. Elle remplit cette charge avec tant de prudence et d'habileté, que tous ceux qui la connaissaient, et qui avaient affaire à elle, la considéraient comme un ange du ciel. Un soir, dans le parloir du couvent, se trouvait un jeune cavalier nommé don Gregorio, riche, aimable, spirituel, qui était venu visiter une de ses parentes. Ce cavalier avait beaucoup connu l'abbesse dans sa jeunesse; leurs parents étaient voisins, et tous deux, qui avaient été élevés ensemble, avaient éprouvé l'un pour l'autre cette douce et sainte affection de l'enfance. Pendant la visite de don Gregorio, l'abbesse survint; le jeune homme se leva, s'approcha d'elle, l'entretint quelques instants comme il en avait l'habitude, et se mit galamment à ses ordres. « Votre grâce arrive à propos, seigneur don Gregorio, dit l'abbesse, et voici justement un billet que je voulais la prier de porter de ma part à ma sœur. (Cette sœur était religieuse dans un couvent voisin.) J'attends d'elle des vases de fleurs dont j'ai besoin pour une fête de la Vierge que nous allons célébrer, et je serais obligée à votre grâce de recommander que les fleurs et la réponse me fussent remises ce soir même. »

« Vos grâces me pardonneront, seigneurs; dit ici l'ermite, d'entrer dans des détails aussi peu importants; mon but en commençant cette histoire est de leur démontrer quels résultats produisent les plus petites causes, et à quels graves événements a pu conduire l'entretien insignifiant que je rapporte.

« Don Gregorio fut très-empressé de témoigner à l'abbesse, par une extrême diligence, le désir qu'il avait de lui être agréable; il prit donc à la hâte congé de sa parente et se rendit au couvent de la sœur. Chemin faisant, il se sentit l'esprit tout occupé des perfections de son amie d'enfance; il passa en revue sa beauté, son esprit, son instruction, la noblesse de sa conduite et l'élévation de ses sentiments; de telle sorte qu'il se proposa de lui faire entendre, lorsqu'il lui rapporterait la réponse promise, combien il serait heureux de lui consacrer tous ses soins. Le message dont il était chargé fut promptement rempli : un page fut envoyé pour porter les vases de fleurs, et doña Inès, la sœur, remit à don Gregorio un billet pour doña

Luisa. Notre jeune cavalier reprit avec empressement le chemin du couvent, et fut conduit dans le parloir où il avait reçu les ordres de l'abbesse. Doña Luisa y fut en même temps que lui. En échange des remercîments qu'il reçut pour la promptitude avec laquelle il s'était acquitté de sa mission, don Gregorio essaya quelques-unes de ces phrases embarrassées dont la confusion même est d'ordinaire si éloquente ; et s'animant à mesure qu'il parlait, il se peignit, en termes galants, si heureux d'avoir mérité un regard ou une attention de la sainte religieuse, que celle-ci en fut touchée, et qu'en répondant à don Gregorio sur le ton de l'ironie, elle ne laissa pas de faire paraître que l'amour du jeune cavalier pouvait avoir atteint son cœur.

« Don Gregorio rentra chez lui tellement épris de doña Luisa qu'il ne put trouver aucun repos. Il se coucha néanmoins ; mais tant que dura la nuit il se lamenta sur la triste fatalité qui lui avait fait revoir cette abbesse angélique dont il était séparé par tant d'obstacles. Celle-ci de son côté fut à peine enfermée dans sa cellule qu'elle se mit à penser à tout ce que don Gregorio lui avait dit : elle se rappela l'émotion avec laquelle il lui avait parlé, les larmes qu'il avait versées devant elle ; elle se dépeignit enfin les dangers que courait sa vie si elle le poussait au désespoir en n'étant pas quelque peu charitable pour lui. Elle se le représenta tel qu'il était, gentilhomme et accompli de tout point, son ami dès l'enfance ; puis, le diable, qui répète dix fois à l'oreille d'une femme ce qui lui a été dit une fois, vint embraser des flammes de la volupté le chaste cœur de l'imprudente abbesse. Elle passa une nuit aussi cruelle et aussi agitée que celle de don Gregorio, se demandant comment elle apprendrait au jeune cavalier l'amoureux sentiment qu'elle était près d'éprouver pour lui. Lorsque le matin fut venu, elle appela une sœur converse. — « Allez, lui dit-elle, trouver de ma part don Gregorio, le cousin de notre sœur doña Catalina, dites-lui que je lui baise les mains, et que je le supplie de venir ici ce soir pour une affaire importante dont j'ai à l'entretenir. » La messagère se rendit chez don Gregorio et le trouva couché. — « Vous direz à madame l'abbesse, répondit-il, que vous m'avez trouvé en mon lit et souffrant de telle sorte du mal qu'elle m'a vu hier soir, que je ne pensais pas pouvoir me lever de plusieurs jours ; néanmoins j'obéirai à ses ordres et je serai auprès d'elle vers le milieu de la journée. »

« Ne sachant à quel motif attribuer ce rendez-vous qu'il désirait et redoutait tout à la fois, le jeune cavalier fut exact, et on l'introduisit au parloir dès qu'il parut au couvent. L'abbesse l'y rejoignit au bout de quelques instants, l'aborda avec un gracieux sourire et avec toutes les apparences d'une extrême affabilité. « Celle qui a envoyé chercher votre grâce dès ce matin, seigneur don Gregorio, lui dit-elle, ne lui veut pas autant de mal qu'elle pourrait le penser. Je n'étais pas sans inquiétude sur l'indisposition dont votre grâce paraissait atteinte hier soir, et je désirais vivement m'employer à la distraire de la mélancolie à laquelle elle s'abandonnait. En un mot, seigneur, je tiens à connaître la cause du langage passionné que votre grâce m'a tenu, des larmes qu'elle a versées, et de ce qu'elle m'a dit que mon souvenir la poursuivait, que les faibles qualités qu'on me prête la pénétraient d'amour. Que votre grâce me dise donc maintenant quel est son désir, je lui en donne l'entière liberté, et je le fais parce qu'elle m'a déclaré que je serais cause de sa mort. Il m'a semblé que je ne devais pas donner au monde le droit de m'accuser d'homicide, et je prie Dieu de conserver la vie à un cavalier qui en use si bien, et que nous devons tous désirer voir pendant de longues années parmi nous. »

—« Madame, répondit don Gregorio, la faveur que votre grâce m'a accordée ce matin, celle que je reçois d'elle en ce moment sont grandes, et je m'en trouve bien indigne. Dussent mes années être aussi nombreuses que votre grâce veut bien le désirer, elles ne suffiront jamais à lui prouver mon éternelle reconnaissance. Sache aussi votre grâce,— et le ciel est garant de la vérité de mes paroles,—que si elle n'était venue à mon aide par la promptitude du message qu'elle m'a envoyé ce matin, je serais sans vie à l'heure présente, tant me fesait souffrir la passion amoureuse que m'ont inspirée ses perfections. Mais il ne suffit pas de m'avoir rendu la vie, il est une autre faveur que j'ose espérer et réclamer.—Voyons, dit l'abbesse, quelle est cette faveur, et je jugerai si je puis ou non l'accorder.— J'implore, répondit don Gregorio, une main que je puisse presser contre mes lèvres à travers cette grille. — Quelque hardie que soit cette demande, seigneur don Gregorio, répliqua l'abbesse, j'accorde puisque j'ai promis. » Et dégantant sa main, elle la passa entre les barreaux.

« Don Gregorio, fou de joie, la saisit et la baisa avec ardeur, entremêlant ses baisers de mille extravagances amoureuses. « Eh bien ! lui dit l'abbesse, votre grâce est-elle contente maintenant ?—Je le suis tellement, répondit le nouvel amant, que j'en perds l'esprit ; cette main m'apporte une nouvelle vie, une nouvelle âme, une joie nouvelle, un nouvel espoir ; dans la main de votre grâce sont désormais tout mon être et tous mes désirs.—Eh bien ! seigneur don Gregorio, dit doña Luisa, il n'est plus temps de dissimuler, et votre grâce ne doit plus ignorer que si elle m'aime aussi ardemment qu'elle le dit, elle ne fait rien qu'elle ne me doive. Si je me suis contenue jusqu'à présent, ce n'a pas été sans me faire violence ; mais tant de choses m'obligeaient au silence ! je suis femme, religieuse, j'ai la garde de tout ce qui habite cette sainte maison. Je voulais être aussi plus convaincue, je voulais que la persévérance de votre grâce me donnât les preuves d'un amour que ses paroles et ses larmes m'avaient annoncé ; mais maintenant que je me sens obligée de la croire, j'avoue que je serai heureuse de voir votre grâce ici chaque jour, et je la supplie de le faire en variant toutefois les heures pour moins exciter l'attention. Et maintenant, que votre grâce me quitte, car je suis confuse de mon peu de résistance et du peu de forces que j'ai déployées pour la combattre. » Don Gregorio et doña Luisa se séparèrent après cet entretien, aussi épris l'un de l'autre que le démontrera la suite de cette véridique histoire.

« Alors commencèrent à s'échanger les messages, les billets ; alors se succédèrent les visites et les présents, de telle sorte que cela n'échappa à personne. Cela dura environ six mois, jusqu'à ce qu'un jour que tous deux étaient dans le parloir, don Gregorio se mit à maudir les grilles qui l'empêchaient de jouir du bien qu'il désirait le plus au monde. Doña Luisa en disait autant, elle avouait dans de tels termes l'ardeur de son amour pour le jeune cavalier, le besoin qu'elle éprouvait de sa conversation et de sa correspondance, que don Gregorio en était effrayé ; et ce fut elle-même qui commença l'œuvre de sa perdition avec une détermination dont il est peu d'exemples. « ¿ Est-il possible, seigneur, dit-elle à don Gregorio, qu'avec un amour comme celui que vous me témoignez vous soyez aussi pusillanime, et que vous paraissiez songer si peu à pénétrer de nuit jusqu'auprès de moi, afin que nous puissions tous deux goûter sans empêchement le doux fruit de notre amour ? ¿ Ne savez-vous pas qu'ici je suis maîtresse, et que je puis rendre facile l'exécution de ce désir, s'il est le vôtre comme il est le mien ? Et d'ailleurs, si votre couardise n'était si grande, ne pourriez-vous me tirer d'ici et m'emmener partout où il vous plaira, puisque je vous appartiens sans réserve ? » Don Gregorio fut étonné de cette détermination. « Je vous ai déclaré maintes fois, ma bien-aimée, répondit-il, que j'étais prêt à faire tout ce que vous ordonneriez ; maintenant donc que vous m'exprimez votre volonté, voici comment je pense la mettre à exécution. Je prendrai deux chevaux de chasse chez mon père, et je réunirai en même temps autant d'argent qu'il me sera possible ; puis, vers le milieu de la nuit, je viendrai vous attendre à l'endroit que vous m'indiquerez ; vous monterez sur l'un des chevaux, moi sur l'autre ; et nous nous rendrons ensemble, aussi rapidement que possible, dans quelque pays étranger, où nous pourrons vivre aussi longtemps qu'il nous plaira sans être connus. » Doña Luisa applaudit à ce projet, et il fut convenu que leur fuite aurait lieu pendant la nuit du dimanche suivant, après les matines ; que doña Luisa sortirait par la porte principale de l'église, dont elle avait les clefs, et que dans cette même nuit ils courraient dix ou douze lieues, afin de se mettre à l'abri des premières recherches.

« Tous deux s'occupèrent sans délai de réunir des ressources pour leur existence nouvelle ; l'abbesse puisa dans le trésor du couvent, d'où elle tira en espèces et en joyaux plus de mille ducats. Don Gregorio en prit autant dans les coffres de son père, à l'aide de fausses clefs ; sans compter d'autres sommes qu'il emprunta à ses amis sous divers prétextes.

« Le dimanche convenu, à minuit, heure du silence universel, don Gregorio descendit de sa chambre, se rendit à l'écurie, y sella les deux meilleurs chevaux, sortit sans bruit de la maison paternelle, et courut se poster auprès de la porte de l'église du monastère. Doña Luisa de son côté, une fois les matines achevées, remonta dans sa cellule, revêtit des habits séculiers que son amant lui avait envoyés, plaça sur une table ses habits de religieuse, son bréviaire et son rosaire, auprès desquels elle laissa une longue lettre adressée à ses sœurs pour leur expliquer les causes de sa fuite ; puis, sans éteindre sa lampe, elle tira la porte et descendit. En traversant l'église elle s'arrêta devant l'autel de la Vierge, pour qui elle avait toujours eu une dévotion particulière. « Mère de Dieu et Vierge sans tache, dit-elle en s'agenouillant, le ciel sait et vous savez vous-même combien je souffre de m'éloigner de vos yeux ; mais les miens sont aveuglés par le cavalier qui m'emmène, et je n'ai pas de forces pour résister à la passion amoureuse qu'il m'a inspirée. Du moins ne veux-je pas, Notre Dame, commencer ce chemin, sans vous recommander, avec les plus vives instances, ces religieuses qui jusqu'à ce jour ont été confiées à ma garde ; veillez donc sur elles, mère de piété, puisque je les abandonne comme une marâtre. » Après cette courte prière elle se prosterna devant l'image, puis alla ouvrir le guichet de la porte, revint mettre les clefs au pied de l'autel de la Vierge, et sortit en laissant le guichet entr'ouvert. Don Gregorio l'attendait avec une extrême impatience, il courut à elle dès qu'il l'aperçut, et la tint longtemps étroitement embrassée ; puis il la plaça sur le cheval qui lui parut le plus doux, et ils cheminèrent de telle sorte, qu'à la venue du jour ils avaient fait six ou sept lieues. Ils s'arrêtèrent dans le premier village qu'ils rencontrèrent, et ils s'y cachèrent tout le jour, voulant ne voyager que la nuit afin de mieux échapper à ceux qui pourraient être à leur poursuite.

« Hélas ! seigneurs, c'est ainsi que la divine majesté, qui plus tard voulait d'une manière éclatante manifester son omnipotence, permit que cette femme qui avait fait vœu de chasteté, qui s'était maintenue jusqu'alors pure, sainte et vertueuse, sacrifiât tout cela à l'entraînement d'une passion coupable, à l'appât d'un instant de plaisir, courant sans frein par le chemin dangereux de la débauche, oubliant Dieu, reniant sa profession et toutes les saintes lois qu'elle avait observées.

« Nos aveugles amants, poursuivis de craintes et d'inquiétudes de toute espèce, continuèrent leur course, sans la ralentir un instant, jusqu'à ce qu'ils arrivassent à la grande ville de Lisbonne, capitale de l'illustre royaume de Portugal. Là don Gregorio fabriqua un faux acte de mariage, loua une maison, acheta des siéges, des tapis, des buffets, des lits avec des coussins pour sa dame, enfin tout ce qui est nécessaire pour meubler honorablement une habitation; puis il fit l'acquisition d'un nègre et d'une négresse pour son service et celui de sa belle doña Luisa. Une fois installés de la sorte, ils passèrent leur vie au milieu des plaisirs, sans qu'il y eut fête ou comédie où ne parût la jolie étrangère, comme l'appelaient les Portugais. Ils consacrèrent ainsi, à Lisbonne, deux années de la vie la plus indépendante, la plus joyeuse qui se puisse imaginer; car ce n'étaient que festins, réjouissances et jeux de toute espèce auxquels don Gregorio se livra sans la moindre modération.

CHAPITRE XVIII

Où l'ermite raconte la baisse qui survint dans les ressources des Amants fortunés, en raison du peu de modération avec laquelle ils en usèrent.

A toujours prendre et ne rien mettre, on est bientôt à bout, assure un proverbe. Je veux dire par là que les libéralités de don Gregorio et les parures de doña Luisa, le jeu, les bals, les fêtes diminuèrent bientôt les ressources qu'ils avaient apportées, sans que de nulle part il leur en arrivât de nouvelles; au bout des deux années ils commencèrent à reconnaître qu'ils s'appauvrissaient, et cela fut si rapide, qu'il fallut vendre des meubles, des joyaux, puis trois ou quatre chevaux. Mais cela leur profita peu. Le produit de cette vente ayant paru trop minime à don Gregorio, il s'en alla pour l'accroître dans une maison de jeu où non-seulement il perdit tout, mais encore un magnifique manteau qu'il portait. Il fut obligé de rester là jusqu'à la nuit, afin de ne pas être vu en simple pourpoint par ceux qui le connaissaient. Il fallut alors vendre les nègres, mais l'argent qu'ils en tirèrent ne les conduisit pas longtemps, et le jeu en engloutit encore une partie ; enfin ils arrivèrent à un tel point qu'il ne leur resta plus rien à engager ou à vendre. Sans ressource aucune, sans vêtements, menacés par le maître de la maison qu'ils habitaient, ils se résolurent à prendre la fuite la nuit, et à gagner comme ils pourraient la première ville d'Espagne, qui est Badajos. Ils quittèrent donc Lisbonne dans l'état que je vous laisse à penser, à pied, à peine vêtus, et don Gregorio au désespoir de voir sa Luisa s'ensanglanter les pieds sur les pierres du chemin. Force leur fut, pour vivre, de demander l'aumône aux portes des maisons, et enfin, après bien des peines et des fatigues, ils parvinrent demi-morts à Badajos, où ils allèrent chercher refuge à l'hôpital. Là ils vécurent pendant quelques jours d'aumônes et des rogatons que leur accordèrent quelques mendiants.

« Un matin vint à l'hôpital un jeune cavalier qui en était administrateur, et qui avait mission de reconnaître les nouveaux admis. Il fut frappé de la jeunesse et de la beauté de doña Luisa, et lui demanda d'où elle était. « De Tolède, répondit-elle en rougissant de honte. —Elle est de Valladolid, dit Gregorio en survenant, et elle est ma femme.— ¿ Pourquoi ce mensonge ? reprit le cavalier ; montrez-moi votre acte, et si vous n'êtes pas mari et femme, vous serez sévèrement punis. » Don Gregorio exhiba son faux acte de mariage, duquel l'administrateur parut satisfait. Celui-ci demanda aux deux époux quels étaient leurs projets, et Gregorio répondit qu'ils avaient l'intention de s'établir dans la ville. « ¿ Et quel est votre métier? dit le cavalier. » Gregorio répliqua qu'il ne faisait rien, mais que sa femme était couturière, et qu'elle enseignerait à coudre à quelques jeunes filles. « ¿De telle sorte, dit l'administrateur, que c'est elle qui vous soutiendra? En somme, ajouta-t-il, et pour l'amour de Dieu, je vous emmènerai aujourd'hui chez moi et je vous y ferai donner à manger; en même temps vous vous occuperez de trouver quelque chose pour vivre, vous et votre femme qui me paraît honorable. » Cela dit, il ordonna à un page de les conduire chez lui.

« Chemin faisant don Gregorio s'informa quel était le seigneur à qui ils étaient redevables de tant de bons soins. Le page leur apprit que c'était un jeune homme riche, et si charitable qu'il distribuait chaque jour un grand nombre d'aumônes; il ajouta qu'ils pouvaient être certains qu'il leur trouverait des moyens d'existence, et même que s'il était nécessaire il les ferait loger à ses frais. En sortant de l'hôpital le cavalier leur choisit un logement convenable dans une maison où vivaient des couturières, et leur fit louer un bon lit et quelques ustensiles de ménage dont il paya le loyer d'avance. Cela fait il rentra chez lui où il leur fit servir un bon repas, puis il les conduisit à leur nouvelle demeure et leur laissa quelque menue monnaie. Le lendemain doña Luisa pria ses voisines de lui indiquer où elle pourrait trouver du travail. « Hélas! lui dit l'une d'elles, nous qui sommes du pays, nous faisons œuvre de nos dix doigts et nous mourons de faim; comment ferez-vous, vous qui êtes ici d'hier? Vous verrez combien il est difficile de se procurer le nécessaire. Néanmoins, ajouta-t-elle, je puis bien pendant deux ou trois jours vous donner de quoi gagner un peu de pain. Doña Luisa accepta et se mit à l'œuvre, pendant que don Gregorio restait au lit, pensant qu'il tromperait mieux sa faim de la sorte.

« Le jeune administrateur vint après sa visite à l'hôpital s'informer des deux étrangers; il trouva don Gregorio au lit, et celui-ci s'en excusa sur la privation de chaussures où il se trouvait. « Il me semble, dit le jeune cavalier, que c'est plutôt paresse, et lui tournant le dos, il alla s'asseoir auprès de doña Luisa. Il considéra longtemps en silence ses mains, son visage, sa physionomie, et elle lui parut la femme la plus belle et la plus digne d'être aimée qu'il eût vue de sa vie ; il se sentit pris d'affection pour elle, et lui demanda avec des marques d'intérêt quel était son nom et pour quelle raison elle avait quitté son pays. Elle répondit sans lever les yeux et avec quelque trouble qu'elle se nommait doña Luisa, et qu'à cause de certaine disgrâce arrivée à son mari à Valladolid, ils en avaient fui tous deux à cheval ; qu'ils avaient habité pendant deux ans Lisbonne où ils avaient épuisé les ressources assez importantes qu'ils avaient emportées avec eux.—Je suis bien vivement affligé, lui dit alors le cavalier, de vous voir, vous si belle et si digne de tout bien, dans une position aussi pénible, surtout avec un homme qui gaspillera à l'instant le peu que vous aurez gagné ; mais si vous voulez consentir à ce que je vous demanderai avec supplications, je vous jure, foi de cavalier, de vous aider de tous mes moyens, car je ne puis vous taire que je vous aime et que j'éprouve le plus ardent désir de vous servir et de vous plaire. » Doña Luisa repoussa cette honteuse proposition, mais ce fut avec assez peu de vigueur pour laisser croire qu'avant de céder elle voulait paraître combattre. Le jeune cavalier en se retirant lui laissa pour son repas du soir une pièce de monnaie qu'elle était hors d'état de refuser ; puis prenant à part l'une de ses voisines, et la plus vieille, il lui promit des marques de sa générosité si elle parvenait à lui rendre la jeune femme favorable.

« La vieille se mit à l'œuvre immédiatement et travailla si bien que doña Luisa, convaincue, lui donna à entendre que pourvu que la chose se passât secrètement elle ferait tout ce qui serait en elle pour être agréable à ce cavalier. La vieille courut tout aussitôt chercher les étrennes de sa bonne nouvelle, et doña Luisa alla rejoindre don Gregorio à qui elle raconta tout ce qui s'était passé entre elle et le cavalier. Don Gregorio n'en fut aucunement ému, il fut au contraire d'avis que puisqu'ils étaient dans une misère extrême et sans autre moyen d'en sortir, il fallait qu'elle consentît à ce qu'on lui proposait, à la condition de tirer du cavalier tout ce qu'elle pourrait, en argent ou en bijoux, en lui recommandant le secret le plus absolu. Don Gregorio se prêta lui-même à ce traité infâme, en feignant de s'absenter de la ville, ce qui laissa au jeune cavalier le libre accès auprès de doña Luisa. Mais bientôt les choses furent poussées à un point scandaleux : l'intimité qui paraissait régner entre don Gregorio et le cavalier, le ton de la dame qui affectait de se mettre à la fenêtre, de se faire voir, tout cela donna lieu à de nombreuses causeries et à une certaine émotion.

« Bientôt doña Luisa, peu soucieuse de son honneur, accueillit à la fois les offres, les présents et les messages de trois jeunes cavaliers de la ville, et il en résulta qu'un soir qu'ils se rencontrèrent tous dans sa rue, il y eut entre eux une rixe dans laquelle l'un des trois fut tué. La justice arrêta tout le monde, y compris doña Luisa qu'elle plaça sous bonne garde ; et au bout d'un mois, le meurtrier n'ayant pu être découvert, on exila don Gregorio de Badajos et de son territoire, et il eût même été exposé ignominieusement dans les carrefours, sans l'intervention de son ami l'administrateur qui le fit acquitter à prix d'argent, et lui donna même tout ce qui lui était nécessaire pour aller s'installer à Mérida, la ville voisine. Il lui conseilla d'y rester un ou deux mois, pendant lesquels il s'emploierait à faire retirer la sentence d'exil, lui promettant dans l'intervalle de veiller sur doña Luisa comme sur sa propre sœur. Don Gregorio se soumit avec d'autant plus d'empressement, qu'il vit dans la sentence une porte ouverte pour arriver à ce qu'il désirait le plus, c'est-à-dire à se débarrasser de doña Luisa. Il sentait d'ailleurs le repentir le gagner et aussi la crainte, s'il continuait à mener ce genre de vie, d'être de nouveau exposé au châtiment ignominieux auquel il venait d'échapper à grande peine. Du reste son départ n'était pas moins souhaité par l'administrateur et par doña Luisa, qui tous deux désiraient plus de liberté. Don Gregorio s'en alla donc à Mérida, muni de plus de cinq cents réaux dus à la générosité de l'administrateur. »

« Ce don Gregorio, dit Sancho, est un bien méchant homme d'abandonner ainsi sa nonne au milieu de tels démons, et mon seigneur don Quichotte devrait bien redresser le tort de cette pauvre femme, nous y gagnerions au moins les quatorze œuvres de miséricorde. S'il veut y aller tout de suite, je jure de l'y accompagner de grand gré, dussé-je perdre ou ajourner la possession du gouvernement de la grande île de Chypre. Et cependant cela me touche en droite ligne, car j'en ai reçu la promesse de sa grâce lorsqu'elle a juré la mort du superbe géant Taillenclume dont je conserve précieusement le gant dans ma valise. » Le conseil de Sancho ne déplaisait nullement à don Quichotte qui allait se laisser aller à sa marotte favorite; et si les assistants, qui étaient fort impatients de connaître la fin de l'aventure, ne l'eussent apaisé par de bonnes raisons, il eût jeté son bonnet par-dessus les moulins et se fût mis en route sans plus attendre. Mais Bracamont trouva moyen de le calmer en lui faisant comprendre qu'il fallait savoir d'abord où était cette pauvre femme, car il se pouvait, s'ils n'attendaient pas de plus amples renseignements, qu'elle eût quitté Badajos quand il y arriverait. Le soldat promit à notre chevalier qu'alors il se ferait un devoir de l'accompagner dans cette sainte entreprise. Don Quichotte se tut et imposa silence à son écuyer, pendant que le sage ermite se disposait à reprendre le fil de son récit.

CHAPITRE XIX

De la suite des aventures des Amants fortunés jusqu'à leur retour dans leur chère patrie.

Don Gregorio n'alla pas à Mérida comme il s'y était engagé, mais bien à Madrid, où, malgré toute sa noblesse, il se mit au service d'un cavalier; il changea de nom, et en peu de jours il eut oublié sa dame comme s'il ne l'eût jamais connue. Celle-ci fit de même, et pendant les premiers temps elle usa complétement de sa liberté, puis peu à peu, piqués de ses coquetteries, les galants devinrent moins empressés; l'administrateur lui-même, fatigué de son ingratitude et de son inconduite, lui fit subir de mauvais traitements, et la malheureuse femme se souvint alors de don Gregorio. Elle n'en avait reçu aucune lettre, bien qu'il fût aussi près d'elle, et la pensée lui vint qu'il l'avait abandonnée. Alors le Seigneur dessilla ses yeux, et elle put juger clairement sa position; le repentir la toucha, et la crainte de Dieu s'emparant de son esprit, elle versa des larmes amères sur ses fautes, ne sachant plus où trouver remède ni à qui demander conseil contre tous ses malheurs. Enfin elle forma le projet de quitter Badajos, de retourner dans sa ville natale, de s'y présenter secrètement à un sien parent, et de lui confier ses tristes aventures. Puis elle réclamerait son appui, afin d'aller à Rome se jeter aux pieds du Saint-Père et implorer de Sa Sainteté le moyen de rentrer dans son couvent, ou dans quelque autre du même ordre où elle pût racheter par la pénitence l'existence coupable qu'elle venait de mener.

« Dans cette pensée, elle réunit tout l'argent qu'elle avait, vendit ses vêtements et ses objets de toilette, s'habilla en pèlerine avec le chapeau à larges bords, le bourdon, le rosaire et les sandales aux pieds ; puis elle sortit de Badajos par une nuit très-obscure, dans la direction de son pays. Les peines et les fatigues ne lui manquèrent pas : elle souffrit la faim, la soif et le froid ; mais elle supporta le tout avec courage et résignation. Elle fut ainsi quatre mois en route, voyageant à petites journées et visitant tous les pieux sanctuaires qu'elle rencontrait. Enfin le ciel eut pitié d'elle et la conduisit au terme de son long voyage. Lorsqu'elle reconnut le clocher de son monastère, son émotion fut telle qu'elle se précipita la face contre terre, en versant d'abondantes larmes. Elle résolut de rester dans la campagne tout le jour et de n'entrer dans la ville que vers minuit, pour plus de sécurité. Ainsi fit-elle, et lorsque le moment fut venu, elle se dirigea à pas tremblants vers la maison du parent dont elle voulait réclamer l'appui. Il était onze heures lorsqu'elle arriva auprès de son monastère ; en passant devant la porte, elle s'aperçut que le guichet en était ouvert. « En vérité, se dit-elle, ces nonnes sont bien imprudentes, ou bien le sacristain qui a charge de fermer l'église; est-il possible d'oublier ainsi de clore ce guichet! ¿Des voleurs y auraient-ils par hasard pénétré et auraient-ils enlevé les devants d'autel, les nappes ou la couronne de la Vierge qui est d'argent si j'ai bon souvenir? Sur ma vie, et quelque danger que je puisse courir, je veux entrer tout doucement, je regarderai s'il y a quelqu'un dans l'église, et j'avertirai, s'il est nécessaire, afin qu'on vienne la fermer. »

« En disant cela elle avança la tête avec précaution, écouta très-attentivement; mais elle n'entendit aucun bruit, et ne vit dans l'intérieur que deux lampes allumées, l'une devant le très-saint Sacrement, l'autre devant l'autel de la sainte Vierge. Elle resta dans cette position pendant un long moment, n'osant se déterminer à entrer, et craignant qu'il n'y eût dans le chœur quelque nonne occupée à prier; cependant, quelque danger qu'il y eût pour elle à être découverte et reconnue, elle se résolut à obéir à son premier mouvement, et elle entra. En passant devant l'autel de la Vierge, elle heurta du pied un trousseau de clefs qui était à terre. Le bruit l'effraya, elle se baissa pour en reconnaître la cause, et au moment où elle relevait les clefs, elle entendit une voix qui prononçait son nom du ton du reproche. En relevant la tête, elle reconnut que cette voix venait de l'image de la Vierge.

« Alors frappée d'épouvante, elle tomba prosternée contre terre et à demi-morte, pendant que la Vierge sainte lui parlait en ces termes: « ¡O femme perverse et la plus coupable entre toutes les femmes, ¿ comment as-tu l'audace de paraître en ma présence après avoir si honteusement perdu ta pureté? ¿ Par quelle pénitence parviendras-tu à apaiser mon fils bien-aimé que tu as si gravement offensé? ¿ Par quelles peines penses-tu racheter les faveurs que tu avais méritées et que tu as si indignement sacrifiées ? » La malheureuse pénitente était tellement frappée d'épouvante, qu'elle n'osait lever la tête et qu'elle versait d'abondantes larmes; mais la Vierge sainte, qui voyait combien son affliction était profonde, voulut, après la réprimande, lui apporter des consolations. « Je peux te prouver du moins, lui dit-elle, combien est grande la miséricorde de mon fils, et que je n'ai pas oublié moi-même de quelle manière tu as sanctifié mes fêtes alors que tu étais ce que tu devais être; ainsi donc j'ai fait pour toi une chose dont tu ne pourras jamais me payer, lors même que tu vivrais deux mille ans. Souviens-toi que lorsque tu es sortie de cette maison il y a quatre ans, tu m'as dit, en passant devant cet autel, que tu t'en allais aveuglée par ton amour pour don Gregorio, que tu me recommandais les religieuses de ce couvent, me laissant le soin de les diriger, de les gouverner en ta place ; et alors tu as déposé à mes pieds ces clefs que tu tiens en ce moment. J'ai fait tout ce que tu m'as recommandé. Depuis ce moment jusqu'à celui-ci, j'ai été la prieure de tes religieuses, j'ai pris ta forme, ton visage et ton âge; j'ai pris ton nom et j'ai revêtu tes habits ; j'ai vécu au milieu d'elles de jour comme de nuit, dans le cloître, au chœur, à l'église, au réfectoire, parlant avec elles comme tu le faisais toi-même. Voici donc maintenant ce que tu as à faire : prends ces clefs, ferme la porte de l'église, traverse la sacristie et regagne ta cellule par le chemin que tu avais suivi. Tu la trouveras telle que tu l'as laissée, avec tes habits pliés sur la table, et auprès d'eux ton bréviaire, la lettre que tu avais écrite avant de fuir, et qui n'a été lue ni ouverte par personne, et enfin ta lampe encore allumée. En un mot, tu reconnaîtras là toutes choses que ma miséricorde a conservées en leur état sans qu'on se soit aperçu de ton absence, ni de celle de l'argent que tu as emporté. Va donc maintenant, rentre dans ta cellule avant qu'on ne sonne matines, et amende ta vie comme tu le dois; lave tes fautes avec tes larmes, comme l'ont fait toutes celles qui, coupables comme toi, ont mérité l'illustre titre de pénitentes que l'Église leur donne. »

« Doña Luisa, couverte de sueur et inondée de larmes, s'inclina profondément devant la précieuse image, et prenant le trousseau de clefs, ferma la porte de l'église et remonta à sa cellule où elle trouva toutes choses en l'état où elle les avait laissées. Elle quitta à la hâte ses habits de pèlerine, revêtit son costume d'abbesse, et à peine eut-elle fini qu'on sonna matines. Alors elle baissa son voile, prit son bréviaire, et attendit qu'on vînt l'avertir selon la coutume. Une nonne vint, prit, comme chaque nuit, sa lampe sur la table, et la précéda jusqu'au chœur en l'éclairant. Là, doña Luisa, qui croyait que tout ce qu'elle voyait était un songe, attendit non sans trouble que toutes les religieuses fussent réunies, puis elle donna le signal ordinaire à la suite duquel on commença l'office. Les matines dites, chacune s'en retourna sur un nouveau signal de l'abbesse, qui remonta à sa cellule précédée d'une religieuse portant sa lumière. Quand elle fut seule elle versa de nouveau d'abondantes larmes, puis décrochant une discipline qui était suspendue à la tête de son lit, elle s'en frappa pendant une demi-heure sans pitié, pour commencer la rigoureuse pénitence qu'elle comptait s'imposer tous les jours de sa vie. Cela fait, elle revêtit un rude cilice, et redescendit au chœur, où elle resta jusqu'au jour récitant le rosaire devant la sainte image qui lui avait parlé. Le jour venu, elle fit appeler le confesseur du couvent, à qui elle fit une confession générale, en lui livrant le secret du miracle auquel elle devait la tranquillité dont il lui était permis de jouir.

« Vers le même temps, Dieu eut pitié de son malheureux amant comme il avait eu pitié d'elle, et l'envoya assister à un sermon que prononçait, en l'honneur de la Vierge, dans une église de Madrid, un religieux dominicain d'un talent remarquable. Ce sermon, qui frappa l'attention de don Gregorio, lui remit à la mémoire tout ce que doña Luisa lui avait dit maintes fois du céleste pouvoir du rosaire; il en fut vivement touché, et résolut de s'appuyer de ce pouvoir pour sortir de l'existence désolée et coupable dans laquelle il était engagé. Il se rendit donc au couvent de la Vierge d'Atocha, se prosterna devant l'image miraculeuse de Notre-Dame, puis il pénétra dans le cloître, demanda le saint prédicateur, s'enferma avec lui dans sa cellule, et le pria d'entendre sa confession générale. Le confesseur touché de ses larmes, du récit de ses fautes, de son profond repentir, lui donna les consolations de la religion, le renvoya absous, et l'encouragea dans le projet qu'il forma d'aller à Rome visiter les Lieux-Saints, baiser les pieds du Saint-Père, et implorer son absolution.

« Rentré à Madrid, don Gregorio, sans perdre un instant, alla troquer ses vêtements contre un costume de pèlerin fait de bure; puis, sans prendre congé de son maître ni de personne, il s'achemina vers Rome où il arriva après de grandes fatigues et de nombreuses privations, sans que s'affaiblît un instant la ferveur avec laquelle il avait commencé ce saint pèlerinage.

« Ce devoir rempli, il reprit le chemin de son pays, afin de revoir ses parents, desquels il désirait ne pas se faire reconnaître, ce qui était facile, tant il était amaigri et défiguré par les fatigues comme par les privations. La première chose qu'il fit fut d'aller demander l'aumône autour du couvent. Les tourières l'accueillirent charitablement, et reconnaissant parmi elles celle qui lui avait apporté le premier message de doña Luisa le jour où commencèrent ses folles amours, il lui demanda qui était abbesse de cette maison. La tourière répondit que depuis longues années c'était doña Luisa qui devait à ses grandes vertus d'être toujours réélue. « ¿Comment, doña Luisa? s'écria-t-il avec étonnement.—Sans doute, répondit la sœur.—Vous voulez plaisanter, répliqua-t-il; j'ai ouï dire que doña Luisa était loin de pouvoir être encore votre abbesse,— Elle l'est et le sera longtemps, répartit la tourière, en dépit de tous ceux qui portent envie à ses vertus. »

« Don Gregorio baissa la tête et se retira avec une confusion et une perplexité faciles à comprendre. Il parcourut la ville en demandant l'aumône, et en s'informant auprès de chacun du nom de l'abbesse, et chacun lui fit la même réponse. Enfin, de plus en plus surpris, il résolut de se rendre auprès de ses parents, de se faire connaître à eux et de leur demander le mot de cette énigme incompréhensible. Au premier serviteur qu'il rencontra il demanda si les maîtres de la maison voudraient bien lui faire l'aumône; le serviteur lui répondit que tous deux, le mari et la femme, étaient très-charitables. Don Gregorio demanda leur nom, s'informa s'ils avaient des enfants, et ses yeux se remplirent de larmes lorsqu'on lui répondit qu'ils vivaient dans la plus grande affliction à cause de l'absence d'un fils unique qui avait disparu sans qu'ils sussent comment ni dans quel but. Don Gregorio retint ses larmes, et se contenant du mieux qu'il put : « ¿Ce fils, dit-il au serviteur, ne se nommait-il pas don Gregorio? Ce nom est celui d'un soldat que j'ai connu à Naples, dans le quartier des Espagnols; si j'en juge par les détails qu'il m'a souvent donnés sur ce pays, sur la position de la maison de ses pères, il doit être le fils de vos maîtres, et nous en serons plus certains si quelqu'un ici peut me dire s'il ne s'était pas enfui de ce pays avec une femme de qualité.—Je n'étais pas alors au service de cette maison, répondit le serviteur, et je ne l'ai pas connu; seulement je sais qu'il se nommait don Gregorio, et qu'il ne commit d'autre faute que d'emporter avec lui quelques sommes que ses amis lui avaient prêtées et que ses parents ont remboursées. Quant à deux chevaux qu'il emmena et à une assez grande quantité d'argent, ils n'en ont jamais fait cas, puisque tout cela devait lui revenir un jour. — ¿Eh bien! mon ami, fit don Gregorio, demandez par grâce à ces bons seigneurs s'ils veulent me faire quelqu'aumône en raison de ce que je crois avoir connu leur fils?—Ils le feront avec empressement, dit le serviteur, et ils vous rendront grâce de leur parler d'un enfant qu'ils aiment tant. Ainsi donc attendez-moi ici pendant que je vais monter les prévenir. » Le serviteur monta sans penser à regarder le pèlerin au visage, et s'il l'eût fait il lui eût été impossible de ne pas deviner à son trouble et à ses larmes que ce pèlerin était son maître et l'héritier de la maison.

CHAPITRE XX

Où se termine l'histoire des Amants fortunés.

Ce serviteur conduisit don Gregorio dans une salle où les deux vénérables vieillards le firent asseoir; puis se plaçant à ses côtés, ils lui firent mille questions sur leur fils, comment il l'avait connu, de quelle manière il vivait à Naples, et le reste. « Hélas! notre frère, disaient-ils, que ne donnerions-nous pas pour l'avoir vu comme vous, ce fils unique et bien-aimé, le maître absolu de ce que nous possédons, et la cause des larmes dans lesquelles se passe notre vie! ¿Se porte-t-il bien? ¿A-t-il de quoi vivre? ¿Est-il soldat? ¿Est-il marié? » don Gregorio était plus mort que vif, mais il se contint de son mieux. « Tout ce que je puis vous dire de lui, illustres seigneurs, répondit-il, c'est que selon ce qu'il m'a dit, il a beaucoup souffert depuis qu'il a quitté votre maison, et il s'est reconnu bien coupable de vous avoir abandonné, et je crois que s'il n'était retenu par la honte, il reviendrait promptement se jeter à vos pieds.—¿Mais quelle honte? dit la mère, il n'y a dans cette ville personne qui puisse se plaindre de lui.—J'ai su, reprit le pèlerin, qu'il avait quitté ce pays à cause d'une vive passion qu'il éprouvait pour je ne sais quelle religieuse nommée doña Luisa, et j'ai pensé qu'il avait commis à cause d'elle du scandale dans le couvent, ou qu'il l'avait enlevée.—La meilleure preuve que vous puissiez nous donner d'avoir connu notre fils, dit le père, c'est de nous dire qu'il nommait cette doña Luisa. C'est en effet une très-sainte religieuse de ce pays, depuis longtemps abbesse d'un couvent voisin; il la visitait très-assidûment; mais vous avez fait à celle-ci une offense grave en concevant de sa personne et de ses mérites une pensée douteuse. »

Lorsque don Gregorio eut entendu l'éloge que ses parents faisaient de l'abbesse, de concert avec toute la ville, il en fut tellement ému qu'il se laissa aller à la renverse et comme mort sur le dos de son siége. Ses parents accoururent pour lui porter secours, et sa mère, pour essuyer la sueur froide qui coulait de son front, lui ayant ôté son chapeau, le reconnut et se mit à remplir la maison de ses cris. Le père, qui s'approcha, le reconnut aussi, et sans rien dire, tant il était ému, tomba à ses côtés évanoui comme lui. Toute la maison fut en émoi, le bruit du retour de don Gregorio se répandit dans le quartier, et lorsqu'il revint à lui, il se vit entouré de serviteurs et de voisins, ce qui redoubla sa honte et son embarras. On le fit coucher, et lorsqu'il se trouva seul avec sa mère, il lui demanda s'il y avait longtemps qu'elle n'avait vu l'abbesse. Sa mère lui répondit qu'il y avait trois jours, et que comme il avait été question de lui, elle avait beaucoup pleuré de savoir qu'il était toujours absent et qu'on n'en avait aucune nouvelle. A entendre tout cela, don Gregorio se croyait le jouet d'un rêve; aussi pria-t-il sa mère, après quelques jours de repos, de se rendre au couvent, d'y voir la prieure, de lui donner avis de son retour et de lui dire comment il avait été jusqu'à Rome en habit de pèlerin demander à Sa Sainteté l'absolution des fautes de sa jeunesse. En outre, il chargea sa mère de réclamer pour lui de l'abbesse la permission d'aller lui baiser les mains, et lui rendre compte lui-même de ce qui lui était arrivé, ajoutant qu'il mettait dans cette dernière faveur le repos et la consolation du reste de sa vie. Doña Luisa versa d'abondantes larmes—de honte plutôt que de plaisir—lorsqu'elle apprit le retour de don Gregorio. Mais lorsqu'elle sut à quel autre miracle était due sa conversion, elle en fut vivement touchée, et elle consentit sans hésiter à ce qu'il vînt la voir le lendemain. Son cœur lui disait que cette dernière entrevue devait être aussi heureuse que la première avait été fatale.

« Je ne saurais pas trouver de paroles, seigneurs, pour vous peindre l'émotion avec laquelle les deux amants s'approchèrent l'un de l'autre, et il se passa de longs instants avant que les larmes qu'ils versaient leur permissent de parler. « Par la croix du Dieu éternel, dit enfin don Gregorio, veuillez enfin m'apprendre si vous êtes bien la prieure doña Luisa; si c'est bien vous qui il y a quatre ans m'avez aveuglé, perdu et énamouré par votre vue; si c'est vous que j'ai enlevée de ce couvent et conduite à Lisbonne et à Badajos; vous enfin avec qui j'ai vécu, coupable et sacrilége, au milieu du désordre et de la débauche; et si c'est bien vous, dites-moi comment étant partie avec moi, vous êtes restée ici, et comment étant restée ici, vous êtes venue avec moi. Car certes, je sais bien—et plût à Dieu que je le susse moins!—que je vous ai vue, que je vous ai parlé, que je vous ai aimée, et que je vous ai tirée de ce couvent sans crainte de la colère divine. Or tous ceux que je rencontre m'assurent, chose qui me rend fou, que jamais vous n'avez quitté cette maison, que toujours vous l'avez dirigée avec sainteté et sagesse, en donnant les plus nobles exemples. Je suis don Gregorio le sacrilége, le traître, le pire de tous les hommes ; mais Dieu m'a touché de sa grâce, et ma vie tout entière appartient maintenant à la pénitence. »

« Ce fut au tour de doña Luisa de raconter à don Gregorio ce qui lui était arrivé, et ce qu'elle devait à la très-sainte Vierge ; elle lui dit comment elle se proposait de racheter par la pénitence le pardon de toutes ses fautes, et surtout de cesser de le voir. Elle lui demanda de prendre un engagement semblable, de fuir le monde et les vaines conversations, et surtout de garder le secret, tant qu'il vivrait, sur ce qui leur était arrivé à tous deux ; elle lui dit, cependant, qu'avant de mourir elle voulait en écrire le récit qu'elle laisserait entre les mains de son confesseur, afin qu'après elle il fût connu de tous, pour la gloire de Dieu et la louange de sa sainte Mère. Don Gregorio prit l'engagement de quitter le monde, de se retirer dans un couvent, puis après qu'ils se furent dit adieu avec d'abondantes larmes, et en se recommandant aux prières l'un de l'autre, ils se quittèrent pour ne plus se revoir.

« Le reste de leur vie se passa dans la retraite et dans la pénitence, et Dieu les retira de ce monde le même jour et à la même heure, en les entourant de tous les témoignages de sa grâce. Leurs confesseurs avaient reçu d'eux des relations fidèles de leurs amours, de leurs aventures, de leurs conversions et des faveurs dont la Vierge les avait entourés, et ces relations furent en un instant connues de toute la ville, qui courut visiter leurs corps. On leur fit de somptueuses funérailles, et chacun enviait le sort des parents de don Gregorio qui eurent la plus belle et la plus honorable vieillesse. Lorsque leur dernière heure approcha, ils partagèrent leurs biens entre le couvent de l'abbesse et celui de leur fils, et moururent chargés d'années et de bonnes œuvres [1]. »

CHAPITRE XXI

Dans lequel Sancho raconte à son tour une intéressante histoire. Comment les chanoines et le jurat prirent congé de don Quichotte.

On méditait en silence sur l'histoire intéressante et merveilleuse que l'ermite venait de raconter; mais Sancho ne pouvait pas se taire, et il intervint brusquement avec une nouvelle extravagance. « Votre grâce, seigneur ermite, s'écria-t-il, nous a très-gentiment raconté son histoire, et je jure par ce qu'on voudra, que je donnerais bien tout ce que j'ai dans mes poches, et je n'ai guère que dix ou douze maravédis, pour savoir la raconter aussi bien aux filles de mon pays, lorsqu'elles sont réunies au four. Dès à présent je proteste que si Dieu me donnait un fils par l'entremise de Mari-Guttierez, je l'enverrais étudier à Salamanque et y apprendre comme ce bon Père la théologie et l'art de bien dire; parce que je ne veux pas qu'il soit un grandissime âne comme moi.

Mais il ne faut pas que le coquin s'imagine qu'il ira dépenser, en étudiant, tout le bien de son père, et s'amuser avec des fous comme lui, car je jure, par la barbe que je porte, que s'il se conduisait de la sorte, je lui donnerais plus de coups de ma ceinture qu'il ne tient de figues dans un sac d'une arrobe. »

Tout en parlant, Sancho avait détaché sa ceinture et en frappait le sol avec furie. Les assistants se mirent à rire, et le soldat lui retint le bras. « Holà! frère Sancho, lui dit-il, n'allez pas plus loin pour l'amour de Dieu, le prodigue qui mérite ce traitement n'est pas encore conçu.— Sur mon âme! dit Sancho en remettant sa ceinture, le coquin doit de la reconnaissance à vos grâces. Mais il me paiera le tout ensemble une autre fois; cela passera comme cela pour aujourd'hui.—¿ Qu'est-ce que cette nouvelle sottise, Sancho, demanda don Quichotte; tu n'as pas de fils ni d'espérance d'en avoir, et tu le frappes déjà parce qu'il ne va pas à l'école?—Votre grâce ne sait-elle pas que si on ne s'y prend de bonne heure pour châtier les enfants et pour les façonner, ils deviennent fainéants et raisonneurs? Il faut, pour éviter de semblables inconvénients, qu'ils sachent, dès le ventre de leur mère, que la lettre entre avec le sang. C'est ainsi que mon père m'a élevé, et si j'ai quelqu'intelligence, c'est lui qui me l'a fourrée dans la judiciaire à force de coups. A tel point que lorsque le vieux curé de mon village—que son âme soit au paradis! —me rencontrait dans la rue, il me mettait la main sur la tête, et il disait à ceux qui étaient là : Si cet enfant ne meurt pas sous les coups, il grandira.—On m'en a dit autant, fit l'ermite.—Votre grâce saura, reprit Sancho, que ce curé était un grand homme, et qu'il avait étudié à l'Alcana toute la latinerie depuis A jusqu'à Z.—Tu veux dire à Alcala, interrompit don Quichotte, car à l'Alcana de Tolède on n'apprend pas les belles lettres; tout au contraire on y vend et on y achète de la soie et d'autres marchandises.—Que ce soit l'un ou l'autre, répliqua Sancho, tout ce que je sais, c'est qu'il était à moitié devin, car entre vingt femmes laides il en reconnaissait une jolie; et il était si savant qu'il argumenta toute une journée, avec un étudiant qui passait, sur les épîtres et les évangiles du missel. Et il lui parla si longtemps en latin de l'Église que l'autre en fut confondu.—En vérité, seigneur Sancho, dit l'un des chanoines, votre grâce a l'esprit très-subtil, et je n'aurai pas peu de plaisir, aussi bien, j'en suis persuadé, que les seigneurs que voici, de l'entendre raconter quelqu'histoire comme celles que nous ont dites le seigneur soldat et le révérend ermite. Votre grâce a trop de mémoire et d'habileté, pour que ce qu'elle nous contera ne soit pas très-curieux.—Je puis affirmer à votre grâce, répondit Sancho, qu'elle met là le doigt sur une touche à laquelle répondent plus de deux douzaines de flûtes, car je sais les plus jolis contes qu'on puisse imaginer; et si vos grâces l'ont pour agréable, je leur en dirai un qui est dix fois meilleur que ceux qu'elles ont entendus, en même temps qu'il est plus court et plus vrai.—Ôte-toi de là, gros animal, fit don Quichotte, que veux-tu donc nous conter qui vaille la peine d'être entendu? Tu vas nous assommer, ces seigneurs et moi, de quelqu'impertinence comme tu fis dans ce bois où je rencontrai six valeureux géants qui s'étaient transformés en moulins à foulon. ¿ Est-ce encore quelque chose comme l'histoire de ce Lope Ruiz, ce chevrier d'Estrémadure, et de sa bergère Toralva la vagabonde, assez folle et assez perdue pour le poursuivre depuis la frontière de Portugal jusqu'aux bords du Guadiana, où s'embourbèrent les chèvres, le conte et mon nez, grâce à la mauvaise odeur dont tu nous parfumas?—Oh! dit

Sancho, c'était un mauvais petit conte; et en vérité je suis bien aise que votre grâce s'en rappelle les circonstances, au moins elle pourra apprécier la différence qui existe entre l'un et l'autre, si toutefois ces seigneurs veulent bien m'accorder silence et attention¹. » Tout le monde pria don Quichotte de le laisser conter son conte, et Sancho, avec la permission de son maître, prit le ton, et parla ainsi qu'il suit :

« Il y avait ce qu'il y avait, tout est pour le mieux ; que le bien qui vient soit pour tout le monde, et le mal pour la servante de l'abbé; froid et chaud pour l'amie du curé, douleur de côté pour la gouvernante du vicaire, mal caduc pour le sacristain aux cheveux roux, famine et peste pour les ennemis de l'Église !—N'ai-je pas dit, s'écria don Quichotte, que cet animal était un impertinent et qu'il ne savait que des sottises; voyez un peu la harangue de tous les diables par laquelle il a commencé son conte!—¡Par ma casaque! fit Sancho, que votre grâce ne me retienne pas la bride, et elle verra si je dis bien; je nageais déjà en plein dans mon histoire, et voilà qu'on me la fait sortir de la tête. Par Barrabas! qu'on m'écoute si on veut bien, puisque j'ai écouté.

« Il y avait donc, seigneurs de mon âme, comme le dit mon conte, un roi et une reine; et ce roi et cette reine étaient dans leur royaume ; et l'homme, tout le monde l'appelait roi; de même que la femme, tout le monde l'appelait reine ; et ce roi et cette reine avaient un appartement aussi grand que celui dans lequel mon seigneur don Quichotte loge Rossinante au pays. Dans cet appartement, le roi et la reine avaient beaucoup de réaux jaunes et de réaux blancs, en si grande quantité qu'ils montaient jusqu'au toit. Et comme les jours allaient et les jours venaient, le roi dit à la reine : « Vous voyez, reine de ce roi, la grande quantité d'écus que nous avons, à quoi pensez-vous que nous ferions bien de les employer, afin d'en gagner davantage en peu de temps, et d'acheter de nouveaux royaumes? » La reine répondit au roi : « Roi et seigneur, il me semble qu'il serait bien que nous achetassions des moutons. » Le roi dit : « Non, reine, il vaudrait mieux acheter des bœufs. — Non, roi, reprit la reine, il serait mieux, si vous voulez, de l'employer à des étoffes que nous irions vendre à la foire du Toboso. » Ils hésitèrent ainsi entre un grand nombre de partis, la reine disant non toutes les fois que le roi disait oui ; et le roi disant oui toutes les fois que la reine disait non. Enfin, à la fin des fins, ils tombèrent d'accord tous les deux qu'il serait bon d'aller avec tout leur argent dans la Vieille-Castille, c'est-à-dire dans le pays des plaines, où ils achèteraient beaucoup d'oies à raison de deux réaux la pièce ; et la reine, qui avait donné ce conseil, ajouta qu'aussitôt les oies achetées, ils iraient les vendre à Tolède où elles se vendent jusqu'à quatre réaux ; de sorte, disait-elle, qu'en peu de temps et en peu de chemin nous aurons multiplié infiniment notre argent. Enfin le roi et la reine emportèrent tout leur argent en Castille sur des chars, des voitures, des carrosses, des litières, des chevaux, des bêtes de somme, des mules, des mulets, des ânes et autres personnes de cette qualité. — ¡ Que toutes soient comme la tienne, s'écria don Quichotte, et que Dieu te maudisse, toi aussi bien que quiconque a la patience de t'écouter ! — Voici la seconde fois, dit Sancho, que votre grâce m'interrompt, et je crois que c'est par jalousie de la gravité de mon histoire et de l'élégance avec laquelle je la raconte ; s'il en est ainsi, prenons-la pour achevée. » On pria don Quichotte de laisser continuer l'histoire, et Sancho, qui était de bonne humeur, reprit en ces termes : « Vos grâces, seigneurs, calculeront combien le roi et la reine purent acheter d'oies avec tant d'argent; ce que je sais de certain, c'est qu'il y en avait une telle quantité, qu'elles occupaient plus de vingt lieues. Enfin, il y avait autant d'oies en Espagne qu'il y avait d'eau dans le monde du temps de Noë. — Et, demanda Bracamont, si vous disiez « autant qu'il y avait de feu à Sodome, à Gomorre et dans les autres villes, » ¿comment-seraient les oies, seigneur Panza? — Par ma foi, seigneur Bracamont, elles seraient bonnes et bien rôties; mais il n'en fut pas ainsi, et peu m'importe d'ailleurs, attendu que je n'y étais pas. Ce que je sais, c'est que le roi et la reine cheminaient avec leurs oies tant et tant, qu'enfin ils arrivèrent à une grandissime rivière. — Sans doute, dit le jurat, c'était le Mançanarès, car ce pont magnifique qu'on nomme le pont de Ségovie nous prouve bien que la rivière était jadis très-abondante. — Je sais seulement, reprit Sancho, que comme il n'y avait ni pont ni bac, lorsque le roi et la reine furent arrivés au bord, l'un dit à l'autre : «¿Comment allons-nous maintenant faire passer nos oies? Si nous les laissons faire, elles s'en iront à la nage au courant du fleuve, et le diable de Palerme lui-même ne pourra plus les rassembler; si d'un autre côté nous voulons les passer avec des barques, nous n'en finirons pas en une année. — Mon avis, dit le roi, est que nous fassions faire à l'instant sur la rivière un pont de bois si étroit qu'il n'y puisse passer qu'une oie, de sorte qu'en allant ainsi l'une après l'autre elles ne se disperseront pas, et nous n'aurons pas la peine de les transporter. La reine approuva l'idée, on fit le pont, et lorsqu'il fut fait, les oies se mirent à passer une à une. »

Alors Sancho se tut. « ¿Eh bien, fit don Quichotte, passeras-tu avec elles, par tous les diables, et en finirons-nous avec ton passage et ton conte? ¿Pourquoi l'arrêtes-tu?

¿As-tu oublié ? » Sancho resta bouche close ; ce que voyant, l'ermite lui dit : « Continuez votre conte, ami Sancho, continuez, car en vérité il est très-intéressant.—Pour l'amour de Dieu! dit enfin Sancho, attendez un peu ; vous êtes bien pressés. Laissez passer les oies, et ensuite viendra le conte.—Prenez-les pour passées, fit un des chanoines.—Non pas, seigneur, dit Sancho, des oies qui occupent vingt lieues de chemin ne passent pas si vite. Il faut que vos grâces en prennent leur parti : je ne continuerai mon conte, et je ne le pourrai, en bonne conscience, que lorsque les oies seront arrivées l'une après l'autre de l'autre côté de la rivière, et il ne faudra pas moins d'une couple d'années. » Tous se levèrent en riant comme des fous, si ce n'est don Quichotte, qui voulait donner Sancho à tous les diables ; mais on intervint et on parvint à l'apaiser.

Les chanoines et le jurat prirent en ce moment congé de notre héros. « Votre grâce, seigneur chevalier, dirent-ils, nous permettra de nous séparer d'elle. Le soleil, en nous retirant sa lumière pour l'accorder aux antipodes, soulage la terre des fatigues que causait sa rigoureuse chaleur, et il est bon d'en profiter, car nous avons à faire plus de chemin que votre grâce et sa compagnie. Nous sommes tous à son service : qu'elle ordonne, et nous obéirons ainsi que nous y obligent les faveurs que nous en avons reçues et la bonne compagnie qu'elle nous a accordée.—J'estime à sa juste valeur, répondit don Quichotte, ce noble remercîment, et j'en rends grâces à vos seigneuries en mettant à leur service tout ce que peuvent nos forces réunies. Nous les accompagnerions tous avec empressement, bien que je sois appelé à la cour par un défi que je ne puis remettre, si le seigneur soldat et le révérend ermite avaient un pas égal au mien ; mais je me règle

13.

sur leur lenteur, ma bonté naturelle me faisant un devoir de ménager leurs fatigues. » Les voyageurs se séparèrent les uns des autres avec une extrême courtoisie, et don Quichotte, ayant bridé Rossinante, se remit en selle et chemina tout doucement avec l'ermite et le soldat, en attendant Sancho qui bâtait son âne. Ils se dirigèrent vers un hameau où ils avaient intention de passer la nuit, et chemin faisant l'ermite et le soldat devisèrent à propos des deux histoires qu'ils avaient racontées. Ils avaient tous deux l'esprit intelligent et studieux, de sorte qu'ils se rencontrèrent sur plus d'un point de théologie, s'apitoyant l'un et l'autre sur la triste fin de Chappelin, et se félicitant de l'heureuse issue des aventures de don Gregorio et de doña Luisa. Ils étaient occupés à cette conversation intéressante, et don Quichotte leur prêtait la plus grande attention, lorsqu'ils entendirent Sancho qui accourait tout ramassé sur son âne. « ¡Sur la vie de Mathusalem! dit-il en les rejoignant, me voilà venu tout en pensant, malgré la bonne fin de don Gregorio, qu'il a eu grand tort de laisser la pauvre doña Luisa toute seule à Badajos, entre les mains de ces pharisiens qui étaient si amoureux d'elle, car il lui a ainsi donné l'occasion d'être pire qu'elle n'était. — ¿Ne voyez-vous pas, Sancho, dit l'ermite, que cela s'est fait avec la permission de Dieu qui de grands maux tire de plus grands biens, et qui n'eût pas permis les premiers si ce n'eût pas été un moyen de prouver, par les autres, sa toute-puissance et sa miséricorde? En un mot, pendant que le démon s'acharne à nous perdre, Dieu, qui est bon, saisit toutes les occasions de nous gagner; car le démon et Dieu sont comme l'araignée et l'abeille qui tirent d'une même fleur, celle-là le venin qui tue, celle-ci le doux miel qui réjouit le goût et donne la vie.

CHAPITRE XXII

Comment don Quichotte et ses compagnons continuent leur chemin. De l'étrange et périlleuse aventure qu'ils rencontrent dans un bois, et à laquelle Sancho veut prendre part en bon écuyer.

Notre bon hidalgo cheminait avec ses compagnons et devisait de choses et d'autres, lorsqu'à un quart de lieue environ du village où ils voulaient passer la nuit, ils entendirent dans un bois de pins, à droite de la route, quelque chose comme les plaintes d'une femme en détresse. Ils s'arrêtèrent et se mirent à écouter. Alors ils entendirent une voix qui disait : ¡Hélas! malheureuse que je suis, la plus malheureuse qui ait jamais été sur la terre! ¿Ne trouverai-je personne qui vienne à mon aide dans le triste état où m'a mise la fortune pour mes péchés? ¡Hélas! hélas! sans doute je vais périr cette nuit sous la dent des bêtes féroces qui parcourent ces solitudes! ¡O traître! homme cruel! ¿pourquoi m'as-tu laissé la vie? Mieux aurait valu que tu m'eusses tranché la tête, plutôt que de m'abandonner ici avec tant d'inhumanité ! »

Don Quichotte, qui entendait ces plaintes sans voir la personne qui les proférait, se retourna vers ses compagnons. « Seigneurs, leur dit-il, voici l'une des plus étranges et des plus périlleuses aventures qui me soient jamais survenues depuis que j'ai reçu l'ordre de chevalerie. Ce bois de pins est un bois enchanté où l'on ne peut pénétrer sans de grandes difficultés, et au milieu duquel est une caverne profonde. Dans cette caverne, le sage Freston, mon ancien ennemi, tient enfermés un grand nombre de nobles chevaliers et de damoiselles enchantées. Mais ce qui me fait le plus de peine et de tort, c'est que de ce nombre est mon intime amie la sage Urgande la Déconnue. Freston l'a chargée de chaînes et l'a attachée à une roue de moulin à huile que font tourner sans cesse deux féroces démons ; et chaque fois que la pauvre femme se trouve en bas et que son corps frotte contre la pierre, elle pousse les cris que nous entendons. Or donc, sachez, très-illustres héros, qu'à ma seule personne il appartient de tenter cette aventure insolite, de délivrer la malheureuse Urgande ou de mourir à la peine. »

En entendant de semblables extravagances, l'ermite et Bracamont ne doutèrent plus de la folie de don Quichotte ; ils dissimulèrent néanmoins leur opinion à cet égard, et cherchèrent à intervenir dans les projets du chevalier. « Votre grâce oublie, lui dirent-ils, qu'en ce pays il ne se fait pas de maléfices ; ce bois de pins ne peut être enchanté, et il ne s'y trouve rien de ce que pense votre grâce ; nous devons seulement conclure des cris que nous entendons, que quelques malfaiteurs auront dépouillé une pauvre femme qu'ils auront ensuite abandonnée dans ce bois, après l'avoir maltraitée.—Malgré tous ceux qui prétendent le contraire, répliqua don Quichotte, je reconnais la voix de la personne dont je parle, et elle est là pour ce que j'ai dit. »

Pendant que notre héros et ses compagnons contestaient sur l'état et la qualité de la pauvre femme dont ils entendaient les plaintes, Sancho, tout ramassé sur son âne, s'approcha de son maître, et, son chaperon à la main : « Votre grâce, dit-il, a pu juger il y a quelques jours, à notre sortie de Saragosse, comment j'ai su tenir tête au seigneur Bracamont ici présent, et si ce n'eût été à cause de votre grâce, et pour le respect que je dois à la vénérable présence du seigneur ermite, je ne me serais pas fait faute de mener à bonne fin l'aventure ou la bataille que j'avais entamée avec lui, et dans laquelle il s'est avoué vaincu. Mais maintenant je veux me rendre digne, avec l'aide du temps, et par ce monde d'îles et de presqu'îles, de recevoir, moi aussi, mes degrés de chevalier errant, et de rendre torts ou crochus tous ceux que je rencontrerai. Je prie donc avec instance votre grâce de rester ici avec ces seigneurs, pendant que j'irai tout doucement, monté sur mon âne, à qui je ne laisserai dire en chemin ni bonne ni mauvaise parole, voir si celle qui se plaint là-dedans est bien la sage Urgande, puisque c'est ainsi qu'elle se nomme. Et, si je puis prendre sans vert le coquin de sage dont votre grâce a parlé, on verra comment, après lui avoir donné une demi-douzaine de bonnes gourmades, je l'amènerai ici attaché avec mon licou. Mais si, par hasard, nous succombons à la peine, l'âne et moi, je supplie votre grâce, pour l'amour du seigneur saint Julien, le patron des chasseurs, de nous faire réunir tous deux dans une même sépulture; car, puisqu'en cette vie nous nous sommes aimés comme si nous avions été nourris du même lait, il est juste que la mort ne nous sépare pas. Ainsi donc, votre grâce nous ferait enterrer dans les montagnes d'Oca, et, si par hasard le chemin nous conduisait par Argamésilla de la Manche, notre pays, nous nous y arrêterions sept jours avec leurs nuits, à la gloire et en l'honneur des Pléiades et des sept Sages de la Grèce [1], et, cela fait, nous continuerions joyeusement notre chemin, après avoir eu soin d'abord de déjeuner copieusement. » Don Quichotte se mit à rire. « Mon pauvre Sancho, lui dit-il, tu es bien innocent ! ¿ Comment veux-tu, si je vous emmène morts, toi et ton âne, que nous nous arrêtions sept jours et sept nuits à Argamésilla, et que nous déjeunions ensuite avant d'aller plus loin ? —¡ Par Dieu ! répliqua Sancho, votre grâce a raison ; qu'elle me pardonne, j'avais oublié que j'étais mort.—Eh bien ! Sancho, dit alors don Quichotte, pour que tu voies combien je désire que tu deviennes habile en aventures, je te donne entière licence de tenter celle-ci, et d'en recueillir l'honneur. Cela me revenait, mais j'y renonce pour toi, afin que tu puisses commencer ton noviciat ; et je te promets que si tu sors de l'entreprise selon que j'en ai confiance, dès que nous arriverons à la cour d'Espagne, je ferai de telle sorte que, soit de gré, soit de force, le roi catholique te confère l'ordre de chevalerie. Alors, tu jetteras là ta casaque et ton chaperon, tu monteras, armé de toutes pièces, sur un cheval andalou, tu courras les joutes et les tournois, tuant les fiers géants, délivrant les cavaliers opprimés et les princesses tyrannisées, sans craindre les redoutables griffons et les superbes Andriaques qui te disputeront le passage.—Laissez-moi faire, seigneur, dit Sancho, j'en ferai plus à coups de poing en un jour que d'autres en une heure, surtout si je trouve de bons cailloux pour me mettre dans chaque main ; j'aurai la victoire sans peine, et je tuerai tous les géants, quand bien même j'en trouverais vingt boisseaux. Et là-dessus, adieu seigneur, je vais voir ce que c'est que cette aventurière ; mais que d'abord votre grâce me donne sa bénédiction. » Don Quichotte se signa. « Dieu te donne, lui dit-il, en cette circonstance et en toute autre semblable, le bonheur et le succès qu'obtinrent Josué, Gédéon, Samson, David et le saint Machabée, contre leurs ennemis qui étaient les ennemis de Dieu et de son peuple. »

Sancho se mit en chemin, mais lorsqu'il eut fait quatre pas, il revint vers son maître : « Que votre grâce fasse bien attention, lui dit-il, si par hasard j'étais en danger, et si je me mettais à crier, d'accourir tout aussitôt ; et ne donnons pas à rire au mauvais larron, car il se pourrait que votre grâce arrivât si tard, que Sancho eût déjà reçu une demi-douzaine de coups de massue. — Va, Sancho, va, répondit don Quichotte, et ne crains rien, j'arriverai à temps. » Sancho partit, mais il eut à peine fait six pas, qu'il revint encore : « Que votre grâce n'oublie pas le signal que je lui ferai, quand je serai dans une mauvaise passe avec ce sage, que je recommande d'avance aux furies infernales. Quand je dirai deux fois : Holà ! holà ! qu'elle vienne aussi vite que la pensée, parce que cela voudra dire que déjà il me tient par terre, les pieds et les mains attachés, se disposant à m'ôter la peau comme à un saint Barthélemy. — Tu ne feras rien de bon, dit le chevalier, si tu es aussi peureux. — ¡ Eh donc ! fit Sancho, par la mère qui m'a mis au monde, voilà votre grâce assise tout à son aise sur son cheval, et ces deux seigneurs qui rient comme s'il s'agissait d'une plaisanterie, pendant que je m'en vais seul, pauvre que je suis, me battre contre un million de géants, plus grands que la tour de Babylone; ¡ et votre grâce ne veut pas que j'aie peur ! Je parie que si quelqu'un des seigneurs ici présents y venait, il ferait moins bon marché aussi bien des géants que de la gueuse pour laquelle je m'en vais, dans cette bagarre, chercher des verges pour me fouetter. »

Enfin Sancho se décida à entrer dans le bois de pins. Lorsqu'il eut fait tout en tremblant une vingtaine de pas, il se mit à pousser des cris perçants et à dire : « Holà ! holà ! on me tue ! » Don Quichotte fit sentir les éperons à Rossinante, et courut vers son écuyer avec l'ermite et le soldat. Lorsqu'ils eurent rejoint Sancho qui était tranquillement sur son âne, son maître lui dit : « ¿Qu'est-ce que c'est ? qu'as-tu, mon fidèle écuyer ? me voici ! — C'est bien, fit Sancho, je n'ai encore rien vu, mais j'ai crié pour savoir si vous viendriez à la première alarme. » Don Quichotte et ses compagnons s'en revinrent en riant, et Sancho s'engagea dans le bois. A une petite distance, il entendit des plaintes tout auprès de lui. « Hélas ! mère de Dieu, disait-on, est-il possible qu'il n'y ait personne au monde qui vienne à mon secours ? » Sancho, qui avançait avec crainte plutôt qu'avec timidité, allongeait la tête à droite et à gauche, et écoutait à chaque pas ; enfin il entendit la même voix qui, séparée de lui seulement par quelques arbres, lui disait : « Holà ! frère laboureur, pour l'amour de Dieu, tirez-moi d'ici ! » Sancho tourna tout aussitôt la tête, et vit une femme en chemise attachée à un pin par les pieds et par les mains. A peine l'eut-il aperçue, que poussant un grand cri, il se jeta à bas de son âne, s'en retourna en fuyant par le chemin qu'il avait suivi, et en criant : « ¡Au secours, au secours, seigneur don Quichotte ! on tue Sancho Panza ! »

A ces cris, don Quichotte et les autres marchèrent au devant du pauvre homme qui, tout en courant, regardait à droite et à gauche de l'air le plus effrayé, trébuchant sur une souche pendant qu'il en évitait une autre. Enfin, le soldat le saisit par un bras, le retenant avec peine, tant la peur l'emportait. « Eh bien ! lui dit-il, seigneur chevalier novice, combien de géants votre grâce a-t-elle tués à coups de poing ? Qu'elle s'arrête et qu'elle se calme puisqu'elle a la vie sauve, et qu'elle soit bénie pour nous avoir épargné la peine d'aller l'enterrer dans les montagnes d'Oca. — Ah ! seigneur, répondit Sancho, par les plaies de Jésus de Nazareth, roi des Juifs, que votre grâce n'aille pas par là : je l'assure que j'y ai vu de ces yeux pécheurs, que je ne suis pas digne de prendre à témoin, une âme du purgatoire vêtue de blanc comme elles le sont toutes, selon ce que m'a dit le curé de mon village ; et sur ma foi, elle n'est pas seule, car les âmes vont toujours par bandes comme les pigeons [1]. Tout ce que je sais, c'est que je viens de la voir attachée à un pin ; et si je ne m'étais recommandé tout de suite au bienheureux saint Longin, en prenant ma course, elle m'aurait avalé sans doute, comme elle a avalé le pauvre roussin et mon chaperon que je ne retrouve pas. » Don Quichotte s'avança peu à peu, et les autres avec lui ; Sancho pouvait à peine se remuer, tant il était rompu. « Seigneur, dit-il à son maître, que votre grâce voie à ce qu'elle fait, et ne nous donne pas sujet de pleurer pour tout le reste de notre vie. »

En ce moment la pauvre femme qui était attachée, entendant du bruit, se mit à crier de nouveau. « Hélas ! seigneurs, dit-elle, pour l'amour de celui qui est mort pour tous, que vos grâces me délivrent du tourment où je suis, et, si elles sont chrétiennes, qu'elles aient pitié de moi ! » Don Quichotte et ses compagnons, en apercevant cette femme demi-nue et en larmes, les pieds et les mains liés, en eurent grande compassion. Mais Sancho saisissant l'ermite par son habit et se blottissant derrière lui, tant il avait peur, lui parla de la sorte : « Ho ! madame l'âme du purgatoire, puissé-je vous voir purgée par tous les diables de l'enfer, vous et ceux qui vous ont amenée ici, car vous ne me semblez rien de bon. Donnez ça le roussin que vous m'avez avalé, sinon, par la vie de tous les bourreaux qui se voient dans le *Flas sanctorum*, mon seigneur don Quichotte vous l'ôtera du jabot à coups de lance.—Taisez-vous Sancho, interrompit le soldat, voici là-bas votre âne qui se promène en paissant, et votre chaperon tout auprès.—¡Ho! béni soit Dieu! s'écria Sancho; combien je suis joyeux! » Et courant se jeter au cou de son âne : « Sois le bien revenu de l'autre monde, lui dit-il, âne de mon âme; ¿comment t'es-tu trouvé par là? Seigneur, s'écria-t-il en se retournant vers son maître, que votre grâce fasse bien attention, et ne la détache pas. Cette âme ressemble trait pour trait à l'âme d'une mienne tante qui mourut, il y a deux ans, dans mon village, de la gale et d'un mal aux yeux, et tous, tant que nous sommes dans ma famille, nous ne tenons pas plus à la voir que la teigne, car c'était la plus maudite vieille qu'aient jamais vue les Asturies d'Oviedo depuis le commencement du monde. » Don Quichotte ne s'inquiéta pas des sottises de son écuyer, et, se retournant vers l'ermite et Bracamont, il leur dit : « Vous saurez, seigneurs, que cette dame que vous voyez là, si cruellement attachée, est la grande Zénobie, reine des Amazones, que vous aurez sans doute entendu nommer. Elle était partie pour la chasse, entourée de la multitude de ses habiles chasseurs, vêtue de vert, montée sur un magnifique cheval gris-pommelé, portant à la main son arc, et sur l'épaule un riche bouclier rempli de flèches dorées et empoisonnées. Elle s'éloigna un instant de son monde pour se mettre à la poursuite d'un terrible sanglier; mais elle se perdit au milieu de ces bois, où elle a été rencontrée par un ou plusieurs de ces malandrins qui parcourent le monde en faisant mal sur mal. Alors ils lui ont pris son beau cheval, ses vêtements riches et brodés, les joyaux, les perles, les bracelets et les anneaux qui paraient son cou, ses bras et ses mains; et ils l'ont laissée comme vous voyez, nue, en chemise, et attachée à ce pin. Or donc, seigneur soldat, que votre grâce la détache à l'instant, et nous saurons de sa bouche élégante toute sa touchante histoire. »

La femme passait la cinquantaine, et avait, sur la plus laide figure, une balafre d'un demi-pied à la joue droite, qui portait témoignage des vertus et de la sainteté de son jeune âge[3]. Le soldat alla la détacher. « Je jure à votre grâce, seigneur cavalier, s'écria-t-il, quand il l'eut vue de près, que la duègne que voici n'a pas la figure de la reine Zénobie, non plus que la taille d'une Amazone; et si je ne me trompe, je crois l'avoir vue à Alcala de Henarès, dans la rue des Tavernes : elle doit se nommer Barbara-la-Balafrée. » Lorsqu'elle eut été délivrée, la vieille répondit que tout cela était vrai, et que tel était son nom. L'ermite ôta son manteau qu'il mit sur le dos de la pauvre femme, afin qu'elle fût plus décemment vêtue pour arriver dans le village voisin. Elle s'en enveloppa avec soin, et apercevant don Quichotte armé de toutes pièces, elle s'avança vers lui, et lui dit : « Seigneur cavalier, je rends à votre grâce des grâces infinies pour celle qu'elle vient de me faire, ses mains m'ont arraché à celles de la mort dont sans doute j'aurais été victime cette nuit, si, par la pitié du ciel, votre grâce n'eût été amenée ici avec sa noble compagnie.

—Dame souveraine, répondit don Quichotte avec calme et gravité, fameuse reine Zénobie, dont les hautes actions sont célèbres dans le monde entier; vous dont les Grecs ont connu le nom et la valeur aux dépens de leur propre sang; vous enfin qui, à la tête de vos belles et intrépides

Amazones, avez été assez puissante pour donner la victoire à celui des deux partis que vous préfériez, dans la querelle de l'empereur de Babylone et de l'empereur de Constantinople ; je m'estime heureux et fortuné de vous avoir rendu aujourd'hui ce petit service, le premier de ceux que je veux rendre à votre royale personne à partir de ce jour. Une affaire importante et sérieuse m'appelle à la cour du monarque catholique des Espagnes ; j'y ai promis bataille et combat singulier au géant Bramidan de Taillenclume, roi de Chypre, et je vous jure et promets, si je suis vainqueur, de vous couronner reine et maîtresse de cette île magnifique et de cet heureux royaume, après que, pendant quarante jours, j'aurai défendu, contre tous les chevaliers de la terre, votre rare et merveilleuse beauté. »

L'ermite et Bracamont, en entendant toutes ces sottises, eurent peine à s'empêcher de rire ; ils songèrent néanmoins aux obligations qu'ils avaient à notre héros, qui s'était chargé de les défrayer pendant le chemin, et autant par intérêt que par devoir ils se conformèrent devant lui à son humeur, bien que seul à seul ils s'en donnassent à cœur joie. La bonne femme qui s'entendait traiter de reine ne sut un instant que répondre. « Seigneur, dit-elle enfin, je suis une brave fille, mais je ne suis pas la reine Zénobie, comme votre grâce m'appelle, en plaisantant sans doute, et parce qu'elle me voit aussi laide. En vérité je ne l'étais pas dans mon temps ; j'ai passé toute ma vie à Alcala de Henarès, et quand j'étais jeune, j'étais choyée, aimée et fêtée de tous les galants étudiants qui illustraient alors cette célèbre université[1] ; sans recevoir d'eux jamais, dans toutes leurs maisons et dans toutes leurs cours, d'autre nom que celui de Barbara, qu'on voyait en lettres rouges ou vertes, entouré de couronnes et de palmes, sur les murs et sur les portes des couvents et des collèges. Mais maintenant, hélas! pour mes péchés, depuis qu'un clerc malavisé, dont l'âme soit maudite, me fit cette balafre à travers le visage, il n'y a personne qui fasse cas de moi, et cependant, en bonne foi, quelque laide que je sois, je ne le suis pas à faire peur. —¡ Par la vie de ma mère, que Dieu a sans doute appelée auprès de lui et qui le mérite bien, dit Sancho, quoique votre grâce, madame la reine Zénobie, se figure qu'elle ne fait pas peur, je l'assure qu'elle m'a fort effrayé tout à l'heure avec la triste mine qu'elle avait ; si bien que j'en ai laissé échapper je ne sais quoi dans mes chausses et... ⁵ » Don Quichotte, qui déjà dans sa folie vouait à Barbara toute la vénération et la considération dues à la reine Zénobie, lui dit en donnant à Sancho un horion qui le fit taire : « Allons, sérénissime dame, au village qui est près d'ici, et votre grâce nous dira en chemin comment elle a eu le malheur d'être enlevée et attachée à ce pin par les pieds et par les mains. » Puis, se retournant vers Sancho : « Écoutez, écuyer, lui dit-il, amenez ici votre monture, aidez madame la reine Zénobie à s'y placer, et accompagnez la jusqu'au village. » Sancho obéit, se plaça à quatre pattes pour servir de marche-pied à la vieille ; puis, tournant la tête : « Que votre grâce, madame la reine, mette les pieds sur moi. » Barbara monta sans se faire prier, et, lorsqu'elle fut installée, on se remit en route à petits pas.

Au bout de quelques instants Bracamont s'adressa à la vieille. « ¿Dame Barbara, lui demanda-t-il, au nom de cette belle jeunesse qui a été si chère à tout le monde, que votre grâce nous dise quel est le vaurien qui l'a traitée de la sorte, et comment il l'a tirée de la rue des Tavernes d'Alcala, où elle vivait, comme une princesse, au milieu des étudiants de première année qui la courtisaient et l'enrichissaient? —Ah! seigneur soldat! répondit-elle, ¿votre grâce m'a-t-elle donc connue au temps de ma prospérité? ¿Est-elle entrée quelquefois dans ma maison? ¿a-t-elle jamais mangé des tripes que j'arrangeais si bien que mes étudiants s'en rongeaient les mains?—Jamais, dit Bracamont, je n'ai été manger chez votre grâce, parce que j'étais au collége des Trois Langues où les étudiants sont nourris; mais je me souviens bien qu'on donnait de grandes louanges à la propreté de votre grâce et à la finesse de ses ragoûts[6]; je sais même encore qu'on rencontrait chez elle, plus souvent que les autres, il y a quatre ans, un certain étudiant nommé Lopez qui n'était pas le moins heureux de tous[7].— Jésus, Jésus! fit Barbara; votre grâce sait tout cela! Eh bien! je lui dirai que Lopez est maintenant licencié; c'est un grand coquin très-amoureux, et en conscience, chaque fois que je montais chez lui, il ne me crachait pas au visage. —Oh! oh! madame la reine, dit Sancho, si votre grâce est si habile à fricasser les tripes, je la préviens que si mon maître la conduit comme il le dit au royaume de Chypre, elle y trouvera bien des occasions d'exercer son habileté; elle aura à sa disposition les tripes des nombreux ennemis que nous tuerons, et elle en pourra faire des petits pâtés, des boulettes farcies, qu'elle assaisonnera de mille manières à son bon plaisir. Il n'est pas besoin de tant de manières, répondit Barbara, pourvu qu'il y en ait une bonne.—Peu m'importe, reprit Sancho, tout ce que je sais, c'est que j'ai mangé chez le seigneur don Carlos, à Saragosse, des boulettes dont j'ai encore le goût dans la bouche, et je veux que nous en semions le plus possible quand nous serons à Chypre. »

CHAPITRE XXIII

Où Barbara raconte sa vie à don Quichotte et à ses compagnons. Ce qui arriva à nos voyageurs depuis leur arrivée au village jusqu'à leur sortie.

Hors du bois de pins, don Quichotte, qui avait gardé le silence et qui rêvait à la manière dont il présenterait à la cour la prétendue reine Zénobie, prit enfin la parole. « Très-puissante reine, dit-il à Barbara, ¿serait-il agréable à Votre Majesté, d'ici à ce que nous soyons arrivés au village voisin, de nous apprendre quels sont les félons qui lui ont ravi ses riches joyaux et qui l'ont dépouillée de ses vêtements royaux, la laissant si cruellement attachée à un arbre ? » Barbara répondit tout aussitôt : « Votre grâce saura, seigneur chevalier, que lorsque j'habitais à Alcala de Henarès, dans la rue qu'on nomme la rue des Tavernes, vivant aussi honorablement que possible, la fortune, qui est toujours contraire aux gens de bien, s'avisa d'amener dans la ville un fort joli garçon, plein d'esprit, qui vint deux ou trois fois manger chez moi. Quand je le vis si courtois, si galant et si aimable, je le pris en affection, et ce fut de telle sorte que ni nuit ni jour je ne pouvais rester sans le voir [1], sans lui parler et sans l'avoir à mon côté. Je lui donnais tous les jours à dîner et à souper comme à un prince, je lui achetais des bas, des souliers, des collets plissés, et même des livres dont il avait besoin ; enfin, je me regardais en lui comme dans un miroir. Il mena cette vie là chez moi plus d'un an et demi sans dépenser un maravédis à lui, mais beaucoup à moi. Or, il arriva qu'un soir qu'il était auprès de moi, il me dit qu'il avait le désir d'aller à Saragosse, où il avait des parents fort riches ; et que, si je voulais y aller avec lui, il me promettait, en arrivant, de se marier avec moi, tant il m'aimait. Moi, qui suis une bête, je crus à ses fausses promesses; et je lui répondis que je serais très-heureuse de le suivre. Sans plus tarder, je vendis tout ce que j'avais, c'est-à-dire deux lits bien garnis, deux paires de vêtements, une grande armoire pleine de linge, et enfin tout le reste, ce dont je fis plus de quatre-vingts ducats en réaux de huit. Munis de cette petite fortune, et fort contents de notre escapade, nous partîmes ensemble un soir d'Alcala. Au second jour, étant arrivés à l'entrée de ce bois d'où nous venons de sortir, il me proposa d'y pénétrer pour nous reposer et pour nous amuser un peu; je le suivis bien à tort, car lorsqu'il me vit seule avec lui dans un endroit si isolé, il mit la main à sa dague en me disant que si je ne lui livrais tout l'argent que j'avais sur moi, il m'arracherait l'âme du corps. Quand je vis une furie si imprévue chez l'homme que j'aimais le mieux au monde, je ne sus que répondre, je me mis à pleurer et à le supplier de ne pas commettre une telle méchanceté ; mais il me pressa de telle sorte, sans faire cas de mes justes raisons et de mes larmes, que, me voyant tarder à lui remettre les quatre-vingts ducats, il se mit dans une grande colère et me dit d'horribles injures, m'appelant voleuse, sorcière et pis encore. »

Sancho, qui écoutait Barbara avec une grande attention, l'interrompit en l'entendant citer ces honorables épithètes. «¿ Que votre grâce me dise, madame la reine, lui demanda-t-il, était-il bien vrai, ce vocabulaire de l'étudiant ? A en juger par ses actions, je suis porté à croire qu'il était trop homme de bien pour ne pas dire la vérité pure.—¡ Comment, la vérité ! répliqua-t-elle; pour ce qui est de m'avoir appelée sorcière, il a menti comme un vilain, car si on m'a exposée une fois à la grande porte de l'église de Saint-Just, sur une échelle [2], ce n'a été que pour un faux témoignage porté contre moi par des voisines envieuses et soupçonneuses, qui sont cause que j'ai été mise ensuite en cage, où j'ai dépensé tout ce que Dieu sait ! Mais suffit ; elles le mangeront avec leur pain ; et, d'ailleurs, je me suis déjà vengée de l'une d'elles tout à ma guise en donnant des boulettes à son chien favori. » Tout le monde se mit à rire de cette réponse de Barbara. « Mais par le corps de Ponce-Pilate, reprit Sancho, ¿ quel mal ce pauvre chien avait-il fait à votre grâce? Était-il allé par hasard se plaindre à la justice et avait-il porté le faux témoignage dont votre grâce se plaint ? Le chien est une bonne bête qui ne fait de mal à personne, et qui rend de grands services quand il sait aller à la chasse. Triste chien ! J'ai le cœur déchiré de l'homicide de ce malheureux.—Imbécile ! lui dit don Quichotte, ¿ as-tu par hasard vu ou connu ce chien ? En quoi cela te touche-t-il ?—Je ne tiens pas à ce que cela me touche, répondit Sancho, mais qui sait si cet honorable malheureux et moi nous n'avons pas été frères un jour; le diable est bien subtil ; on rencontre le lièvre quand on s'y attend le moins; et, comme on dit, partout où tu vas, pense aux parents que tu as. » Et là-dessus il se mit à enfiler des proverbes sans qu'on pût lui imposer silence.

Don Quichotte pria la reine Zénobie de continuer sans faire attention à Sancho qui était un animal. « Je vous disais donc, reprit-elle, que mon cher Martin, ainsi se nommait la lumière de mes yeux, se mit à me tourmenter à propos de mon argent, accompagnant chaque parole injurieuse d'un coup de poing sur mes pauvres côtes. Sans défense, et voyant que si je ne faisais pas ce qu'il me demandait, je pourrais recevoir quelque coup plus sérieux, je tirai de ma poche tout mon argent et le lui donnai. Non content de cela, il me dépouilla d'une robe, d'une jupe et d'un cotillon passable que je portais, et m'attachant à un pin, il me laissa dans l'état où m'ont trouvé vos grâces, que Dieu veuille payer du secours qu'elles m'ont apporté! — ¡Par ma foi, s'écria Sancho, s'il en eût ôté à votre grâce un doigt de plus, il l'eût laissée comme Adam et Ève. Oh! le fils de sorcière et le vaurien! ¿ne serait-il pas bon, seigneur don Quichotte, que j'allasse de ce côté, à la recherche de cet étudiant démesuré, le défier en bataille rangée? Je lui couperais la tête, je l'apporterais plantée sur le fer de quelque lance, et je me présenterais avec elle dans les joutes et dans les tournois aux applaudissements de tous. Alors ils diraient : «¿Quel est ce chevalier errant?» Et je crois que je saurais leur répondre avec fierté : « Je suis Sancho Panza, l'écuyer errant de l'invaincu don Quichotte de la Manche, la fleur, la crème et l'écume de l'écuyerie errante [3]. » Mais cependant je ne tiens pas à me commettre avec ces étudiants de Belzébut, car je me souviens que l'autre jour, quand j'allais aux joutes de Saragosse, avec le cuisinier boiteux du seigneur don Alvaro, nous vîmes à en rencontrer quelques-uns; et l'un d'eux me donna un si infernal coup de poing sur la gorge que les yeux faillirent m'en sortir de la tête. Un autre arriva qui me donna d'un autre côté un tel coup de pied que j'en faillis perdre la respiration; enfin je fus traité de telle sorte que je me sauvai en courant et en criant : « ¡Justice! on tue l'écuyer du meilleur chevalier errant qu'aient jamais connu tous ceux qui portent le pourpoint de cuir. »

On arriva, sur ces entrefaites, au petit village dont nous avons parlé, ce qui mit fin au bavardage de Sancho. On chercha une hôtellerie dans laquelle tous s'installèrent par les soins de don Quichotte, qui ensuite vint se placer à cheval devant la porte dans le but de discourir avec tous ceux que son étrange figure avait attirés. De ce nombre, et non des derniers, étaient les alcades de l'endroit. L'un d'eux, qui paraissait le plus éveillé, interpella notre héros avec cette autorité que donnent la baguette blanche et la bonne opinion de soi-même. « ¿Que votre grâce veuille nous dire, seigneur armé, lui demanda-t-il, où elle va, et quels sont ses projets, avec ce vêtement de fer et cette rondache qui est si grande? Je jure, sur ma conscience, qu'il y a longtemps que je n'ai vu un homme ainsi accoutré. Il y a cependant au-dessus de notre maître-autel un tableau de la résurrection, avec des juifs effrayés, et harnachés comme l'est votre grâce. Néanmoins ils ne sont pas représentés avec de grandes roues de cuir et de longues lances comme votre grâce les porte. » Don Quichotte, tenant Rossinante en bride, fit face à tous ceux qui étaient présents, et sans faire attention aux questions de l'alcade, il leur dit d'une voix lente et calme :

« Valeureux Léonais, restes de l'illustre sang des Goths, vous qui, lorsque l'Espagne fut livrée à l'Arabe

Muza par le traître comte Julien, qui se vengeait ainsi des offenses de don Rodrigue, fûtes forcés de vous retirer dans l'inculte Biscaye, dans les Asturies et dans la Galice, afin de conserver, dans les retraites inaccessibles de vos montagnes, le noble et généreux sang qui devait être le fléau des Maures africains ; vous qui avez eu pour chefs l'invincible et glorieux Pélage et l'illustre Sandoval, son beau-père, au zèle de qui l'Espagne doit la dynastie des rois catholiques à qui elle obéit ; vous dont les épées redoutables ont su reconquérir l'Espagne, et gagner de nouveaux royaumes et de nouveaux mondes, à l'envi du soleil qui seul les connaissait avant vous ; vous enfin, Guzmans, Quiñones, Lorenzanas et tous autres qui m'écoutez, sachez que mon oncle, le roi don Alonso-le-Chaste,—car je suis le fils de sa sœur, moi célèbre et redouté sous le nom de Bernardo [1],—retient prisonnier mon père, le comte de Saldagne, sans vouloir me le rendre, et qu'en outre il a promis à l'empereur Charlemagne de lui donner après sa mort les royaumes de Castille et de Léon. Je ne puis garder le silence sur cette injustice, car le roi n'a pas d'autre héritier que moi, à qui reviennent ses royaumes par loi et par droit, comme à son neveu légitime et le plus proche de la maison royale, et je ne permettrai pas à des étrangers de prendre possession d'une chose qui est si bien la mienne. Ainsi donc, Seigneurs, nous allons partir à l'instant pour Roncevaux ; nous emmènerons avec nous le roi Marsilio d'Aragon, avec Bravonel de Saragosse ; et, grâce à l'assistance et aux ruses de Galalon, nous tuerons facilement Roland et les douze pairs. Durandart, mortellement frappé, quittera la bataille, laissant après lui une longue traînée de sang, et Montésinos, suivant ses traces à travers les vallées, au milieu de mille aventures étranges, le rencontrera enfin, et, à sa prière, lui arrachera le cœur, qu'il portera à Belerma, la reine de ses pensées. Et maintenant, fameux Léonais et Asturiens, pour la réussite de notre guerre, ayez soin d'éviter toute dissension pour le partage et l'abornement des terres que nous allons conquérir. »

Cela dit, il fit faire une volte à Rossinante, et, serrant les éperons, il entra dans la cour de l'hôtellerie en criant : « Aux armes ! aux armes ! »

« Il sort de Léon Bernardo
Avec les vaillants d'Asturie ;
Les voilà tous prêts pour la guerre
Prêts à tenir tête aux Français [5]. »

Cet étrange discours étonna tous les assistants, qui ne savaient comment le prendre : les uns disaient que l'homme armé était fou, les autres que c'était quelque cavalier de haut rang, ce que son costume prouvait, de reste ; tous enfin voulaient entrer pour le voir de plus près ; mais l'ermite se plaça en travers de la porte. « Que vos grâces veuillent bien nous laisser, leur dit-il, ce gentilhomme est fou, et nous le conduisons pour le faire guérir à la maison des aliénés de Tolède ; que vos grâces veuillent bien ne pas déranger son esprit plus qu'il ne l'est. » Chacun se retira après ces paroles du vénérable ermite ; Sancho conduisit Rossinante à l'écurie, pendant qu'on emmenait don Quichotte dans la salle de l'hôtellerie, où l'ermite et Bracamont l'aidèrent à se désarmer.

La pauvre Barbara était assise dans un coin, enveloppée dans le manteau de bure de l'ermite. « Dame souveraine, lui dit don Quichotte en l'apercevant, ayez un peu de patience, vous serez bientôt reconduite à votre fameux empire des Amazones, après avoir été préalablement couronnée reine du redoutable royaume de Chypre, en possession duquel je vous mettrai, après avoir tué le tyran qui l'opprime, le vaillant Bramidan de Taillenclume, avec qui je dois me rencontrer à la cour espagnole. Demain donc, et sans perdre de temps, nous nous rendrons à la forte ville de Siguenza, la bien murée, et je vous y achèterai de riches vêtements pour remplacer ceux que ce prince félon, don Martin, vous a enlevés, contrairement aux lois de la raison et de la courtoisie.—Seigneur cavalier, répondit Barbara, je baise les mains à votre grâce pour la bonne œuvre qu'elle a faite sans m'avoir aucune obligation : je voudrais n'avoir que quinze ans et être plus belle que Lucrèce pour mettre au service de votre grâce tous mes biens venus et à venir ; mais votre grâce peut être certaine que si nous arrivons à Alcala, je la recevrai chez moi de mon mieux, en compagnie d'une couple de jeunes truites, jolies comme mille merveilles, qui n'ont pas plus de quatorze ans, et qui ne font pas les renchéries. » Don Quichotte n'entendait rien à la musique de Barbara. « Madame, lui dit-il, je ne suis pas homme à me laisser prendre à l'appât du boire et du manger comme mon écuyer Sancho Panza ; néanmoins, si ces truites sont préparées, je les paierai et nous les emporterons dans nos besaces pour la route, et encore si mon écuyer Sancho se met à jouer des mâchoires, il pourra bien trouver que des truites sont maigre chère. » Lorsque la bonne femme vit que don Quichotte ne la comprenait pas, elle se retourna vers le soldat qui riait sous cape. « ¡Mort de ma vie, lui dit-elle, que ce cavalier est innocent et qu'il a l'esprit épais ! s'il vient à Alcala, il nous faudra lui chatouiller un peu l'entendement.—¿Que dit votre altesse à propos d'épais ? demanda don Quichotte.—Je remarquais, répondit-elle, que votre grâce ne l'est pas beaucoup, ce qui est assez surprenant chez une personne d'aussi bonne condition.—Madame, reprit le chevalier, j'ai connu un philosophe moderne qui se plaignait beaucoup de trois sortes de personnes : du médecin qui a la gale, du lettré qui se trompe, et de celui qui, étant gros et gras, veut avoir des affaires sérieuses et faire des courses lointaines. Or, comme j'ai choisi la profession de chevalier errant, dans laquelle les deux dernières choses sont de nécessité, il ne m'est pas permis d'être gros et épais ; c'est là le fait des hommes qui n'ont ni fatigues ni soucis. »

En ce moment Sancho arriva en courant, en frappant ses mains l'une contre l'autre, et en criant : « ¡Étrennes ! seigneur don Quichotte, étrennes ! j'apporte une bonne nouvelle, une bonne nouvelle !—Je te promets tes étrennes, mon fils Sancho, dit le chevalier, surtout si tu m'annonces qu'on a trouvé le coquin d'étudiant qui a dépouillé la grande reine Zénobie.—Mieux que cela, fit Sancho.—¿ Serait-ce par hasard, reprit don Quichotte, que le géant Bramidan de Taillenchume est dans ce pays, et qu'il me cherche pour engager la bataille dont nous sommes convenus ?—C'est encore mieux, sans comparaison, dit Sancho.—Alors, parle et hâte-toi, fit don Quichotte, et si la nouvelle est aussi importante que tu le dis, les bonnes étrennes ne te manqueront pas.—Vos grâces sauront donc, reprit Sancho, que l'hôtelier m'a dit (et ce n'est pas une plaisanterie, car je l'ai vu de mes yeux) qu'il nous donnerait pour notre souper un richissime ragoût, fait de quatre petits pieds de vache, d'une livre de porc, avec du mou et des navets, tel enfin que moyennant cinq réaux que nous donnerons, bien marqués et bien comptés, la marmite elle-même viendra sur ses pieds souper avec nous. — ¡ Voyez l'imbécile, le gauche, s'écria don Quichotte, en lui allongeant un horion ; et les nouvelles importantes qu'il nous apporte ! Je lui en donnerais volontiers les étrennes avec un bâton, si j'en avais un sous la main.» L'hôte entra au milieu de l'accès de colère de don Quichotte. « ¿Que désirent vos grâces pour souper? demanda-t-il : je les ferai servir à l'instant. » Don Quichotte demanda pour lui deux œufs à la coque, et laissa ses compagnons libres de se faire apporter ce qu'ils désireraient; mais il donna ordre à l'hôte de faire préparer un faisan, s'il l'avait, pour la reine Zénobie, trop délicate et de trop bon goût pour pouvoir manger autre chose. L'hôte regarda celle que don Quichotte appelait la reine. « ¿N'est-ce pas votre grâce, lui dit-il, qui soupa ici hier avec un étudiant et qui nous dit qu'elle allait se marier à Saragosse? Hier elle n'était pas cette Zénobie que dit ce cavalier; ¿comment se fait-il qu'elle le soit aujourd'hui? Sur ma foi, elle n'a pas eu de faisan pour son repas d'hier, mais bien un plat de tripes qu'elle avait apporté avec elle, de Siguenza, dans une serviette qui n'était pas des plus propres, et certes elle n'a pas eu avec nous la générosité d'une reine.— Frère, répondit Barbara, je ne vous demande rien; apportez à souper, et je mangerai de ce que ces seigneurs mangeront, puisque ce cavalier nous fait à tous la grâce de nous inviter. »

L'hôtelier mit la table, et tous soupèrent, à la grande joie de Sancho, qui, en servant son maître, suivait de l'œil et du cœur avec envie chaque bouchée qu'avalaient les convives. Lorsqu'on eut desservi il s'en alla souper à son tour; l'ermite dit alors à don Quichotte : « Votre grâce nous a fait, au seigneur Bracamont et à moi, celle de nous permettre de l'accompagner pendant le chemin que nous venons de suivre, et nous lui sommes tous les deux très-reconnaissants; mais maintenant nous sommes obligés de prendre un chemin différent : le seigneur soldat doit aller à Avila, où il est né, et moi à Cuenca. Votre grâce voudra donc bien nous permettre de la quitter et de lui offrir nos services pour ces deux villes, dans lesquelles nous ferons tout ce qui nous sera possible pour lui être utiles ; nous en offrons autant à son diligent écuyer Sancho. » Don Quichotte répondit qu'il éprouvait un vif regret de perdre d'aussi bons compagnons, mais qu'il ne pouvait l'empêcher, et qu'il souhaitait que la bénédiction de Dieu les accompagnât. Il ordonna à Sancho de leur donner à chacun un ducat pour le chemin, ce dont ils le remercièrent. Puis il ajouta : « En vérité, Seigneurs, le hasard ne réunit pas tous les jours, comme il l'a fait sur le chemin qui conduit de Saragosse ici, trois sujets qui réunissent les conditions par lesquelles on acquiert ici-bas honneur et renommée, c'est-à-dire, le sang, les armes et les lettres. Le sang a pour représentant le seigneur Bracamont, dont la race est connue dans toute la Castille ; les armes, moi, car par elles j'ai conquis une telle réputation dans le monde, que mon nom est célèbre dans toute son étendue ; enfin, les lettres, notre saint ermite, que j'ai reconnu être assez grand théologien pour payer de sa personne en quelque université que ce soit, fût-ce celles de Salamanque, de Paris ou d'Alcala. »

Sancho, qui après avoir soupé s'était placé debout derrière don Quichotte pour écouter la conversation, s'avisa d'y placer son mot. « Et moi, dit-il, quelle est ma réputation ? ¿ne suis-je pas une personne comme une autre ?—Toi, répondit don Quichotte, tu as la réputation d'être le plus grand glouton qui se soit jamais vu.—Eh bien ! sachent vos grâces, répliqua Sancho, plaisanterie à part, que non-seulement je m'applique l'une des gloires dont se flatte chacune de vos grâces, et qui fait sa renommée, mais que je fonde la mienne à la fois sur le sang, sur les armes et sur les lettres. » Don Quichotte se mit à rire. « ¡O innocent! s'écria-t-il, ¿ quand et comment as-tu mérité cette renommée qui nous a coûté tant de travaux?—Je vais le dire à vos grâces, répondit Sancho, et, par ma casaque, qu'elles veuillent bien ne pas rire. D'abord, je suis fameux par le sang, parce que, comme le sait mon seigneur don Quichotte, mon père fut boucher dans notre village; et j'allais toujours couvert du sang des vaches, des brebis, des moutons, des agneaux, des chèvres et des veaux qu'il tuait tous les jours. Par les armes je suis également fameux, parce que un mien oncle, frère de mon père, était armurier dans mon pays; et il l'est aujourd'hui à Valence, et il passe sa vie à fourbir des épées, des dagues, des poignards, des estocs, des couteaux, des lances, des hallebardes, des javelots, des pertuisanes, des cuirasses, des morions et tout autre genre *armorum*. Par les lettres, enfin, parce que j'ai un cousin qui est relieur de livres à Tolède, et qui passe sa vie au milieu des parchemins écrits et des volumes grands comme le bât de mon âne et remplis de lettres gothiques. » Tous se levèrent en riant de ces naïvetés de Sancho, et chacun alla se coucher où l'hôte le conduisit.

CHAPITRE XXIV

Comment don Quichotte, Barbara et Sancho arrivèrent à Siguenza. Des aventures qu'ils y rencontrèrent, et particulièrement Sancho qui fut conduit en prison.

Le bon chevalier se réveilla au petit jour, car le chaos qu'il avait dans la tête, et la confusion d'images qui se pressaient dans son esprit l'agitaient tellement qu'à peine il dormait une demi-heure de suite. Aussitôt éveillé, il sauta à bas de son lit et appela à grands cris Sancho qui eut peine à ouvrir les yeux. Cependant, poussé et pressé par son maître, il alla seller Rossinante et l'âne, pendant que don Quichotte payait le souper et le coucher. Cela fait, tous nos voyageurs sortirent ensemble de l'hôtellerie. L'ermite et Bracamont prirent congé de don Quichotte et de Sancho. Celui-ci était fort occupé à jucher Barbara sur une vieille bourrique que don Quichotte avait louée à l'hôte pour aller jusqu'à Siguenza. Notre héros avait emprunté aussi, pour sa protégée, une robe non moins vieille que la bourrique et appartenant à l'hôtesse.

Après avoir cheminé une partie de la journée, don Quichotte, Sancho et Barbara arrivèrent à la ville, et se rendirent tout de suite à une hôtellerie qui leur avait été indiquée. Mais ce ne fut pas sans un nombreux accompagnement d'enfants qui suivaient notre héros en criant : « A l'homme armé! à l'homme armé! » Lorsque don Quichotte fut descendu de cheval, il demanda à l'hôte de l'encre et du papier, et s'enfermant dans une chambre, il écrivit une demi-douzaine de cartels ainsi conçus :

CARTEL.

« Le Chevalier sans amour, fleur et miroir de la nation manchoise, défie en combat singulier celui ou ceux qui ne confesseront pas que la grande Zénobie, reine des Amazones, qui l'accompagne, est la plus haute et la plus belle femme qui se puisse trouver sur toute la rondeur de l'univers. Il défendra cette rare et singulière beauté avec le tranchant de son épée, sur la place royale de cette ville, depuis le matin à midi jusqu'au soir. Que celui qui voudra livrer bataille audit Chevalier sans amour inscrive son nom au bas de ce cartel. »

Lorsque plusieurs copies furent faites, don Quichotte appela Sancho : « Prends ces papiers, Sancho, lui dit-il, cherche un peu de glu ou de cire, et applique-les dans les carrefours de la ville, de manière à ce qu'ils puissent être vus de tous. Tu remarqueras avec attention ce que diront les chevaliers qui viendront les lire; tu me diras s'ils se mettent en colère, s'ils protestent au nom de leurs dames, ou s'ils profèrent quelqu'injure; tu verras s'ils se réjouissent de cette occasion de me livrer bataille; et enfin, s'ils te demandent où je suis et où est la reine, ma souveraine. Va et vole, mon Sancho; et, sur ton âme, prends bien note de tout, afin, quand tu reviendras, de me rendre un compte fidèle; car il est possible que, sans attendre davantage, je veuille à l'instant aller châtier les audacieux, et les empêcher à l'avenir de manquer aux égards qu'ils doivent à qui saura les punir. » Sancho resta un instant tout pensif, les papiers à la main, car il se prêtait de fort mauvais gré à cette publication de cartels, et il eût préféré que don Quichotte l'envoyât chercher un morceau de viande, attendu qu'il avait un appétit fort raisonnable. Aussi, la tête basse : « ¡ Par le gril du seigneur saint Laurent! dit-il, il est impossible, seigneur don Quichotte, lorsque nous pouvons vivre dans la paix de la sainte mère Église catholique romaine, que nous voulions nous embarquer, de propos délibéré, dans de nouveaux embarras; cela ne nous va ni ne nous vient. ¿ Votre grâce veut-elle donc qu'il nous tombe quelque Barrabas de chevalier, qui, après s'être bien reposé et bien refait dans cette ville, lui et son cheval, viendra nous livrer bataille, à nous qui sommes fatigués, qui avons notre Rossinante accablé au point de ne pouvoir manger une bouchée? Il n'aura pas de peine à nous vaincre, et nous serons après cela dans de beaux draps ! ¿ D'un autre côté, n'est-il pas nécessaire de demander la permission de l'alcade de l'endroit, avant de poser ces papiers? Me voilà jeté dans plus de quatre mille mésaventures qui ne me plaisent guère.—O l'imbécile ! le pusillanime et le lâche ! lui dit don Quichotte ; ¿ et c'est toi qui te proposes de recevoir à Madrid l'ordre de chevalerie, en grande pompe et en présence de la sainte, catholique et royale majesté du roi notre seigneur ? Sache que le miel n'est pas pour la bouche de l'âne, et que l'ordre de chevalerie ne peut et ne doit se donner qu'à des hommes de cœur, résolus, vaillants et courageux, et non à des goulus et à des paresseux comme toi. Va vite et fais ce que je te dis sans répliquer. »

Sancho, qui vit son maître dans une telle colère, se tut et s'en alla en maudissant mille fois le jour où il s'était engagé à lui. Il acheta chez un savetier, pour le quart d'un réal, de la poix qu'il emporta sur une vieille semelle, et il se dirigea vers la place. Comme il se faisait tard, il y avait là quelques cavaliers, des hidalgos et d'autres personnes qui prenaient le frais en compagnie du corrégidor. Sancho s'approcha de l'Audience sans dire mot à personne, et se mit en devoir de coller sur la porte l'un de ses papiers; mais un alguazil qui suivait le corrégidor, voyant un laboureur appliquer à la porte de l'Audience un placard en lettres gothiques, pensa que c'était une affiche de théâtre et s'approcha : « Holà ! frère, dit-il à Sancho, que mettez-vous là? Êtes-vous le valet de quelques comédiens ?— ¿ Pour qui me prenez-vous? répondit Sancho; ce que je mets là, grosse bête, n'est pas pour vous, nous visons un peu plus haut ; ceci regarde les hommes à capes noires, et vous en saurez quelque chose demain. » L'alguazil lut le cartel, non sans surprise, et, rejoignant Sancho qui en posait un autre à quelques pas plus loin : « Venez ici, homme du diable, lui dit-il ; qui vous a ordonné d'afficher ces papiers ?—Otez-vous de là, homme de Satan, répliqua Sancho, je n'ai que faire de vous le dire. »

Au bruit que fit cet échange de paroles, le corrégidor et ceux qui l'accompagnaient se retournèrent et s'informèrent de ce que c'était. « Seigneur, dit l'alguazil au magistrat, ce laboureur s'en va appliquant par la place des cartels par lesquels un je ne sais qui défie au combat tous les cavaliers de cette ville.—¡ Des défis ! dit le corrégidor; apportez-moi l'un de ces papiers, que je voie ce qu'ils disent ; nous sommes dans le saint temps de carême [1], et je ne voudrais pas que l'évêque fût informé avant nous de pareille folie. » L'alguazil alla arracher le premier placard qu'il trouva, ce que voyant, Sancho se mit dans une telle colère, qu'il courut à l'agent, un caillou à la main : « Alguazil indigne et démesuré, s'écria-t-il, par l'ordre de chevalerie que mon maître a reçu, si je n'avais peur de toi et de ce roi peint que tu portes sur ton habit, je te ferais payer avec cette pierre toutes les alguazileries que tu as commises jusqu'à ce jour, afin d'apprendre à tes semblables, et à la gueuse qui t'as mis au monde, à ne pas commettre de semblables extravagances. » Lorsque le corrégidor vit ce laboureur, une pierre à la main, prêt à frapper l'alguazil, il donna ordre qu'on l'arrêtât et qu'on l'amenât devant lui. Une demi-douzaine de recors avancèrent pour le faire ; mais Sancho, armé de sa pierre, ne se laissait pas approcher. Cependant, lorsqu'il s'aperçut que l'affaire était sérieuse et que les épées voyaient le jour, il lâcha la pierre, et, prenant son chaperon à deux mains : « Seigneur, dit-il, pour l'amour de Dieu, laissez-moi aller dire à mon maître que des lutins et des malandrins m'empêchent de poser ses papiers de défi ; vous le verrez venir, colère comme un cygne enchanté, et je jure qu'il ne laissera pas un seul païen en vie. » Les recors, qui ne comprenaient rien à ce langage, tenaient Sancho à quatre devant le corrégidor, pendant que celui-ci achevait de lire le papier. Lorsqu'il eut fini, il le passa aux autres personnes qui s'en amusèrent beaucoup, puis il s'adressa à Sancho : « Venez ici, brave homme, lui dit-il, et apprenez-moi qui vous a ordonné de poser ces papiers sur l'Audience : foi d'hidalgo, il vous en coûtera, à vous et à celui qui vous a envoyé, plus cher que vous ne le pensez ! — Hélas ! fit Sancho, malheureuse soit la mère qui m'a mis au monde et la nourrice qui m'a donné son lait ! C'est mon maître (maudit soit-il !) qui m'en a donné l'ordre ; et je lui disais bien que cela nous ferait avoir la guerre dans ce pays ; qu'il valait bien mieux auparavant aller tuer ce mauvais géant de roi de Chypre, afin de mettre à sa place madame la reine Zénobie. Mais que votre grâce me fasse mettre en liberté, et je lui jure, foi de Sancho Panza, que j'irai en courant dire à mon maître ce qui se passe ; et votre grâce verra comme il arrivera ici sur ses pieds ou sur ceux de Rossinante, faire une telle boucherie, qu'on n'en aura jamais vu de pareille. —¿ Et comment se nomme ton maître ? demanda le corrégidor. —Son vrai nom, répondit Sancho, est Martin Quijada. L'an passé on l'appelait don Quichotte de la Manche, et par surnom le Chevalier de la Triste Figure ; mais cette année, comme il est brouillé avec l'infante Dulcinée du Toboso (une ingrate qui a été cause de l'excessive pénitence qu'il a faite dans la Sierra-Morena, et à la suite de laquelle il a conquis le fameux armet de Membrin) il se fait nommer le Chevalier sans amour. —C'est bien, par Dieu ! reprit le corrégidor, ¿ et vous, quel est votre nom ? —Moi, Seigneur, sauf le respect que je dois aux honorables barbes qui m'entendent, je me nomme Sancho Panza, l'écuyer infortuné du chevalier errant dont je viens de parler. Je suis naturel d'Argamésilla de la Manche, fils de mon père et de ma mère, et baptisé par le curé. —Fils de ton père et de ta mère, dit le corrégidor en éclatant de rire, tu ne dirais pas autrement si tu étais fils d'un âne et d'une ânesse. » Et là-dessus il ordonna à l'alguazil et aux recors de conduire Sancho en prison et de lui mettre double chaîne ; puis de visiter toutes les hôtelleries du pays, d'y chercher le maître de ce laboureur et de le lui amener.

On emmena le malheureux Sancho, et l'historien le plus

GIBIER DE PRISON. 257

diligent serait inhabile à raconter tout ce qu'il fit et tout ce qu'il dit sur le chemin de la prison, et lorsqu'il s'y vit enfermé, puis enchaîné. Ainsi, entre autres simplicités, il dit aux geôliers qu'ils n'auraient eu que faire de lui appliquer ces diablesses d'entraves de fer, qui l'empêchaient de marcher, et qu'il suffisait de l'inviter à rester tranquille pour qu'il se le tînt pour dit. On le laissa dans la prison, et il y fut bientôt abordé par trois ou quatre coquins armés de petits tubes, dans lesquels était un fort vilain gibier. Ces vauriens le prirent d'abord pour un sage de Vieille-Castille, ce qui veut dire voleur en jargon de Bohême ; mais à l'embarras que lui causaient ses chaînes, à la peine qu'il éprouvait à marcher, ils jugèrent qu'il en était à sa première épreuve et ils s'avisèrent de lui faire payer sa bienvenue. Aussi lui secouèrent-ils sur la nuque et dans le dos tout le contenu de leurs tubes [2], de sorte que le pauvre homme n'eut qu'à se débattre et à gratter pendant tout le temps qu'il demeura dans la prison. Ses souffrances lui arrachaient des lamentations de toute espèce ; il maudissait l'heure où il avait connu don Quichotte ; il se tiraillait la barbe en murmurant des adieux à sa femme, à son âne, à Rossinante. Enfin, ennuyé de ses chaînes et perdant patience, il s'adressa à l'un de ses compagnons d'infortune : « Holà ! seigneur vaurien ! lui dit-il, puisse u donner à votre grâce autant de santé qu'elle paraî joyeuse de mes peines ! mais par grâce qu'elle m'en ve ces entraves qui ne me permettent pas de remuer ; je ne pourrai fermer les yeux cette nuit, si je les garde sur les bras. »

En ce moment entrait l'un des garçons du geôlier qui l'entendit. « Frère, lui dit-il, pour un réal que vous donnerez à mon maître, il vous ôtera vos fers pour cette nuit, si cela peut vous faire plaisir et vous rendre service. »

A cette proposition, Sancho tira à la hâte de sa poche une petite bourse de cuir, dans laquelle il avait mis le matin six ou sept réaux pour la dépense de la nuit à l'hôtellerie; il y prit un réal d'argent et le donna au garçon, qui tout aussitôt le déchaîna. Quelques-uns des prisonniers, qui étaient des aigles pour trouver les choses avant qu'elles ne fussent perdues, examinèrent avec soin à quel endroit Sancho remettait sa bourse; puis, s'étant concertés, ils l'entourèrent, et l'un d'eux se jeta à son cou. « Ah! cher homme, lui dit-il, combien nous nous réjouissons qu'on vous ait enlevé ces maudites chaînes!» En même temps il dirigea sa main si subtilement vers la poche du pauvre écuyer, que, sans faire fausse route et sans être senti, il accrocha et enleva la bourse; mais, du reste, il se conduisit très-généreusement, et Sancho fut invité à prendre sa part d'un petit régal composé de gaufres, de fruits et de vin, auquel son argent fut employé.

Revenons maintenant à don Quichotte. Lorsqu'il vit que Sancho tardait tant à poser ses cartels par les carrefours de la ville, il conçut quelque crainte, et, descendant en toute hâte à l'écurie, il sella Rossinante, prit sa rondache, sa lance, et se dirigea vers la place. Le corrégidor le vit arriver avec un nombreux cortége d'enfants, et fut fort surpris, ainsi que tous ceux qui l'entouraient, de l'apparition de ce fantôme armé. De son côté, don Quichotte, qui vit les promeneurs de la place s'arrêter et se ranger sur son passage avec un certain empressement curieux, s'imagina être environné de princes, et, sans saluer personne, appuyant sur le sol le gros bout de sa lance, il prononça avec la plus grande gravité: « O vous, infançons, pour qui les combats sont des jeux! ¿ne savez-vous pas que Muza et don Julien, dont l'un est Maure et l'autre traître à ma royale couronne, ravagent les terres que j'ai possédées de tout temps et semblent vouloir s'y établir[3]? Les victoires qu'ils ont remportées contre tout bon droit leur font porter si haut la tête, pendant que nous fuyons devant leurs bataillons excités, sans tenter la résistance que devraient faire des hommes de bien et des infançons tels que nous, sans songer à préserver nos femmes de leurs angoisses, qu'ils font hautement des choses honteuses et indignes, au nom de Mahomet, au mépris de notre foi. Sus donc! brandissez vos terribles épées; vienne Galinde, vienne Garcilasso, viennent le bon Maître et Machuca, vienne Rodrigo de Narvaès! Mort à Muza, à Zegri, à Gomelès, à Almoradi, à Abencerrage, à Tarfé, à Abenamar, à Zaïde et à tous les autres, engeance plus propre à chasser les lièvres qu'à figurer dans les combats! Je suis Fernando d'Aragon; doña Isabel est mon épouse bien-aimée et ma reine; et d'ici, sur mon cheval, je veux voir s'il est quelqu'un d'entre vous assez vaillant

> Pour m'apporter ici la tête
> De cet Arabe renégat
> Qui sous mes yeux a eu l'audace
> De me tuer quatre chrétiens [4].

Parlez, parlez, ne soyez pas muets; je veux voir s'il est sur cette place, s'il est parmi vous un homme qui ait du sang à l'œil, et qui sache combattre pour sa dame, et à l'encontre de la reine Zénobie que j'amène avec moi et dont je soutiens la grande beauté. Or donc, répondez-moi tous ensemble ou chacun pour soi, je suis seul et Manchois, et je me fais fort contre tous!»

Le corrégidor et ceux qui entendaient don Quichotte parler de la sorte ne savaient que penser de ce discours, ni que répondre. Mais le hasard voulut que vinssent à passer par là deux jeunes hidalgos de la ville ; et, voyant tout ce rassemblement qui entourait l'homme armé, l'un d'eux s'approcha : « Vos grâces sauront, dit-il, que l'homme armé qu'elles regardent m'est connu depuis quelque temps, et ne m'a pas causé moins d'étonnement qu'à elles. Il y a environ un mois qu'il est passé par ici, accoutré comme vos grâces le voient, et il s'arrêta à l'hôtellerie du Soleil ; nous le vîmes sur la porte, don Alonzo que voici et moi, et après avoir échangé avec lui quelques mots, nous n'eûmes pas de peine à reconnaître qu'il était fou ou insensé, car il nous dit mille extravagances : il nous parla de l'empire de Trébisonde et de l'infante Micomicona, des nombreuses et immenses blessures qu'il avait reçues et dont l'avait guéri certain baume miraculeux de Fier-à-Bras, enfin de mille autres choses que nous ne finissions pas d'entendre. Nous nous informâmes de lui à un laboureur assez simple qu'il menait à sa suite et qu'il appelait son écuyer ; et ce laboureur nous apprit que son maître était d'un village de la Manche, hidalgo riche et honorable, fort passionné pour la lecture des livres de chevalerie ; que, pour imiter les anciens chevaliers errants, il y avait deux années qu'il vaguait de pareille façon, et qu'il leur était arrivé à tous deux, maître et écuyer, certaines aventures dans la Manche et dans la Sierra-Morena. [5] »

A ce récit, le corrégidor appela un alguazil et lui donna ordre de courir à la prison et d'en ramener ce laboureur qu'on y avait conduit quelques instants auparavant ; puis, se retournant vers don Quichotte qui attendait fièrement une réponse à son discours : « Seigneur chevalier, lui dit-il en affectant le plus grand sérieux, moi l'empereur et tous ceux qui m'entourent, ducs, comtes et marquis, nous remercions votre grâce de sa venue dans cette ville, et nous nous félicitons d'y posséder la fleur de la chevalerie manchoise et le redresseur de torts de l'humanité. Nous répondrons à ce qu'elle nous a dit, qu'aucun de nous n'aura l'audace d'engager la bataille avec elle ; pour cela sa valeur est trop connue, et son nom trop célèbre dans cet empire comme dans tous les empires de l'univers ; ainsi donc, nous nous déclarons vaincus, et nous confessons la beauté de cette reine que défend votre grâce : seulement lui demanderons-nous de vouloir bien rester parmi nous quinze ou vingt jours, pendant lesquels nous ferons pour la servir et pour la fêter, non pas tout ce qu'elle mérite, mais tout ce qui nous sera possible. Nous prions aussi votre grâce de permettre que nous allions, moi et tous les princes que voici, visiter madame la reine, réclamer l'honneur de lui baiser les mains, et lui offrir nos vies et nos biens.—Seigneur empereur, répondit don Quichotte, c'est le devoir des hommes sages et sensés de se prononcer pour le parti le plus prudent et le meilleur. A ce titre, vos grâces ont bien et noblement agi en reconnaissant la valeur de ma personne, la force de mon bras, et les justes motifs qui me font prendre la défense de la grandissime beauté de la reine Zénobie ; elles évitent en cela le dangereux exemple de ces fiers géants, qui, confiants en la fureur de leurs cœurs indomptés, en la force de leurs bras, en la trempe de leurs tranchantes épées, ont eu l'impudence de se mesurer à moi. Mais ils ont reçu, comme le recevront tous ceux qui les imiteront, le juste paiement dû à leur sottise et à leur folle arrogance. Maintenant, et pour en venir à la demande de votre sérénité et des potentats qui l'accompagnent de les honorer de ma personne pendant quinze jours, je suis obligé de leur déclarer que je ne puis le faire en aucune manière, parce que j'ai promis la bataille, à la cour du roi Catholique, à l'arrogant et robuste géant Bramidan de Taillenclume, roi de Chypre, et l'époque du rendez-vous est prochaine. Mais, lorsque je serai quitte de cette entreprise, je donne parole à vos altesses que, si je ne suis retenu par quelqu'autre aventure importante et nouvelle, ce qui m'arrive quelquefois, je reviendrai les visiter et ennoblir de ma présence ce grandiose empire. »

En ce moment arriva l'alguazil qui conduisait Sancho; et, lorsque celui-ci vit don Quichotte au milieu de tout ce monde, il courut à lui : « Ah! seigneur don Quichotte, lui dit-il, par le corps de notre Seigneur, je viens de passer par une des plus terribles aventures que ni le prêtre Jean des Indes, ni le roi Cuco d'Antiopie, ni aucun des chevaliers errants, nés dans la province errantesque [6], aient jamais éprouvée; en un mot, certains scélérats de vieux coquins qui étaient en prison là-bas m'ont volé ma bourse par enchantement, et semé, dans le cou et dans le dos, d'une manière invisible, plus de sept cent mille millions de mauvaises bêtes; mais ils s'en souviendront, et je les ai arrangés comme ils le méritent, afin que leurs semblables ne s'avisent plus désormais de se frotter aux écuyers errants de mon étoffe. Quand tu vois mouillée la barbe de ton ami, va mettre la tienne au feu. — ¡O mon Sancho! s'écria don Quichotte, ¿que t'est il donc arrivé avec ces malandrins et ces larrons que tu dis? raconte-moi le châtiment que tu leur as infligé. ¿ Leur as-tu donné des coups de bâton ? — Mieux, dit Sancho. — ¿ Leur as-tu coupé les têtes ? — Pis que cela! — ¿ Les as-tu hachés comme chair à pâté, pour les donner en nourriture aux oiseaux du ciel ? — Pis encore! — ¿ Mais alors qu'as-tu fait ? — Voici, dit Sancho : nous nous sommes mis à jouer à « qu'est-ce que ceci et qu'est-ce que cela; » et, quand chacun eut dit son mot, je leur demandai : « Qu'est-ce qu'une chose qui ressemble à un âne par le poil, par la tête, par les oreilles, par les dents, par la queue, par les pieds, et qui mieux est par la voix, et qui cependant n'est pas un âne ? » Ils ne surent jamais me dire que c'était une ânesse. Votre grâce peut voir que je la leur ai donnée belle ; ils étaient si colères, qu'ils étaient tous comme des singes ; mais je ne sais pas ce que cela est devenu ; et le seigneur alguazil est venu me chercher au moment où j'allais leur décocher une autre question que j'avais sur le bout de la langue. » Tout le monde se mit à rire de la simplicité de Sancho ; don Quichotte seul ne parut pas y faire attention : de la main il lui fit signe de se taire ; et, s'adressant aux assistants, il proposa à tous ceux qui voulaient voir la reine Zénobie et baiser ses mains incomparables de l'accompagner. Tous le suivirent, et le corrégidor fit placer à côté de lui Sancho, qui le fit rire avec ses niaiseries tout le long du chemin.

On arriva à l'hôtellerie du Soleil ; don Quichotte mit pied à terre et appela Barbara par ces mots : « Invinciblissime reine Zénobie ! » Barbara sortit de la cuisine enveloppée dans une vieille cape de l'hôte, car nous avons dit plus haut que la pauvre femme était restée dans le bois en chemise, et elle n'avait plus même le manteau de l'ermite ni la vieille robe de l'hôtelière du village. En la voyant, don Quichotte prit gravement la parole : « Souveraine dame, lui dit-il, les princes que voici veulent baiser les mains de votre altesse. » Et, cela dit, il entra avec Sancho à l'écurie pour débrider Rossinante et lui faire donner à manger. Barbara s'avança devant la porte dans la tenue que voici : Elle était tout échevelée, et sa chevelure, moitié blonde, moitié blanche, était fort sale et fort courte. La cape de l'hôte était attachée à sa ceinture en place de jupon. Cette cape était très-vieille, pleine de trous, et surtout tellement courte, qu'elle laissait à découvert la moitié d'une jambe, et une aune et demie de pieds couverts de poussière. Barbara était chaussée d'alpargates déchirées, au bout desquelles passaient quelques ongles; ses seins, qu'elle laissait à découvert entre sa chemise sale et le jupon que nous avons décrit, étaient noirs et ridés; sa figure en sueur conservait des traces de la poussière du chemin et de la suie de la cuisine d'où elle sortait, et s'embellissait encore de l'agréable croissant que formait la balafre qui la traversait; la pauvre femme était telle enfin qu'il eût fallu avoir été aux galères depuis quarante ans pour être quelque peu sensible à ses charmes. Lorsqu'ainsi appelée par don Quichotte, elle eut vu le corrégidor, les cavaliers et les alguazils qui l'accompagnaient, elle en fut tellement de mauvaise humeur, qu'elle voulut rentrer; mais le corrégidor l'arrêta, et, contenant autant que possible l'envie de rire qu'il éprouvait : « ¿ Êtes-vous bien, lui dit-il, cette fameuse reine Zénobie dont la beauté remarquable est défendue par le seigneur don Quichotte de la Manche ? J'estime, si c'est vous, que la prétention du chevalier est inutile et dépourvue de sens, car avec votre figure seule vous pouvez vous défendre, je ne dis pas seulement de tout le monde, mais encore de l'enfer lui-même. Vous ressemblez, en effet, plutôt à une servante de Proserpine, reine du vieux Sys, qu'à une personne humaine, et encore moins à une reine. »

La pauvre Barbara fut tout effrayée de ce discours, et elle craignit que le corrégidor ne voulût la faire conduire en prison pour certain péché de sorcellerie qu'elle avait commis à Alcala, ainsi que nous le dirons plus loin. Elle se mit à pleurer et lui répondit : « Seigneur corrégidor, je ne suis ni reine ni princesse, ainsi que le dit ce fou de don Quichotte; mais bien une pauvre femme d'Alcala de Henarès, nommée Barbara, qui, trompée par un étudiant, me suis laissée conduire par lui à six ou sept lieues de Siguenza où il m'a dévalisée et dépouillée comme je le suis, après m'avoir attachée à un arbre. Dieu a permis que, lorsque j'étais dans cette cruelle position, vint à passer par là don Quichotte et le laboureur qui lui sert d'écuyer. Ils me délivrèrent et m'emmenèrent avec eux, en me promettant de me reconduire chez moi. » Lorsque le corrégidor l'entendit dire qu'elle était d'Alcala, il appela un page qui était derrière lui, et dit à Barbara : « Voilà un garçon qui en est venu il n'y a pas un mois. « Le page la regarda et la reconnut. « Le diable soit de toi! s'écria-t-il, Barbara-la-Balafrée; ¿que viens-tu faire à Siguenza ? » Son maître lui demanda s'il la connaissait; il répondit qu'elle était marchande de tripes dans la rue des Tavernes d'Alcala, et qu'il y avait deux mois on l'avait exposée à la porte de l'église de Saint-Just, assise sur une échelle et coiffée d'une mitre, comme sorcière et entremetteuse. Il ajouta qu'elle avait à Alcala réputation de savoir beaucoup de petits métiers honteux, dans lesquels elle était plus habile que Célestine [7]. Lorsque Barbara entendit ce que disait le page, au milieu de l'hilarité générale, elle se mit dans une grande colère. « ¡Par l'âme de ma mère, s'écria-t-elle, il ment comme un effronté, et si on m'a mise sur une échelle, comme il le dit, ce fut par suite de la jalousie de quelques mauvaises voisines que j'avais, et qui m'en ont voulu des services que j'ai pu rendre à mes amis; mais en conscience elles ne peuvent pas dire de moi autre chose. Au moins n'étais-je pas là pour vol, comme tant d'autres qu'on fouette chaque jour le long des rues. » Cela dit, elle se mit à pleurer en proportion des rires des assistants.

En voyant ces larmes, don Quichotte ne se contint plus, et la prenant par la main : « Ne vous tourmentez pas, lui dit-il, belle et puissante reine Zénobie. Je ne serais pas un digne chevalier errant, si je ne vous vengeais des injures de cet étudiant et des mauvais traitements qu'on vous a fait subir; il faut que vous puissiez dire sans hésitation que si vous êtes belle, le chevalier qui vous a fait rendre justice est aussi l'un des meilleurs du monde. » Puis se retournant vers le corrégidor et ceux qui étaient avec lui : « Nobles princes, leur dit-il, demain matin je pars pour la cour; si par hasard, ce qui arrive quelquefois, un chevalier tartare ou un tyran venait à vouloir troubler la paix dont vous jouissez, en assiégeant avec sa forte armée votre ville impériale, s'il vous pressait de telle sorte que vous fussiez battus par la faim et privés de toute espèce de ressources, réduits à manger les hommes, les chevaux, les chiens et les rats, et les femmes leurs enfants bien-aimés, envoyez-moi chercher en quelque endroit que je sois, je vous jure et vous promets, par l'ordre de chevalerie que j'ai reçu, de venir à votre secours seul et armé comme je le suis. Je pénétrerai de nuit dans le camp du païen, et j'y ferai un épouvantable carnage à la faveur duquel je pénétrerai dans la ville. Alors vous en pourrez sortir tous avec joie, au son d'une gracieuse musique, et vous viendrez me recevoir avec de nombreuses torches allumées. Toutes vos fenêtres seront illuminées et garnies de séraphins qui applaudiront à ma valeur, toutes plus belles que les trois belles dames que l'heureux Pâris vit toutes nues sur le mont Ida. Aucune d'elles ne pourra contenir ses cris de joie, et toutes s'écrieront : « Bien-venu soit le vaillant chevalier! » Et comme sans doute à cette époque je ne m'appellerai ni le chevalier du Soleil, ni le chevalier des Flammes, ni le chevalier de l'Ardente-Épée, ni le chevalier de l'Écu enchanté, je ne puis savoir quel nom on me donnera; mais sans doute on dira : « Bien-venu soit le désiré des dames, le Phœbus de la discrétion, le nord de la galanterie, le fléau de nos ennemis, le libérateur de notre patrie, et enfin la force de nos murailles ! » Après cela le roi m'emmènera dans son royal palais où il me traitera somptueusement, ordonnant à ses grands de me servir. Puis sa fille, unique par la naissance, par la beauté, comme par l'esprit, me fera l'offre de son amour; et moi, donnant l'exemple de la continence, de la courtoisie et de la force, je m'éloignerai, avec courage, des plaisirs que m'offriront la cour et l'infante elle-même. Dans cette entreprise, je serai aidé par quelque bienveillant enchanteur qui me réservera pour de plus grands et de plus glorieux travaux, dont mon illustre ami le sage Alquife écrira le récit pour les siècles à venir. »

En ce moment accourut Sancho qui venait de la cuisine : « En dépit, dit-il, de tous les historiens qui ont écrit l'histoire des chevaliers errants, depuis Adam jusqu'à l'Antechrist, je prie votre grâce de remarquer qu'il est tard, et que l'hôtelier a préparé pour votre grâce et pour la reine Zénobie un délicieux gigot de mouton, parfaitement rôti avec de l'ail et de la canelle, et si votre grâce tarde, je crains qu'il ne devienne un gigot de chèvre, tant il se dessèche à nous attendre. » Le corrégidor et tous ceux qui étaient avec lui furent pris les uns d'un accès de gaîté, les autres d'un accès de tristesse à entendre les folies du maître et les naïvetés de l'écuyer, et à reconnaître que l'étrange maladie du malheureux Manchois était l'effet maudit de la lecture de ces dangereux livres de chevalerie, dignes, dans une république bien organisée, les livres, les auteurs et les lecteurs, d'être bannis à jamais. Ce qui les étonna surtout, ce fut la facilité avec laquelle don Quichotte, imbu de ces lectures, parlait l'ancien langage castillan du siècle candide du comte Fernand Gonzalez, de Peranzulès, du Cid Ruy-Dias et des autres héros.

Don Quichotte, la reine Zénobie et Sancho soupèrent tous trois avec grand plaisir : les deux derniers parce que le souper était bon, et don Quichotte parce qu'il était tout glorieux de la brillante réception que lui avaient faite les princes de la ville. Après le souper il fit venir l'hôtelier, et lui ordonna de lui amener un fripier, afin qu'il pût acheter un habillement pour la reine; mais comme l'hôtelier lui répondit qu'il serait impossible, en raison de l'heure avancée de la journée, de trouver ce qu'il cherchait, il remit au lendemain, et tout le monde s'alla coucher.

LIVRE SEPTIÈME

CHAPITRE XXV

Comment notre chevalier, au sortir de Siguenza, rencontra deux étudiants, et des choses gracieuses qui se passèrent entre eux jusqu'à Alcala.

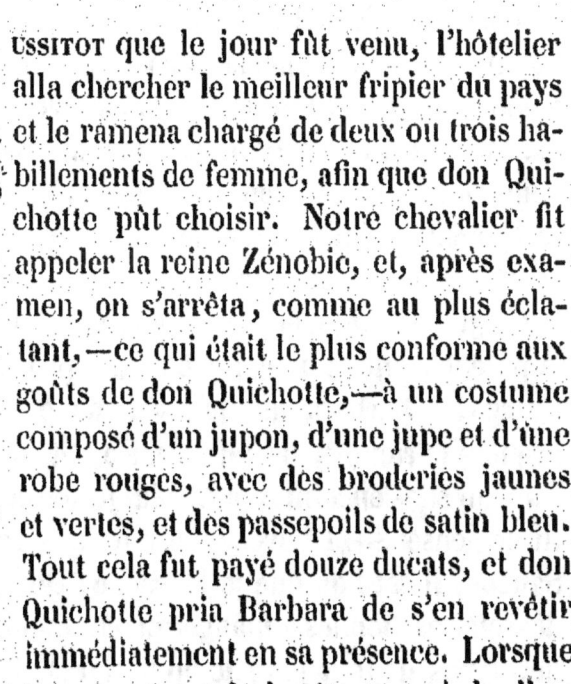

Ussitot que le jour fût venu, l'hôtelier alla chercher le meilleur fripier du pays et le ramena chargé de deux ou trois habillements de femme, afin que don Quichotte pût choisir. Notre chevalier fit appeler la reine Zénobie, et, après examen, on s'arrêta, comme au plus éclatant, — ce qui était le plus conforme aux goûts de don Quichotte, — à un costume composé d'un jupon, d'une jupe et d'une robe rouges, avec des broderies jaunes et vertes, et des passepoils de satin bleu. Tout cela fut payé douze ducats, et don Quichotte pria Barbara de s'en revêtir immédiatement en sa présence. Lorsque Sancho la vit habillée de rouge de la tête aux pieds, il se mit à rire. « Par la vie de ma bien-aimée femme Mari-

Guttierez, qui est mon unique compagne (attendu que l'Église ne permet pas qu'il en soit autrement), quand je vous vois, madame la reine Zénobie, avec votre vilaine figure et cette balafre qui la traverse, ainsi vêtue de rouge, il me semble que je vois une vieille jument qu'on vient d'écorcher pour faire des cribles avec sa peau. » Outre l'habillement, don Quichotte acheta pour vingt-six ducats, à l'hôte, une mule passable, sur laquelle il se proposait de conduire la reine Zénobie en grande pompe jusqu'à la cour, où il pensait faire merveille en combattant pour sa rare beauté.

On déjeuna à la hâte, puis don Quichotte s'arma, paya la dépense, quitta l'hôtellerie, et prit les devants en recommandant à Sancho de marcher pas à pas avec la reine, suivant sa commodité, voulant de son côté aller seul en avant sans trop s'éloigner. Sancho sella la mule et bâta son âne, sur lequel il attacha la valise à l'argent et aux vêtements, puis il appela Barbara : « ¡Allons, madame la reine ! lui dit-il. Par la vie de notre mère Ève, Votre Majesté, tant elle est rouge, pourrait régner sur tous les coquelicots qui poussent dans les blés de mon pays et de la Manche ». Puis se mettant à quatre pattes, comme il avait coutume, il tourna la tête : « Sus ! lui dit-il, que votre grâce monte, et puissé-je la voir aussi bien monter à la potence, elle et quiconque nous a procuré cette agréable charge ! » Barbara monta : « Sancho, fit-elle, tu es un grand vaurien, mais laisse faire, et si la fortune nous ramène sans encombre à Alcala, je te régalerai mieux que tu ne penses.—¿ Et avec quoi me régalera votre grâce ? dit Sancho, il est bon que je le sache ; car si ce ne sont pas des choses bonnes à manger et en abondance, je ne donnerai pas de tout le reste un fétu d'or, fût-il gros comme le poing.—Vous avez bien mauvais goût, ami Sancho, dit

Barbara, à ne penser qu'aux jouissances des brutes, et non à celles des hommes; ce dont je vous régalerai, si nous arrivons à Alcala en société, et si nous y restons quelques jours, ce sera d'un plat de mon métier, dont vous me direz des nouvelles. Laissez-moi faire et je vous servirai de confiance, et même si votre maître veut en essayer, il trouvera à choisir chez moi comme en boutique.—Oh! oh! fit Sancho, je vous devine, mauvaise sorcière; ¿mais que dirait ma femme Mari-Guttierez? »

Tout en causant de la sorte, ils rejoignirent don Quichotte. Celui-ci ayant fait rencontre de deux jeunes étudiants qui allaient à Alcala, avait lié conversation avec eux, et les entretenait dans un latin macaronique tout farci de solécismes, car les tristes lectures de ses livres de chevalerie lui avaient fait oublier tout ce qu'il avait appris de bon et d'utile lorsqu'il était jeune. Aussi les deux jeunes gens étaient-ils près d'éclater de rire, mais ils se retenaient dans la crainte d'exciter l'humeur guerrière du chevalier. Lorsque Sancho les aperçut, il courut à son maître : « Seigneur, lui dit-il, que votre grâce se méfie de ces habits. Ceux-là sont de la famille de ceux du collége de Saragosse qui m'ont si drôlement arrangé; mais ils ne le porteront pas en paradis, et il leur en a coûté un peu moins cher que la vie, comme on dit : « Fais le mal et ne regarde pas à qui; fais le bien et prends garde! [1]»—C'est tout le contraire que tu devrais dire, imbécile, fit don Quichotte; mais apprends-moi quelle vengeance tu as tirée des étudiants de Saragosse : ¿est-elle meilleure que celle que tu as prise des prisonniers de Siguenza?—Bien plus grande, dit Sancho, quoi qu'elle n'ait pas été méchante; mais que votre grâce m'écoute, et ce que j'ai à lui dire lui fera plaisir, j'en suis certain. Il y aura ce qu'il y aura, et ainsi soit-il!...—Holà! interrompit don Quichotte, tu me parais simple outre mesure; tu commences le récit de ta vengeance comme si c'était un conte.—Sur ma vie, dit Sancho, votre grâce a raison; je reprends donc, et je dirai que lorsque ces coquins d'étudiants, du nombre desquels, sans doute, étaient les deux que voici, m'eurent abimé de chiquenaudes et de crachats, comme je l'ai dit à votre grâce, je me mis à filer vers la sortie; mais il vint un de ces démons qui, sans que je m'en aperçusse, allongea son pied devant moi, de telle sorte que je trébuchai et m'en allai tomber sur les mains en dehors de la porte. Or, je le répète à votre grâce, je me vengeai de tout cela fort à mon gré, car je ramassai mon chaperon qui était tombé, et j'en portai un tel coup à un de ces mauvais sujets qui étaient auprès de moi, que si ç'eût été une couleuvrine il ne se porterait pas aussi bien.—Ho! seigneur Sancho, dit un des étudiants, vous êtes un vrai démon, et si vous traitez ainsi les gens de ma robe, bien que je ne sois pas du nombre de ceux dont vous vous plaignez, je vois qu'il vaut mieux avoir avec vous la paix que la guerre; nous nous mettons donc à votre service, mon compagnon et moi, pour tout le temps que nous ferons route ensemble.

« Eh bien! fit don Quichotte, je prierai vos grâces de nous faire l'amitié de nous dire les curieuses énigmes dont elles me parlaient tout-à-l'heure, et qui sont nées de leurs esprits féconds; nous autres, qui professons l'ordre de la chevalerie errante, et dont l'ardent dévoûment est aiguillonné par le désir d'obtenir les faveurs de quelque belle dame, nous aimons néanmoins aussi les fruits de poésie; quelquefois même nous cédons aux élans de la fureur divine, et, comme dit Horace : *Est deus in nobis*. —Nous les dirons telles que nous les avons ébauchées, répondit l'étudiant.—Et il ne sera pas peu flatteur pour

SANCHO SPHYNX.   273

les essais de vos grâces, ajouta don Quichotte, de nous les faire connaître en présence de la grande reine Zénobie que voici. Ce qu'elle daignera louer acquierra une valeur éternelle. » Les étudiants regardèrent Barbara non pas sans rire beaucoup et sans scandaliser la pauvre femme, qui ne put prendre au sérieux leurs offres de dévouement et de service. « Eh bien ! reprit l'un d'eux, voici notre énigme, mais à la condition que Sancho, avec son ingénieux esprit, voudra bien en deviner le mot.

ÉNIGME.

« Je suis attachée à une dure chaîne, et cependant je n'ai commis aucun délit, je ne subis aucune peine.

« Le vent m'a donné ma forme, et son contact m'est fatal ; morte, je n'ai plus de valeur, je vis et m'éteins en un instant.

« L'eau est ma compagne, mais en même temps elle peut causer ma mort ; si je tombe à terre, je m'anéantis.

« Je m'élève et je m'abaisse, j'approche du vrai Dieu ; et, lorsque j'ai épuisé mes dernières ressources, la vie m'abandonne.

« Je suis brillante et resplendissante, je réjouis la vue de l'homme ; et cependant le *mal* est dans mon nom »

Don Quichotte se fit répéter cette énigme deux fois ; « En vérité, dit-il, seigneur étudiant, votre énigme est fort bien faite, et c'est pour cela sans doute que je ne parviens pas à la comprendre : aussi je supplie votre grâce de m'en dire le mot ; je veux l'écrire en arrivant ce soir à l'hôtellerie, afin de m'en souvenir. »

Sancho, qui pendant tout le temps avait gardé le silence en écoutant avec une grande attention, et le doigt appuyé sur le front, s'approcha enfin d'un air tout joyeux : « Holà !

dit-il, mon seigneur don Quichotte; victoire! victoire! je sais le mot. — Je le prévoyais bien, seigneur Sancho, dit l'étudiant, et j'avais regardé comme impossible, dès le principe, que cela pût échapper à votre intelligence et à un jugement aussi subtil que celui de votre grâce; aussi je la supplie de nous dire ce qu'elle a compris. » Sancho resta pensif pendant un instant, et, reprenant la parole : « Le mot, fit-il, est une des deux choses que je vais dire; ou bien c'est la montagne, ou bien c'est un verrou. » Don Quichotte et les deux étudiants se mirent à rire à cette nouvelle extravagance; ce que voyant, Sancho reprit : « Si ce n'est aucune des choses que j'ai dites, que votre grâce veuille bien nous l'expliquer, mon maître et moi nous nous déclarons vaincus. — Eh bien! répondit l'étudiant, vos grâces sauront que le sujet de l'énigme que je leur ai proposée est la *lampe* qui, en effet, est attachée à des chaînes sans avoir commis aucune faute. J'ai dit d'elle que le vent lui avait donné sa forme; et, en effet, on le sait par expérience, le verrier la modèle en soufflant. Elle contient de l'eau, et l'eau est cause de sa mort; car on met dans les lampes moitié d'eau, et celle-ci éteint la lumière quand l'huile est épuisée. Qu'elle s'anéantisse lorsqu'elle tombe à terre, il n'y a pas besoin pour le prouver d'autres témoins que l'expérience. Ce que j'ai dit que tantôt elle est basse, tantôt elle est haute, je le prouve en rappelant qu'on l'élève pendant les offices divins et qu'on la descend pendant la nuit. Il est vrai aussi qu'elle approche du vrai Dieu, car d'ordinaire on la place devant le très-saint Sacrement; de même est-il évident que la vie lui manque lorsqu'elle épuise ses dernières ressources, car elle s'éteint lorsque l'huile est tarie. Enfin, on peut reconnaître qu'elle brille et qu'elle réjouit la vue de l'homme, et aussi que dans son nom se trouve le mot *mal*. — Par la vie de celle qui m'a mis au monde ! s'écria Sancho, ceci est très-bien expliqué ; mais le diable seul aurait pu deviner l'énigme ! » Don Quichotte fit compliment à l'étudiant, et pria l'autre de lui dire la sienne, qu'il supposait déjà ne pas être moins intéressante. Le jeune homme la dit sans se faire prier.

ÉNIGME.

« Ma place est en haut lieu, en raison de ma légèreté ; ma première existence me vient du mouton. Le Turc seul ne me porte aucune estime.

« Je suis fait de mille formes et de mille façons, je suis rond et sans angles ; ce que je couvre se compte par millions, et il s'y trouve quelques animaux.

« J'orne le pauvre et le riche, sans avoir règle ni loi ; je suis grand ou petit, et je prends place sur un empereur ou sur un roi.

« Si la canicule est extrême, on me porte à la main ; et les courtisans me tiennent la bouche en l'air par politesse.

« Quand la chaleur est passée, je reprends ma place ; mais il suffit, pour m'abattre, du vent ou bien de la courtoisie. »

L'étudiant n'avait pas plus tôt dit, que Sancho, tout éveillé, prit la parole : « Seigneur, dit-il, cette énigme, ou quel que soit le nom que votre grâce lui donne, est fort claire, et j'ai vu dès la première strophe que ce ne pouvait pas être autre chose que le porc, car votre grâce a dit : « Le Turc seul ne me porte pas d'estime ; » et cela est clair, car le Turc ne mange pas de porc, et n'en fait aucun cas, parce qu'ainsi l'a prescrit ce vieux coquin de Mahomet. » Don Quichotte pria l'étudiant de lui dire le mot de l'énigme, sans s'arrêter aux niaiseries de son écuyer. « Vos grâces sauront, répondit l'étudiant, que j'ai voulu parler du *chapeau* : ainsi j'ai dit en commençant qu'il se place en haut lieu, vérité incontestable, puisqu'il se met sur la tête ; que les moutons lui donnent l'existence, parce que d'ordinaire il se fait avec leur laine ; que le Turc ne l'apprécie pas ; et, en effet, le Turc ne se sert pas du chapeau, mais du turban. Je dis aussi qu'il est de mille formes, de mille façons et sans angles, car en effet il en est de hauts, de bas, de bombés et de pointus, et tous ont les ailes arrondies et sans coins. Par les plusieurs millions qu'il couvre, je veux parler des cheveux, parmi lesquels vaguent, comme dans un bois, les animaux que je ne nomme pas.² Tantôt il est élevé de deux palmes comme celui des Français, tantôt il est aplati comme ceux de la Savoie ; on le voit sur la tête d'un roi comme sur celle d'un empereur ; les hommes le portent à la main quand il fait chaud, et les courtisans le tiennent l'ouverture en haut, lorsqu'ils vont au baise-main. Enfin, il suffit d'un coup de vent pour le jeter à bas, et la politesse veut qu'on le retire quand on passe devant quelqu'un à qui on doit un salut. »

« Eh bien ! dit Sancho, celle-ci est plus difficile à comprendre que la première ; mais j'offre de parier tout ce que l'on voudra, que si on les dit une autre fois, je les devinerai tout de suite.—Voyez l'ignorant ! fit don Quichotte, ¿ mais le premier venu n'en fera-t-il pas autant, et ne saura-t-il pas deviner ce qu'on lui aura dit d'avance ?— Mais, reprit Barbara, Sancho a-t-il jamais dit quelque chose qu'on ne lui ait pas appris auparavant ? Après tout, cela n'a rien d'étonnant, personne au monde ne peut dire que ce qu'on lui a préalablement enseigné. ¿ Y a-t-il quelqu'un qui puisse nommer une chose des plus communes, fut-ce le *Pater noster*, qui est l'A, B, C de notre foi, si on ne le lui a dit et répété d'abord? » Sancho fut tout joyeux de l'interprétation que Barbara avait donnée à sa réponse, et les étudiants y applaudirent. — Que vos grâces ne soient point surprises, fit don Quichotte, de la subtilité de Sa Majesté, si le tranchant de mon épée était aussi net que les aperçus de son entendement, sa royale personne ne serait pas longtemps privée de la pacifique possession de son royaume des Amazones; j'aurais bientôt fait de conquérir le royaume de Chypre, et d'obtenir raison du superbe Bramidan de Taillenclume. Mais laissons cela jusqu'à ce que je sois arrivé à la cour; ce sont des souvenirs qui excitent tellement ma colère, que je crains de faire dans ce pays plus de victimes que n'en fit le déluge universel; revenons donc à notre paisible conversation, et que vos grâces me fassent la faveur de me donner leurs énigmes par écrit. » L'un des étudiants répondit qu'il écrirait la sienne à la prochaine hôtellerie, attendu qu'il n'en avait pas de copie sur lui; l'autre mit la main à sa poche et en tira l'énigme de la lampe, qu'il offrit à don Quichotte, et que celui-ci reçut avec empressement.

En même temps sortit de la poche de l'étudiant un autre papier qui tomba à terre, et don Quichotte demanda ce que c'était. L'étudiant répondit que c'étaient quelques strophes qu'il venait de faire pour une jeune fille, sa parente, qu'il aimait beaucoup et qui se nommait Ana, et que ces strophes étaient arrangées avec un tel artifice, que chacune avait pour sujet un mot commençant par *Ana*. Don Quichotte le pria avec instance de lui lire cette pièce, certain qu'elle devait exciter l'intérêt, et l'étudiant, avec quelqu'amour-propre (inévitable faiblesse des poëtes), lut ce qu'on va lire, ainsi que l'auteur l'a fidèlement transcrit de l'histoire originale de notre ingénieux hidalgo :

STROPHES

À UNE DAME NOMMÉE ANA.

« Ana, l'amour m'attache à votre loi, mais votre nom m'épouvante : ces deux *a* séparés par un *n* me semblent deux âmes, la vôtre et la mienne, que sépare une négation.

» On appelle *analyse* l'étude attentive des parties d'un même tout ; ainsi je fais de votre cœur, et je n'y trouve, hélas ! aucun penchant qui me soit favorable.

» *Anaxarète* fut changée en rocher pour avoir refusé d'écouter Iphis ; vous êtes le rocher, Ana, et il faudrait vous changer en femme.

» L'Eglise frappe d'*anathème* celui qui abandonne sa foi ; je ne le mérite pas, moi qui n'ai pas cessé de vous servir.

» *Anastasie* fut l'épouse d'un roi qui règne aux cieux ; et vous, Ana qui régnez sur mon cœur, ne voudrez-vous pas être la mienne ?

» *Anaxartès* se rendit célèbre parmi les sages par un homicide ; voudrez-vous, Ana, être célèbre aussi pour m'avoir tué de vos dédains.

» *Ananias* et ses compagnons chantèrent dans la fournaise ; et moi je gémis, Ana, dévoré par la flamme qu'en moi vous avez allumée.

» *Analogie* signifie proportion ; ainsi votre perfection est en analogie avec votre renommée.

» Les *anabaptistes* professent le double baptême ; vous me condamnez, Ana, à un double baptême de peines et de chagrins.

» J'imite les *anachorètes* par mes larmes, par mon silence, et par la privation où je vis, Ana, de vos douces paroles et de vos regards enivrants.

» On appelle *annales* la réunion des faits qui intéressent l'histoire ; je n'ai d'autres annales, Ana, que votre souvenir. [3] »

« En vérité, fit don Quichotte, lorsque l'étudiant eut fini sa lecture, ces strophes sont curieuses, et à mon avis uniques en leur genre.—Moi, dit Sancho, qui se mêlait de tout selon son habitude, je les trouve charmantes; mais il me semble qu'il y manque la vie et la mort d'Anne et de Caïphe, illustres personnages dont s'occupent beaucoup les quatre saints Évangiles, et il n'eût pas été mal que votre grâce en parlât, ne fût-ce que pour flatter les nombreux et honorables descendants qu'ils ont en ce monde. A part cela, votre grâce ne voudrait-elle pas me faire le plaisir d'en écrire d'autres, où il fût question de Mari-Guttierez, comme il est question d'Ana dans celles-ci? C'est que Mari-Guttierez, sauf le respect que je vous dois, et à mon grand regret, est et sera ma femme tant qu'il plaira à Dieu. Votre grâce fera toutefois attention de ne l'appeler reine pour aucun motif, mais Amirante, parce que mon seigneur don Quichotte ne me paraît nullement de taille à me faire roi de sa vie; et je devrai me contenter d'être amiral ou gouverneur, lorsque sa grâce conquerra quelqu'île ou quelque péninsule de celles qu'il m'a promises. En conscience, si lui et moi, au lieu de donner dans le séculier, nous avions donné dans l'ecclésiastique, nous serions bien mieux partagés depuis que nous courons les aventures[1]; nous avons certes pris pour cela assez de licences, nous avons porté assez de croix, nous n'avons manqué ni de cloches ni d'ampoules, saintes ou non, et nous avons été maintes fois plus rouges que tous les cardinaux de Rome ou de Saint-Jacques de Galicie[5]! mais enfin on a raison de dire que celui qui ne laisse pas autre chose peut bien mourir. »

Nos voyageurs arrivèrent à la couchée en devisant de la sorte, et ils cheminèrent ainsi pendant trois jours accompagnés des étudiants, et ne faisant guère que quatre ou cinq lieues par journée, autant à cause de la lenteur accoutumée de don Quichotte, que parce que Rossinante, vieux, usé et fatigué, n'en pouvait faire davantage. Il ne leur arriva rien de remarquable pendant ce temps, si ce n'est que dans tous les pays qu'ils traversèrent, et surtout à Hita, on se pressait autour d'eux en riant, non moins de don Quichotte que de la reine Zénobie, que tout le monde reconnaissait, et dont on ne se faisait faute de raconter les vertus à notre chevalier.

CHAPITRE XXVI

Des choses gracieuses qui se passèrent entre don Quichotte et une troupe de comédiens, dans une hôtellerie voisine d'Alcala.

Don Quichotte, ses compagnons et les deux étudiants, se trouvant à un peu plus de deux lieues d'Alcala, s'aperçurent qu'il était trop tard pour entrer de jour dans cette ville comme ils l'auraient désiré. Dans le mécontentement qu'il en éprouvait, le chevalier demanda aux étudiants s'il trouverait à peu de distance un village où il pût s'arrêter pour passer la nuit. Ceux-ci répondirent non, dans le but sans doute de laisser nos voyageurs à la belle étoile; mais ils ajoutèrent qu'à un quart de lieue, à peu près, il y avait une hôtellerie isolée où on pourrait reposer tant bien que mal. Sancho eut à peine entendu parler d'hôtellerie isolée, qu'il se mit à crier comme un beau diable. « ¡ Par le ventre de la baleine de Jonas! dit-il, je supplie mon seigneur don Quichotte de ne nous conduire là pour rien au monde ; ce que ces seigneurs appellent hôtellerie n'est pas autre chose que l'un de ces châteaux enchantés que votre grâce ne connaît que trop, et dans lesquels nous avons été si souvent la victime des géants, des farfadets, des fantômes, des malandrins, des spectres et des follets[1]. Tous ces monstres nous ont plus de mille fois donné lieu de pleurer et de gémir, et mes pauvres os écuyeresques[2] en savent quelque chose de plus que ceux de votre grâce. Car votre grâce n'a jamais rien senti, par la faveur de ce baume précieux dont je ne pouvais connaître l'efficacité, moi qui ne suis pas armé chevalier. » Don Quichotte fit peu d'attention aux frayeurs et aux prières de son écuyer. « Vienne qui viendra, répondit-il, nous sommes prêts à tout nous autres chevaliers errants ; marchons donc, au nom de Dieu ! »

Ils avaient fait à peine trente pas qu'ils découvrirent l'hôtellerie, et lorsqu'ils en furent arrivés à environ une portée d'arquebuse, don Quichotte, qui avait réfléchi à ce que Sancho lui avait dit, s'arrêta et lui parla ainsi : « Je me souviens maintenant, ami Sancho, des grandes fatigues, des infortunes, des tourments, des dangers et des tribulations que nous avons soufferts, il y a un an, dans les châteaux semblables à celui que nous apercevons. Toujours il s'y trouvait caché certain habile enchanteur, mon ennemi, qui cherchait et qui cherche encore à me faire tout le mal possible. Je suis persuadé maintenant qu'il nous a devancés dans le château que voici, et qu'il nous y prépare une de ses avanies accoutumées, quelque peu de succès que ses ruses puissent avoir contre la valeur de ma personne. Aussi je ne vois qu'une chose à faire pour prévenir ce grand danger, c'est que j'aille seul, en avant, reconnaître si ce que je soupçonne est vrai, pendant que toi, Sancho, avec ma dame la reine, et ces deux seigneurs étudiants, vous viendrez à quelque distance de moi, peu à peu et comme en arrière-garde.—Si votre grâce voulait me croire, répondit Sancho, nous ne nous engagerions pas dans ces nouveaux embarras ; plaise à Dieu que nous n'y trouvions pas tous sujet à pleurer ! Que votre grâce aille donc en avant comme elle le dit, et nous la suivrons du plus loin que nous pourrons ; ce ne sera pas d'aussi loin que nous voudrions. »

Don Quichotte s'avança donc un peu ; mais lorsqu'arrivé à peu de distance de l'hôtellerie, il y vit sept ou huit personnes vêtues de façons différentes, il s'arrêta tout troublé, puis tourna bride et revint vers ses compagnons. « Que tout le monde se taise, leur dit-il, et regarde la porte de ce château et ce qui s'y passe. » Tous regardèrent. Ceux de l'hôtellerie, qui voyaient venir à eux un homme ainsi armé, portant une grande rondache, chose peu usitée, s'avançant, puis se retournant pour parler à une femme vêtue de rouge, sortirent tout étonnés hors de la porte pour mieux jouir de ce spectacle nouveau. Les curieux n'étaient pas en petit nombre ; c'était une troupe de comédiens, des plus renommés de la Castille, qui s'étaient arrêtés dans cette hôtellerie avec leur directeur, pour répéter le soir quelques comédies. Ils devaient se rendre le lendemain à Alcala, et ils voulaient être en état de paraître convenablement sur le théâtre important de cette ville, devant les hommes diserts et distingués qui font l'illustration de l'Espagne. Les comédiens étaient tous rangés sur une file ; en avant d'eux était le directeur, grand homme brun, qui tenait d'une main une petite baguette et de l'autre une comédie qu'il était occupé à lire.

« Eh bien ! ami Sancho, dit don Quichotte en approchant, ¿ ne vois-tu pas la preuve des nombreuses faveurs que je reçois chaque jour de la sage Urgande, ma bienveillante et fidélissime protectrice? Elle m'a révélé que se cachait, dans le château que tu vois, le méchant enchanteur Freston, mon ennemi, et qu'il m'y dressait un piége, afin de pouvoir me charger de chaînes et me plonger dans un obscur cachot. Mais me voici bien averti, et je veux tâcher d'en finir cette fois, si je puis, afin de pouvoir désormais parcourir le monde sans crainte et sans empêchement. Pour preuve de ce que j'avance, vois ami Sancho, et vous très-puissante reine, et vous aussi vertueux jeunes gens; ¿ au milieu de ces soldats qui font sentinelle devant la porte du château, n'apercevez-vous pas un homme de haute taille, brun de figure, qui tient une baguette dans la main droite et dans la gauche un livre³? Cet homme est mon mortel ennemi : c'est lui qui m'a empêché de terminer la bataille que j'avais engagée avec le roi de Chypre, Bramidan de Taillenclume, parce qu'il veut s'en aller ensuite par le monde en m'injuriant, et en publiant que je n'ai pas osé tenir contre ce hideux géant; or, s'il en arrivait là, j'en serais affligé à mourir. Aussi veux-je aujourd'hui essayer de délivrer le monde de ce méchant homme, et le punir de tous les maux qu'il cause et qu'il a causés. »

Les étudiants, surpris de ce que disait le chevalier, s'approchèrent de lui chapeau bas : « Nous conjurons votre grâce, seigneur don Quichotte, dit l'un d'eux, de bien examiner ce qu'elle dit et ce qu'elle veut faire; nous savons fort bien tous les deux que ce qui est devant nous est une hôtellerie, et non une forteresse ou un château; ces personnes que voici ne sont pas des soldats, mais bien des individus fort connus en Espagne, c'est-à-dire des comédiens; celui que votre grâce prend pour un enchanteur, n'est que le directeur de la troupe; il se nomme un tel; cet autre, qui porte son manteau rejeté sur l'épaule, est un tel. » Et il les nomma tous ainsi l'un après l'autre, parce qu'il les connaissait fort bien[1].—Je certifie, répondit le chevalier avec impatience, que tout cela est comme je l'ai dit, quelque preuve que m'apportent ceux qui chercheront à me contredire ; j'affirme donc de nouveau que ce grand est l'enchanteur, mon ennemi; qu'avec cette baguette qu'il tient à la main droite il trace des cercles, des figures et des caractères, pour conjurer les démons; qu'avec ce livre qu'il porte de la main gauche, il leur commande, il les domine, et leur fait faire de gré ou de force tout ce qui lui plaît. Et afin que vous reconnaissiez la vérité de ce que je vous dis, allez-vous-en en avant, dites à cet homme que vous êtes les pages du Chevalier sans amour, qui vous suit, et vous verrez ce qu'il adviendra. » Les étudiants acceptèrent de bon gré, et lorsqu'ils furent à l'hôtellerie, ils racontèrent au directeur et à sa troupe ce que c'était que don Quichotte; ce qu'il avait dit et fait tout le long du chemin, ainsi qu'à Siguenza; et enfin comme quoi il traitait de reine Zénobie la vieille Barbara-la-balafrée, la tavernière si connue d'Alcala, qu'il avait ramassée sur le chemin. Ce récit amusa beaucoup le directeur et ses compagnons, et ils se réjouirent de l'occasion qui se présentait de passer gaîment la soirée.

Pendant ce temps, don Quichotte s'approchait peu à peu de l'hôtellerie; ce que voyant, Sancho descendit de son âne, afin de mieux observer son maître. Barbara voulut en faire autant, et elle pria Sancho de l'aider. Celui-ci la prit dans ses bras, et ce mouvement fit que les deux figures se touchèrent. « Holà ! Sancho, s'écria Barbara, que vous avez la barbe épaisse et dure ! En vérité, on la prendrait pour des soies de savetier. Bon Jésus ! que de peine doit avoir votre femme chaque fois que vous l'embrassez !— ¿ Et pourquoi, diable ! voulez-vous que je l'embrasse ? fit

Sancho ; qu'elle se fasse embrasser par la mère qui l'a mise au monde, ou par Barrabas qui n'a pas d'enfants ; moi, je n'embrasse personne en ce monde, si ce n'est notre miche quand je la rencontre le matin, ou notre outre à toute heure du jour [8].

En ce moment ils entendirent parler don Quichotte ; et, levant la tête, ils le virent arrêté devant l'hôtellerie, le talon de sa lance appuyé contre terre, et faisant face à ceux qui occupaient la porte. « O savant enchanteur ! disait-il, toi, qui que tu sois, qui depuis l'heure de ma naissance jusqu'à l'heure présente as toujours été mon ennemi ; toi qui favorisais, comme un païen que tu es, tous les chevaliers que j'ai réduits par la force de mon bras, tous ceux dont j'ai rabaissé la superbe, tous ceux enfin dont j'ai pris la gloire pour fonder la mienne, en même temps que j'ai chargé de publier mes hauts faits et leur faiblesse cette même renommée qui illustra les Alexandre, les César, les Annibal et les Scipion ; dis-moi, pervers et infernal nécromancien, ¿ pourquoi causes-tu tant de maux sur la terre, contrairement à toute loi naturelle et divine ? Tu parcours les routes et les traverses en compagnie des géants démesurés qui défendent ta forteresse ; tu arrêtes, tu dévalises et tu maltraites les amoureux chevaliers sans défense ; tu violentes les dames de haut rang qui, accompagnées de leurs damoiselles d'honneur, de leurs nains rusés et de leurs diligents écuyers, suivent les grands chemins, à la recherche de leurs chevaliers préférés ; et non-seulement tu oses faire ce que je te reproche, mais encore, monstre inhumain et tyran cruel, tu amènes tes victimes dans ce château, non pour les bien recevoir et les fêter, mais pour les jeter dans des cachots obscurs avec bon nombre d'autres princesses, de chevaliers, de pages, d'écuyers, de carrosses et de chevaux que tu y retiens. Or donc, géant féroce, sanguinaire et indompté, rends-moi à l'instant tout ce monde que je dis ; restitue à chacun, avec sa liberté, tous les trésors que tu lui as ravis, et jure ici, prosterné contre terre, entre les mains de la belle et sans égale reine Zénobie, qui m'accompagne, d'amender ta vie passée, de protéger désormais les dames et les damoiselles, de redresser les torts de la gent besoigneuse ; à ces conditions, je te recevrai à merci, et je te laisserai cette vie indigne que depuis longtemps j'aurais dû te retirer. Sinon, envoie-moi à l'instant, pour combattre contre moi, tous ceux qui habitent ta forteresse ; qu'ils viennent à pied, à cheval, avec les armes qu'il leur plaira, et tous ensemble, comme c'est l'usage de la race païenne et barbare. Et ne crois pas, parce que tu es armé d'une baguette et d'un livre, comme tout enchanteur et tout magicien, que tes sortiléges pourront quelque chose contre le fil de ma tranchante épée ; car avec moi combattent invisiblement le sage Alquife, mon chroniqueur et mon éternel protecteur, ainsi que la sage Urgande-la-Déconnue, auprès de qui ta science n'est qu'une honteuse ignorance. Sus donc ! Venez, avancez, je vous attends ! »

Cela dit, notre héros se mit à faire faire des voltes à son cheval, et à le faire caracoler tant bien que mal, ce qui excitait les rires des comédiens. Lorsque Sancho les vit accueillir de la sorte un discours qui lui paraissait si digne au contraire de les édifier, il prit à son tour la parole : « Écoutez, dit-il, comédiens superbes et démesurés, oppresseurs des infantes déhontées qui sont là, derrière vous, adressant aux cieux d'humbles prières pour être délivrées de votre tyrannique et théâtrale existence, finissons-en ; et si l'envie vous prend de vous déclarer vaincus, faites-le sans plus tarder, attendu que moi et madame la reine de Ségovie, nous avons hâte d'entrer dans l'hôtellerie pour satisfaire notre appétit qui est des mieux aiguisés; sinon, disposez-vous à nous envoyer ici quelques pains que nous verrons à mettre en pièces, Sa Majesté et moi, pendant que mon seigneur en fera autant de vous. »

Les comédiens étaient tellement étonnés, qu'ils ne savaient que répondre aux extravagances de l'un et aux simplicités de l'autre. Enfin le directeur s'avança vers don Quichotte avec trois ou quatre de ses compagnons : « Seigneur chevalier errant, lui dit-il, les seigneurs étudiants nous ont appris à connaître la force, la valeur et les vertus de votre grâce; de telles qualités sont plus que suffisantes pour soumettre non-seulement cette forteresse ou ce château que j'habite depuis plus de sept cents ans, mais encore le géant le plus brave et le plus redoutable qui existe dans toute la nation géante. Ainsi donc, moi et tous les princes et chevaliers qui sont avec moi, nous nous déclarons vaincus, et nous rendons hommage à votre grâce, la suppliant de descendre de son magnifique coursier, de déposer sa rondache et sa lance, de quitter sa riche armure ; afin de pouvoir, sans gêne aucune, recevoir les soins que ses serviteurs désirent lui rendre. Qu'elle vienne donc en toute confiance, car bien que je sois païen, ainsi que l'indiquent mon visage bruni et ma haute taille, je réserve mes enchantements pour ceux à qui il me plaît de faire mal. Vienne donc votre grâce, elle soupera avec nous, et elle se félicitera de nous avoir connus. Vienne aussi madame la reine Zénobie, autrement nommée Barbara ; nous serons tous heureux d'apprendre d'elle quelle herbe lui cause la plus mauvaise nuit, de la rue ou de la verveine qui se cueillent le matin de la Saint-Jean.— O faux sorcier ! répondit don Quichotte, penses-tu donc, avec tes paroles rusées et fallacieuses, me leurrer assez pour me laisser tomber dans le piége que tu m'as tendu, sous la porte, dans le but de disposer de moi à ta guise. Tu n'y parviendras pas, et je te connais depuis le jour où tu m'as enfermé à Saragosse, avec des menottes aux poings et une barre aux pieds, dans cet affreux cachot d'où m'a tiré le valeureux Grenadin don Alvaro Tarfé. »

Sancho, qui avait écouté ce qui vient de se dire, se plaça à côté de don Quichotte en regardant de temps en temps le directeur. « ¡O le mauvais païen ! s'écria-t-il, ¿pense-t-il que nous ne l'entendions pas? A d'autres chiens pareils os ; nous sommes tous ici chrétiens par la grâce de Dieu, des pieds à la tête ; nous savons que trois et quatre font neuf, et nous ne sommes pas des imbéciles, pour être nés à Argamésilla, près du Toboso. Si votre grâce ne veut pas nous croire, qu'elle nous mette le poing dans la bouche, et elle verra si nous le tétons. Ainsi donc, qu'elle s'avoue vaincue, elle et tous ces luthériens qui l'entourent, si elle ne veut pas que la fumée nous monte au nez ; finissons-en, et devenons amis comme devant. » Don Quichotte, à ces mots, se mit en colère, et, donnant de l'éperon à Rossinante, il s'avança un peu : « Ote-toi de là, Sancho, dit-il ; ne fais pas de paix avec les infidèles et les païens ; nous autres chrétiens, nous ne pouvons avoir avec eux que des trèves, tout au plus.—Seigneur, reprit Sancho en se plaçant devant Rossinante, je ne suis pas moins chrétien que votre grâce (Dieu le sait), car je le suis depuis le ventre de ma mère ; je crois bien réellement en Jésus-Christ, en tout ce qu'il ordonne, en la sainte Église de Rome, en toutes ses rues, places, cours et clochers ; or donc, je l'en conjure, faisons cette trêve, car il se fait tard, et la faim me fait danser les tripes dans le ventre.—Ote-toi de mes yeux, pécore, fit don Quichotte ; ôte-toi, te dis-je ! » Et, baissant sa lance, il poussa Rossinante vers le directeur. Celui-ci le laissa venir, et, s'effaçant devant le coup, il saisit le cheval par la bride, et la pauvre bête s'arrêta tout court comme si elle eût été de pierre. En même temps accoururent les autres comédiens: l'un s'empara de la lance du chevalier, l'autre de sa rondache; un autre, le prenant par un pied, le renversa du côté opposé. Puis vinrent trois ou quatre gaillards, de ceux qu'on appelle valets de comédie, qui, le saisissant, les uns par les pieds, les autres par les bras, l'emportèrent à l'hôtellerie, fort peu de son gré, et l'y tinrent quelques instants étendu sur le sol, sans qu'il lui fût permis de se relever.

Nous laissons à d'autres le soin de raconter ce que fit, ce que dit le pauvre chevalier quand il se vit dans cette triste position; nous nous bornerons à rapporter que le directeur, après avoir ordonné à ses valets de retenir notre héros de la sorte, sans le quitter un instant jusqu'à son retour, s'en alla avec quelques compagnons chercher Sancho, qu'il trouva tenant Barbara embrassée, s'arrachant la barbe, et pleurant amèrement sur la triste aventure de son maître. «¡ Allons, coquin, lui dit le comédien, vous allez me payer le passé et le présent, levez-vous! Je n'ai que faire de vos larmes ni de vos prières, vous allez venir avec moi au château, où je veux vous écorcher tout à ma guise, et manger ce soir même votre foie à mon souper. Demain on me mettra à la broche le reste de votre corps. Car vous saurez que je ne vis d'autre chose que de chair humaine. » En entendant cette cruelle sentence, Sancho se jeta à deux genoux, et croisant les mains sous son chaperon : « Seigneur païen, dit-il, et le plus honorable qui soit dans toute la païennerie, par les plaies du seigneur Saint-Lazare qui est aux cieux, je vous conjure d'avoir pitié de moi et de vouloir bien, avant de me manger, me laisser aller prendre congé de Mari-Guttierez, ma femme; car elle est colère, et si elle apprend que je me sois laissé manger par votre grâce sans avoir été lui dire adieu, elle me regardera comme un grand négligent, et ne me fera plus bonne mine. Je vous promets bien et véritablement d'être de retour ici pour le jour que vous m'indiquerez, et je prie Dieu, si j'y manque, que ce chaperon m'abandonne à l'heure de ma mort, c'est-à-dire au moment où j'en aurai le plus grand besoin. —Ami, répondit le directeur, il n'y a pas moyen de faire ce que vous demandez; et élevant la voix : Holà! dit-il, valets, apportez-moi à l'instant la broche à trois pointes, avec laquelle j'embroche d'ordinaire les hommes entiers, et rôtissez-moi ce laboureur. »

Le pauvre Sancho aperçut en ce moment Barbara qui parlait et riait avec l'un des comédiens : « Ho! madame la reine de Ségovie, lui dit-il dans la profonde douleur de son âme, que votre grâce ait pitié du pauvre Sancho, son fidèle laquais et serviteur; qu'elle voie à quelles tribulations je suis exposé, et qu'elle obtienne de ce seigneur more de m'employer là où il aura le plus besoin de moi, mais de ne pas me tuer. » Barbara s'approcha du directeur : « Puissant gouverneur, lui dit-elle, et noble châtelain de cet alcazar, je conjure votre grâce de vouloir bien, pour l'amour de moi, faire grâce à Sancho, pour cette fois, de sa vie et de ses membres; il m'a rendu de grands services et je me fais garante de sa conduite à venir, offrant comme gage à votre grâce, s'il ne devient pas meilleur, tous ses biens, ses meubles, ses récoltes, venus et à venir, et le soumettant d'avance au châtiment que votre grâce ordonnera. —Madame la reine de la rue des Tavernes d'Alcala, répondit le directeur en feignant une grande colère, que votre grâce me pardonne; mais il faut que j'en finisse avec ce vilain, à moins qu'il ne veuille se faire More et rendre hommage à l'Alcoran de notre Mahomet. — Je déclare, seigneur Turc, s'écria aussitôt Sancho, que je crois en tous les Mahomets qu'il y a du levant au couchant, et en leur Alcoran, ainsi que l'exige votre grâce, et selon que le permet notre mère l'Église pour qui je donnerais ma vie, mon âme et tout le reste.—Mais il faut, dit le directeur, que nous vous coupions, avec un couteau bien aiguisé, un peu du plus-que-parfait.—Qu'est-ce que cela? demanda Sancho, je ne comprends rien à ce baragoin.— Je dis, reprit le directeur, que pour que vous soyez un vrai Turc, il faut vous circoncire.—Oh! seigneur, interrompit Sancho, par les tenailles de Nicodème, je ne veux pas être circoncis, et ma femme Mari-Guttierez en serait trop-mécontente [6]; si votre grâce veut absolument me couper quelque chose, qu'elle prenne un morceau de mon chaperon; quelque faute que ce morceau puisse me faire, du moins pourrai-je mieux y remédier. » Le directeur détourna la tête pour cacher le rire que lui causait la simplicité de Sancho, et se contenant avec peine, il reprit au bout de quelques instants : « Eh bien, seigneur More, levez-vous, donnez-moi la main, et faites attention que vous devrez dorénavant parler l'arabique comme moi, et bientôt vous deviendrez arraès, faquir et grand bacha. —Ma foi, seigneur, dit Sancho, dût-on me faire grand lama, j'aime encore mieux qu'on me laisse aller d'abord à mon village, pour donner de mes nouvelles à deux bœufs que j'ai à la maison, à six brebis, deux chèvres, huit poules et un porc, et pour prendre congé de Mari-Guttierez en langue moresque; car il est possible, si je lui dis que je suis devenu Turc, qu'elle veuille se faire Turque aussi. Seulement j'y vois un inconvénient, c'est que si vous voulez aussi lui……[7].—Qu'à cela ne tienne, fit le directeur, nous lui prendrons le pouce de la main droite.—Au fait, dit Sancho, votre grâce a raison, elle n'en sera pas trop privée, car elle est assez mauvaise fileuse; mais il y a mieux à faire que de lui ôter ce doigt-là, car enfin il est toujours bon d'avoir cinq doigts à chaque main, comme Dieu l'a voulu.—¿Eh bien donc, demanda le directeur, que lui couperons-nous? — La langue, répondit Sancho, car elle l'a plus longue que celle du géant Goliath, et elle est la plus grande bavarde qu'il y ait dans tous les parloirs et dans tous les pays à perroquets. »

En arrivant à la porte de l'hôtellerie, Sancho y vit le pauvre chevalier que les valets de la troupe retenaient sur une chaise, désarmé et attaché de telle sorte qu'ils ne lui permettaient pas un mouvement; et le directeur dit à Sancho : « ¿Vous voyez, frère, dans quel état est votre maître? Il faut que vous lui disiez comment vous vous êtes fait More, et que vous lui persuadiez de l'être aussi, s'il veut se délivrer des tribulations auxquelles il est exposé; sinon, dans deux heures, nous le mangerons rôti à la broche même où nous pensions vous embrocher.—Que votre grâce me laisse agir, dit Sancho, je le ferai devenir More comme par la poste. » Le directeur se plaça devant don Quichotte : « Eh bien! seigneur chevalier, lui dit-il, qu'en dites-vous et comment vous va? ¿Vous voilà donc enfin tombé entre mes mains ? Avant que vous en sortiez, je vous le jure, vous aurez la barbe si grande, qu'elle traînera sur le sol; les ongles de vos pieds et de vos mains seront longs comme des défenses d'éléphant, sans compter que vous servirez de pâture aux rats, aux lézards, aux punaises, aux mouches, aux moustiques, aux taons et à tous autres insectes. Il y a plus, vous serez attaché par une lourde chaîne, dans une noire prison, avec d'autres hommes de votre espèce, les fers aux pieds et aux mains jusqu'à la fin de votre malheureuse existence.—Ne crois pas, ô mon savant ennemi, répondit don Quichotte, que tes folles et vaines paroles, que tes méchantes œuvres soient de nature à me faire manquer en un seul point à mes devoirs de chevalier errant, ou à vaincre la patience que je dois opposer aux peines et aux tribulations qui m'attendent. J'ai la certitude que dans la suite des temps, fût-ce au bout de sept cents ans, j'échapperai au cruel enchantement auquel tu me condamneras, contrairement à toute loi et à toute raison, et seulement pour satisfaire à ton caprice. J'espère, ô enchanteur inhumain, qu'avant le temps que j'ai dit, il viendra quelque prince grec qui me délivrera. Je sais qu'il en est un qui partira de Constantinople, la nuit, sans prendre congé de personne, à l'insu de ses parents, poussé par le désir d'acquérir de l'honneur, et stimulé par les conseils d'un illustre et savant magicien, son ami. Il s'exposera à de grands dangers, à de cruelles fatigues ; il gagnera de grands honneurs dans tous les royaumes et dans toutes les provinces de l'univers, et enfin il arrivera devant ce redoutable château. Il tuera les féroces géants qui, par tes ordres, en défendent l'entrée et en gardent le pont-levis ; il frappera de mort les deux griffons ailés qui veillent à la première porte ; et, entrant dans la première cour sans entendre de bruit, ne rencontrant plus personne qui s'oppose à son passage, il s'asseoira un instant sur le sol pour se reposer. Alors il entendra une voix furieuse, qui lui dira, sans qu'il sache d'où elle vient : « Lève-toi, prince grec, car c'est pour ton malheur et pour ta perte que tu as pénétré dans ce château ! » Et au même instant il verra paraître un affreux dragon, jetant du feu par la gueule et du poison par les yeux ; les griffes de ce monstre seront plus longues et plus effilées que des dagues de Biscaye ; sa queue sera aussi allongée et aussi mince que la lance d'un espadon, et avec elle il tranchera et renversera tout ce qu'il rencontrera. Mais notre prince, toujours protégé par son savant ami, tuera le dragon et restera vainqueur de tous ces enchantements. Alors, pénétrant victorieux par une autre porte, il se trouvera dans un beau jardin rempli de fleurs de toute espèce, garni de fruits délicieux et d'arbres odoriférants, habité par un nombre infini de cygnes, de calandres, de rossignols et d'autres oiseaux des plus agréables, rafraîchi par mille ruisseaux dont les eaux seront telles, qu'il ne pourra distinguer si elles sont de cristal ou de lait. Au milieu de ce jardin il apercevra une belle nymphe, vêtue d'une robe magnifique, toute parsemée d'escarboucles, de diamants, d'émeraudes, de rubis, de topazes et d'améthystes. Cette nymphe, de l'air du monde le plus gracieux, lui présentera d'une main un trousseau de clefs d'or, et de l'autre lui mettra sur la tête une couronne d'agnus-castus et d'amaranthes ; puis elle disparaîtra au milieu d'une musique céleste. Alors le prince ira ouvrir les prisons avec les clefs d'or, et rendra la liberté à tous les prisonniers, et à moi le dernier, en me demandant pour récompense de l'armer de mes mains chevalier errant et de le recevoir pour mon inséparable compagnon ; ce que je lui accorderai à cause de sa beauté, de son esprit et de son courage. Et nous parcourrons le monde ensemble pendant de nombreuses années, menant à bonne fin toutes les aventures qui se présenteront à nous. »

CHAPITRE XXVII

Où se continue le récit des aventures de don Quichotte avec les comédiens.

Les comédiens furent extrêmement surpris de l'étrange folie de don Quichotte et des extravagances qu'il débitait. Sancho, pendant ce temps-là, s'était tenu derrière le directeur et avait prêté une grande attention aux discours de son maître. « Eh bien, seigneur sans amour, lui dit-il lorsqu'il eut fini, comment va? Nous voilà tous réunis par la grâce de Dieu! — Sancho! s'écria don Quichotte, Eh bien! ¿ que deviens-tu? ¿ Notre ennemi t'a-t-il fait quelque mal? — Aucun, répondit Sancho, et cependant je me suis vu bien près d'avoir une broche en guise de queue, parce que le seigneur More voulait me faire rôtir pour me manger; mais il m'a fait grâce, et je me suis fait More. — ¿ Que dis-tu, Sancho, fit don Quichotte, tu t'es fait More? est-il possible que tu aies commis une pareille sottise?—Ma foi, reprit Sancho, tant pis pour la barbe du sacristain d'Argamésilla; la sottise eût été bien plus grande s'il m'eût mangé, et je n'aurais pu être ensuite ni More ni chrétien. Laissez faire, je m'entends; échappons-nous une fois d'ici, et votre grâce verra ensuite ce qui se passera.

Le directeur eut enfin pitié des transes et des inquiétudes dans lesquelles il voyait don Quichotte; d'ailleurs, les étudiants, Barbara et toute la troupe étouffaient de rire; il reprit donc de nouveau la parole. « Seigneur chevalier, dit-il, il est inutile de dissimuler davantage, et de cacher plus longtemps ce qui doit être connu. Sachez donc, seigneur don Quichotte, que je ne suis pas le sage votre ennemi; je suis au contraire l'un des plus dévoués et des plus sincères de vos amis, qui, de tout temps et de toutes parts, me suis plus occupé de vos affaires que des miennes; et ce que je viens de faire, ce que vous avez vu, n'a eu d'autre but que d'éprouver votre patience et votre sagesse. N'y pensez donc plus, reposez-vous, divertissez-vous dans ce château autant de temps que vous le jugerez à propos; je l'ai disposé et organisé pour recevoir des princes et des chevaliers comme vous. Et maintenant, illustre chevalier errant, veuillez m'embrasser, me voici prêt à vous servir, et non à vous être nuisible comme vous l'avez craint. Sachez encore que votre venue ici, en compagnie de la grande reine Zénobie, a été l'œuvre de ma grande science, et qu'il importe beaucoup à vous, à vos serviteurs et à vos amis, que vous arriviez à la cour du roi catholique où vous attendent à chaque instant des milliers de princes, et où vous obtiendrez de nombreux applaudissements et une grande victoire. »

Alors les valets de théâtre laissèrent notre héros en liberté; le directeur l'embrassa, et après lui tous les comédiens. « O mon sage ami, s'écria don Quichotte tout ému, j'étais étonné d'être abandonné de vous dans des tribulations comme celles que je viens de subir. Donnez-moi donc votre main, et prenez la mienne qui a remporté mainte victoire sur de redoutables géants, et qui sera le sévère bourreau de vos ennemis et des miens. » Cela dit, le chevalier et les comédiens s'embrassèrent de nouveau. Alors survint la femme du directeur, afin de voir ce fou autour de qui tout le monde s'empressait. « Seigneur chevalier, lui dit-elle, je suis la fille de ce grand sage, l'ami de votre grâce ; je viens réclamer d'elle, si dans l'avenir, ce que je ne puis prévoir, je me trouvais opprimée, ou si quelque géant ou quelque magicien voulait m'enchanter, de ne pas me refuser un appui ; mon père ici présent s'empressera d'en tenir compte à votre grâce. — Et encore, dit une des comédiennes qui se tenait à l'écart en riant, il la laissera entrer gratis à la comédie, à la seule condition de lui mettre un demi-réal dans la main. — Il n'est pas nécessaire, Madame, répondit don Quichotte, de me recommander ce qui vous intéresse ; j'ai, pour le négliger, de trop grandes obligations à votre sage père ; mais, croyez-moi, dût tout l'univers conspirer contre votre beauté, dussent tous les sages et tous les magiciens que produit l'Égypte accourir en Espagne pour toucher à un seul cheveu de votre tête, moi seul (à part l'immense pouvoir de votre père) je suffirais, non-seulement pour vous défendre et pour vous arracher de leurs mains, mais encore pour déposer entre les vôtres leurs têtes indignes et traîtresses. »

En ce moment intervint le directeur : « Seigneur chevalier, lui dit-il, le repas est prêt et la table est mise, nous prions votre grâce de nous faire l'honneur, à moi et aux seigneurs que voici, de se joindre à nous, et ensuite nous aurons à nous occuper d'une affaire importante. » La troupe se proposait en effet de répéter après le souper une comédie qu'on devait jouer à Alcala et à la cour.

Sancho était enchanté de voir son maître échappé à la prison qui le menaçait, et, dans sa joie, il s'approcha du directeur : « Seigneur sage, dit-il, maintenant que nous avons reconnu la valeur de votre grâce, il ne faudrait plus dire que je me suis fait More, car pour Dieu et sur ma conscience, il me semble que je ne puis l'être en aucune manière. — ¿ Et pourquoi cela? demanda le directeur. — Parce que chaque jour j'enfreindrais la loi de Mahomet, qui défend de manger du porc et de boire du vin, et je suis si mauvais observateur des défenses, que, lorsque je les aurais sous la main, je ne pourrais m'empêcher de manger de l'un ou de boire de l'autre. » Un clerc qui se trouvait dans l'hôtellerie se chargea de répondre à Sancho sur cette question : « Si votre grâce, lui dit-il, seigneur Sancho, a promis à ce sage magicien de se faire More, elle ne doit faire aucun cas de cette promesse, et je l'en délie en vertu de la bulle de composition[1], aussi bien que je l'absous de tout le passé, à la seule condition de s'obliger, pour pénitence, à ne manger ni boire pendant trois jours entiers. En se soumettant à cette légère privation, votre grâce redeviendra aussi chrétien que devant. — Cela, seigneur licencié, ne me convient nullement, répondit Sancho, attendu que je ne saurais faire cette pénitence non pas pendant trois jours, mais pendant trois heures, dût-on me brûler. Ce que votre grâce peut me prescrire, si elle le trouve bon, c'est de ne pas dormir les yeux ouverts, de ne pas boire les dents serrées, de ne pas porter ma casaque sous ma chemise, et de ne pas faire mes besoins étant culotté. Bien que ces choses-là soient un peu difficiles, je donne parole à votre grâce de m'en acquitter de mon mieux. »

On soupa, et lorsqu'on eut desservi, le directeur dit à don Quichotte que pour mieux fêter sa présence dans son château, il avait donné ordre qu'on jouât une comédie, dans laquelle il avait pris un rôle, ainsi que celle qui avait dit être sa fille. Don Quichotte l'en remercia très-vivement, puis alla s'asseoir dans la cour de l'hôtellerie, en compagnie de Barbara, du clerc, des deux étudiants, de Sancho et des gens de la maison; et les comédiens se mirent à répéter la belle comédie de l'*Imposture punie*[2], du célèbre Lope de Vega Carpio. Dans cette comédie, un fils, poussé par le démon, et pour se venger de ce que la reine sa mère lui a refusé, par ordre du roi, un cheval cordouan qu'il désirait, accuse la reine d'avoir, en l'absence du roi, commis adultère avec un de ses serviteurs. La comédie était arrivée à ce passage, lorsque don Quichotte vit que la femme du directeur, qui jouait le personnage de la reine, arrivait en scène profondément affligée de ce faux témoignage. Il s'aperçut qu'il n'y avait là personne qui défendît sa cause; alors il se leva tout en colère : « C'est une grandissime méchanceté, s'écria-t-il, une traîtrise, une indignité dont on rend victime, contre Dieu et contre toute loi, la très-innocente et très-chaste reine; le chevalier qui porte un pareil témoignage est traître, indigne et félon, et comme tel je le défie à un combat singulier, sans autres armes que celles que je porte en ce moment, c'est-à-dire ma seule épée. »

En disant cela, il dégaina avec une furie incroyable et se mit à provoquer le pauvre comédien qui avait porté le faux-témoignage[3]. Celui-ci, tout en riant avec les autres de la folle colère de don Quichotte, se plaça au milieu de la cour l'épée nue, et déclara qu'il acceptait le combat, mais qu'il voulait que ce fût à la cour, en présence de Sa Majesté, et seulement dans un délai de vingt jours; puis cherchant autour de lui quelque chose qu'il pût donner en gage à notre chevalier, il aperçut, accroché à un poteau, un bât et sur ce bât une croupière qu'il prit et qu'il jeta aux pieds de don Quichotte. « Recevez, lui dit-il, chevalier poltron, ma riche et précieuse jarretière, pour gage du combat auquel je vous invite, en présence de Sa Majesté et dans le délai que je vous ai dit. » Don Quichotte se baissa et ramassa la croupière; mais lorsqu'il vit que ce qu'il faisait excitait les rires de tout le monde : « Il est indigne de vaillants cavaliers et de nobles princes, dit-il, de rire de ce qu'un traître tel que cet homme ose vouloir combattre contre moi. Il conviendrait mieux de pleurer sur la profonde affliction de cette pauvre reine; mais du reste elle est heureuse que je me sois trouvé là dans cette triste circonstance; cette indigne trahison ne restera du moins pas impunie. » Et, se retournant vers Sancho : « Prends, lui dit-il, ô mon fidèle écuyer, cette précieuse jarretière du fils du roi, et garde-la dans notre valise jusqu'à vingt jours d'aujourd'hui; je veux alors tuer ce méchant prince qui a porté contre ma dame la reine un aussi faux témoignage. »

Sancho prit le gage : « ¿ Pourquoi votre grâce veut-elle, demanda-t-il à son maître, que nous mettions cette croupière dans notre valise, au milieu du linge blanc, dans le sale état où elle est? ¡ Au diable soit! je l'attacherai à la sangle du roussin, et elle y restera jusqu'à ce que nous trouvions à qui elle est.—O l'imbécile! fit don Quichotte, ¿ et tu appelles cela une croupière?—¿ Mais que diable est-ce, si ce n'en est une?—¿ Ne vois-tu pas, animal, répliqua don Quichotte, que c'est une richissime jarretière du fils du roi, ainsi que le prouvent ces franges d'or, à chacune desquelles pend soit une émeraude, soit un rubis, soit un diamant?—Ce que je tiens là, dit Sancho, si je ne suis pas ivre, est une natte de jonc, avec un morceau de corde assez sale à chaque bout, servant de croupière pour quelque bête de somme.—¿Y a-t-il folie semblable à celle de cet écuyer? s'écria don Quichotte; ¡prendre pour une croupière une jarretière de double taffetas rouge!—Je dis, répondit Sancho, une et deux cents fois que c'est aussi bien une croupière que je suis grand-père, il n'y a pas à dire non. » Tout le monde s'amusait fort de la querelle du maître et du serviteur à propos de la croupière. Pour y mettre fin, le directeur s'avança : « Seigneur Sancho, dit-il, que votre grâce fasse bien attention à ce qu'elle dit, et qu'elle ouvre les yeux : ce qui est pour certain monde une croupière, est pour d'autres une jarretière d'une grandissime valeur.—Cela m'est égal, fit Sancho, et ce sera ce que j'ai dit; je ne suis pas aveugle, et j'ai usé dans ma vie plus de croupières comme celle-là, qu'il n'y a d'étoiles dans les lymbes. »

En ce moment sortit de l'écurie un laboureur à qui appartenaient le bât et la croupière; il vint à Sancho et lui dit : « Frère, donnez-moi cette croupière; elle n'est pas là pour que vous vous en empariez. » Sancho se retourna tout joyeux vers les assistants : « ¡Béni soit Dieu! seigneurs, dit-il, me voilà content; et, quelque chagrin que vous en ayez, vous voilà forcés de reconnaître que j'avais bien jugé en déclarant du premier coup d'œil que ceci était une croupière; chose que tant de bons esprits n'ont pas voulu reconnaître. » En disant cela il rendit la croupière au laboureur. Mais don Quichotte ne l'entendait pas ainsi; et, marchant au laboureur, il reprit son gage, le tira avec force, et le lui arracha : « ¿Vilain malpropre, lui dit-il, depuis quand es-tu digne de toucher un objet aussi précieux? » Mais le laboureur n'entendait pas la plaisanterie. Il était vigoureux et bien bâti, qualités qui manquaient à don Quichotte, et il lui donna une telle poussée dans la poitrine, qu'il le fit tomber à la renverse ; puis, se jetant sur lui, il lui enleva la croupière. Sancho accourut pour porter secours à son maître, et donna au laboureur trois ou quatre bons coups de poing sur la tête ; mais celui-ci, se retournant contre Sancho avec la furie du lion, lui rendit à travers la figure autant de coups de croupière[1].

Immenses furent les rires des comédiens, grand l'empressement des étudiants à séparer les combattants, remarquable la diligence de Barbara à relever et à soigner don Quichotte, dont la colère était extrême. Le pauvre Sancho était fort maltraité ; il rendait le sang par le nez avec abondance, attendu que le laboureur l'avait violemment frappé. Aussi se mit-il à le poursuivre jusqu'à l'écurie en lui criant : « ¡Attends ! attends ! muletier maudit, tu verras si je ne te fais pas confesser, malgré toi, que tu es meilleur que moi, grandissime vaurien, fils de tels ! »

Don Quichotte le rappela. « Reviens, mon fils Sancho, lui dit-il, et laisse-le partir avec la honte d'avoir fui comme un infâme le champ de bataille sans oser nous attendre ; ¿mais que peut-on espérer d'un bandit tel que celui-là ? Je te l'ai déjà dit bien des fois, à l'ennemi qui fuit fais un pont d'argent. S'il nous emporte notre précieuse jarretière, ne nous en tourmentons pas ; j'ai lu dans mes livres que des voleurs ont enlevé à des chevaliers errants non-seulement leurs précieux coursiers, mais encore leurs armes, leurs riches vêtements et leurs joyaux. — Je ne m'effraie pas de ce vol, dit Sancho, votre grâce doit être accoutumée à ce que des voleurs lui prennent ses joyaux précieux ; car déjà, à Saragosse, un autre m'a ôté des mains, avec les ongles des siennes, les royales aiguillettes de l'oiseau feniche, ou quel que soit son nom, que votre grâce avait gagnées, à la pointe de sa lance, à la course de bagues. » Cette nouvelle mit don Quichotte dans une grande colère. « ¿Et pourquoi, coquin, lui dit-il, si cela est arrivé, ne me l'as-tu pas dit à l'instant? j'aurais mis en pièces l'audacieux voleur.—Je l'ai caché à votre grâce, répondit Sancho, parce que j'ai horreur de la tourmenter, et parce que j'ai craint que la colère ne la rendît malade; c'est bien assez du chagrin que j'en ai eu, et des larmes que m'ont coûtées ces noires aiguillettes. » En parlant ainsi, Sancho se mit à pleurer. « ¡Hélas! disait-il, aiguillettes de mon âme, infortune de la mère qui vous a mises au monde, pauvres malheureuses que vous êtes; par les entrailles du Christ, je vous conjure, n'oubliez pas votre fidèle et zélé serviteur, car tant que je vivrai, je n'oublierai ni vous ni votre excellent caractère, et puisse mal profiter, au larron qui vous a prises, votre douceur et vos bonnes qualités! »

La douleur de Sancho et ses larmes calmèrent don Quichotte; il pardonna à son écuyer la perte des aiguillettes; et alors le directeur, quittant sa place, vint au chevalier et le prit par la main : « Votre grâce, seigneur, lui dit-il, s'en est tirée à sa gloire dans le combat qu'elle vient de livrer, et maintenant, attendu qu'il est tard, il est raisonnable que nous allions nous coucher ; votre grâce d'ailleurs doit être fatiguée, et nous laisserons là la comédie. » Il conduisit donc le chevalier et Sancho dans une mauvaise chambre qu'il leur avait fait réserver, et il n'en voulut sortir qu'après les avoir vus couchés ; puis il les enferma, craignant que ses garçons ne jouassent quelque mauvais tour à Sancho.

Lorsque le matin fut venu, le directeur et sa troupe, sur le conseil des étudiants, quittèrent l'hôtellerie sans rien dire, et prirent le chemin d'Alcala. Don Quichotte, fatigué de son combat de la veille, se leva tard, et l'hôte vint lui ouvrir la porte. La première chose qu'il fit en s'éveillant fut de demander à Sancho ce qu'était devenue la reine Zénobie, si on lui avait donné un lit et tout ce dont elle avait pu avoir besoin pour la nuit, selon les habitudes de sa royale personne. « Ma foi, seigneur, répondit Sancho, comme j'étais fort occupé de la bataille sanglante que j'ai livrée à celui qui nous avait pris la croupière, ou la jarretière, comme votre grâce voudra l'appeler, je ne me suis pas souvenu d'elle plus que si elle n'était pas reine ; mais j'ai ouï dire que deux des jeunes gens qui étaient avec les comédiens lui ont fait la faveur de l'emmener avec eux, à son grand plaisir, pour la mettre à l'abri des mauvaises langues. »

En ce moment Barbara et les deux étudiants montèrent à la chambre de don Quichotte : « Nous souhaitons de longs jours, dirent-ils en entrant, à la fleur des chevaliers. ¿ Comment sa grâce a-t-elle passé la nuit ? — O madame la reine ! répondit don Quichotte, que votre grâce me pardonne l'oubli que j'ai fait hier de votre royale personne ; mais la faute en est à ce négligent de Sancho. Je lui avais recommandé de se tenir sans cesse devant votre grâce et de toujours la regarder au visage, afin de deviner tous ses désirs ; mais le pauvre garçon en a été détourné par la bataille à laquelle il s'est livré. — Seigneur, répondit Sancho, je la regarde souvent en face ; mais je la trouve si laide chaque fois que je lui vois cet *avis au public* qui lui traverse la figure[5], que j'ai toujours envie de lui dire : « Allons Marthe, une grimace, » comme chantaient les petits enfants de mon village à une vieille guenon qui était devant la porte du curé. — ¡ Maudit coquin ! dit Barbara, puisses-tu vivre de mauvais jours et ne pas vieillir autant que moi ! mais sois tranquille, je n'ai pas besoin que tu sois dans l'autre monde pour me le payer ; je sais donner, la nuit, des soucis à de plus fins que toi ; le tambour est en des mains qui sauront bien le faire résonner.—Seigneur Sancho, dirent les étudiants, ne molestez pas madame la reine, elle se tire mieux des œuvres que des paroles ; et, quand vous vous verrez une de ces nuits, volant au milieu des buffets, des plats et des broches, selon sa fantaisie, vous regretterez de n'avoir pas voulu lui obéir.—Eh bien ! répliqua Sancho, si elle me fait voler au milieu des buffets, je me plaindrai à quelqu'un qui la fera voguer aux galères. — ¿Mais, dit un des étudiants, votre grâce ne sait-elle pas que les femmes ne rament pas ?—¡Et que me fait à moi qu'elles ne rament pas ! Si elle ne rame pas, au moins servira-t-elle à porter des rafraîchissements à la chiourme ; je sais qu'elle aura pour cela la grâce suffisante. » Les étudiants se mirent à rire, mais don Quichotte n'en avait pas envie ; aussi interrompit-il Sancho avec rudesse : « Que votre grâce, dit-il à Barbara, ne fasse aucun cas des paroles de cet imbécile, il ne saura jamais dire que des niaiseries ; ce qui nous importe maintenant, c'est de songer à partir d'ici, attendu qu'aujourd'hui même je veux arriver à la cour, à moins que quelqu'occupation sérieuse ou quelque périlleuse aventure ne me retienne à Alcala. » Alors il appela l'hôte pour régler son compte, mais ce fut bientôt fait, et il n'eut à débourser que des remerciments, car le directeur de la troupe de comédiens, prenant en pitié la folie de don Quichotte et la simplicité de Sancho, avait payé pour tout le monde, se trouvant remboursé à l'avance par les mauvais moments qu'il leur avait fait passer, et par l'amusement que sa troupe et lui en avaient retiré.

Don Quichotte, armé comme de coutume, remonta donc sur Rossinante, Sancho sur son âne et Barbara sur sa mule; mais les étudiants restèrent en arrière, par la raison qu'ils n'avaient aucune envie d'entrer à Alcala en pareille compagnie, ni de s'exposer à recevoir leur part des moqueries, des huées et des sarcasmes qui, sans doute, attendaient nos voyageurs. « Seigneur cavalier, dit Barbara, dès qu'ils furent en chemin, votre grâce m'en a fait une bien grande en m'amenant de Siguenza ici, en me vêtissant, en me donnant à manger, en me procurant une monture, comme si j'étais sa propre sœur; si votre grâce n'a rien de plus à m'ordonner, je compte rester à Alcala, qui est ma patrie; et, si elle veut bien m'employer pour quelque chose, je le ferai avec un empressement qu'elle reconnaîtra aux œuvres.—Madame la reine Zénobie, répondit don Quichotte, je suis fort surpris de voir une personne de votre mérite prendre une telle résolution, après avoir couru tant de dangers et traversé tant de royaumes inconnus, seulement pour me rencontrer, conduite par la renommée de ma valeur et de ma personne. ¿Comment est-il possible, maintenant qu'elle est avec moi, ce qu'elle a tant cherché et tant désiré, qu'elle veuille ainsi me quitter sans considérer tout ce que j'ai fait, tout ce que je veux faire pour son service, non plus que les désagréments qui peuvent lui survenir, lorsque ses ennemis et ses rebelles vassaux, perdant tout le respect dû à la grande valeur de sa personne, la verront privée de mon appui? Pour éviter ces inconvénients et d'autres plus graves qui peuvent survenir à votre grâce, je la supplie, aussi instamment que possible, de venir avec moi jusqu'à la cour, où nous aurons à séjourner quelque temps, attendu que les grands, quand ils apprendront ma venue, s'empresseront à me retenir et me feront mille fêtes, afin de s'honorer de ma présence, et d'apprendre de moi la science militaire. C'est là que votre grâce verra ce que je puis

faire pour son service. Puis, lorsque j'aurai tué le roi de
Chypre Bramidan de Taillenclume, à qui j'ai promis le
combat; lorsque j'aurai tué cet autre, le fils du roi de
Cordoue, qui hier a porté contre sa mère un indigne et
faux témoignage, votre grâce restera libre de décider si
elle veut aller à Chypre, ou si elle préfère rester à la cour
d'Espagne. Ainsi donc, et pour l'amour de moi, je la supplie de faire ce que je lui propose. »

Lorsque Sancho eut entendu ce que don Quichotte avait
dit à Barbara, il s'approcha de son maître tout en colère :
« Parbleu ! seigneur, lui dit-il, je ne sais pourquoi votre
grâce veut que nous emmenions avec nous madame la
reine? Mieux serait qu'elle restât ici dans son pays, c'est
autant que nous économiserons. Pourquoi donc vouloir
emmener avec nous une cause de dépense sans qu'il y ait
aucun profit? Voilà ma foi une jolie charge de balayures
pour que nous nous en embarrassions jusqu'à la cour;
envoyez-la à Lucifer, et ne la priez pas; les gens de rien
se gonflent tout de suite quand on les sollicite. La miséricorde de Dieu ne nous manquera pas sans elle. ¡Par le
corps de Judas Iscariote, fi d'elle, de qui l'a mise au monde
et de qui nous l'a fait connaître! En vérité, le nez commence à me monter à la moutarde, et j'en ai bientôt assez.
Puisqu'elle est dans son pays, que votre grâce l'y laisse
jeter par la bouche et par les narines plus de morve et de
crachats que n'en jette un pendu à la potence. ¿A quoi bon
perdre son temps à faire à cette mauvaise bête mille politesses et mille protestations? ¿A quoi bon l'appeler reine et
madame? lorsqu'elle est ce qu'on sait bien, ainsi que ces
étudiants nous l'ont dit? Qu'elle nous paye sa jupe et sa
robe rouge, et la mule et tout ce qu'elle nous a coûté, et
puis adieu. Je me tais, et comme dit Aristote : Voilà le
raisin qui prend couleur[6]. Mais sur ma parole, si j'étais à

la place de mon maître, je lui reprendrais tout à coups de poing.—Maudit vilain, répondit don Quichotte, ¿qui te prie de te frotter à madame la reine, toi qui ne mérites pas de la déchausser de son petit soulier?—¿Petit? répliqua Sancho, votre grâce me chargea à Siguenza de lui acheter une paire de souliers, et lorsque je lui demandai combien de points elle chaussait, elle me répondit : entre quinze et dix-neuf, à peu près.—Mais, insensé, reprit le chevalier, ne sais-tu pas que les Amazones sont une race virile, qu'elles passent leur vie à combattre, et qu'elles ne peuvent être ni aussi délicates ni aussi mignones par les pieds que nos dames de la cour? Celles-ci passent oisivement leur vie sur des estrades au milieu des douceurs, et elles sont par conséquent plus molles et plus féminines que les valeureuses Amazones. »

Barbara n'était pas peu offensée des malices de Sancho, aussi prit-elle la parole à son tour, et non sans aigreur : « Je ne pensais pas, seigneur don Quichotte, dit-elle, aller plus loin qu'Alcala; mais maintenant que je sais que je puis faire plaisir à votre grâce et faire enrager ce coquin de Sancho, je veux aller jusqu'à Madrid et me mettre entièrement à la disposition de votre grâce, quoi qu'en dise ce vilain repu d'ail.—¡Vilain, répliqua Sancho, que je sois vilain devant Dieu, c'est possible, mais devant le monde, peu m'importe de l'être ou de ne pas l'être ; c'est un grandissime mensonge de venir dire que je suis repu d'ail, attendu que je n'en ai mangé ce matin à l'hôtellerie que cinq ou six gousses, que ce voleur d'hôtelier m'a données pour le quart d'un réal; il n'y avait ma foi pas là de quoi me repaître. Laissons cela, ¿et que votre grâce veuille bien me dire, madame la reine, ce qu'il y a de mieux, de s'être contenté de cinq ou six têtes d'ail cru, ou d'avoir passé la nuit avec ces deux valets des comédiens?

Je tiens en outre de l'hôtelier que votre grâce a déjeuné avec eux ce matin d'une jolie fressure frite, arrosée de deux bonnes mesures de vin.—L'ami, répondit Barbara, je n'ai fait de mal à personne en allant avec ces garçons, attendu que je suis libre comme le couteau; je n'ai pas de mari ni personne à qui je doive des comptes; je l'ai fait parce que j'avais un peu froid, et non par vice comme vous le supposez, malicieux que vous êtes!—¡Malicieux, fit Sancho, vous n'oseriez pas me le dire par derrière comme vous me le dites en face; mais laissez faire, il y a plus d'andouilles que de jours, et tout niais que nous sommes, nous savons bien nous téter le doigt. »

CHAPITRE XXVIII

Comment don Quichotte et sa compagnie arrivèrent à Alcala, où notre héros, voulant tenter une périlleuse aventure, fut sauvé de la mort par un hasard étrange.

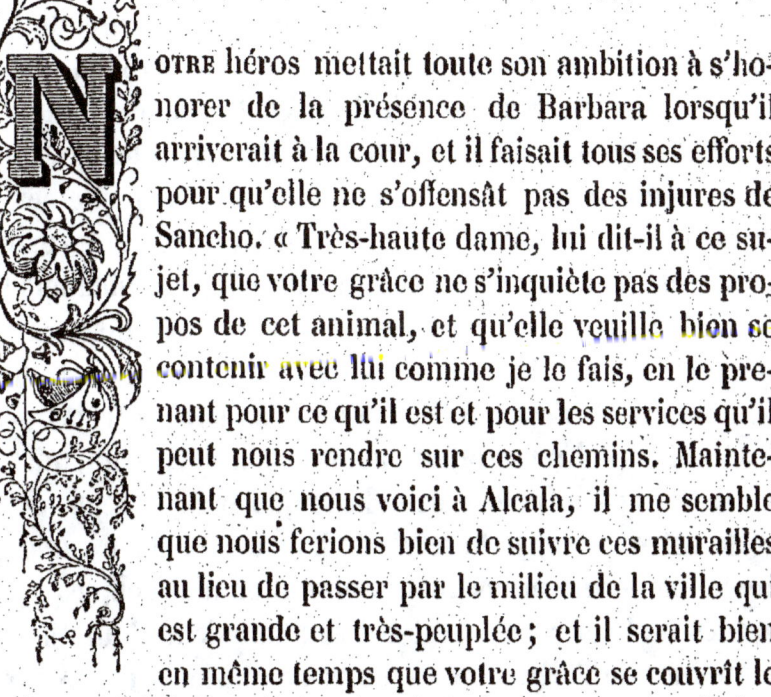

NOTRE héros mettait toute son ambition à s'honorer de la présence de Barbara lorsqu'il arriverait à la cour, et il faisait tous ses efforts pour qu'elle ne s'offensât pas des injures de Sancho. « Très-haute dame, lui dit-il à ce sujet, que votre grâce ne s'inquiète pas des propos de cet animal, et qu'elle veuille bien se contenir avec lui comme je le fais, en le prenant pour ce qu'il est et pour les services qu'il peut nous rendre sur ces chemins. Maintenant que nous voici à Alcala, il me semble que nous ferions bien de suivre ces murailles au lieu de passer par le milieu de la ville qui est grande et très-peuplée ; et il serait bien en même temps que votre grâce se couvrît le visage avec ce voile précieux, jusqu'à ce que nous fussions de l'autre côté, afin de ne pas être reconnue [1]. Alors nous

nous arrêterons, si bon nous semble, dans quelqu'hôtellerie où nous passerons secrètement la nuit, et nous entrerons à Madrid demain matin avec le frais. »

Ainsi s'arrangèrent nos voyageurs; ils firent le tour des murailles de la ville, et pendant qu'ils marchaient Barbara se tourna vers Sancho. « Allons, galant seigneur, lui dit-elle, soyons amis, et pour l'amour de Dieu n'ayons plus de querelle ensemble, je veux bien oublier le passé.— Amis! répondit Sancho, je serais plutôt l'ami d'un diable d'enfer que celui de votre grâce, bien que les deux soient la même chose.— ¡Par l'âme de ma mère! dit Barbara, il faut que nous fassions la paix avant d'arriver à Madrid. —¡Par l'âge de mon âne! répliqua Sancho, je veux être Ponce-Pilate plutôt que d'être en paix avec vous.—Va-t'en, bandit, fit Barbara.—Va-t'en, vipère, dit Sancho². » Don Quichotte, qui s'aperçut de la querelle et qui entendit les compliments qu'échangeaient ses deux compagnons, intervint.—¡Eh bien, Sancho! dit-il, ¿n'es-tu pas mon écuyer, et ne dois-je pas te payer un salaire selon que nous en sommes convenus, si tu me sers bien et ponctuellement? Or donc, en vertu de cette convention, je veux et j'exige qu'à l'instant et sans réplique tu sois l'ami de madame la reine Zénobie, et je m'engage à faire servir ce soir à sa grâce et à toi un bon repas, comme gage de votre future amitié; car il n'est pas bien que nous soyons trois et en désaccord³.—En vérité, seigneur, répondit Sancho, quand ce ne serait pas pour autre chose que pour le repas dont parle votre grâce, je le ferai de bon cœur, encore que je dusse peut-être attendre l'intervention de quelques personnes de haut rang, c'est-à-dire d'une demi-douzaine de chanoines de Tolède, ou au moins de plusieurs cardinaux; mais passons là-dessus puisque votre grâce l'ordonne. Allons, madame la reine, avancez-moi ces mains, quoi que j'aimasse mieux que ce fussent des pieds de vache bien cuits entourés de persil; car, sur mon âme, ils me feraient plus de profit. » Barbara lui tendit la main. « Prenez, mes amours, lui dit-elle, cette main de reine; je jure qu'il y a plus de deux princes scolastiques de la cour d'Alcala, où nous allons passer la nuit, qui seraient très-flattés de recevoir cette faveur. »

Lorsque don Quichotte vit ses deux compagnons se donner la main, il reprit un peu les devants, songeant déjà à ce qu'il ferait à la cour pour la reine Zénobie, puis à ses combats contre le géant et contre le fils du roi de Cordoue, et enfin à la manière dont il se ferait connaître du roi et des grands. Ces réflexions l'absorbaient de telle sorte qu'il n'entendit rien de la conversation qui avait lieu entre Sancho et Barbara. « Désormais, ami Sancho, disait celle-ci, nous devons nous aimer comme de bons époux, puisque le seigneur don Quichotte a été le parrain de la paix que nous avons faite; ainsi veux-je que notre soirée soit bonne et aussi notre nuit dans l'hôtellerie où nous allons descendre. Et comme le cœur me dit qu'il ne laissera pas de faire froid, je serai forcée de me tenir plus chaudement que de coutume; pour cela, mon cher Sancho, je m'arrangerais bien d'une couverture de votre poil; je pense que je n'aurai pas besoin de vous prier beaucoup, car vous êtes plus méchant que bête. » Sancho ne devina pas ce que Barbara voulait lui dire. « Arrivons d'abord une bonne fois et sans encombre à l'hôtellerie, répondit-il, puis soupons pour célébrer notre amitié, selon que mon maître nous l'a promis, et quant à la couverture, vous en aurez deux ou trois; j'en demanderai à l'hôte pour que vous puissiez vous couvrir, bien qu'il ne fasse pas tellement froid que vous ayez besoin de tant de précautions. » Lorsque Barbara vit qu'elle n'avait pas été comprise, elle parla plus clairement : « Sancho, dit-elle, si votre maître veut louer deux lits, l'un pour moi, l'autre pour vous, ¿ne serait-il pas mieux d'économiser le réal que coûtera l'un des deux, pour acheter un joli plat de tripes et un quart de pain, avec quoi vous vous régalerez comme un bienheureux, et fi du diable?—En vérité, vous avez raison, répondit Sancho; économisons le réal de l'un des lits sans que mon maître le sache ; je dormirai sur un des bancs de l'hôtellerie, attendu qu'il m'est bien égal de coucher ici ou là, et en place nous nous donnerons, comme on dit, une bonne panse avec ce réal. »

Barbara ne voulut pas pousser Sancho davantage, et tous deux allongèrent le pas pour rejoindre don Quichotte. « Il me semble, leur dit le chevalier lorsqu'il les vit auprès de lui, qu'il est trop tard pour que nous puissions arriver aujourd'hui à Madrid, et qu'il ne sera pas mal que nous passions cette nuit ici, à Alcala, pour continuer demain notre chemin. Votre grâce, madame la reine, pour ne pas être reconnue, pourra rester enfermée dans sa chambre et se voiler le visage pendant qu'on la servira à table. » Barbara répondit que tout serait bien ainsi que le chevalier le pensait, et qu'elle se soumettait avec empressement à sa volonté. On arriva enfin à une hôtellerie située hors la porte qu'on nomme la Porte de Madrid, et en y entrant don Quichotte dit à Sancho de conduire les bêtes à l'écurie, de leur donner leur provende; puis il demanda à l'hôte une chambre isolée et bien meublée, où il fit conduire la reine Zénobie.

Notre héros était resté dans la cour, où il se promenait sans se désarmer, lorsqu'il entendit sonner tout-à-coup des trompettes, puis ensuite comme un bruit sourd de timbales. Don Quichotte en conçut un vif étonnement, et il écouta quelques instants avec une grande attention pour savoir ce que ce pouvait être; puis au bout d'un moment, et après avoir laissé son imagination s'exercer sur cet incident, il appela Sancho. « Mon bon écuyer Sancho, lui dit-il, ¿ entends-tu cette harmonie de trompettes et de timbales? Tu sauras que cela indique qu'il y a sans doute dans cette université des joutes célèbres, où un tournoi pour fêter l'union de quelqu'illustre infante qui se sera mariée ici; à ces joutes sera venu un chevalier étranger, dont le nom n'est pas connu, attendu qu'il est fort jeune encore; mais malgré le petit nombre de ses années, il a déjà vaincu tous les cavaliers de cette ville et ceux qui sont arrivés de la cour. Si ce n'est pas ce chevalier, ce serait, ce qui est plus probable, quelque brave géant, qui, après avoir vaincu ou démonté tous les tenants ou les jouteurs, sera resté maître absolu des joyaux, prix de la joute; et il n'y a pas un cavalier, quelque vaillant qu'il soit, qui ose se mesurer de nouveau avec lui dans le champ clos. Les princes de la ville en sont tellement contrariés, qu'ils donneraient tout ce qui peut se donner, pour que Dieu leur envoyât un champion qui pût combattre la superbe de ce païen et permettre la continuation de fêtes, en rendant la joie au pays. Ainsi donc, mon Sancho, selle-moi à l'instant Rossinante, je veux y aller. J'entrerai sur la place avec grâce, d'un air déterminé, et ceux qui occupent les balcons dorés, les hautes fenêtres et les estrades ornées de draperies, étonnés de ma présence, feront entendre un léger murmure, en disant: Voilà sans doute que Dieu vient à notre aide! ce brave chevalier étranger accourt pour rendre l'honneur aux habitants, puisqu'aucun d'eux n'a pu résister aux redoutables attaques de ce fier géant. En ce moment sonneront les trompettes, les hautbois, les saquebutes et les timbales; à ce bruit mon bon et brave cheval se mettra à hennir et à redresser la tête, désireux d'engager la bataille; tout le monde fera silence, et moi, pendant ce temps, je m'avancerai peu à peu vers la tribune où seront les juges. Je ferai agenouiller devant eux deux ou trois fois mon habile coursier; puis après que je les aurai salués moi-même, je le conduirai à travers l'immense place en le faisant caracoler et faire des courbettes. Je gagnerai ainsi l'endroit où sera le fier géant, et lorsque je l'aurai reconnu, j'irai choisir une lance du frêne le plus dur, et revenant vers lui, je lui dirai, sans lui faire aucun salut : « Chevalier, si bon te semble, je veux combattre avec toi; mais j'y mets pour condition que ce sera à outrance, c'est-à-dire que l'un de nous deux devra être l'unique vainqueur des joutes, et que, comme premier acte de sa victoire, il tranchera la tête du vaincu et ira la présenter à la dame qu'il préférera. » Comme il est orgueilleux, il répondra : « Qu'il en soit ainsi. » Alors je tournerai bride pour aller prendre le côté du soleil qui me conviendra le mieux; les trompettes se feront entendre, et nous nous élancerons rapides comme le vent. Son coup, bien dirigé, viendra frapper au milieu de mon écu sans le percer; la force du choc me fera tourner un peu le corps et la lance volera en éclats; mais moi, plus habile, je le frapperai au milieu de la visière avec une telle violence, que, perdant les arçons, il tombera avec un bruit terrible par la croupe de son cheval. Comme il est léger, il se remettra tout aussitôt sur pied et s'avancera vers moi l'épée à la main; moi, qui ne voudrai pas combattre avec avantage, je sauterai à bas de mon cheval en un clin-d'œil, bien qu'on puisse m'accuser de faire une folie, et prenant en main ma tranchante épée, j'engagerai de nouveau un combat acharné. Mon adversaire, hors d'état de parer les coups que je lui porterai, me demandera un instant de trève afin de pouvoir se reposer ; mais, sourd à sa prière, je prendrai mon épée à deux mains et, la soulevant avec furie, je la laisserai tomber de telle force sur sa tête désarmée, que je la lui fendrai jusqu'à la poitrine. Alors il tombera, et sa chute sera telle que toute la place tremblera, et que beaucoup de barrières et d'estrades en seront renversées. Nombreux seront les cris du peuple, grande sera la joie des juges, extrême l'allégresse de tous les chevaliers précédemment vaincus, immenses les applaudissements de la foule, et rien n'égalera la beauté de la musique qui célébrera ma victoire. De ce moment enfin il m'arrivera des choses telles, qu'elles imposeront de rudes travaux aux historiens à venir qui tenteront de les rapporter. ¡ Allons, Sancho, hâte-toi, et amène-moi Rossinante !»

Sancho, qui voyait retardé ce souper qu'il désirait tant, s'en alla, au grand regret de son âme, seller Rossinante. Pendant ce temps, l'hôtelier, qui avait entendu l'étrange et long discours de notre héros, s'approcha de lui : « Votre grâce, seigneur cavalier, lui dit-il, fera bien de se désarmer, car elle me paraît fatiguée ; et si elle veut me dire ce qu'elle désire pour son souper, nous nous empresserons de la bien servir. — ¡ Pour Dieu ! fit don Quichotte, vous prenez bien votre temps ! ¿ Ne voyez-vous pas ce qui se passe sur la place : le déshonneur de votre patrie, la honte de vos chevaliers ? ¿ ne voyez-vous pas que je vais leur porter secours ? Et c'est dans un pareil moment que vous m'offrez à souper ! Je vous dis que je ne veux ni souper ni manger une bouchée que je n'aie honoré cette université du secours de ma personne, et que je n'aie tué tous ceux qui l'insultent ; car c'est une honte qu'un seul homme vienne subjuguer et soumettre une ville comme celle-ci : ainsi donc, allez avec Dieu et voyez si mon écuyer m'amène mon cheval.—Que votre grâce me pardonne, dit l'hôtelier, je croyais que ce qu'elle disait tout à l'heure à son serviteur était quelque conte de Mari-Castagne ou des livres de chevalerie d'Amadis de Gaule ; mais si votre grâce veut aller, armée de la sorte, faire hommage au professeur, tout le monde lui en saura gré. — ¿ De quel professeur ou de quel rien du tout me parlez-vous ? demanda don Quichotte. » Trois ou quatre passants s'étaient arrêtés devant la porte à regarder cet homme armé. « Si votre grâce, lui dirent-ils, veut aller à la cérémonie, elle n'a pas de temps à perdre, car il est l'heure où le professeur doit arriver au marché ; mais il n'y a ici ni joutes ni géants, sinon une cérémonie que fait l'université pour un docteur qui vient d'obtenir la chaire de médecine, à plus de cinquante voix de majorité ; et on conduit devant lui, pour le fêter, un char triomphal portant les sept Vertus, avec une musique délicieuse. On n'a encore rien vu de semblable à cette fête, si ce n'est celle qui a eu lieu l'an passé, en l'honneur de celui qui a obtenu la chaire de prime de théologie. Les trompettes et les timbales que votre grâce vient d'entendre précèdent un cortége de plus de deux mille étudiants qui parcourent les rues avec des rameaux à la main, en criant : « Un tel est vainqueur ! » — Malgré tout le monde, répliqua don Quichotte, malgré vous et tous ceux qui chercheront à me contredire, ce qui est est ce que j'ai dit. »

En ce moment Sancho amenait Rossinante. Don Quichotte se mit en selle et sortit de l'hôtellerie ; mais le pauvre cheval était si fatigué, que, malgré l'éperon, il ne pouvait faire un pas, et il n'y avait pas de maison dans laquelle il ne voulût entrer. Notre chevalier suivit les rues, à petits pas, se dirigeant vers le point où il entendait le son des trompettes. Enfin, il se trouva au milieu de la grande rue, face à face avec tout le cortége. Dès qu'on l'aperçut, on pensa que c'était quelqu'étudiant qui, pour égayer la fête, avait pris cet étrange déguisement. Don Quichotte examinait avec un grand étonnement l'immense machine du char triomphal qui précédait le professeur et qui avançait sans être tiré ni par des mules, ni par des chevaux, ni par d'autres animaux ; il écoutait avec une grande attention la douce musique qui partait de l'intérieur. Sur le devant du char étaient deux étudiants masqués et portant des vêtements de femme. L'un représentait la Sagesse : il était richement vêtu ; une guirlande de laurier lui ceignait la tête ; dans la main gauche il tenait un livre, et dans la main droite il portait un alcazar ou petit château fort ingénieusement construit en carton, avec cette inscription en lettres gothiques :

Sapientia œdificavit sibi domum.

Au-dessous de la Sagesse était l'Ignorance, toute nue, couverte de chaînes, foulant aux pieds deux ou trois livres, avec cette autre inscription :

Qui ignorat ignorabitur.

A côté de la Sagesse était la Prudence, vêtue de bleu clair, et tenant un serpent dans une main, avec ces mots :

Prudens sicut serpentes.

De l'autre main, la Prudence semblait vouloir étrangler une vieille femme aveugle, laquelle s'appuyait sur un homme également privé de la vue, et entre les deux on lisait ces mots :

Ambo in foveam cadunt.

Don Quichotte se plaça en face du char, et imaginant le plus étrange discours qu'il eût jamais prononcé : « O toi, dit-il à haute voix, astucieux magicien qui, par de perfides maléfices, diriges ce char enchanté, dis-moi de quel droit tu retiens captives les deux dames que j'aperçois et leurs suivantes, dont l'une est nue et chargée de chaînes, et l'autre privée de la vue? Sans doute, et leur beauté en est la preuve, elles sont filles et héritières de quelques grands princes, maîtresses et souveraines de quelque contrée insulaire ; ¿pourquoi donc veux-tu les conduire dans tes cruelles prisons? Laisse-les à l'instant libres, saines et sauves, rends-leur les riches joyaux que tu leur as enlevés, sinon, dusses-tu déchaîner contre moi toutes les puissances de l'enfer, je te les enlèverai par la force des armes. »

Don Quichotte en aurait dit davantage; mais les gens de l'escorte, voyant que cet homme armé empêchait le char d'avancer, coururent à lui. « Seigneur licencié, lui dirent-ils, croyant parler à un étudiant, que votre grâce veuille se mettre à l'écart et nous laisser passer, car l'heure s'avance.—¡Ah! s'écria don Quichotte, c'est vous sans doute, vile canaille, qui êtes les serviteurs de l'enchanteur pervers qui emmène captives ces belles infantes? ¡Eh bien! donc, attendez, et mort aux ennemis! » En parlant ainsi, il mit l'épée à la main, et en porta un coup si terrible à l'un des étudiants, qui était auprès de lui monté sur une mule, que si celui-ci ne se fût habilement détourné, grâce aussi à la légèreté de sa monture, il eût été fort maltraité. Don Quichotte se porta tout aussitôt sur un autre qui venait ensuite, et asséna sur la tête de sa mule un tel coup de revers, qu'il la fendit de plus d'une palme. En ce moment tout fut en tumulte : on poussa des cris, la musique cessa ; on courut, les uns à pied, les autres à cheval, vers don Quichotte, qui, l'épée à la main, attendait tout le monde. Mais, à voir sa furie, personne n'osait en approcher, car il portait des coups de taille et de revers à droite et à gauche avec une telle impétuosité, que s'il eût été mieux secondé par son cheval, il ne lui serait pas arrivé le malheur qui suivit. C'est-à-dire que lorsque tous virent qu'il ne plaisantait réellement pas, ils l'entourèrent en le frappant, les uns avec des pierres, les autres avec des bâtons, d'autres avec les rameaux qu'ils portaient à la main, et même, de quelques fenêtres voisines, on lui envoya deux ou trois tuiles sur la tête; de sorte que, s'il n'avait pas eu son morion, il ne fût pas sorti vivant de la rue. La foule était immense, les cris excessifs, les pierres pleuvaient, et don Quichotte tenait bon.

Alors vinrent à lui dix ou douze déterminés, qui, s'attachant les uns à la bride de Rossinante, les autres aux jambes du chevalier, le jetèrent à terre, lui arrachèrent son écu et son épée, l'accablèrent de coups de poing, et l'eussent étouffé sur la place, si la fortune ne l'eût réservé pour de meilleures chances. Il dut la vie au directeur de la troupe de comédiens, qui, attiré par les cris du peuple pendant qu'il se promenait sous les arceaux de la Grande-Rue [1], aperçut cinq ou six individus qui transportaient vers une maison voisine un homme armé de toutes pièces, lequel se débattait de son mieux. Il crut reconnaître don Quichotte, et, pénétrant dans la maison avec quelques-uns de ses comédiens, il obtint, à force de prières, que les étudiants, qui continuaient à le maltraiter, le laissassent en repos. Les comédiens restèrent donc seuls avec notre chevalier, pendant que le professeur et son cortége continuaient leur marche triomphale. Le directeur s'approcha de don Quichotte : « ¡ Eh bien ! lui dit-il, seigneur Chevalier sans amour, ¿ quelle est donc cette triste aventure et quel nécromancien a poussé votre grâce dans un aussi mauvais pas? ¿ Est-il possible que des enchantements l'aient emporté sur la valeur de votre grâce ? Mais patience et bon courage, voici auprès de votre grâce un autre savant magicien, son ami, qui manquerait aux lois de la bonne amitié, s'il ne venait à son aide. Et il était temps, car si j'eusse tardé davantage, c'en était fait de votre grâce et de la chevalerie errante. Pécheur que je suis ! votre grâce a les dents tout ensanglantées, la voilà sans rondache, sans épée, sans cheval, les étudiants lui ont tout enlevé ! » Don Quichotte se redressa, et quand il eut reconnu le directeur : « ¡O sage Alquife ! lui dit-il, mon bon historien et ami, je m'étonnais d'être abandonné de vous dans cette cruelle épreuve et dans la grande tribulation où m'a mis la mollesse de mon cheval, que Dieu confonde ! Cependant, ¡ô fidèle ami ! faites-le-moi rendre ou donnez-m'en un autre, afin que je puisse poursuivre ces traîtres, les défier et tirer d'eux la vengeance que mérite leur conduite infâme. »

Le directeur chargea un de ses comédiens de rechercher le cheval, l'épée et l'écu de don Quichotte, et de les racheter à quelque prix que ce fût. Le comédien trouva Rossinante dans une auberge, la rondache et l'épée chez un pâtissier, et ramena le tout au directeur, qui les rendit à don Quichotte. Celui-ci l'en remercia vivement, attribuant ce retour au pouvoir magique de son sage ami. Alors le directeur s'informa de Sancho et de Barbara. Le chevalier répondit qu'il les avait laissés dans une hôtellerie située à la porte de Madrid. « ¡Eh bien! allons les retrouver, fit le directeur, c'est moi qui commande maintenant, et votre grâce doit m'obéir. » Don Quichotte répondit que pour rien au monde il ne refuserait obéissance à une personne aussi savante, dans les mains de qui il avait depuis longtemps laissé le soin de toute sa destinée. Le directeur fit marcher en avant un valet qui conduisait le cheval et les armes, et ordonna à don Quichotte de venir avec lui, à pied et appuyé sur deux des comédiens, jusqu'à l'hôtellerie ; là, il le remit à l'hôtelier avec défense de le laisser sortir jusqu'au lendemain.

Lorsque Sancho vit son maître la bouche en sang : «¡ Par le corps de saint Quentin, lui dit-il, ¿n'ai-je pas conseillé quatre cent mille douzaines de millions de fois à votre grâce de ne pas se fourrer dans des affaires qui ne lui vont ni ne lui viennent, surtout au milieu de ces démons d'étudiants? Ils l'ont reçue comme ils avaient fait de moi à Saragosse ; ¡bon Dieu, pécheur que je suis, votre grâce a toute la figure couverte de sang!—¡O Sancho, Sancho ! répondit don Quichotte, tous ces félons qui m'ont ainsi traité peuvent bien rendre grâces au sage Alquife, mon ami ; s'il n'était venu, j'aurais fait d'eux une telle boucherie, que leurs vieux pères en auraient eu à enterrer et leurs mères auraient eu à pleurer pour tous les jours de leur vie. Mais le temps viendra où ils me payeront tout, le passé comme le présent.—Au nom de sa vie, dit l'hôtelier, que votre grâce, seigneur cavalier, ne se commette pas avec les étudiants ; il y en a dans cette université plus de quatre mille, et ils sont tels, que lorsqu'ils se liguent et se réunissent, ils font trembler toute la terre ; que votre grâce remercie Dieu s'ils lui ont laissé la vie, car ce n'est pas peu de chose.—¡Oh ! la poule poltronne, s'écria don Quichotte, et l'un des plus indignes chevaliers qui jamais aient ceint une épée[6] ! ¿penses-tu donc que la valeur de ma personne et la générosité de mon cœur ne vaillent pas la honteuse pusillanimité? Je jure par la vie de la reine Zénobie, c'est-à-dire par ce que j'apprécie le plus au monde, que seulement pour ce que tu viens de me dire, je suis tenté de remonter sur mon cheval, de rentrer dans la ville et de n'y laisser personne vivante, ni chat, ni chien, ni homme, ni femme, ni aucun être pourvu ou dépourvu de raison. Je veux ensuite y mettre le feu, jusqu'à ce qu'elle soit comme Troie, exemple de la fureur des Grecs laissé à toutes les nations. Allons, Sancho, amène-moi promptement Rossinante; je veux faire voir à ce chevalier, à cet hôtelier, ou quel qu'il soit, que je m'entends mieux aux œuvres qu'aux paroles. —Pour ce qui est du cheval, reprit l'hôtelier, votre grâce, seigneur chevalier errant, ne le montera pas pour cette fois, attendu que le directeur de la troupe de comédiens qui est ici m'a expressément recommandé de ne le livrer pour aucun motif, et à cet effet j'ai retiré et enfermé la clef de l'écurie. —¿Quels comédiens ou quels rien du tout? répliqua don Quichotte, ¿peut-il y avoir quelqu'un au monde qui mette obstacle à mon bon plaisir? Néanmoins je ne m'oppose pas à ce que vous exécutiez les ordres de ce sage, mon ami, qui m'a ramené ici; il n'y a aucune raison pour que j'enfreigne ses instructions. — C'est vrai, dit l'hôtelier, et votre grâce fera bien d'entrer, car elle fait rire les gens qui sont devant la porte, et la maison va si bien se remplir d'enfants, que nous n'y trouverons plus de place. »

Cela dit, l'hôte prit notre héros par la main et le fit monter à la chambre où était Barbara. On soupa de fort bon appétit, et le souper fut entremêlé de gracieuses conversations auxquelles Barbara prit une part active, et des éternelles simplicités de Sancho. Enfin, on alla se reposer, et surtout don Quichotte qui en avait grandement besoin, en raison des horions de toute espèce qu'il avait reçus la veille dans l'hôtellerie de la route, et le matin dans la Grande-Rue. Toutefois, avant de se coucher, l'idée lui vint de se remettre à faire le breuvage ou baume précieux de Fier-à-bras pour guérir les blessures mortelles que ses dents avaient reçues; mais il ne put y parvenir, attendu que l'hôte, connaissant son côté faible, lui dit qu'on ne trouverait dans le pays rien de ce qui lui était nécessaire.

CHAPITRE XXIX

Comment le valeureux don Quichotte arriva à Madrid avec Sancho et Barbara
De la rencontre qu'il fit d'un grand seigneur en entrant dans la ville.

Quand le jour fut venu, le valeureux don Quichotte de la Manche se leva bien reposé de ses fatigues, et appelant Sancho, il lui ordonna de seller Rossinante, le palefroi de la reine et le roussin, pendant que l'hôte ferait préparer à déjeuner. Tout fut fait de la sorte; on déjeuna bien, avec quelques gâteaux et un poulet; on régla les comptes; puis don Quichotte monta sur Rossinante selon qu'il en avait l'habitude; la reine Barbara, voilée soigneusement, au grand regret de ceux de l'hôtellerie qui auraient bien voulu voir sa figure, prit place sur sa mule avec l'aide de Sancho; celui-ci se ramassa sur son âne, et on sortit de l'hôtellerie et de la ville avec une certaine rapidité. Vers trois heures et demie de l'après-midi, nos voyageurs, qui étaient partis à neuf heures du matin, arrivèrent à une petite distance de Madrid, à l'endroit appelé les Canaux d'Alcala. En raison de la grande chaleur, don Quichotte, sur le conseil de Barbara, se décida à s'arrêter dans le pré de San-Géronimo, pour se reposer à l'ombre des peupliers, et tout auprès de ce qu'on nomme le Canal-Doré. Ils restèrent là jusqu'après six heures, causant, dormant, se reposant, pendant que leurs montures paissaient tout à leur aise. Puis entendant la foule qui venait comme de coutume se promener au Prado, ils remontèrent à cheval et entrèrent dans la ville.

En traversant la rue, don Quichotte y vit tant de monde, des chevaux, des carrosses, des cavaliers et des dames, selon qu'il est d'usage, qu'il s'arrêta un instant, et faisant tourner bride à Rossinante, il se mit à se promener dans le Prado sans rien dire à personne. Barbara et Sancho, fort tourmentés de cette fantaisie, le suivirent pour essayer de le ramener à la raison, et se donnaient au diable de le voir, dès le premier tour, entouré de plus de cinquante personnes. En effet, un grand nombre des cavaliers qui se promenaient là s'étaient approchés de lui et s'amusaient fort de sa lance, de son écu, des inscriptions et des figures qui étaient peintes sur ce dernier, et paraissaient fort intrigués de la présence de notre héros dans cet accoutrement. Don Quichotte était d'autant plus fier qu'il y avait plus de monde autour de lui ; il s'arrêtait de temps en temps à dessein, afin qu'on pût lire les devises de son écu ; et tout le monde était ébahi de voir cette étrange figure suivie de Sancho et de cette femme voilée vêtue de rouge ; on prenait cela pour une mascarade.

Or il arriva que don Quichotte, ainsi suivi et accompagné, vit venir un riche carrosse traîné par quatre magnifiques chevaux blancs, escorté de plus de trente cavaliers et d'un grand nombre de laquais et de pages à pied. Notre chevalier s'arrêta au milieu du chemin que ce carrosse devait suivre, et le talon de sa lance appuyé contre terre, il attendit de son air le plus gracieux. Les gens de l'escorte, voyant un tel rassemblement au milieu duquel se dressait cet homme armé de toutes pièces, se retournèrent vers la personne qui occupait la voiture et qui était un personnage important, titulaire de Castille, venu au Prado pour prendre le frais. « Seigneur, lui dirent-ils, on aperçoit là-bas un grand nombre de personnes, au milieu desquelles est un homme armé portant une rondache aussi grande qu'une roue de moulin; nous ne savons pas et personne n'a pu nous dire qui il était, ni par quel motif il était arrangé de la sorte. En entendant cela le seigneur mit la tête hors de la portière, et chargea un alguazil de cour de lui faire le plaisir d'aller savoir ce que c'était. L'alguazil avait à peine quitté le carrosse qu'un laquais du seigneur s'en approcha. — Votre seigneurie saura, lui dit-il, que j'ai vu à Saragosse, il y a un mois, l'homme armé que voilà, lorsque j'ai été porter au seigneur don Carlos la nouvelle du mariage de votre seigneurie. J'ai dîné dans la maison de ce seigneur avec l'écuyer de cet homme, qui est à moitié fou ou quelque chose approchant. On disait qu'il était riche, et que c'était un honorable hidalgo de je ne sais quel endroit de la Manche, et que, pour s'être trop adonné à la lecture des livres de chevalerie, il en avait perdu l'esprit; de sorte qu'il s'est mis dans la tête qu'il est chevalier errant, et il parcourt le pays de la façon que voilà, en menant à sa suite, comme écuyer, un pauvre laboureur de son pays que votre seigneurie peut apercevoir à côté de lui, monté sur un âne. » Le laquais raconta ensuite tout ce qui était arrivé à don Quichotte à Saragosse, et comment le secrétaire de don Carlos s'était fait passer pour le géant Bramidan de Taillenfume que le prétendu chevalier venait sans doute chercher à la cour, pour se battre contre lui. Le titulaire fut fort surpris de ce que lui disait son laquais, et résolut tout aussitôt d'emmener notre héros le soir même chez lui pour amuser sa compagnie. En ce moment l'alguazil revint au carrosse.—Cet homme, seigneur, dit-il, est une des plus étranges figures que votre seigneurie ait jamais vues : il s'appelle, à ce qu'il dit, le Chevalier sans amour, et il porte sur sa rondache des devises et des peintures ridicules; il est accompagné d'une femme habillée de rouge, qu'il dit être la grande Zénobie, reine des Amazones.—¡ Eh bien ! dit le seigneur, conduisez le carrosse jusque-là, et nous verrons ce qu'il dit. »

En le voyant approcher, don Quichotte fit tourner bride à Rossinante et vint se placer à l'un des côtés du carrosse; puis élevant la voix d'un air grave et arrogant de manière à être entendu de tous ceux qui l'entouraient : « Illustre et souverain prince Périanée de Perse, dit-il, vous dont la valeur et la bravoure se sont fait chèrement connaître à l'invaincu don Bélianis de Grèce, votre mortel ennemi et votre rival auprès de la sans égale Florisbelle, fille de l'empereur de Babylone; vous qui en maint endroit avez accordé la bataille à votre célèbre ennemi sans que jamais l'avantage fût resté à l'un des deux, bien que vous fussiez assisté du prudent et sage Friston, mon ennemi; moi, chevalier errant, qui me suis voué à chercher les aventures, à essayer les forces des guerriers et des chevaliers, j'arrive aujourd'hui à la cour du roi Catholique, et comme j'ai entendu parler de la grande valeur de votre personne, il m'a semblé que j'encourrais quelque honte si je ne cherchais à tenter la fortune contre votre invincible résolution, ici même, aujourd'hui, en présence de tous ces chevaliers qui vous appartiennent, et de tout ce monde qui nous regarde ; et je suis porté à vous jeter ce défi, parce que je suis l'ami le plus dévoué et le plus intime du prince don Bélianis de Grèce, pour de nombreuses raisons. La première, parce qu'il est chrétien et fils d'un empereur chrétien; tandis que vous vous êtes païen de la maison et de la famille de l'empereur Othon, grand Turc et soudan de Perse; la seconde, parce que je veux délivrer ce meilleur de mes amis d'un obstacle tel que vous, afin qu'il puisse se livrer avec plus de liberté à son tendre amour pour l'infante Florisbelle. On sait comme chose notoire qu'il la mérite mieux que vous, qui ne manquez pas de belles Turques à épouser, et qui pouvez fort bien en trouver dans votre pays beaucoup qui soient à votre gré, sans qu'il vous soit nécessaire d'enlever Florisbelle à don Bélianis de Grèce, mon ami. Ainsi donc, sortez à l'instant de votre carrosse, montez sur votre magnifique coursier, et revêtez, pour combattre contre moi, vos armes enchantées; sinon demain matin je publierai, devant toute la cour et devant le roi, votre couardise, votre pusillanimité, après que j'aurai mis à mort le géant Bramidan de Taillenchume, roi de Chypre, et le fils indigne du roi de Cordoue; ainsi donc, répondez-moi promptement ou bien reconnaissez-vous vaincu, et j'irai chercher d'autres aventures. »

Tout le monde fut étonné des folies que don Quichotte venait de dire, et autour de lui on riait et on chuchotait. Sancho, qui placé à côté de son maître avait attentivement écouté son discours, vint se mettre avec son âne à côté du carrosse. « Seigneur Pirénée, dit-il, votre grâce ne connaît pas mon maître comme je le connais; qu'elle sache donc qu'il a combattu contre bien d'autres que votre grâce et des meilleurs; car il a eu affaire à des Biscaïens, à des Yangois, à des chevriers, à des melonniers, à des étudiants, il a conquis l'armet de Membran, il est connu de la reine Micomicona, de Ginésille de Passamont, il est l'ami de la reine Ségovie ici présente. En outre il a tenu tête à Saragosse à plus de deux cents recors qui accompagnaient un criminel condamné au fouet. Je prie maintenant votre grâce de considérer que nous avons beaucoup à faire, que nos bêtes sont fatiguées, que moi et madame la reine nous avons quelque peu faim. Qu'elle veuille donc bien, par les entrailles de Dieu, s'avouer vaincue, comme mon maître le lui demande, et restons amis comme devant sans chercher cinq pieds au chat; car si ceux de ce pays sont comme dans le mien, ils n'en ont pas plus de quatre. Ainsi donc que votre grâce nous laisse aller à notre hôtellerie, sous la conduite de Barrabas, et qu'elle reste ici à la male heure avec tous les hérétiques de Perse. »

Le seigneur chargea l'alguazil de répondre de sa part, et de les amener ce soir même chez lui. Celui-ci s'approcha de don Quichotte. — Seigneur Chevalier sans amour, lui dit-il, nous nous réjouissons infiniment tous tant que nous sommes d'avoir vu votre grâce en ce jour, et d'avoir appris à connaître en elle un des meilleurs chevaliers errants qu'on eût pu rencontrer en Grèce aux temps heureux d'Amadis et de Phébus [1]. Je rends grâces aux Dieux de ce que quoique païens, comme votre grâce l'a dit, nous ayons été assez heureux pour mériter de recevoir dans cette capitale un héros qui jouit dans le monde d'une telle renommée, et qui surpasse tous ceux qui jusqu'à ce jour ont revêtu de lourdes armures ou monté de puissants coursiers. En un mot, illustre prince, le seigneur Périanée que voici, accepte avec empressement le combat que lui offre votre grâce, non qu'il prétende en sortir victorieux, mais parce qu'il veut pouvoir se féliciter partout où il se trouvera, en admettant toutefois que votre grâce lui laisse la vie, d'avoir pu entrer en lice avec le meilleur chevalier du monde, car, fût-il vaincu, il n'en résulterait pas moins pour lui et pour toute sa race une gloire infinie. Quant au jour de ce combat, si votre grâce le veut bien, nous en conviendrons ce soir dans la demeure du seigneur Périanée, où nous sollicitons de votre altesse la faveur de vouloir bien accepter un logement pour elle et sa compagnie. Le prince sera heureux de les y fêter, de leur consacrer tous ses soins, et particulièrement à madame la reine Zénobie qu'il désire vivement connaître. Aussi la prie-t-il, afin que nous puissions tous rendre grâces aux Dieux, de daigner se découvrir le visage qui cache ces deux éclatants soleils dont la splendeur éclairerait toute la rondeur de la terre, et ferait arrêter dans sa course lumineuse le blond Apollon, surpris de voir une telle beauté bien supérieure à celle de sa belle Daphné. »

Don Quichotte se retourna vers Barbara, et la pria de se découvrir devant le prince Périanée de Perse, comme chose très-importante. Barbara se défendait de son mieux, lorsque Sancho qui était resté tapi sur son âne s'approcha, sans ôter son chaperon, du marchepied du carrosse. — Seigneur païen, dit-il, moi et mon seigneur don Quichotte de la Manche, le Chevalier sans amour par mer et par terre, nous déclarons que nous baisons les mains de votre grâce pour le service qu'elle nous rend en nous invitant à souper chez elle, comme le fit à Saragosse don Carlos à qui Dieu fasse paix; nous nous y rendrons avec plaisir tous trois en corps et en âme, tels que nous sommes, seulement la reine Ségovie me fait signe de l'œil, de l'endroit où elle est, pour me dire qu'elle ne peut pour le moment se découvrir le visage, avant de s'être mis celui des jours de fête qui est beaucoup mieux que le visage d'aujourd'hui; je prie donc votre grâce de l'excuser. » En ce moment don Quichotte parut à l'autre côté de la voiture, tirant par la bride la mule de Barbara. Celle-ci avait enfin mis à découvert son visage, plutôt destiné par sa laideur à faire taire les petits enfants qu'à être montré aux gens. Lorsque les assistants la virent si laide, si ridée et surtout avec sa balafre mal cicatrisée à travers le visage, ils ne purent s'empêcher de rire. Sancho voyant que le seigneur du carrosse regardait Barbara par intervalles, et se signait à considérer sa laideur ainsi que la folie de don Quichotte, reprit la parole : « Votre grâce a bien raison, lui dit-il, de faire le signe de la croix, car il n'y a rien de meilleur au monde, à ce que dit le curé de mon village¹, pour mettre en fuite les démons; et bien que madame la reine ne le soit pas pour le moment, il se pourrait, si Dieu lui donnait six années de vie de plus que celles qu'elle a, qu'il lui manquât bien peu de chose pour le devenir. — En vérité, madame la reine Zénobie, dit le seigneur en se contenant de son mieux, je reconnais toute la vérité de ce que le Chevalier sans amour nous a dit de votre grâce; il doit se trouver heureux d'accompagner par le monde autant de noblesse qu'il en est en vous, afin de faire honte à toutes les dames qui s'y trouvent, surtout en cette cour². Aussi serions-nous heureux que votre grâce voulût nous dire d'où elle est et où elle va avec ce vaillant chevalier, car je désire que, pour cette nuit, votre grâce, le seigneur don Quichotte et ce brave homme qui dit les vérités toutes nues, vous soyez mes hôtes et mes conviés. — Seigneur, répondit Barbara, j'apprendrai à votre grâce, si elle veut bien le permettre, que je ne suis pas la reine Zénobie, comme le dit ce chevalier, mais bien une pauvre femme d'Alcala qui vis du produit de mon honorable état de tripière. Pour mon malheur, un coquin d'étudiant m'emmena ou pour mieux dire m'enleva de mon logis, et sous le prétexte de me conduire chez ses parents où il prétendait m'épouser, il me vola, dans un bois de pins, tout ce que j'avais, me laissant attachée à un arbre, en chemise. Ce cavalier passa par là avec d'autres personnes, on me détacha, on m'emmena à Siguenza, et le seigneur don Quichotte, qui manque de jugement autant qu'il a de bonté, me donna ce vêtement et m'acheta cette mule pour me conduire à Alcala; me gratifiant partout, dans les villages, sur les chemins, dans les hôtelleries, du nom de reine Zénobie, et quelquefois me conduisant sur les places pour défendre, comme il dit, ma beauté qui n'est, hélas! pour mes péchés, que ce que voit votre seigneurie. Je voulais rester dans mon pays; mais il m'a persuadé de venir à la cour où, dit-il, il doit tuer un fils du roi de Cordoue, et un géant qui est roi de Chypre, parce qu'il veut me faire reine de ce pays. Et moi pour ne pas me montrer ingrate à ses bontés[3], je suis venue avec lui dans l'intention de retourner chez moi au plus tôt. Que votre seigneurie veuille bien me dire maintenant si elle a autre chose à m'ordonner; car je voudrais me retirer, attendu que ces cavaliers qui sont ici rient beaucoup, et cela pourrait porter le seigneur don Quichotte à faire quelque éclat. »

Barbara, après avoir ainsi parlé, s'en alla rejoindre le chevalier. « Votre grâce peut voir, mon bon seigneur, dit alors Sancho au titulaire, que madame la reine est une bonne personne; il faut nous pardonner si elle n'a pas le museau aussi joli que l'a dit mon maître, et que votre grâce le mérite; mais c'est sa faute, sa très-grande faute. Je lui ai dit qu'elle aurait dû s'arranger de manière qu'on lui donnât ailleurs que sur la face ce *garde à vous* qui la lui traverse, car il vaudrait mieux qu'on ne le vît pas autant, et elle répond à cela : « Qui reçoit ne choisit pas. » Maintenant donc que votre grâce veuille bien s'en venir promptement, car la nuit s'approche aussi bien que l'heure du souper, et en conscience, par la grâce de Dieu, je n'ai besoin en ce moment ni de persil, ni de moutarde pour exciter mon appétit. »

Cela dit, et sans plus de politesse, Sancho donna du talon à son âne, et s'en alla rejoindre son maître. Celui-ci en ce moment faisait à l'assistance je ne sais quel discours à propos de Rasura et de Laïn Calvo, disant qu'il les avait connus, qu'ils étaient gens fort honorables, mais qu'aucun d'eux n'arrivait à la hauteur de sa personne, attendu qu'il était Rodrigue de Bivar surnommé le brave Cid Campéador. « ¡ Je renie tous les Cids qu'il y a dans la Ciderie ! dit Sancho en ce moment ; que votre grâce s'en vienne, seigneur, car, pécheur que je suis, nos pauvres bêtes sont dans un tel état de fatigue et de faim qu'elles ne peuvent prononcer une parole.—Que tu connais mal ce cheval, Sancho, repartit don Quichotte ; je te jure que si tu lui demandais, et qu'il sût te répondre, ce qu'il aime le mieux d'une demi-fanègue d'avoine, ou de ce que je dis à propos de guerres, de batailles, de noblesse et de chevalerie, il t'affirmerait que, sans comparaison, il préfère m'entendre parler d'ici au jugement dernier ; il est certain qu'il resterait jour et nuit à m'écouter avec la plus grande attention.—Seigneur Chevalier sans amour, dit en survenant un serviteur du titulaire, mon maître supplie votre grâce de venir avec moi à sa demeure parce qu'il désire que votre grâce, la reine Zénobie et ce fidèle écuyer soyez ses hôtes et ses conviés pour ce soir, et pour tous les jours qu'il plaira à votre grâce, jusqu'à ce que soit fixé le jour de la rencontre convenue.—Seigneur cavalier, répondit don Quichotte, nous irons avec le plus grand plaisir nous mettre aux ordres du prince Périanée ; votre grâce n'a donc qu'à nous guider, nous la suivrons tous.

CHAPITRE XXX

Du combat acharné et périlleux que notre chevalier livra à un page du titulaire et à un alguazil.

ARBARA, Sancho, don Quichotte et le serviteur se dirigèrent vers la demeure du titulaire. Ce ne fut pas sans étonnement de la part de ceux qui les rencontraient dans les rues, ni sans fatigues pour le serviteur, forcé d'expliquer aux uns et aux autres quels étaient le nom et l'humeur de cet homme armé, la qualité de la dame, et le motif pour lequel il les conduisait. Il les amena enfin à la maison de son seigneur, confia les trois bêtes aux palefreniers, et introduisit les voyageurs dans un riche appartement. « Votre grâce, seigneur chevalier, dit-il à don Quichotte, peut se reposer ici, s'asseoir, et se débarrasser de ses armes, jusqu'à ce que vienne mon maître qui ne peut tarder beaucoup. » Don Quichotte répondit qu'il n'avait pas coutume de se désar-

mer, pour aucune raison, surtout en pays de païens où l'homme ne sait à qui se fier, et où le chevalier errant peut être exposé à quelque surprise.—Seigneur, répliqua le valet, ici nous sommes tous gens amis, et nous n'avons d'autre désir que d'offrir nos services aux cavaliers de la qualité de votre grâce; aussi peut-elle rester ici sans aucun souci, sans aucune crainte de la fortune contraire. » Voyant cependant que don Quichotte persistait à ne pas vouloir se désarmer, le serviteur se retira en le laissant libre d'agir à son bon plaisir, et en chargeant un page de veiller à ce qu'il ne sortît pas de la maison.

Don Quichotte se mit à se promener dans la salle, et Barbara voyant l'occasion bonne pour l'entretenir, lui parla de la sorte : « J'ai tenu la parole que j'avais donnée à votre grâce, seigneur don Quichotte, de venir avec elle jusqu'à la cour; et maintenant que nous y sommes, je la supplie de me congédier le plus tôt possible, parce que j'ai besoin de retourner dans mon pays pour des affaires importantes; sans compter que je crains que cet alguazil qui accompagnait le seigneur du carrosse,—celui que votre grâce appelait le prince de Perse,—ne nous ait fait conduire ici pour savoir qui nous sommes, votre grâce et moi. Il est certain que lorsqu'il verra que je voyage en compagnie de votre grâce, il pensera que nous vivons en concubinage, et il nous fera conduire à la prison publique où nous serons rigoureusement châtiés. Que votre grâce veuille donc examiner ce que nous avons à faire, je me soumettrai de bon gré à tout ce qu'elle décidera.—Madame la reine Zénobie, répondit don Quichotte, je sais pertinemment que le chevalier qui était dans le carrosse est le prince Périanée de Perse, et que celui que votre grâce prend pour un alguazil est un honorable écuyer à lui; ainsi donc, que votre grâce perde toute crainte et veuille bien, pour me faire plaisir, rester avec moi environ six jours dans cette ville; après cela, moi-même je la reconduirai chez elle avec plus d'honneur qu'elle ne pense. — Par Dieu, seigneur don Quichotte, interrompit Sancho, celui qui était dans le carrosse et que nous appelons païen, j'ai entendu dire à je ne sais combien de personnes qu'il était un je ne sais qui de je ne sais quoi et encore quoi, excellent homme et bon chrétien. En vérité, j'en crois quelque chose à en juger par sa charité, puisqu'il nous a invités à manger et à souper chez lui avec tant de libéralité. D'ailleurs, s'il était païen, il est clair qu'il serait vêtu comme un More, en rouge, en vert ou en jaune, avec un cimeterre et un turban; tandis qu'il est tel que Dieu l'a fait et que sa mère l'a mis au monde, ainsi que votre grâce l'a vu, et tout vêtu de noir, de même que ceux qui l'accompagnaient. Enfin, aucun d'eux ne parlait en langue païenne, mais bien en fort bon espagnol comme nous. » Ce raisonnement mit don Quichotte dans une grande colère. « La reine et toi vous penserez tout ce que vous voudrez, répliqua-t-il, mais il en est comme j'ai dit. »

Alors Barbara appela le page qui gardait la porte. « Jeune homme, lui demanda-t-elle, ¿ votre grâce peut-elle nous dire quel est ce seigneur qui se promenait en carrosse au Prado, accompagné de tant de monde, et à qui nous avons parlé, le chevalier que voici et moi? » Le page satisfit à cette demande, dit la qualité du seigneur, et comment il avait ordonné qu'on les conduisît chez lui. — ¿ Et que veut-il nous faire? reprit Sancho. — Mon maître n'a pas d'autre but, dit le page, que de passer avec vos grâces quelques moments agréables. — Venez ici, page, fit don Quichotte, ¿ votre maître ne s'appelle-t-il pas Périanée de Perse, fils du grand soudan de Perse, et frère de l'infante Impéria, rival du jamais vaincu don Bélianis de Grèce?

—Mon maître, dit le page, n'est ni prince de Perse, ni Turc ; de sa vie il n'a été dans ces pays-là, et jamais il n'a vu Bélianis de Grèce dont j'ai dans ma chambre l'histoire mensongère.—¡ O page vil et de race infâme ! s'écria don Quichotte ; ¿ comment oses-tu appeler mensonger l'un des meilleurs livres que les Grecs aient écrits ? ¡ c'est toi et ton barbare Turc de maître qui êtes des menteurs, et demain je le lui ferai confesser, quoi qu'il lui en coûte, en présence du roi et sous la pointe de cette épée !—Je dis, répondit le page, que mon maître est un très-bon chrétien, cavalier de bien, connu pour tel en Espagne, et quiconque dit le contraire est un méchant et un menteur. » En entendant cela, don Quichotte mit l'épée à la main et courut comme la foudre sur le page, qui dégringola par l'escalier jusque dans la rue en criant : « ¡ Hors d'ici le traître qui médit de mon seigneur, j'aurai soin qu'il lui en coûte cher ! » Ce disant, il ramassa une pierre pendant que don Quichotte descendait l'épée à la main et la rondache au bras, courant à la poursuite du page. Celui-ci n'attendant pas l'attaque, lança sa pierre avec une telle force que si la poitrine de notre héros n'eût été préservée par ses armes, sa vie eût été dans un danger sérieux.

Au bruit qu'ils faisaient tous les deux, aux cris qu'ils poussaient, accoururent beaucoup de personnes qui ne furent pas peu surprises de voir cet homme armé d'une épée et d'une rondache poursuivant et attaquant le page du titulaire. Le tumulte fit arriver deux alguazils avec leurs recors, et l'un d'eux chercha à s'emparer de l'épée de notre chevalier. « ¿ Que faites-vous, homme de Barrabas, lui dit-il, êtes-vous fou de mettre ainsi la main sur le page d'un tel personnage ? donnez-moi votre épée à l'instant et suivez-moi à la prison ; sur ma foi, vous vous souviendrez de votre escapade, pendant plus de quatre couples de jours. » Don Quichotte ne répondit rien, mais portant un pied en arrière, et levant son épée, il asséna au bon alguazil un joli coup de taille sur la tête, si bien que le sang se mit à couler. L'alguazil jeta les hauts cris en disant : «¡Aide à la justice, cet homme m'a tué! » Survinrent alors mille alguazils et autant de recors, qui tous mirent l'épée à la main et entourèrent notre homme. Celui-ci était tout joyeux. « Viennent, disait-il, le prince Périanée de Perse et tous ses alliés, et je leur prouverai que lui comme tous ceux qui habitent sa maison sont des chiens ennemis de la loi de Jésus-Christ. » Et tout en parlant il distribuait à deux mains des coups d'épée à droite et à gauche. Mais tant de monde pressait notre bon hidalgo que, quoi qu'il fît, on lui arracha son épée ; une demi-douzaine de recors le terrassa et lui attacha les mains derrière le dos.

En ce moment passa par là un alcade de cour à cheval. Voyant tant de monde réuni, il demanda quelle était la cause de ce tumulte. « Seigneur, lui dit, un des assistants, un homme armé de toutes pièces est entré dans cette maison où habite, comme votre grâce le sait, tel titulaire, et il a voulu tuer l'un des pages. Des alguazils ont tenté de l'arrêter, mais il leur a tenu tête, et il a asséné à l'un d'eux un grand coup d'épée.—C'est une vilaine affaire, répondit l'alcade de cour, et s'approchant de l'endroit où les recors luttaient contre don Quichotte qui ne voulait pas se laisser emmener, il leur ordonna de le lâcher. Alors ils le levèrent de terre et l'alcade lui parla. « Venez ici, homme du diable, lui dit-il, ¿ d'où êtes-vous, comment vous nommez-vous, et comment avez-vous eu l'audace d'agir de la sorte dans la maison d'un homme aussi illustre et aussi honorable?—¿Et vous, qui êtes-vous, homme de Lucifer? répondit don Quichotte. Qui que je sois, je vaux mieux que vous et la gueuse qui vous a mis au monde; et je vous le ferai confesser à haute voix, si je remonte sur mon cheval, et si je reprends ma lance et ma rondache que cette sale et vile canaille m'a enlevées. Mais je leur infligerai le châtiment que mérite leur folle audace, en tuant le roi de Chypre Bramidan de Taillenclume avec qui j'ai rendez-vous devant le roi Catholique; en même temps je prendrai vengeance du prince Périanée de Perse, responsable de tout le mal présent, s'il ne châtie pas la discourtoisie dont se sont rendus coupables ceux de son royal palais, envers moi, qui suis Fernan Gonzalès, premier comte de Castille[1]. » L'alcade de cour fut tout étonné d'entendre les extravagances de cet homme. « Votre grâce pensera sans doute, dit un des recors, que cet homme est plus méchant que bête, et maintenant qu'il a fait une sottise et qu'il le sait, il fait le fou pour ne pas être conduit en prison. — ¡ Sus donc ! dit l'alcade de cour, emmenez-le et mettez-le en lieu sûr, jusqu'à demain où nous le ferons comparaître à l'audience pour entendre juger son affaire. » Alors les recors s'emparèrent du pauvre chevalier.

Cependant, comme il était près de neuf heures, le titulaire arriva à la porte de sa maison avec une nombreuse compagnie ; lorsqu'il vit tant de monde rassemblé dans la rue, il en demanda la cause, et l'alcade de cour lui conta tout ce que notre chevalier avait dit et fait. A ce rapport le titulaire se mit à rire, et racontant à l'alcade ce qu'était don Quichotte et comment on l'avait amené chez lui par son ordre, il le pria de le laisser libre, s'engageant à le lui livrer lorsqu'il le requerrait et à prendre à sa charge la réparation du mal commis, et les dépenses nécessaires pour la guérison de l'alguazil. La même chose fut demandé par tous ceux qui accompagnaient le titulaire, et qui tenaient beaucoup à la soirée joyeuse que leur promettait l'humeur du prisonnier et de ses compagnons.

L'alcade répondit aux prières et aux garanties de tous ces personnages de haute qualité en donnant ordre à ses recors de laisser don Quichotte et de le remettre au titulaire. « ¡ Eh bien ! dit alors celui-ci au chevalier, qu'est-ce que tout cela, seigneur sans amour, et quelle aventure vous est arrivée ? — Oh ! seigneur Périanée de Perse, répondit don Quichotte, ce n'est rien, mais comme tous ces gens-là ne sont que de la populace, je n'ai pas voulu leur livrer bataille ; je crois cependant que l'un d'eux porte le châtiment de sa folie. » Sancho qui avait assisté de loin aux tribulations de son maître accourut alors. « Seigneur prince, dit-il au titulaire, en tenant son chaperon à la main, que votre grâce soit la bienvenue pour délivrer mon maître de ces grands coquins d'alcades, pires que celui de mon pays, qui ont eu l'audace de vouloir l'emmener à la prison, comme s'il n'était pas aussi bon que le roi et le pape. La chose s'est passée de telle sorte que je crois qu'ils l'auraient emmené si votre grâce n'était pas venue, et lors même que je leur aurais donné deux mille coups de poing. — Vous pouvez croire, mon ami, dit le cavalier, que si je n'étais pas autant que l'alcade de cour, et s'il n'avait pas quelque considération pour moi, le seigneur don Quichotte s'en serait mal tiré. » Cela dit, il prit notre héros par la main. « Que votre grâce veuille bien me suivre, seigneur prince de Grèce, et entrer dans ma maison. Tout cela s'arrangera, et les coquins qui ont insulté votre grâce seront punis comme ils le méritent. » Puis prenant congé d'une partie de ceux qui l'accompagnaient, comme il l'avait fait de l'alcade, il monta chez lui avec don Quichotte et Sancho. Les recors restèrent dans la rue, sans leur prise, fort stupéfaits de ce que le titulaire faisait marcher cet homme à son côté, en l'appelant prince.

CHAPITRE XXXI

De ce qui arriva à notre invincible chevalier dans la maison du titulaire, où il retrouva don Alvaro Tarfé et don Carlos, beau-frère de son hôte.

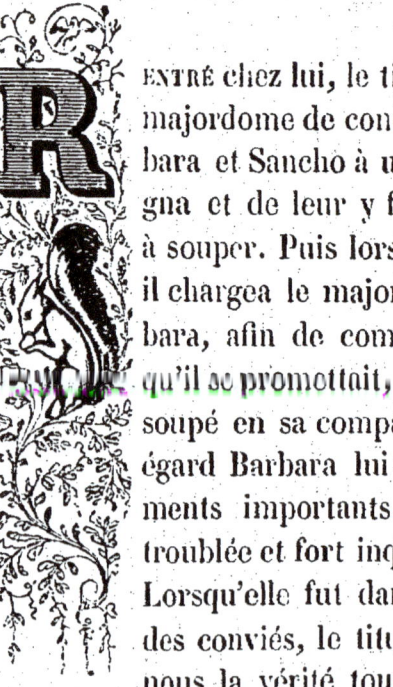

ENTRÉ chez lui, le titulaire donna ordre à son majordome de conduire don Quichotte, Barbara et Sancho à un appartement qu'il désigna et de leur y faire servir abondamment à souper. Puis lorsque ce repas fut terminé, il chargea le majordome de lui amener Barbara, afin de commencer le divertissement qu'il se promettait, ainsi qu'à ceux qui avaient soupé en sa compagnie. Il pensait qu'à cet égard Barbara lui donnerait des renseignements importants. Barbara descendit fort troublée et fort inquiète d'être appelée seule. Lorsqu'elle fut dans la salle et en présence des conviés, le titulaire lui dit : « Apprenez-nous la vérité toute nue, madame la reine Zénobie, sur votre vie et sur celle du galant et valeureux chevalier qui vous protége et vous défend avec tant de zèle. — Ma vie, illustre seigneur, répondit Barbara, est telle que je l'ai dit à votre grâce au Prado : rapide et pleine de hauts et de bas comme terre de Galicie. Je me nomme Barbara de Villarobos, nom que j'ai reçu d'une mienne aïeule qui m'a élevée à Guadalajara ; je suis vieille, j'ai été jeune, et dans cet état j'ai eu les aventures de tout le monde. Je n'ai pas manqué de gens qui m'aient louée et courtisée, et j'ai eu la tête tournée comme toutes les autres femmes. Certain poëte surtout adressait à ma taille, à ma grâce de telles louanges, que je finis par le croire, par l'aimer, et par lui livrer ma virginité de laquelle il devra rendre compte. Cela fut bientôt connu à Guadalajara, car il n'y a chose dont on parle plus que d'une femme qui a perdu la pudeur ; elle porte son déshonneur écrit sur sa langue, sur ses mains, sur ses pieds, sur ses yeux, dans ses manières, et sur ses vêtements. Mon aïeule le sut et en fut tellement affligée, qu'elle en mourut ; le chagrin que j'en éprouvai fut d'autant plus grand, qu'en même temps mon séducteur m'avait abandonnée. Je recueillis l'héritage de ma parente, je vendis les meubles, et avec l'argent que j'en pus tirer, je m'en allai à Alcala, où j'ai vécu plus de vingt-six ans, occupée à servir tout le monde, et surtout la gent à cape noire et à habits larges, car j'ai toujours eu du penchant pour les lettres. Mes services du reste n'allaient pas au delà de bien faire et bien défaire un lit, bien dresser un menu, quelque compliqué qu'il fût, et surtout conduire à point un ragoût ; enfin faire chauffer pour les petites gens une écuelle de soupe, de choux ou de bouillon. J'ai dit à votre seigneurie, au Prado, quelle calamité m'avait arrachée à cette bonne existence, et je lui ai raconté comment j'eus la faiblesse de croire ce brigand d'Aragonais, qui me promit de se marier avec moi, si, après avoir vendu mes meubles, je voulais le suivre jusque dans son pays.

J'ai été punie de ma sottise, et cela est juste, car chacun doit payer ses maladresses. Enfin il m'attacha à un arbre, me prit tout ce que j'avais et me laissa là. C'est alors que vint à passer ce fou, cet insensé de Manchois, avec son imbécile de Sancho Panza et quelques autres; ils entendirent mes cris, me détachèrent et m'emmenèrent avec eux jusqu'à Siguenza, où don Quichotte me donna la robe que je porte. Maintenant me voilà obligée de l'accompagner jusqu'à ce qu'il se fatigue de m'appeler reine Zénobie, et d'être témoin des coups et des injures qu'ils reçoivent, lui et son écuyer, tout le long du chemin. » Barbara raconta alors à ses auditeurs tout ce qui était arrivé à don Quichotte avec les comédiens et avec les étudiants, aussi bien à l'hôtellerie voisine d'Alcala qu'à Alcala même, où peu s'en était fallu que n'eût lieu le dernier chapitre de leurs aventures. Elle mit à son récit une aisance et une gaieté qui réjouirent tout le monde.

Barbara entendue, on fit descendre don Quichotte et Sancho; et lorsque tous les deux furent en présence des conviés, le maître armé et l'écuyer couvert de son chaperon, le titulaire s'adressa à don Quichotte : « Bienvenu soit parmi nous, lui dit-il, le jamais vaincu Chevalier sans amour, le défenseur de la gent besoigneuse, le défaiseur de torts, le promoteur de la justice. » Cela dit, il le fit asseoir auprès de lui, Barbara auprès de don Quichotte, et il continua au milieu des rires étouffés de toutes les personnes qui remplissaient la salle. « ¿Comment, fit-il, se porte votre grâce depuis qu'elle est dans notre capitale? Qu'elle veuille bien nous dire ce qu'elle en pense, et me pardonner l'inconvenance que j'ai commise, sans doute, en voulant recevoir chez moi des personnes d'aussi haut mérite que votre grâce et madame la reine des Amazones; qu'elle veuille bien du moins prendre acte du bon vouloir

avec lequel je me mets à son service, et que le zèle puisse
suppléer aux œuvres.—J'en prends acte, répondit don
Quichotte, illustre prince Périandre, et ainsi fait la puissante reine Zénobie, dont la présence honore cette salle;
le temps viendra où je pourrai payer votre grâce avec
usure de tant de bons services, et ce sera lorsqu'arrivant
dans la grande ville de Persépolis avec le duc Alfiron de
Perse, je l'engagerai à donner sa divine sœur en mariage
à votre grâce, malgré tout le monde; alors je me nommerai
le Chevalier de la Riche-Figure, à cause de l'image que
j'aurai fait peindre sur mon écu, et qui sera le portrait de
l'infante Florisbelle de Babylone.—Je supplie votre grâce,
dit le titulaire, qui était homme de joyeuse humeur, de
ne pas toucher cette corde de l'infante Florisbelle, car elle
sait que je meurs pour elle. Qu'elle me fasse donc la faveur de laisser là ce sujet, jusqu'à ce que je puisse faire
valoir la justice de mes prétentions dans le combat dont
nous sommes convenus.—J'en réclamerai l'exécution, fit
don Quichotte, et à toutes armes. » Sancho vint, sur ce
propos se mêler de la conversation. « Pardieu, fit-il, seigneur païen, votre grâce est autant homme de bien que
quiconque de la païennerie, sauf qu'elle est mauvaise
chrétienne; aussi je ne voudrais pas qu'elle jouât sa vie
contre mon maître, et ce serait un grand malheur si elle
venait à mourir de ses mains, après nous avoir fait souper
chez elle comme des perroquets, et avec de si bonnes
choses qu'elles rendraient la vie à l'âme d'une pierre.
¿Votre grâce sait-elle avec qui je voudrais que mon seigneur don Quichotte combattît? C'est avec ces démons
d'alguazils et de guichetiers qui à chaque pas nous font
souffrir mille tribulations, et surtout avec ceux que nous
avons vus tout à l'heure, et qui nous ont mis, maître
et serviteur, dans la plus dure extrémité où nous nous

soyons vus depuis que nous courons le monde à la chasse aux aventures. Si votre grâce n'était venue si à propos, mon maître eût été, comme à Saragosse, à moitié roué de coups. Mais j'en jure par la vie des trois rois de l'Orient et de tous ceux qui sont à l'Occident, si j'en trouve un en rase campagne, et de manière que je puisse m'en tirer sans danger, je me charge de le rassasier de gourmades, en lui donnant un coup de poing par-ci, un coup de poing par-là, un autre par en haut, un autre par en bas. »

Sancho disait cela avec colère en jouant des poings comme si réellement il était aux mains avec un alguazil, de telle sorte qu'en gesticulant et en tournant sur lui-même, il fit tomber son chaperon. « En vérité, dit-il en le relevant, il peut se féliciter de ce que mon chaperon est tombé; sans cela le mauvais gueux recevrait tout ce qu'il mérite, afin de servir d'exemple à tous ceux de son espèce qui voudraient se frotter à un écuyer errant aussi honorable que moi, ayant un maître aussi valeureux que le seigneur don Quichotte. » L'étrange colère de Sancho amusa fort tous les assistants. « Ami Sancho, lui répondit le titulaire, je ne puis renoncer à livrer bataille au seigneur Chevalier sans amour; sans doute même en sortirai-je victorieux, car ma valeur est connue, et grande est la faveur dont m'honore certain magicien qui veille toujours sur moi. — Nous verrons cela, fit don Quichotte et nous jugerons aux œuvres. » Cela dit, tous pensèrent qu'il était temps de donner cours à la nuit, et le titulaire se levant de sa place s'adressa à don Quichotte : « Seigneur sans amour, lui dit-il, que votre grâce réfléchisse à ce qu'elle entreprend en voulant combattre contre moi, et qu'elle dorme là-dessus. — Seigneur, répliqua Sancho, nous dormirons mieux sur de bons lits, la reine Zénobie et moi. — Ils ne vous manqueront pas, dit le titulaire, et il ordonna qu'on les conduisît à leurs chambres.

Pendant deux ou trois jours et à toute heure, les habitants du palais eurent avec leurs trois hôtes des entretiens de cette nature et de meilleure encore; mais jamais on ne les laissa sortir, de crainte que de nouvelles extravagances ne vinssent mettre le trouble dans la ville. Au bout de ce temps arrivèrent enfin à Madrid don Carlos et son ami don Alvaro Tarfé, lesquels avaient été retenus à Saragosse par une sérieuse maladie du premier. Leur venue causa une grande joie dans la maison, car on les attendait pour conclure le mariage du titulaire. Or celui-ci, quelques instants après que ses nouveaux hôtes furent arrivés, leur dit qu'il se proposait de leur faire passer de joyeux moments en la compagnie de trois individus de fort étrange humeur que le hasard lui avait amenés. Alors il leur raconta ce qui lui était arrivé, ce qui fit le plus grand plaisir à don Carlos et à don Alvaro, qui étaient fort désireux de retrouver don Quichotte.

Lorsque fut venu le soir, et que la table eut été desservie après le souper, on fit prier comme de coutume don Quichotte, Sancho et Barbara de descendre à la salle. Don Carlos et don Alvaro avaient décidé qu'ils ne se feraient pas connaître, aussi enfoncèrent-ils leurs chapeaux sur leurs yeux, après s'être placés à côté du titulaire. Alors entrèrent dans la salle nos trois amis, reine, chevalier et serviteur, et le prétendu Périanée parla de la sorte: « Bientôt, valeureux Manchois, je mesurerai mon épée avec la vôtre, si vous persistez dans votre refus de vous rendre à moi, et si vous ne cessez d'être favorable à don Bélianis de Grèce. Il est certain que vous serez honteusement vaincu, attendu que j'ai pour moi, ici, à mon côté, le sage Friston, mon diligent historien; et l'agent de tout ce qui m'intéresse. » En disant cela il fit un signe à don Alvaro qui, se couvrant le mieux possible, alla se placer debout entre don Quichotte et Sancho, puis d'une voix aigre et d'un air arrogant[1] : « O toi, dit-il, dédaigneux chevalier de l'infante Dulcinée du Toboso, que tu as autrefois tant adorée, tant respectée, tant servie; à qui tu as tant écrit, et dont les dédains t'ont conduit dans la Sierra-Moréna faire une si rude pénitence, ainsi que le raconte je ne sais quel Alquifé, dans je ne sais quelles annales[2], ¿ n'es-tu pas ce don Quichotte de la Manche dont la réputation court les quatre parties du monde? et si tu l'es, pourquoi restes-tu si lâche et si oisif? » A ces mots don Quichotte tourna la tête vers Sancho. « Réponds, lui dit-il, à ce sage Friston, car il ne mérite pas d'entendre de ma bouche la réponse qu'il réclame ; je n'ai rien à faire avec des gens qui ne se payent que de paroles, comme ces enchanteurs et ces magiciens. »

Sancho fut tout joyeux de l'ordre que lui donnait son maître, et se plaçant en face de don Alvaro, il croisa les bras, et d'une voix furieuse : « Sage orgueilleux et démesuré, dit-il, c'est nous qui sommes ces gens des quatre parties du monde dont tu parles, de même que toi tu es fils de ta mère et petit-fils de tes aïeux.—¡Eh bien ! cette nuit, répliqua don Alvaro, je veux faire contre vous un si fort enchantement que, m'emparant de la reine Zénobie, je la transporterai à travers les airs jusque sur l'un des sommets des Pyrénées, afin de la manger en friture, et je reviendrai ici te chercher, toi et ton écuyer Sancho Panza, pour en faire autant de vous deux.—¡Eh bien! nous disons, repartit Sancho, que nous ne voulons pas aller là, et que cela ne nous tente nullement ; mais quant à la reine Ségovie, à la bonne heure, votre grâce nous fera le plus grand plaisir, et le diable emporte quiconque dira le contraire ; car elle ne nous a été bonne à autre chose, pendant tout le chemin, qu'à nous mettre en dépense; elle nous a coûté pour sa mule et pour ses vêtements plus de quarante ducats, sans compter ce qu'elle a mangé ; et ce qu'il y a de mieux, c'est que cela n'a profité à personne, si ce n'est aux valets des comédiens. Seulement j'avertis votre grâce en ami, si elle veut l'emporter, de faire attention comment elle la mangera, car elle est un peu vieille et elle sera dure comme tous les diables. Ce que votre grâce pourrait faire, ce serait de la fourrer dans une grande marmite, si elle en a une, avec des choux, des navets, de l'ail, des ciboules et du porc, et en la laissant cuire trois ou quatre jours, elle sera encore un peu mangeable ; mais ce sera la même chose que si votre grâce mangeait un morceau de vache; aussi n'ai-je aucune envie d'être son convive. »

En entendant cela, don Alvaro ne put dissimuler davantage, et d'ailleurs il s'aperçut que tout le monde riait. Aussi alla-t-il à don Quichotte les bras ouverts. « O seigneur Chevalier sans amour, lui dit-il, que votre grâce me regarde bien au visage, et elle reconnaîtra que celui qui lui parle et qui est devant elle, est don Alvaro Tarfé, son hôte et son grand ami. » Don Quichotte le reconnut aussitôt. « O mon seigneur don Alvaro, lui dit-il en l'embrassant, que votre grâce soit la bienvenue, j'étais déjà tout étonné que le sage Friston se conduisît de la sorte ; votre grâce nous a fait, à Sancho et à moi, une joyeuse plaisanterie. » Sancho qui entendit ce que disait son maître, reconnut aussi don Alvaro, il se laissa tomber à ses pieds, son chaperon à la main. « O mon seigneur don Tarfé, dit-il, que votre grâce soit aussi bienvenue que le serait ici en ce moment un bon ragoût comme celui que je lui proposais pour la reine Ségovie; qu'elle me pardonne ma colère, car lorsque votre grâce nous a dit qu'elle était ce maudit sage et qu'elle voulait nous emporter aux monts Pyrénées, j'ai été mille fois tenté, avec les pêcheurs de poings que voici, de la charger de gourmades, espérant que si cela fût devenu sérieux, mon seigneur don Quichotte m'aurait défendu.—Je remercie votre grâce, seigneur Sancho, répondit don Alvaro, de la faveur qu'elle voulait me faire, mais en conscience je ne l'ai pas traitée aussi mal chez moi, à Saragosse, et chez le seigneur don Carlos, où nous lui avons donné de ces bons plats fins qu'elle sait bien.— ¿ Où est le seigneur don Carlos ? demanda Sancho.—Il est ici, pour vous servir, répondit don Carlos lui-même, en se levant de son siége, et en allant embrasser don Quichotte; ce que lui rendirent notre héros et son écuyer.—Je ne suis venu dans cette capitale, seigneur don Quichotte, dit-il, que pour servir de parrain à votre grâce dans le combat qu'elle doit livrer au roi de Chypre Bramidan, afin de le chasser de ce monde ; or on m'apprend qu'il ne quitte pas la grande place, où chaque jour il défie tous les chevaliers qui passent. Il les a tous vaincus, jusqu'à ce moment, sans qu'aucun lui ait résisté, et cela met dans un grand courroux le roi et les grands du royaume, qui demandent incessamment à Dieu de leur envoyer un chevalier tel et si brave, qu'il puisse vaincre ce monstre infernal et lui couper la tête.— Il me semble, mon seigneur don Carlos, répondit don Quichotte, que les crimes et les péchés du roi de Chypre sont arrivés à leur terme, et réclament la vengeance divine ; aussi recevra-t-il ce soir, sans plus tarder, le châtiment qu'il mérite.—Que votre grâce sache, ajouta Sancho en s'adressant à don Carlos, qu'aujourd'hui nous voulons en finir avec ce démon de géant qui nous fatigue tant; mais afin que mon seigneur don Quichotte soit persuadé que ce n'est pas pour rien que j'ai reçu l'ordre d'écuyerie, je déclare que je veux me battre, en présence de tout le monde, contre cet écuyer noir que le géant conduit avec lui, et que j'ai vu à Saragosse dans la maison du seigneur don Carlos. J'ai remarqué qu'il n'avait ni épée, ni aucune autre arme, par conséquent il est comme moi. Aussi je dis que je veux lui tenir tête, et engager avec lui une sanglante bataille de coups de pied, de coups de poing, de pinçons et de coups de dent ; car s'il est écuyer d'un géant païen, je le suis, moi, d'un chevalier errant chrétien et manchois, et écuyer pour écuyer, Valladolid en Castille, maître pour maître, Lisbonne en Portugal[3]. Ainsi pour l'amour de Dieu et de sa négresse de mère, qu'il se garde de moi comme du diable, attendu que, si avant d'engager la bataille, je mange une demi-douzaine de têtes d'ail cru, en avalant par-dessus autant de coups de vin rouge de Villarobledo, je lui détacherai des coups de poing à renverser un rocher. ¡O pauvre écuyer noir, quelle triste soirée se prépare pour toi ! mieux te vaudrait d'être resté au Monicongo avec tes autres petits frères, que de venir ici mourir à coups de poing des mains de Panza! Que Dieu tienne compagnie à vos grâces, j'y vais tout de suite.» Don Carlos le retint. « Attendez, mon ami, lui dit-il, l'heure n'est pas venue de combattre, tenez-vous en repos et laissez-moi le soin de l'affaire.—Très-volontiers, répondit Sancho, et je baise les mains de votre grâce pour la faveur qu'elle me fait ; car l'homme baise la main qu'il voudrait voir coupée. — ¡O Sancho ! fit don Carlos,¿ vous ai-je donc fait tant de mal, que vous voudriez me voir les mains coupées?—Ce n'est pas pour cela que je l'ai dit, répliqua Sancho, mais parce que ce dicton m'est venu à la bouche comme il m'en vient d'autres. ¡Plaise à Dieu au contraire que je voie ces honorables mains toutes couvertes de ces bienheureux plats de boulettes farcies et de ces coquilles de blanc manger qui étaient à Saragosse ! j'avoue que je ne m'en trouverais pas mal. »

Don Quichotte coupa court aux bavardages de son écuyer, en se tournant vers le titulaire. « Voici, ici présents, dit-il, prince Périanée, la fleur de mes amis; ils pourront rendre compte à votre grâce de ma valeur et de mes hauts faits, et lui faire comprendre combien elle est téméraire en ne se rendant pas à moi, et en ne renonçant pas à l'infante Florisbelle, en faveur de don Bélianis, mon intime frère d'armes. — ¿ Ce prince, demanda don Alvaro, prétend-il donc se battre contre vous, seigneur don Quichotte? — Telle est son outrecuidance, répondit don Quichotte, qu'il veut tenir contre moi; j'en suis très-affligé, car je ne voudrais pas être obligé de devenir le bourreau d'un homme qui m'a reçu si complétement et si honorablement. Tout ce que je puis faire pour lui ce sera de lui donner un plus long délai afin qu'il examine s'il ne lui convient pas mieux que d'abord je me batte contre le roi Bramidan de Taillenclume, et ensuite contre l'indigne fils du roi de Cordoue pour défendre l'innocence de la reine sa mère. — Votre grâce, seigneur, fit don Carlos, nous accorde une grande faveur en différant ce combat, car en effet il nous importe beaucoup de faire cesser toute mésintelligence entre deux princes aussi puissants que le seigneur Périanée et votre grâce, et j'espère, à l'aide de ce délai, arriver à les mettre d'accord sans qu'il y ait de mal d'aucun côté. —Les bontés du prince Périanée ont été telles, dit Sancho, que j'ai le plus grand désir de lui être utile même en cas de bataille; aussi je lui conseille de ne paraître au combat qu'après avoir bien mangé, car les soirées sont longues; il fera même bien d'emporter, comme précaution contre la faim, quelque chose qu'il pourrait prendre dans les moments de repos, si on lui en donne le temps. Je lui offre même, dès à présent, de lui porter tout cela sur mon âne, dans de grands paniers que j'ai; je pourrai même recommander à mon maître, quand il aura vaincu sa seigneurie et qu'il l'aura renversée à terre, prêt à lui couper la tête, de n'aller que petit à petit afin que cela lui fasse moins de mal. »

Le prince Périanée remercia Sancho des bons services qu'il proposait de lui rendre, et accepta le délai que lui offrait don Quichotte, en témoignant qu'il désirait vivement son amitié ; il laissa même voir qu'il avait quelque crainte de se rencontrer avec lui, en raison du bon témoignage que portaient de sa valeur don Carlos et don Alvaro. « Il me semble, seigneurs, dit alors celui-ci, que nos affaires sont en bon point, et rien ne nous empêche d'aller nous reposer; nous aurons assez à faire demain, de donner avis à toute la cour de l'arrivée du seigneur don Quichotte, et de l'objet qui l'amène, c'est-à-dire le désir de la délivrer des insolentes persécutions du roi Bramidan. » Tous approuvèrent cet adroit moyen de terminer une longue conversation, et chacun regagna sa demeure ou son appartement.

Le pauvre Sancho fut à peine sorti de la salle, qu'il se vit entouré par tous les serviteurs de don Alvaro et de don Carlos. Il les reconnut, leur donna à tous la bienvenue, et s'informa surtout de son ami le cuisinier boiteux. « En vérité, seigneur Sancho, lui dit l'un d'eux, votre grâce s'émancipe, je ne serais pas étonné qu'à la fin de ses jours elle ne fût devenue tout à fait un gaillard. Sur ma vie, la petite n'est pas mal et votre grâce l'a choisie rondelette, c'est une preuve de bon goût ; mais que votre grâce la préserve des milans de cette ville, et qu'elle prenne garde de n'être pas prise par quelqu'alcade de cour nantie de son larcin; car on ne lui ferait pas faute de deux cents coups de bâtons et des galères; on distribue ces générosités-là d'une manière très-libérale, ici. — La fille n'est pas à moi, répondit Sancho, mais au diable qui nous l'a procurée en chemise, au milieu d'un bois, et telle que vos grâces l'ont vue; aussi bien, vos grâces peuvent la prendre si elles en ont envie; sauf la robe qu'elle porte et qui nous coûte notre argent. Mais je jure que si on me donnait à cause d'elle, je ne dis pas deux cents coups de bâton et les galères, mais quatre mille évêchés, je l'enverrais à Barrabas, elle et sa race, et je ferais de telle sorte qu'elle se souvînt de moi toute sa vie. » Cela dit, la valetaille monta se coucher, non sans faire dire mille extravagances à Sancho, après l'avoir repu des restes du souper.

CHAPITRE XXXII

Où se continue le récit des gracieuses preuves de valeur que donnèrent à la cour notre hidalgo don Quichotte et son très-fidèle écuyer Sancho.

Le lendemain matin, le premier soin du titulaire et de don Carlos, la messe entendue, fut d'aller baiser les mains au roi et à quelques seigneurs de qualité, membres du conseil de Sa Majesté, et de leur faire part du mariage qui allait les rapprocher. Leurs hôtes, don Quichotte, Barbara et Sancho étaient levés lorsqu'ils se disposèrent à sortir, et ils n'eurent pas peu de peine à les faire rester à la maison; don Quichotte surtout voulait les accompagner sur Rossinante, afin de les honorer de sa compagnie. On n'obtint qu'il restât tranquille qu'après lui avoir promis de l'envoyer chercher lorsque son arrivée serait annoncée aux grands de la ville; mais ce ne fut pas sans le faire garder à vue, avec recommandation formelle de ne le laisser sortir ni lui ni aucun de ses compagnons.

Lorsque les deux seigneurs furent hors de la maison, Sancho courut à une fenêtre d'où il appela don Carlos. « Seigneur, lui dit-il, si votre grâce vient à rencontrer par hasard l'écuyer noir mon ennemi, je la prie de lui dire que je lui baise les mains, et de l'inviter à se tenir prêt pour ce soir ou pour demain matin, afin de remplir l'engagement qu'il sait bien, avec l'un des meilleurs écuyers qui aient porté barbe au menton. Votre grâce lui dira de plus, qu'après le combat je le défie à qui fauchera le mieux et le plus vite ; je lui laisserai même prendre deux ou trois gerbes d'avance, à la condition qu'auparavant nous mangerons un gentil lapereau à l'ail ; je sais les arranger à merveille [1]. » Don Quichotte, en colère, tira Sancho par la casaque et le fit rentrer. « ¿ Est-il possible, Sancho, lui dit-il, qu'il n'y ait pour toi guerre, conversation ou passe-temps, qui ne soient des occasions de manger? Laisse tranquille ton écuyer noir ; sur mon âme, il arrivera à tes souhaits ; et je crois d'ailleurs que tu en feras beaucoup moins quand il sera devant toi.—Non pas, répondit Sancho, je saurai prendre mes précautions, et j'aurai dans la main gauche une grosse boule de poix blanche de savetier ; parce que lorsque le nègre voudra m'allonger quelque grand coup de poing sur le nez, je parerai avec ma boule, de sorte que sa main y restera collée sans qu'il puisse la retirer. Alors moi je lui distribuerai tout à mon aise, et de la main droite, une si bonne quantité de gourmades sur le nez, que de noir il en viendra rouge comme du sang. »

Pendant ce temps le titulaire, don Carlos et don Alvaro faisaient leurs visites. Après avoir vu le roi et les principaux seigneurs à qui ils avaient affaire, ils entrèrent chez un de leurs amis, personnage d'un rang élevé, à qui ils parlèrent de leurs hôtes et des moments qu'ils passaient avec eux, les plus joyeux qu'homme pût trouver au monde. Le récit qu'ils firent piqua tellement la curiosité du personnage et de sa femme, que ceux-ci leur demandèrent avec instance de leur amener nos héros, le soir même. Les jeunes seigneurs y consentirent, à la condition, toutefois, que leur ami prendrait le titre supposé d'Archipampan de Séville et sa femme celui d'Archipampanesse ¹, attendu que don Quichotte ne se payait que de princes à titres boursouflés. Cela convenu, le titulaire, don Carlos et don Alvaro rentrèrent chez eux pour dîner, puis après le repas ils transmirent à don Quichotte le message du grand Archipampan, en l'invitant à se joindre à eux, après le coucher du soleil, ainsi que Sancho, pour aller baiser les mains de ce personnage. Ils ajoutèrent qu'on s'y rendrait en carrosse et non à cheval, ce mode de transport étant d'étiquette et tout à fait digne des princes à cette époque de l'année. Don Quichotte consentit, aussi bien que Sancho.

Lorsque l'heure fut venue, on monta en voiture avec don Quichotte armé de toutes pièces, la rondache comprise, et avec Sancho. On se dirigea vers la demeure du prétendu Archipampan, que les pages allèrent prévenir de l'arrivée des visiteurs. Le haut dignitaire les attendait sous un dais, dans une vaste salle à une extrémité de laquelle s'élevait une estrade occupée par la maîtresse du logis entourée de ses duègnes et de ses suivantes. La salle était remplie des personnes de la suite de nos jeunes seigneurs, et de tous les serviteurs, lorsqu'entrèrent don Carlos, le titulaire et don Alvaro. Ce dernier, qui conduisait don Quichotte par la main, le présenta avec grande cérémonie à l'Archipampan. « Seigneur du flux et du reflux de la mer, lui dit-il, très-puissant Archipampan des Indes océaniennes et méditerranéennes, de l'Hellespont et de la Grande Arcadie, voici devant votre altesse, la crème et la fleur de toute la chevalerie manchoise, un homme dévoué à votre altesse, le grand défenseur des royaumes, des îles et des presqu'îles. » Cela dit, don Alvaro alla s'asseoir à la place qui lui était réservée, et don Quichotte, resté seul, au milieu de la salle, se mit à regarder de tous côtés avec une gravité extrême, appuyé sur sa lance qu'un serviteur lui avait apportée. Puis, lorsqu'il fut bien assuré que tout le monde avait pu voir les peintures de son écu et en lire les devises, lorsqu'il vit que le silence régnait dans la salle, et qu'on attendait qu'il parlât, il dit d'une voix grave et reposée :

« Magnanime, puissant et toujours auguste Archipampan des Indes, descendant des Héliogabales, des Sardanapales et des empereurs anciens, aujourd'hui paraît en votre royale présence le Chevalier sans amour. Après avoir parcouru la plus grande partie de notre hémisphère, mis à mort ou vaincu un nombre infini de géants démesurés, désenchanté des châteaux, délivré des damoiselles, redressé des torts, vengé des rois, conquis des royaumes, subjugué des provinces, affranchi des empires et donné la paix tant désirée aux îles les plus éloignées, j'ai regardé tout le reste du monde avec les yeux de l'attention, et je n'ai vu dans toute sa rondeur ni roi ni empereur qui fût plus digne de mon amitié et de mes recherches que votre altesse, en raison de la valeur de sa personne, de l'illustration de ses ancêtres, de la grandeur de son empire et de son patrimoine, et surtout de sa noble et majestueuse attitude. Ainsi suis-je venu, magnanime monarque, non pour m'honorer auprès de vous, car j'ai acquis assez d'honneur; non pour vous demander une part de vos richesses et de vos États, car ici j'ai l'empire de Grèce, de Babylonie et de Trébisonde pour quiconque les voudra recevoir de ma main ; non pour apprendre de vos chevaliers la courtoisie ou les autres vertus, car je n'ai plus rien à apprendre, moi qui suis connu de tous les princes de bon goût, pour le miroir et le modèle de la galanterie, de la politesse, de la prudence et de la science militaire ; mais afin qu'à dater de ce jour vous vouliez bien me tenir pour votre véritable ami ; car il en résultera pour nous deux non-seulement honneur et profit, mais encore contentement et allégresse. En effet, tous les empereurs de ce monde, lorsqu'ils me verront de votre côté, s'empresseront à vous rendre hommage, à vous adresser des tributs, à vous envoyer des ambassadeurs, et à conclure avec vous des trêves inviolables, frappés qu'ils seront jusqu'au fond du cœur, de la terreur qu'inspire le tonnerre de mon nom et la renommée de mes hauts faits. Mais afin que vous soyez convaincu que le renom de mes actes, parvenu jusqu'à vous, n'est pas un de ces bruits qu'emporte le vent, je veux qu'à l'instant, en votre présence, en vienne aux mains avec moi ce superbe géant Bramidan de Taillenclume, roi de Chypre, que j'ai défié au combat il y a plus d'un mois. Je veux, devant vous et devant les grands qui vous entourent, trancher sa tête monstrueuse et l'offrir à la grande Zénobie, la belle reine des Amazones, que je m'honore d'accompagner, et à qui je me propose de donner le royaume de Chypre, jusqu'à ce que ce bras lui rende le sien, que le grand Turc a usurpé. Je veux, après cette victoire, en remporter une autre sur certain fils du roi de Cordoue qui a eu devant moi l'infamie de porter un faux témoignage contre une reine dont il est le beau-fils. Je veux enfin contraindre le prince Périanée de Perse à se désister de ses prétentions à l'amour de l'infante Florisbelle, en faveur de mon grand ami don Bélianis de Grèce ; et ce serait ne pas répondre à ce que je me dois à moi-même, que de ne pas résoudre ni aussi grave différend. Je prie donc votre altesse de faire ordonner à l'instant à tous trois de paraître l'un après l'autre dans cette salle ; car de nouveau je les défie et je les appelle. »

Cela dit, don Quichotte se tut, et le discours qu'il venait de prononcer étonna et stupéfia tellement tous ceux qui étaient dans la salle, qu'aucun n'osait rompre le silence ou essayer de lui répondre. Au bout d'un instant cependant l'Archipampan prit la parole : « Je me réjouis grandement, dit-il, illustre et brave Manchois, de ce que vous ayez fait choix de ma cour pour me mettre en demeure d'être utile à votre gloire ; et surtout de ce que vous soyez venu au moment où nous sommes si cruellement opprimés par ce barbare prince de Taillenclume. Mais comme la rencontre dont vous êtes convenu avec lui est chose grave, je voudrais, afin de pouvoir en délibérer avec plus de sang-froid, et pour en conférer avec mes grands, qu'elle fût encore un peu différée. Quant aux défis du prince Périanée et du prince de Cordoue, ils sont de moindre importance, et il sera temps de s'en occuper après que vous aurez triomphé du roi de Chypre. Je vous demande donc, d'abord, de consentir à ce délai, et en second lieu de vouloir bien éviter, autant qu'il sera en vous, les dames de ma maison et de ma cour, attendu, seigneur Chevalier sans amour, que vous êtes si galant, si avenant, si beau parleur et si brave, qu'elles seront obligées à une grande vigilance pour ne pas s'éprendre de vous ; et peut-être encore rivaliseront-elles bientôt à qui sera la bienheureuse qui pourra attirer vos regards. Or je ne veux pas que vous épousiez aucune d'elles, attendu que je prétends vous faire épouser l'infante ma fille, lorsque je vous aurai vu couronner empereur de Grèce, de Babylone et de Trébisonde. D'ici là je veux que vous soyez chez moi sur le pied

de mon gendre présomptif, et que vous considériez ma maison comme la vôtre, disposant à votre gré de mes chevaliers et de mes serviteurs. »

En ce moment don Carlos appela Sancho auprès de lui. « Il est temps maintenant, ami Sancho, lui dit-il, que le puissant Archipampan vous connaisse, et puisse juger de votre bon esprit ; ne perdez donc pas l'occasion qui se présente, et dites-lui avec toute votre éloquence et votre bonne rhétorique, qu'il veuille bien vous accorder aussi la permission de livrer bataille à cet écuyer noir que vous savez ; car il est certain que lorsque vous l'aurez vaincu, son altesse vous conférera l'ordre de chevalerie, et vous serez, pour toute votre vie, aussi chevalier et aussi fameux que l'est don Quichotte. » A peine Sancho eut-il reçu ce conseil qu'il alla se mettre au milieu de la salle, à genoux devant son maître, et son chaperon à la main. « Mon seigneur don Quichotte de la Manche, lui dit-il à haute voix, si j'ai rendu à votre grâce quelques services en ce monde, je la supplie par les utiles années de Rossinante, qui est aujourd'hui la personne la plus influente auprès de votre grâce, de me donner en payement la permission d'adresser à ce seigneur Archipamponne une demi-douzaine de paroles de grande importance ; parce que lorsqu'il connaîtra mon esprit, il arrivera sans doute, avec la suite des jours bons et mauvais, à me conférer l'ordre de chevalerie, avec toutes les herbes de la Saint-Jean, comme votre grâce le possède. —Va, Sancho, je te le permets, répondit don Quichotte, mais à la condition que tu ne feras ni ne diras aucune des sottises dont tu as l'habitude.—Pour cela, dit Sancho, il y a un bon remède : que votre grâce se mette derrière moi, et lorsqu'elle verra qu'il m'échappe quelque chose qui ne soit pas bien, qu'elle me tire par le bas de ma casaque ; elle verra comment je me dédirai de tout ce que j'aurai dit. »

Don Quichotte s'avança vers l'Archipampan : « Afin, lui dit-il, que votre altesse puisse voir qu'en bon chevalier errant, je possède un fidèle écuyer ayant les qualités nécessaires pour porter mes messages aux princesses et aux chevaliers avec qui j'ai occasion de communiquer, je la supplie d'entendre celui qu'ici je lui présente ; il se nomme Sancho Panza, il est natif d'Argamésilla de la Manche ; c'est un homme respectueux et de bonnes mœurs, et il désire entretenir votre altesse, si elle le permet, d'une affaire importante. » L'Archipampan répondit qu'il donnait sa permission tout entière, car il reconnaissait à la taille, au costume et à la physionomie de Sancho, qu'il n'était pas moins intelligent que son maître. Sancho se mit alors au milieu de la salle, et d'abord s'adressant à don Quichotte : « Que votre grâce, lui dit-il, me prête sa lance afin que je me place comme elle, lorsqu'elle parlait tout à l'heure à l'Arcapampan.—¿Pourquoi diable la veux-tu ? répondit don Quichotte, ¿ne vois-tu pas que tu n'es pas armé comme moi ; vas-tu commencer à faire des sottises ?—Eh bien, que votre grâce les compte, répliqua Sancho, cela fait une. » Alors se posant les mains sur les hanches, et les bras arrondis, sans ôter son chaperon, au milieu des rires des personnes présentes, il resta un bon moment sans parler, attendant que tout le monde fît silence, et voulant faire comme avait fait son maître.

Puis commençant : « Magnanime, puissant et toujours juste Archipomponne.—Fais attention, lui dit don Quichotte en le tirant par sa casaque, et dis : auguste Archipampan.—¿Qu'importe, reprit Sancho, juste ou auguste ; et quant à Pampan ou Pomponne, que lui fait si je me trompe ; ne voit-il pas ce que je veux dire ? Votre grâce saura, continua-t-il, seigneur descendant de l'empereur Eliogalle et de Sarganapale, que je me nomme Sancho Panza l'écuyer, mari de Mari-Guttierez, par devant et par derrière [3], si jamais vous l'avez ouï dire, et cela par la grâce de Dieu et du saint-siége apostolique. Je suis chrétien, et non païen comme le prince Périanée, et comme ce coquin d'écuyer noir. Voilà bien des jours que je parcours sur mon âne, avec mon maître, la plus grande partie de cet...... » et tournant la tête vers son maître : « ¿ Comment diable cela se dit-il ?—¡ Maudit sois-tu ! fit don Quichotte ; dis hémisphère, imbécile !—¡Dam! que veut votre grâce, dit Sancho, qu'elle me compte deux sottises ! ¿ Pense-t-elle que l'homme puisse avoir autant de mémoire que le missel ? Qu'elle m'enseigne comment cela s'appelle, car je l'ai encore oublié, et qu'elle prenne patience.—Je t'ai déjà dit, reprit don Quichotte, que c'était l'hémisphère.—J'apprendrai donc à votre grâce, en revenant à mon discours, seigneur roi de l'Hémisphère, que jusqu'à présent je n'ai pas encore tué ni mis en pièces aucun de ces géants dont parle mon maître; bien au contraire je les fuis comme la malédiction, car celui que j'ai vu à Saragosse, dans la maison du seigneur don Carlos, était tel qu'il s'en fallait de peu qu'il n'égalât la tour de Babylone. Aussi je ne veux rien avoir à faire avec lui, et j'en laisse la charge à mon seigneur ; mais il y a quelqu'un avec qui j'essayerais volontiers mes ongles, c'est l'écuyer noir de ce géant ; celui-là est mon ennemi mortel, et je ne serai pas tranquille que je ne me sois lavé les mains avec son sang noir, dans cette salle, en présence de toutes vos grâces. Si j'en arrive là, j'ai l'espoir que votre altesse voudra bien me faire chevalier, bien que lorsque je suis à cheval sur mon âne, je sois chevalier comme un autre. Ce que je demande seulement, c'est que lorsque j'en serai à ce combat, j'aie à côté de moi mon maître, le seigneur don Carlos et don Alvaro, pour ce qui pourrait arriver. Ensuite nous ne nous battrons ni avec des bâtons, ni avec des épées, attendu que sans le vouloir nous pourrions nous faire du mal, et nous serions obligés ensuite de nous faire guérir ; mais bien à bons coups de poing ; et celui qui pourra allonger quelque coup de pied ou donner un coup de dent, que saint Pierre le bénisse ! Il est vrai encore que dans tout cela ce gueux de nègre pourra bien avoir l'avantage, car il y a plus de deux ans et demi que je n'ai joué des poings avec personne, et cela s'oublie aussi facilement que l'*Ave Maria* quand on ne le pratique pas ; mais le remède est entre les mains du seigneur don Alvaro, si sa grâce veut s'approcher d'ici pour que je le lui dise. — Dites, seigneur Sancho, fit don Alvaro, je vous entends très-bien, et je ferai tout ce que vous désirerez. — Ce que votre grâce aurait à faire, reprit Sancho, ce serait de me lui jeter sur la tête, quand il viendra, des œillères de cheval ; parce que comme il ne me verra pas il portera ses coups à tort et à travers ; moi, j'arriverai tout doucement, soit d'un côté, soit de l'autre, et je lui adresserai à bon escient un millier de coups, jusqu'à ce que je le réduise à aller se présenter à genoux devant Mari-Guttierez, ma femme, pour lui demander de me prier de lui pardonner. Ainsi voilà, seigneur roi Auguste : la bataille est gagnée, l'écuyer noir est rendu, il n'y a plus qu'à m'armer chevalier, parce que je n'aime pas la plaisanterie ; et aux vieux chiens il ne suffit pas de dire cuz, cuz.—Certes, Sancho, dit l'Archipampan, vous méritez l'ordre de chevalerie que vous demandez ; je vous le donnerai le jour où sera terminé le combat de votre maître avec le roi de Chypre, et j'y ajouterai d'autres faveurs ; mais racontez-moi, pour me faire plaisir, les hauts faits du seigneur don Quichotte et les aventures qu'il a rencontrées dans nos hémisphères ; moi, l'Archipampanesse ma femme, l'infante ma fille, et tous les chevaliers que voici, nous nous réjouirons infiniment de vous entendre. »

Sancho fut à peine mis en demeure de parler, qu'il s'en donna à son aise de raconter tout ce qui leur était arrivé, malgré les démentis et les signes de colère de son maître. Ainsi il dit ce qui s'était passé à Ateca, en allant et en revenant; à Saragosse; puis avec la reine dans le bois de pins, à Ségovie, dans l'hôtellerie, à Alcala, et enfin à Madrid même, en y arrivant. Don Quichotte le reçut fort mal lorsqu'il eut fini, et tous deux discutèrent un instant d'une manière fort plaisante sur l'authenticité de la croupière, à tel point qu'aucun des assistants ne put retenir ses rires. Ce que voyant, don Quichotte se tourna vers eux. « Seigneurs, leur dit-il, je suis fort étonné que des personnes aussi graves puissent rire aussi légèrement des choses qui tous les jours arrivent ou peuvent arriver aux chevaliers errants; le redoutable Amadis de Gaule était non moins honoré que moi, et je me souviens d'avoir lu qu'un enchanteur, l'ayant fait prisonnier par tromperie, et l'ayant enfermé dans un cachot obscur, lui administra sans qu'il s'en aperçut une médecine de sable et d'eau froide dont il faillit mourir. »

Après cette admonestation de don Quichotte, l'Archipampan se leva de son siége, craignant que notre héros ne se mît à faire pleuvoir sur tout le monde un déluge de coups d'épée, ce qui paraissait possible à en juger par la colère dont son visage portait des traces. L'illustre dignitaire s'approcha de sa femme et lui demanda ce que lui semblait du maître et du serviteur; elle lui répondit que c'étaient morceaux de roi. Alors survint don Carlos : « Votre altesse, dit-il, n'a pas vu le meilleur, c'est la reine Zénobie; Sancho peut le dire. » Sancho, interpellé, regarda les dames qui occupaient la salle. « En vérité, mesdames, leur dit-il, vos grâces peuvent être ce qu'elles voudront, mais je leur jure en Dieu et en ma conscience, que la reine Ségovie les surpasse en mille choses ; d'abord elle a les cheveux blancs comme la neige, et vos grâces les ont aussi noirs que l'écuyer mon ennemi. Du côté du visage, c'est bien autre chose, je certifie qu'elle l'a plus grand qu'une rondache, plus couvert de faux plis que des grègues de soldat, et plus rouge que du sang de vache ; sans compter qu'elle a la bouche d'une demi-palme plus grande que celles de vos grâces, et fort démeublée ; enfin on peut la reconnaître dans Babylone à la ligne équinoxiale qui lui barre la figure. Ses mains sont larges, courtes et couvertes de verrues ; sa poitrine ressemble à deux outres à moitié vides. Je ne veux pas me fatiguer à peindre sa beauté, mais il me suffit de dire qu'un de ses pieds vaut à lui seul tous ceux de vos grâces réunies. Néanmoins, aux yeux de mon seigneur don Quichotte, c'est une merveille ; et il ajoute même qu'elle est plus belle que l'étoile de Vénus au moment où le soleil se couche ; mais je ne suis pas du tout de son avis. »

Tout le monde applaudit au portrait que Sancho avait fait de la reine Zénobie, et on pria don Carlos de l'amener le lendemain à la même heure ; don Carlos le promit. Son beau-frère, le titulaire, était dans un coin à l'écart, cherchant à calmer don Quichotte ; on leur demanda à tous deux de laisser Sancho pour cette nuit dans la maison. L'Archipampan y joignit ses prières, et don Quichotte y consentit après que don Alvaro, le titulaire et don Carlos lui eurent dit qu'il ne devait rien refuser. Puis tous prenant congé de leurs altesses rentrèrent à leur logis, dans l'ordre que nous avons dit, don Quichotte n'ayant pas peu de joie de voir que ceux de la cour commençaient à le connaître et à le craindre.

CHAPITRE XXXIII

Où se continue le récit des hauts faits de notre don Quichotte. Du combat qui eut lieu entre le brave Sancho et l'écuyer noir du roi de Chypre, et de la visite que fit Barbara à l'Archipampan.

Sancho passa donc le reste de la soirée avec l'Archipampan et sa femme, qu'il divertit beaucoup avec ses naïvetés accoutumées. La moindre ne fut pas celle que nous allons dire. On servit le souper, et on dressa pour Sancho une petite table voisine de celle des maîtres du logis, auprès de qui était assise une jeune enfant fort jolie, leur fille. « Pour l'amour de Dieu, s'écria-t-il, ¿ pourquoi fait-on asseoir cette petite fille, qui n'est pas plus grosse que le poing, à cette grande table, et devant ces plats plus grands que la huche de Mari-Guttierez, et me laisse-t-on à cette autre, plus petite qu'un crible, moi qui suis aussi gros que la Tarasque de Tolède et qui ai autant de barbe qu'Adam et Ève? Si c'est à cause du payement, je déclare que les deux réaux et demi que j'ai dans ma poche sont aussi bons pour payer mon souper, que tous ceux que le roi peut avoir, ou que les Juifs ont donnés à Judas pour avoir Jésus-Christ; qu'on les regarde plutôt. »

Et disant cela, il se leva, tira environ trois réaux en menue monnaie sale et grasse, et les jeta sur la serviette de la dame. Mais à peine l'eut-il fait, que voyant qu'elle allait y porter la main, et croyant qu'elle voulait les prendre, il se jeta dessus avec furie en disant : « ¡Pour Dieu! votre grâce n'y touchera pas qu'auparavant je n'aie bien soupé; en vérité, déjà ils avaient réjoui les yeux de votre grâce, comme ils avaient fait à cette autre grosse fille de Galicienne que mon maître appelait princesse. En conscience, si ce n'est qu'elle n'avait pas d'aussi beaux vêtements que ceux-ci, ni cette roue de moulin que votre grâce porte autour de la gorge, je jurerais, devant Dieu, que votre grâce et elle c'est la même personne. » On s'amusa beaucoup de cette litanie de naïvetés. « ¡Sancho! dit le maître d'hôtel, calmez-vous, on vous a mis cette table à l'écart pour que vous puissiez souper plus à l'aise.—Je serai mieux encore, répondit-il, lorsque je tiendrai ici quelques-uns de ces oiseaux.—¡Eh bien! commencez par ceux-ci, » lui dit le majordome, en lui présentant un plat copieux de pigeons à la sauce dorée. Sancho les mangea, et fit de même des autres mets qu'il expédia sans scrupule au grand amusement des assistants.

Lorsqu'il vit que le souper était fini et que la dame desserrait sa collerette ou sa fraise : « ¿Votre grâce ne voudra-t-elle pas m'apprendre, lui dit-il, sur la vie de celle qui l'a mise au monde, pourquoi elle porte ce collier autour du cou? Cela ressemble à ceux que portent les mâtins des bergers de mon pays; mais après tout votre grâce doit être tellement molestée par tous ces chiens qui l'entourent, qu'il lui faut bien cela et plus encore pour s'en défendre. » Cela dit, il tira de nouveau son argent. « Maintenant, dit-il, votre grâce peut prendre cela, et se payer pour mon souper, attendu que je ne veux pas m'aller coucher sans avoir réglé mon compte; c'est ainsi que nous faisions en voyage, mon seigneur don Quichotte et moi; car le curé disait toujours que les commandements de Dieu prescrivent de payer les dîmes et les prémices. » Le seigneur prit les réaux. « Ce qu'il y a là, dit-il, me suffit pour le souper et pour la nuit, et de plus je vous ferai donner à manger demain à midi, sans autre paiement. — Je baise les mains de votre grâce à cause de cette faveur, répondit Sancho; pour ces choses-là, et avec un fil d'archal, on me fera tenir plus tranquille que la girouette d'un toit. Je préviens votre grâce que je la prends au mot. Je sais bien que je fais faute à mon maître; mais je me disculperai avec lui, en disant que je n'ai pas trouvé la maison; d'autant plus que quand un homme a reçu une demi-douzaine de coups de bâton pour un bon repas, la dépense n'est pas si grande, qu'il ne lui reste quelque chose; on nous a donné plus d'une fois pour rien à moi et à mon maître, et sans même nous servir à manger. »

On mena coucher Sancho, et toute la maison en fit autant; de même que chez le titulaire, don Carlos, don Alvaro, don Quichotte et Barbara, après avoir bien soupé. Toutefois de ce côté il y eut un instant de mésintelligence, parce que le titulaire ayant dit à Barbara de se disposer à aller le lendemain visiter l'Archipampan et l'Archipampanesse qui l'attendaient, Barbara demanda qu'on ne la fît pas paraître ainsi en public; que c'était assez se jouer d'elle; qu'on savait bien, comme elle l'avait dit, qu'elle n'était qu'une pauvre tripière, ayant nom Barbara; et qu'elle suppliait qu'on se contentât de la patience qu'elle avait jusqu'alors témoignée en se prêtant aux folies et aux ridicules du seigneur don Quichotte. Celui-ci n'eut pas plutôt entendu ces derniers mots, que s'adressant à Barbara : « Au nom de tout ce qui peut arriver en ce monde, dit-il, que votre grâce, madame la reine Zénobie, ne nie pas sa grandeur, et ne cherche pas à la déguiser par des blasphèmes tels que celui-ci. Je suis affligé de l'entendre répéter maintes fois cette histoire de tripière [1]. Je sais clairement pour mon compte qui elle est ; mais aussi il est nécessaire que le monde la connaisse. Ainsi donc, que votre altesse aille voir la personne à qui l'envoient le seigneur prince Périanée et les autres chevaliers ; sa beauté lui assigne une juste place au milieu de dames telles que l'Archipampanesse et l'infante sa fille, et je me porte garant qu'en la voyant elles l'estimeront et la respecteront autant qu'elle le mérite, et que nous le désirons. » Barbara ne se fit pas prier davantage, sachant tout ce qu'elle devait à don Quichotte ; d'ailleurs il n'était résulté pour elle aucun mal de sa condescendance à ses folies, lesquelles ne lui avaient encore procuré qu'une existence agréable. Elle consentit donc.

Le matin venu, l'Archipampan alla à l'église, emmenant avec lui Sancho à qui il demanda en chemin s'il savait servir la messe. « Oui, seigneur, répondit Sancho ; mais en vérité, depuis que nous sommes ainsi fourrés dans ces diables d'aventures, il m'est sorti de la tête la confession et tout le reste, et je ne me souviens plus que d'allumer les cierges et de vider les ampoules. Sans compter que dans mon village je savais divinement faire sonner les orgues, invisiblement, par derrière, et tout le monde me désirait quand je n'y étais pas [2]. » Cette repartie fit beaucoup rire. Lorsque la messe fut finie, on revint au logis pour déjeuner, ce qui ne se fit pas sans de nouvelles plaisanteries de Sancho. « Ami Sancho, lui dit l'Archipampan, je désire que vous restiez désormais dans ma maison et à mon service, et je vous offre un salaire plus fort que celui que vous donne le Chevalier sans amour. Moi aussi je suis chevalier errant comme lui, et j'ai besoin d'avoir un écuyer tel que vous pour les aventures qui s'offriront à moi; aussi, pour vous obliger dès à présent, je vous fais faire un bon vêtement comme premiers gages. ¿Mais, dites-moi, combien le seigneur don Quichotte vous donne-t-il par an? — Seigneur, répondit Sancho, mon maître me donne chaque mois neuf réaux et la nourriture, et chaque année des souliers. En outre il m'a promis tout le butin des guerres et des batailles dans lesquelles nous serions vainqueurs; bien que jusqu'à présent ce butin se soit borné à de très-gentils coups de bâton comme ceux que nous avons reçus des melonniers d'Ateca. Néanmoins, quand bien même votre grâce m'ajouterait à tout cela un réal par mois, je ne quitterais pas le Chevalier sans amour, parce que c'est un vaillant homme, du moins à ce que je lui entends dire chaque jour. Ce qu'il a de mieux, c'est d'être brave sans nuire à personne, car jusqu'à ce jour je ne l'ai pas vu tuer une mouche. — ¿Se peut-il, Sancho, répliqua l'Archipampan, si je vous traite mieux que votre maître, si je vous donne chaque mois un habillement et une paire de souliers, et avec cela un ducat de salaire, que vous ne vouliez pas me servir? — Tout cela n'est pas mal, reprit Sancho; mais cependant je ne servirai votre grâce qu'à la condition qu'elle m'achetera un gentil roussin pour courir le pays; car il faut qu'elle sache que je suis un très-mauvais marcheur. Nous ferons bien aussi d'emporter une bonne valise avec de l'argent, afin que nous ne nous trouvions pas dans l'embarras, comme cela nous est arrivé il y a un an dans ces hôtelleries de la Manche. Enfin votre grâce me promettra de me faire roi ou amiral de quelque île ou presqu'île, comme mon seigneur don Quichotte me le promit depuis le premier jour que je le sers ; car bien que je ne sois pas habile à gouverner, nous saurions bien encore, Mari-Guttierez et moi, débrouiller les injustices qui se commettent par là. Il est vrai qu'elle est un peu rude, mais je crois que depuis que je cours deçà et delà, elle aura appris quelque chose de plus [3].— ¡Eh bien ! Sancho, repartit l'Archipampan, je m'engage à remplir toutes ces conditions, afin que vous restiez chez moi, et que vous y emmeniez votre femme, qui servira la grande Archipampanesse ; car on me dit qu'elle sait très-gentiment enfiler les perles.—Enfiler les litres serait mieux dit ; elle s'en acquitte aussi bien que la reine Ségovie, et je ne puis rien dire de mieux. »

La conversation en resta là, et on fit la sieste pendant quelques instants. Puis, les maîtres du logis envoyèrent inviter quelques seigneurs de leurs amis à venir le soir prendre leur part de l'agrément qu'on attendait du chevalier errant, de sa dame et de son écuyer. Don Carlos, le titulaire et don Alvaro en avaient fait autant de leur côté.

L'heure venue et les voitures disposées, nos jeunes seigneurs y montèrent avec don Quichotte, qui voulut que Barbara fût assise à côté de lui. Ainsi placés, et au milieu des rires de tous ceux qui voyaient passer les voitures, ils arrivèrent à la maison de l'Archipampan. La salle était remplie de cavaliers et de dames, lorsqu'entra don Quichotte, armé de toutes pièces et conduisant la reine Zénobie par la main, de l'air du monde le plus gracieux. Don Alvaro Tarfé, qui les avait précédés, vint s'incliner devant l'Archipampan et lui dit : « Puissant seigneur, le Chevalier sans amour et la sans égale reine Zénobie viennent visiter votre altesse. » Sancho eut à peine entendu nommer son maître que, se levant du sol où il était assis, il courut s'agenouiller devant lui. « Que votre grâce soit la bienvenue, lui dit-il, Dieu merci nous sommes tous en bonne santé ici ; ¿ mais que votre grâce me dise, a-t-elle pensé à faire donner à manger au roussin cette nuit ? La pauvre bête doit avoir éprouvé une bien grande peine en ne me voyant pas hier, et je supplie votre grâce de lui dire de ma part quand elle la verra, que je lui baise les mains bien des fois, ainsi qu'à mon bon ami Rossinante. Je n'ai pas été les voir, parce que j'ai été invité à souper et à coucher ici la nuit passée, ainsi qu'à déjeuner ce matin, pour seulement deux réaux et demi (¡plaise à la mère de Dieu qu'un aussi bon marché puisse toujours durer !), mais que je leur garde ici, dans mon sein, pour les régaler, quand j'irai les voir, une paire de pattes de certains oiseaux qui étaient délicieux. » Don Quichotte, faisant à peine attention à ces extravagances, continua de s'avancer gravement avec la reine Zénobie jusqu'à ce qu'il fût devant l'Archipampan. « Puissant seigneur et monarque redouté, lui dit-il, ici en votre présence sont le Chevalier sans amour et l'excellentissime reine Zénobie, dont je dois, avec votre permission, défendre demain sur la place publique les vertus, les grâces et la beauté sans égale, contre tous les chevaliers qui se présenteront. »

Cela dit, il quitta la main de Barbara, et pendant que les assistants s'entretenaient entre eux, les uns de la folie du chevalier, les autres de la laideur de sa protégée, notre héros se retourna vers son écuyer, et lui demanda comment il avait passé la soirée de la veille avec l'Archipampan, et ce qu'ils avaient dit ensemble de sa bravoure, de sa force et de sa noble tenue. En même temps on appelait Barbara du côté où étaient les cavaliers et les dames, et la pauvre femme, agenouillée devant l'estrade, attendait toute honteuse qu'on la questionnât. Mais on avait assez à faire à s'extasier sur sa laideur extrême et sur l'étrangeté de son costume, et les rires empêchaient qu'on lui adressât la parole. Cependant, et pour se donner le plaisir de la mortifier, l'Archipampan rompit le silence. « Levez-vous, reine Zénobie, lui dit-il, je rends justice au bon goût du Chevalier sans amour[1]; puisqu'il n'aime pas, et puisqu'il porte aux femmes autant de haine, il ne pouvait mieux faire que vous conduire avec lui; et quand on vous regarde au visage on comprend ses raisons. Je suis d'avis que si toutes les femmes du monde étaient comme vous, tous les cavaliers leur refuseraient leur amour. » Un seigneur qui était auprès de la maîtresse du logis, lui demanda ce qu'il lui semblait, à propos de beauté, de cette reine Zénobie que le chevalier conduisait avec lui. « Je certifie, répondit-elle, que les compétiteurs de sa beauté donnent au chevalier peu d'occasions de combats. »

L'Archipampan prenant avec la reine Zénobie un ton plus sérieux, lui demanda quelques détails sur sa vie. Il apprit d'elle qu'elle se nommait Barbara, ce qu'elle était, et pour quels motifs elle suivait ce fou de don Quichotte; alors il lui demanda si elle consentirait à rester comme camérière auprès de sa femme qui avait besoin de quelqu'un pour amuser une petite fille qu'elle élevait, ajoutant que ces fonctions lui paraissaient ne mieux convenir à personne qu'à elle. Barbara s'excusa sur le peu d'expérience qu'elle avait pour les choses de cette nature, et elle trouva tout aussitôt pour avocat Sancho qui, sans en être requis, vint placer son mot dans la question. « Votre grâce, dit-il, n'a que faire de la presser, le diable ne ferait pas sortir madame la reine de son ornière. De sa vie elle ne saura faire autre chose que préparer un ventre d'agneau et faire cuire des pieds de vache. » Puis, s'approchant d'elle et la tirant par sa jupe rouge qui était d'une palme et demie trop courte : « ¡Que votre grâce, lui dit-il, madame Ségovie, descende son jupon, au nom de tous les Satans!

car on lui voit les jambes presque jusqu'aux genoux. ¿ Comment veut-elle qu'on la prenne pour une reine aussi belle qu'on le dit, si elle laisse voir ces jambes cagneuses et ces grosses chevilles garnies de bas rouges couverts de boue ? — Il ne faut pas croire, dit-il à l'Archipampan, que c'est mon maître qui a dit à la reine Ségovie de porter ses jupons courts et de se découvrir les pieds ; votre grâce saura que comme la reine a la conscience de sa mauvaise mine, et de l'effet que produit cette balafre qui lui prend toute la joue droite, elle veut, par cette invention de costume, faire un *noverint universi* qui prouve à tous ceux qui la voient au visage, qu'elle n'est pas le diable, et qu'elle a, non des pieds de coq, mais des pieds de personne naturelle. Certes on peut se détromper en la regardant aux pieds, car, par la bonté de Dieu, elle les a de bonne taille. — Je parierais, Sancho, interrompit don Quichotte, que tu as la bedaine pleine et l'estomac chargé, tant tu parles ; prends garde que la moutarde ne me monte au nez, et que je ne te caresse les épaules pour te remettre dans ton bon sens. — Certes, répondit Sancho, j'ai l'estomac plein, il m'en coûte deux bons réaux et demi. »

En ce moment arriva don Alvaro, et faisant écarter Sancho et don Quichotte, il dit à l'Archipampan en le saluant profondément : « Illustre monarque, ici, à la porte de cette salle royale, est un écuyer noir, serviteur du roi de Chypre Bramidan de Taillenclume, qui apporte un message à votre altesse, et vient pour répondre à je ne sais quel défi de l'écuyer du Chevalier sans amour. » Sancho à cette nouvelle changea de couleur. « ¡ Par les entrailles de Jésus-Christ ! s'écria-t-il, qu'on lui dise que je ne suis pas ici, et que je ne suis pas prêt à me battre. ¡ Eh bien ! non ! par l'âme de l'Antechrist ! qu'on lui dise d'entrer, que je l'attends ; et qu'il vienne vite, à la male heure, lui et sa vieille négresse de mère ; car, après tout, si je suis secondé par mon maître et par le seigneur don Carlos, qui m'aime du fond de l'âme, j'oserai si bien faire qu'il se souviendra de moi et du jour où son nègre de père l'a engendré. »

Il est bon de dire que don Alvaro et don Carlos avaient donné ordre au secrétaire de celui-ci de se teindre le visage comme il l'avait fait à Saragosse, et de se présenter devant Sancho comme à cette époque. Le secrétaire entra donc la figure et les mains noircies, vêtu d'une longue robe de velours noir, avec une grande chaîne d'or au cou, des anneaux à tous les doigts, et de gros pendants à chaque oreille. Sancho le reconnut. « Soyez le bienvenu, lui dit-il, montagne de fumée, ¿que voulez-vous? Nous voilà ici, mon seigneur et moi, prenez garde à vous, et sur la vie de mon âne, faites attention à ce que vous direz; car vous m'avez l'air d'un de ces tas de poix dont on se sert au Toboso pour enduire les cuves. » Le secrétaire se plaça au milieu de la salle, sans saluer personne, puis se tournant vers don Quichotte, après un instant de silence, il lui parla de la sorte : « Chevalier sans amour, le géant Bramidan de Taillenclume, roi de Chypre et mon maître, m'ordonne de venir vers toi afin que tu lui dises quand tu veux engager avec lui le combat pour lequel vous vous êtes donné rendez-vous dans cette capitale. Il arrive de Valladolid où il a mis fin à une périlleuse aventure, dans laquelle il a tué à lui seul plus de deux cents chevaliers, sans autres armes qu'une massue d'acier fondu; ainsi donc fais-moi donner à l'instant ta réponse, afin que je la porte au géant mon seigneur. »

Avant que don Quichotte répondît, don Carlos s'approcha de son noir secrétaire. « Seigneur écuyer, lui dit-il, avec l'agrément du seigneur don Quichotte, je veux vous répondre en homme à qui il importe aussi d'être vengé des orgueilleuses paroles de votre maître, je vous déclare donc, en notre nom à tous deux, que la bataille aura lieu dimanche dans la soirée, à l'endroit qu'indiqueront leurs altesses, et en leur présence. Elle s'engagera de telle manière et avec telles armes que votre maître jugera convenables ; et maintenant vous pouvez aller avec Dieu si rien autre chose ne vous retient.—Avant de m'en aller, répondit le secrétaire, je veux, dans cette salle même, prendre à l'instant vengeance d'un écuyer orgueilleux et démesuré du Chevalier sans amour, nommé Sancho Panza, qui s'est laissé dire qu'il est meilleur et plus vaillant que moi. Ainsi donc, s'il est parmi vous, qu'il paraisse, afin que le mettant avec mes dents en menus morceaux, je le jette aux oiseaux de proie pour qu'il devienne leur pâture. »

Tout le monde se tut, et Sancho, voyant ce silence général, se leva et s'avança. « ¿N'y aura-t-il donc personne, dit-il, qui veuille parler pour moi, maintenant que c'est nécessaire, et en retour de ce que j'ai tant de fois parlé pour les autres? Seigneur écuyer noir, continua-t-il en s'approchant du secrétaire, Sancho Panza, qui vous parle, n'est pas ici pour le moment ; mais vous pourrez le trouver à la *Puerta del Sol*, chez un pâtissier, où il est occupé à mettre fin à une grave et périlleuse aventure contre une fournée de petits gâteaux ; allez-y donc et dites-lui, de ma part, que je lui ordonne de venir à l'instant pour se battre contre vous.—¿Pourquoi donc, répliqua le secrétaire, puisque vous êtes Sancho Panza mon ennemi, me dites-vous qu'il n'est pas ici? Vous êtes une grande poule.—Et vous un grand coq, repartit Sancho ; ¿pourquoi voulez-vous que je sois ici malgré moi, puisque je ne veux pas être Sancho Panza, l'écuyer du Chevalier sans amour, et le mari de Mari-Guttierez? Et si je veux nier ce que je suis,

¿ que vous importe? Saint Pierre était plus honorable, et cependant il renia le Christ; il valait mieux que vous et que la gueuse qui vous a mis au monde, quoi que vous en pensiez, sinon dites le contraire. » Les assistants ne purent retenir leurs rires à cet étrange discours, et Sancho, se sentant encouragé, continua. « Sachez, dit-il, si vous ne le savez pas, que je suis là à attendre petit à petit que me vienne la colère dont j'ai besoin pour me battre contre vous; et croyez bien fermement que si vous voulez, avec cette figure de cuisinier de l'enfer, me hacher menu, à coups de dents, pour me jeter aux oiseaux, je veux, moi, vous découper, avec les ongles que voici, en tranches de melon, pour vous donner en nourriture aux porcs. Ainsi donc mettons les mains à l'œuvre. ¿ Mais comment voulez-vous que nous nous battions?—¿ Et comment sera-ce, dit le secrétaire, si ce n'est avec nos tranchantes épées?—¡ Holà! dit Sancho, pour cela non, parce que le diable est fin, et il peut facilement arriver un malheur au moment où on y pense le moins. Nous n'aurions qu'à nous donner de la pointe d'une épée dans l'œil, sans le vouloir, et nous en aurions pour bien des jours à nous guérir. Ce que nous pourrons faire, si cela vous semble bon, ce sera de nous battre tout simplement à coups de chaperon; vous, avec ce bonnet rouge que vous portez, et moi avec celui-ci; car enfin c'est doux, et cela ne peut pas faire de mal. Sinon battons-nous à coups de poing; ou bien encore, attendons l'hiver et la neige, nous combattrons à coups de pelottes à portée de mousquet, jusqu'à ce que nous n'en puissions plus.—Il me plaira, répondit le secrétaire, que nous nous livrions bataille dans cette salle, à coups de poing comme vous me le proposez.—Eh bien, attendez un peu, répliqua Sancho; vous êtes trop pressé, et je ne suis pas du tout décidé à me battre contre vous. » Don Quichotte s'impatenta. « En vérité, Sancho, dit-il, il me semble que tu as quelque peur de ce nègre, et il est impossible que tu te tires bien de cette affaire. — ¡O maudite soit celle qui m'a mis au monde! fit Sancho, ¡et aussi quiconque me fourre dans toutes ces guerres! ¿Votre grâce sait-elle bien que je ne suis pas avec elle pour livrer bataille à des hommes ni à des femmes, mais seulement pour la servir, et pour donner à manger à Rossinante et à mon âne? C'est pour cela qu'elle me paie le salaire dont nous sommes convenus. J'aimerais donc tout autant que ce fût Judas qui se chargeât des batailles, ou tout autre qui m'a conduit ici. Et puis, que votre grâce regarde, ¡pour l'amour de Dieu! Voilà ici le seigneur Arcapomponne et sa femme et tout leur patrimoine, le prince Périanée, le seigneur don Carlos, don Alvaro et les autres, qui se démantibulent les mâchoires à force de rire; votre grâce, pendant ce temps-là, armée comme un saint George, reste en contemplation devant la reine Ségovie, ¿et elle ne veut pas que j'aie peur en me trouvant devant mon ennemi, avec la chandelle à la main, comme on dit? J'aimerais autant que tout le monde se mît entre nous deux, et qu'on nous accordât; car enfin hors d'ici ces seigneurs savent bien faire les sept œuvres de miséricorde. — Vous avez raison, Sancho, s'écria don Alvaro; ainsi donc, et en ma faveur, seigneur écuyer, vous allez faire la paix avec lui, vous désister de vos prétentions et renoncer au défi; il suffit d'ailleurs de celui qui existe entre votre maître et le sien, pour que celui-là des deux écuyers soit le vaincu dont le seigneur aura le dessous. — Votre grâce, répondit l'écuyer, me fait le plus grand plaisir, et s'il faut dire la vérité, mon courage chancelait de crainte dans ma peau, à me trouver devant le valeureux Sancho; mais je ne croirai pas à la franchise de la trêve, si nous ne nous donnons mutuellement le pied. —

¡Le pied ! dit Sancho; je vous donnerai tout ce que j'ai, à la condition de ne plus vous voir. »

Cela dit, il leva un pied et le tendit au secrétaire. Mais celui-ci, le saisissant avec les mains, lui tira la jambe de telle sorte qu'il le fit tomber à la renverse ; puis il s'en alla en courant, pendant que tout le monde riait aux éclats. Don Quichotte vint aider Sancho à se relever. « Je suis fort affligé de ce qui t'arrive, ami Sancho, lui dit-il ; mais tu peux te glorifier d'être resté vainqueur, car ce n'est que traîtreusement, pendant la trêve, et, ce qui est le pis, en fuyant, que ton ennemi a commis ce méchant acte ; mais si tu veux que je te l'amène ici pour que tu te venges, dis-le-moi et j'y courrai prompt comme la foudre.—¡Non pas, sur votre vie ! dit Sancho, il m'en arriverait peut-être pis si nous en venions aux mains. Comme l'a dit votre grâce, un pont d'argent à l'ennemi qui fuit. »

L'heure du souper était venue au milieu de toutes ces extravagances; l'Archipampan pria tout le monde de rester chez lui, ce qu'on accepta avec empressement, et le repas fut des plus joyeux. Puis chacun s'en alla reposer, les uns dans leurs chambres, les autres dans leurs maisons. Sancho ne suivit pas son maître, et resta chez l'Archipampan, bien que ce ne fût pas tout à fait de son gré.

CHAPITRE XXXIV

De la manière dont se termina le combat concerté entre don Quichotte et Bramidan de Taillenclume, roi de Chypre. Comment Barbara entra chez les Repenties.

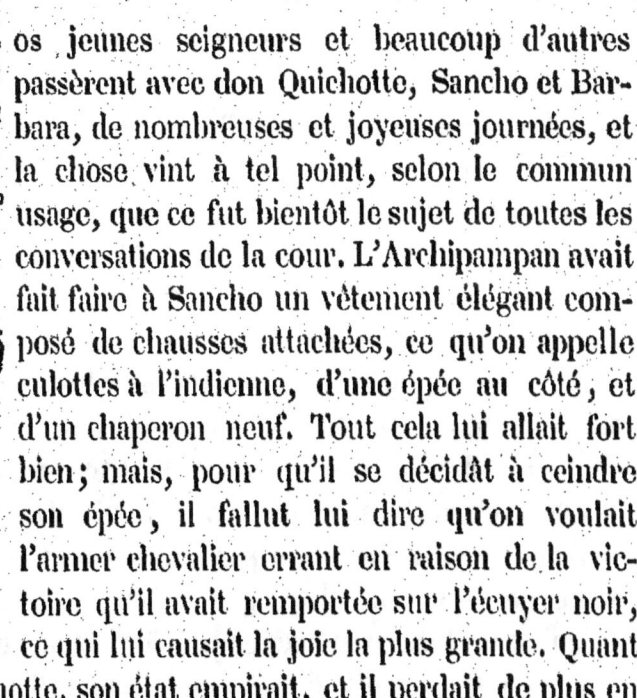

Nos jeunes seigneurs et beaucoup d'autres passèrent avec don Quichotte, Sancho et Barbara, de nombreuses et joyeuses journées, et la chose vint à tel point, selon le commun usage, que ce fut bientôt le sujet de toutes les conversations de la cour. L'Archipampan avait fait faire à Sancho un vêtement élégant composé de chausses attachées, ce qu'on appelle culottes à l'indienne, d'une épée au côté, et d'un chaperon neuf. Tout cela lui allait fort bien; mais, pour qu'il se décidât à ceindre son épée, il fallut lui dire qu'on voulait l'armer chevalier errant en raison de la victoire qu'il avait remportée sur l'écuyer noir, ce qui lui causait la joie la plus grande. Quant à don Quichotte, son état empirait, et il perdait de plus en plus la tête à entendre les louanges que toute cette noblesse donnait à ses hauts faits, et surtout à voir son écuyer devenu chevalier. L'Archipampan et le prince Périanée furent même pris de scrupule, et résolurent de cesser de donner prise à sa folie en supprimant toutes les conversations qui pouvaient l'éveiller, et principalement en éloignant Barbara. Ils se proposèrent même de tenter quelque moyen de guérison, et ils en firent part à don Alvaro qui leur répondit qu'il pourrait se charger de l'affaire, à l'aide du secrétaire de don Carlos, lorsqu'il retournerait à Cordoue, où ses compagnons l'avaient précédé; qu'il emmènerait le chevalier à Tolède, et le ferait recevoir à la Maison du Nonce[1], où des hommes habiles seraient chargés de le soigner, sous la surveillance de quelques amis qu'il avait dans cette ville. Il ajouta qu'il s'obligeait personnellement à cela, parce qu'il avait à se reprocher d'avoir été cause du départ de don Quichotte d'Argamésilla pour Saragosse, en lui parlant des joutes qui devaient avoir lieu, et en lui laissant ses armes; mais qu'il fallait ne rien laisser paraître de ce projet tant que le chevalier n'en aurait pas fini avec Taillenclume, attendu qu'il en avait la tête tellement occupée, qu'il serait impossible de l'entraîner à une autre aventure jusqu'à ce que celle-là fût terminée; que le mieux donc était de prendre jour pour ce combat, le lendemain par exemple, et de choisir pour lieu de la rencontre la *Casa del Campo*[2] où on pourrait faire un repas, et inviter de nombreux amis, attendu qu'il était certain que la fête serait très-amusante, si l'on s'en reposait sur l'intelligence du secrétaire.

Cette proposition de don Alvaro fut agréée par tout le monde, et principalement par l'Archipampan qui offrit de se charger du festin et d'organiser la réunion. Ce seigneur pria don Carlos, en même temps, de persuader à Sancho de rester chez lui et d'y faire venir Mari-Guttierez. Il déclara que son intention était de les conserver et de les entretenir tant qu'ils vivraient, attendu que le naturel de Sancho leur plaisait beaucoup, à lui et à sa femme, et que sans nul doute il en serait de même de celui de Mari-Guttierez. Et afin qu'aucun des compagnons de don Quichotte ne fût dans l'abandon et sans ressources, il chargea le prince Périanée d'amener Barbara à accepter le refuge qu'il voulait lui procurer dans une maison de femmes repenties, où il s'engageait à lui fournir une dot et la rente nécessaire pour vivre convenablement.

Enfin vint le jour désigné pour le combat de Bramidan ; nos seigneurs et beaucoup d'autres de leur rang se rendirent à la *Casa del Campo* où les avaient précédés les dames, en la compagnie de la femme de l'Archipampan. Les seigneurs avaient emmené don Quichotte, armé de toutes pièces et surtout de courage, et avec lui la reine Zénobie et Sancho. Un laquais conduisait en bride Rossinante que le repos et la bonne nourriture avaient rendu bien portant et luisant, et un page portait la lance. Le secrétaire de don Carlos s'était pourvu, pour continuer la fiction de Bramidan, d'un de ces géants de carton qu'on promène dans la ville le jour du Saint-Sacrement. Tout le monde donc était réuni dans le lieu choisi pour la plaisanterie ; des siéges étaient préparés, et don Quichotte occupait le sien. « ¡ Eh bien ! seigneur sans amour, lui dit Sancho, ¿ comment va ? ¿Comment se portent l'honorable Rossinante et mon aimable roussin ; ne vous ont-ils chargé de rien me dire ? Je regrette de ne pas leur avoir envoyé de message, car ils n'auraient pas manqué de me répondre ; mais je sais le remède ; je laisserai là un instant les affaires de notre palais, je prendrai de l'encre et du papier, et je leur écrirai une demi-douzaine de lignes ; je ne manquerai pas d'un page pour les porter.—Rossinante va bien, répondit don Quichotte, et tu le verras tout à l'heure faire merveilles lorsqu'il se trouvera face à face avec le cheval indompté de Bramidan ; du roussin je ne te dirai rien autre chose, sinon que le séjour de la cour lui convient à merveille, en raison du peu qu'il travaille, et du bien-être où il se trouve. — En cela, dit Sancho, je reconnais que nous sommes à moitié parents ; ainsi je jure à votre grâce, seigneur, que de ma vie je n'ai mieux mangé ni mieux joui du temps que depuis que je suis avec l'Arcapamponne ; il lui est aussi égal de dépenser chaque jour huit ou neuf réaux à manger, qu'il me le serait à moi de me les approprier. Il m'a donné un lit pour me coucher, et je jure au nom de Dieu que les âmes des limbes n'en ont pas de meilleur, fussent-elles filles de rois. Le seul malheur, c'est qu'avec tout ce bien-être j'oublie les affaires d'aventures et de combats. ¿Mais que me dit votre grâce de ces culottes des Indes? C'est à mon avis la plus mauvaise chose qu'on puisse imaginer, car, d'une manière, si vous ne les attachez pas avec une trentaine d'aiguillettes, elles tombent de tous les côtés ; autrement, si toutes ces aiguillettes sont attachées, vous ne pouvez mettre bas vos culottes, dans une pressante nécessité, qu'en les dénouant une à une ; vous verraient-elles avec l'âme entre les dents de derrière, et dussiez-vous les supplier le bonnet à la main. En un mot, ainsi culotté, un homme ne peut remuer, et il ne parviendrait pas à ramasser son nez s'il l'avait laissé tomber en se mouchant. ¡Ho! sur mon âme, la sotte chose pour faire la moisson, je ne viendrais pas à bout de couper douze fauchées par jour pour tout au monde en ce costume, et je ne sais comment les Indiens peuvent le faire, non plus que remuer sans tomber sur le nez à chaque pas. Je crois aussi que les pages de l'Arcapampon sont venus au monde avec ces diables de pétières, dans les Indes de Séville, tant ils y ont l'air à leur aise. Tout ce que je sais, c'est que si, pour le premier besoin venu, je me mets à dénouer les aiguillettes de devant, quelque promptitude que j'y mette, il m'en échappe toujours la moitié. Les culottes de mon pays sont une bien plus jolie chose, car s'il vous prend quelque courante, pour un nœud défait elles sont à bas. J'ai bien des fois conseillé à l'Arcapampon de s'en faire faire pour lui une paire comme les miennes, aussi ouvertes du haut que du bas, en toile de Lorris ; cela ne lui coûterait pas vingt réaux, et il serait vêtu comme une grande personne ; il me dit toujours qu'il le fera, mais je ne les vois pas arriver. »

Sancho en était là de ses considérations, lorsqu'il se fit une grande rumeur parmi les pages qui étaient devant la porte ; don Alvaro fit signe à Sancho de s'asseoir aux pieds de l'Archipampan, et alors entra dans la salle le géant dans lequel se cachait le secrétaire de don Carlos, et qu'on avait armé d'une épée de bois noirci, longue de trois aunes, et large d'une palme. Sancho l'eut à peine aperçu, qu'il se mit à crier : « Voilà, seigneurs, dit-il, une des plus affreuses bêtes qui se puissent trouver dans toute la bêterie ; c'est ce démon de Taillenclume qui pour chercher mon maître est venu du bout du monde il y a plus de quatre mois ; ses diables d'armes sont telles, que rien que pour les porter, il faut dix paires de bœufs. D'ailleurs, regardez son épée avec laquelle on dit qu'il tranche par la moitié une enclume de fer. Voyez un peu ce que va devenir mon pauvre seigneur don Quichotte ! ¡Par les flammes de Dieu, que vos grâces me fassent le plaisir de me renvoyer cela d'ici à tous les diables, et qu'il aille faire la guerre là-bas à sa gueuse de mère ; je ne me soucie pas qu'il reste, car d'un revers il est homme à couper en deux dix ou douze d'entre nous, comme je couperais, moi, l'âme de Judas d'une chiquenaude si je la voyais devant moi. » Don Quichotte lui dit de se taire, afin qu'on pût savoir ce que voulait le géant.

Celui-ci, placé au milieu de la salle, attendit gravement que tout le monde fît silence, tourna la tête de tous côtés, et enfin prit la parole : « Don Quichotte de la Manche, dit-il, Chevalier sans amour, tu peux reconnaître à ma présence que j'ai tenu la parole que je t'avais donnée, de venir à la cour du roi Catholique, mettre à exécution devant ses grands le défi que nous avions échangé. Aujourd'hui donc est le jour où ta vie doit finir sous les coups de mon épée redoutée ; aujourd'hui je veux triompher de toi, et devenir le seigneur de toutes tes victoires ; je veux te trancher la tête, et l'emporter dans mon royaume de Chypre. Je la suspendrai à la porte de mon palais avec une inscription qui dira : « La fleur de la Manche est morte des mains de Bramidan. » Aujourd'hui est le jour où te retranchant de ce monde, je pourrai m'en couronner paisiblement le roi, car il n'y aura plus de puissance qui m'en empêchera. Aujourd'hui enfin j'emmènerai avec moi toutes les dames qui sont dans cette salle et à la cour, pour les conduire à Chypre, où j'en disposerai selon mon bon plaisir. C'est aujourd'hui, en un mot, que commencera Bramidan et que finira don Quichotte de la Manche. Ainsi donc, si tu es un chevalier, si tu es aussi valeureux que le dit toute la terre, viens à moi. Je n'ai pour te combattre d'autre arme offensive ou défensive que cette seule épée, fabriquée dans les forges de Vulcain, le forgeron de l'enfer, que je reconnais pour Dieu, ainsi que Neptune, Mars, Jupiter, Mercure, Pallas et Proserpine. » Cela dit, le géant se tut, mais Sancho n'en fit pas de même. « En vérité, don Géantasse, lui dit-il, si vous vous amusez à appeler Dieu tous ces vauriens que vous dites, et que la sainte Inquisition vienne à le savoir, vous serez fort mal venu en Espagne. » Don Quichotte l'interrompit, et rouge de dépit et de colère s'avança devant le géant, tenant à la main son épée nue.

« Ne penses pas, orgueilleux géant, lui dit-il, que les arrogantes paroles dont tu te sers d'habitude pour effrayer les chevaliers de peu de force et de courage, soient de nature à faire naître un poil de crainte en mon cœur indompté. Je suis ce que sait tout le monde, et ce que tu as pu entendre dire dans tous les royaumes et dans toutes les provinces que tu as traversées ; aussi suis-je venu dans cette cour pour te chercher et pour te donner le châtiment qu'ont mérité tes méchantes œuvres depuis de nombreuses années. Mais il me semble qu'il n'est pas temps de parler, mais d'agir ; c'est aux mains qu'on reconnaît la trempe des cœurs et la valeur des chevaliers. Je ne veux pas non plus que tu puisses dire que je me sois battu contre toi avec avantage, et armé de toutes pièces lorsque tu n'as que ton épée ; ainsi pour te prouver davantage combien peu je t'estime, je veux me désarmer et te combattre en pourpoint et aussi avec ma seule épée. Et si elle n'est pas grande et large comme la tienne, du moins est-elle guidée par une main plus ferme et plus courageuse. Lève-toi, mon fidèle écuyer, ajouta-t-il en se tournant vers Sancho, et aide-moi à me désarmer ; bientôt tu assisteras à la fin de ce géant, ton ennemi et le mien.—¿ Seigneur, répondit Sancho en se levant, ne serait-il pas mieux que tous tant que nous sommes dans cette salle, et nous sommes plus de deux cents, nous tombassions sur lui? Les uns le saisiraient par ses guenilles, les autres par les jambes, d'autres par la tête, ceux-ci par les bras, jusqu'à ce que nous l'eussions couché par terre, et ensuite nous lui fourrerions dans les tripes toutes nos épées ; nous lui couperions la tête, puis les bras, puis les jambes ; et je certifie que si on me laisse seul, ensuite, avec lui, je lui donnerai plus de coups de pied qu'il n'en peut tenir dans ses poches, et ensuite je me laverai les mains dans son traître de sang.—Fais ce que je te dis,

Sancho, répliqua don Quichotte, la chose ne doit pas se passer comme tu penses. »

Sancho obéit, et notre chevalier se trouva en pourpoint et fort laid à voir; car il était si grand et si sec, l'habitude de porter ses armes tous les jours et souvent les nuits l'avait tant amaigri et tant desséché, qu'il ressemblait à un de ces squelettes qu'on a coutume de construire, avec des ossements, dans les cimetières qui sont à l'entrée des hôpitaux. Il portait sur son pourpoint noir la trace de chaque pièce, cuirasse, épaulière, gorgerin; et le reste de son vêtement, c'est-à-dire le gilet et la chemise, était à demi pourri de sueur; et ce n'était pas possible autrement, tant il changeait rarement. Quand Sancho eut vu son maître de la sorte et se fut aperçu de l'étonnement où étaient tous les assistants : « Sur mon âme, seigneur Chevalier sans amour, lui dit-il, votre grâce est si longue et si mince que lorsque je la regarde, il me semble voir en peinture quelqu'une de ces vieilles rosses qu'on met à mourir dans un pré. » Don Quichotte, sans l'écouter, marcha droit au géant. « Allons, lui fit-il, tyrannique et arrogant roi de Chypre, mets la main à ton épée, et apprends à connaître ce que sait faire le tranchant de la mienne. »

Cela dit, il recula de deux pas, et tirant son épée à moitié rouillée, il s'avança peu à peu vers le géant. Mais le secrétaire, le voyant venir, fut prompt à secouer la machine de carton qu'il portait sur les épaules, et la jeta au milieu de la salle, restant seul, à la place, richement vêtu en femme, car il était jeune et de jolie figure. Tous ceux qui n'étaient pas prévenus furent grandement surpris, et don Quichotte, s'arrêtant tout court, baissa contre terre la pointe de son épée, attendant ce qui allait survenir. « Valeureux Chevalier sans amour, dit alors le secrétaire, honneur et gloire de la nation manchoise, sans doute tu vas être surpris de voir un aussi terrible géant transformé en une douce et belle damoiselle ; mais n'en prends pas d'ombrage ; tu sauras que je suis l'infante Burlerine[3], fille de l'infortuné roi de Tolède. Mon père est poursuivi et assiégé par cet indigne prince de Cordoue, qui porta contre sa belle-mère ce faux témoignage que tu sais. Ce prince a envoyé dire à plusieurs reprises à mon père, tous ces jours-ci, qu'il ne lèverait le siége et ne rendrait toutes les terres conquises par lui, qu'à la condition que je lui serais envoyée afin qu'il disposât de moi à son bon plaisir, et avec moi douze damoiselles, les plus belles du royaume, et douze millions de l'or le plus fin que produit l'Arabie, pour payer les frais de la guerre et du siége. Le prince a ajouté que si mon père se refusait à ce tribut, il ne laisserait à Tolède personne vivante, ni pierre sur pierre. Mon père affligé, sachant qu'il était hors d'état de résister à son ennemi, et se voyant réduit à la dure nécessité de condescendre à ces iniques conditions ou de mourir avec tous ses vassaux, a envoyé demander au prince de Cordoue quarante jours de délai pour trouver les douze damoiselles et les douze millions, en consentant à laisser traiter son royaume avec toute la rigueur dont il était menacé, si au bout de ce terme il n'avait pas réuni le tribut. Alors, ô invincible Manchois, nous avons fait savoir à un mien oncle, grand enchanteur et nécromancien, et aussi ton ami très-affectionné, le sage Alquifé, le danger cruel auquel mon père, qui est son frère, et moi qui suis sa nièce, nous sommes exposés. Alquifé fit un grand enchantement, et me donnant la forme apparente de cet immense géant qui est maintenant à nos pieds, il m'envoya ainsi déguisée, afin que mon honneur ne courût aucun risque, te chercher par tout le monde sans laisser royaume, île ou presqu'île que je ne visitasse jusqu'à te rencontrer. Mon bonheur a voulu que je te rejoignisse à Saragosse, et c'est alors que ne trouvant pas de meilleur moyen de t'amener en cette capitale qui n'est éloignée de Tolède que de douze lieues, j'ai imaginé le défi que je t'ai adressé. Ainsi donc, ô prince magnanime, s'il y a en toi quelque sentiment de pitié et quelque ressouvenir de l'amour infini que tu as éprouvé pour l'ingrate infante Dulcinée du Toboso; bien que tu sois maintenant le Chevalier sans amour, je te conjure, par les lois de l'amitié qui te lie à mon oncle Alquifé, par l'espoir que j'ai mis en toi, de laisser là toutes les aventures qui peuvent te retenir en cette cour, et tous les honneurs que te décernent ses princes. Viens à l'instant avec moi pour défendre et protéger ce désolé royaume; viens combattre en bataille singulière ce maudit prince de Cordoue, le vaincre, et délivrer de sa tyrannie mon vénérable père. Et maintenant je te jure et te promets, par le dieu Mars, que je serai moi-même la récompense de tes travaux. » Cela dit, le secrétaire se tut, attendant la réponse de don Quichotte.

Sancho qui était tout émerveillé prévint son maître. « Madame la reine de Tolède, dit-il, votre grâce n'a que faire de jurer par Mars ou par Avril; mon maître ira sans aucun doute tuer ce vaurien de prince de Cordoue, et moi j'irai aussi avec lui. Ainsi donc, votre grâce peut partir devant, et dire au seigneur son père, que nous y allons, et qu'il n'a qu'à nous faire préparer à souper, et à nous tenir ce méchant petit prince tout prêt et tout nu, attaché à un poteau. Je m'engage, s'il est ainsi fait, à si bien traiter le coquin avec cette ceinture, qu'il se souvienne toute sa vie de son nom et de ceux de ses père et mère. » Cette réponse extravagante de Sancho amusa tout le monde; mais la lourdeur de celle que fit ensuite don Quichotte, suppléa à son excès de simplicité. « Il me semble, dit-il, madame l'infante Burlerine, que celui-là ne vous aime ni ne vous estime qui vous envoie ainsi à ma recherche, bien qu'il soit mon grand ami le sage Alquifé, votre oncle. Il ne fallait pas tant de démarches, pour que je m'empressasse à aller défendre le royaume de votre père, le roi de Tolède, à qui j'ai tant d'obligations. Or, maintenant qu'il s'agit de la liberté de votre noble et belle personne, plus grandes sont les obligations qui me portent à remédier avec empressement à votre cruelle nécessité. Je vous réponds donc que j'irai prêter aide et secours à votre père; il vous reste à décider quand et comment nous partirons. Je suis pour ma part tout prêt à vous suivre à l'instant, pour vous venger du traître dont vous vous plaignez. Déjà d'ailleurs nous nous connaissons tous deux, et je serai heureux de cette occasion de lui apprendre ce que savent mes mains. Il y a longtemps que je l'ai défié; mais le lâche a fui devant moi. »

Voyant quelle nouvelle aventure s'offrait à don Quichotte, et l'habileté avec laquelle don Alvaro et le secrétaire de don Carlos avaient concerté ce moyen de conduire notre héros à Tolède, pour l'attirer jusque dans la Maison du Nonce, le prince Périanée déclara hautement qu'il renonçait au défi qu'il avait échangé. « De ce moment, dit-il, seigneur Chevalier sans amour, je me désiste de mes prétentions à la main de l'infante Florisbelle de Grèce, et je ne veux pas me battre contre un héros qui, même absent, donne la sécurité à des royaumes entiers. Ainsi donc, et publiquement, je me déclare vaincu, pour la gloire de votre grâce, pour ma confusion, et pour le bonheur du prince don Bélianis de Grèce. » Don Quichotte éprouva une grande joie de cette déclaration, et remercia le prince Périanée en l'assurant de son amitié; ce que fit également Sancho qui désirait vivement que ce combat n'eût pas lieu. Sur l'ordre de l'Archipampan notre écuyer se leva, et s'en alla, de l'air le plus respectueux, prendre par la main l'infante Burlerine. Cette démarche fit rire aux éclats les cavaliers et les dames qui connaissaient le secrétaire de don Carlos, et qui savaient bien que l'infante n'était pas une femme. Ces rires impatientèrent Sancho. « ¿De quoi rient-ils donc? s'écria-t-il; par l'âme de ceux qui les ont mis au monde, n'ont-ils jamais vu la fille d'un roi dans l'embarras? Qu'ils sachent que chaque jour nous en rencontrons sur les grands chemins, mon maître et moi ; on n'a qu'à le demander à la reine Ségovie. Vos grâces se tiendront pour dit que cette infante doit partager cette nuit le lit d'une de ces dames, sinon, le mien est à son service, et je lui baise les mains. » Tout le monde se leva pour aller souper, et le secrétaire disparut.

On servit un magnifique repas que défrayèrent encore les extravagances de don Quichotte et de Sancho, et tout le monde donna des louanges à ce qu'avait fait l'Archipampan, lorsqu'on sut qu'il avait l'intention d'envoyer don Quichotte à Tolède, pour être soigné dans la Maison du Nonce. Chacun s'en retourna chez soi comme il était venu; Sancho restant avec l'Archipampan, et le prince Périanée emmena comme de coutume don Carlos, don Alvaro, don Quichotte et Barbara. Quand il fut rentré, le titulaire prit à part cette dernière, et lui conseilla de se retirer dans une maison de femmes de sa classe, lui disant que c'était le désir de l'Archipampan, qui s'offrait à payer son entrée et à lui servir une rente suffisante pour son entretien pendant toute sa vie. Barbara savait combien il lui serait inutile de retourner à Alcala, où elle ne trouverait pas de quoi vivre ni les moyens de le gagner ; aussi accepta-t-elle avec joie, et s'engagea-t-elle à rester où on la placerait. Cela s'effectua au bout de deux jours sans que don Quichotte s'en aperçût, et lorsqu'il parut s'en inquiéter, on lui fit croire que les vassaux de la reine étaient parvenus à l'enlever en secret de la cour, et à la reconduire dans son royaume.

CHAPITRE XXXV

De l'entretien qu'eurent ensemble don Carlos et Sancho Panza relativement au projet que forma celui-ci de retourner dans son pays ou d'écrire à sa femme.

Don Carlos était à la veille de célébrer le mariage de sa sœur avec le titulaire ; et pour en augmenter les plaisirs, aussi bien que pour être agréable à l'Archipampan, il voulait retenir Sancho à Madrid. Aussi pensa-t-il à l'engager à faire venir sa femme, pour n'avoir plus rien qui l'attirât dans son pays. Un jour donc qu'il se trouvait avec lui chez l'Archipampan, « Vous savez, lui dit-il, ami Sancho, l'intérêt que je vous ai porté dès que je vous ai vu à Saragosse ; et l'attention avec laquelle j'ai voulu vous servir de ma main et à ma table le premier jour que vous êtes venu chez moi. Vous n'avez pas oublié non plus tout l'empressement qu'ont eu pour vous mes serviteurs, et surtout le cuisinier boiteux ; apprenez donc que ce qui m'a porté à agir de la sorte avec vous, c'est que je vous ai toujours vu homme de bien et de cœur. J'ai été attristé de voir une personne de votre âge et de votre caractère, dans la position pénible où vous met la compagnie d'un fou tel que don Quichotte. Il ne peut résulter de cette position que des désagréments et des peines, aussi bien pour tous que pour lui ; car ses folies et ses billevesées ne peuvent avoir de bonnes conséquences pour personne. Je ne dis rien là, dont vous n'ayez déjà fait l'expérience depuis plus d'une année; d'ailleurs apprenez-moi ce que vous avez retiré de ces aventures, si ce n'est des batailles, des coups, de mauvaises nuits, de plus mauvais jours, sans compter la faim, la soif, la fatigue, et sans vous rappeler qu'avec toute votre barbe vous vous êtes laissé berner par quatre vauriens. Mettons que vous ayez moins souffert pendant cette dernière sortie, ¿mais où sont les îles, les provinces et les gouvernements que vous avez conquis vous et votre maître? ¿Comptez-vous pour rien d'avoir été, à Ateca, le but de bon nombre de tribulations ; à Saragosse, l'amusement d'une troupe de mauvais sujets; à Siguenza, en prison; à Alcala, battu et bafoué ; et en cette capitale le jouet de tout le monde? Mais enfin, puisque Dieu a voulu vous conduire ici, au bout de votre pérégrination, remerciez-le de permettre que vos peines aient leur fin. Ainsi est-il arrivé à Barbara, qui maintenant, recueillie dans une maison de femmes vertueuses et repenties, est débarrassée de don Quichotte, et peut passer le reste de sa vie dans le repos et sans besoins, grâce à la générosité de l'Archipampan. Mais mon noble ami ne veut pas s'en tenir là, aussi songe-t-il à agir de même pour votre maître; et, quelque regret que vous en puissiez avoir, vous le perdrez sous peu, attendu que dans quatre jours il l'envoie à Tolède, avec ordre qu'il y soit traité avec le plus grand soin dans la Maison du Nonce, hôpital fondé pour ceux qui sont malades d'esprit. Ce n'est pas tout, sa grandeur ne s'occupe pas seulement de ces deux personnes ; elle s'occupe de vous aussi, avec plus d'intérêt et d'affection, et veut vous conserver près d'elle, dans sa maison même, dont vous avez pu apprécier le bien-être et l'abondance depuis que vous y vivez. Votre intérêt est donc de chercher à conserver la faveur que vous vous êtes acquise, et qui est grande ; car ce seigneur, sa femme et toute sa maison vous aiment ; et une fois là, vous et Mari-Guttierez, vous y resterez tant que vous vivrez. Maintenant, si vous voulez me croire, vous enverrez chercher votre femme ; je vous donnerai pour cela un messager sûr, et je vous payerai la dépense. L'Archipampan sera fort aise de vous avoir tous les deux dans son palais ; il vous donnera une chambre, un bon salaire, une bonne nourriture tous les jours de votre vie, que vous passerez paisiblement et joyeusement, dans l'un des meilleurs pays du monde. J'espère donc, Sancho, que vous consentirez à ce que je vous demande, et que vous me donnerez promptement la réponse qui convient à l'affection que je vous porte. »

Don Carlos se tut, et Sancho resta quelques instants silencieux ; puis enfin : « Seigneur don Carlos, répondit-il, votre grâce et le seigneur Archipampan ont eu pour moi de grandes bontés ces jours-ci, et je leur demande bien pardon si elles n'ont pas été telles que je le mérite ; cela, je le vois bien, on ne pourrait pas me le payer avec toute la monnaie que possèdent les fripiers de ce pays ; mais néanmoins je les remercie, et j'ai là-bas à Argamésilla, pour leur prouver ma reconnaissance, vingt-six têtes de bétail, deux bœufs, et un porc aussi grand que ceux de par ici, que nous tuerons, si Dieu le veut, à la Saint-Martin, parce qu'il sera devenu gros comme une vache[1]. Je demande donc avant de répondre à votre grâce, si elle le trouve bon, quelques mois de délai. Changer ainsi de pays, n'est pas de ces choses qui puissent se décider tout d'un coup. Il faut que j'en parle à ma Mari-Guttierez, à moins que je ne lui écrive tout ce que votre grâce m'a dit; et si d'une main elle me répond oui, j'en dirai autant des deux avec le plus grand plaisir. Que votre grâce prenne donc de l'encre et du papier, si elle veut bien, et écrivons-lui une lettre dans laquelle nous lui dirons tout cela, net comme l'*Ave Maria*. Et je dis écrivons, parce que celui-là fait beaucoup qui fait faire; et moi pour mes péchés je ne sais pas plus écrire qu'un mort, bien que j'aie eu un oncle qui écrivait très-joliment. Mais je suis né si mauvais sujet, que lorsqu'on m'envoyait à l'école, je m'en allais par les figuiers et par les vignes me gorger de raisins et de figues; aussi en suis-je revenu plus mangeur qu'écriveur. » Don Carlos fut satisfait de cette réponse, et on différa d'écrire la lettre jusqu'après le repas.

Don Carlos rapporta donc à l'Archipampan sa conversation avec Sancho; et lorsqu'on eut desservi, on fit apporter de l'encre et du papier, pour que le jeune seigneur pût écrire sous la dictée du bon écuyer. Don Carlos avait à peine commencé à former la marge que Sancho, prenant vivement la parole: « Vos grâces savent ce que je veux dire, mais en ma conscience il serait mieux et plus sage que je retournasse au pays en laissant là toutes ces histoires; car il y a près de six mois que j'en suis sorti et que je me traîne, comme un fainéant, à la suite de mon seigneur don Quichotte, pour neuf malheureux réaux de salaire par mois. Encore, jusqu'à ce jour, ne m'en a-t-il pas donné un blanc, d'abord parce qu'il dit qu'il me laissera le roussin en compte, et ensuite parce qu'il me dédommagera suffisamment en me donnant le gouvernement de la première île, presqu'île, province ou royaume qu'il conquerra.

Mais puisque vos grâces, selon ce que m'a dit don Carlos, veulent le conduire pour être nonce de Tolède, et que moi je ne puis être d'église, je renonce dès à présent à tous les droits et appartenances qui par suite de mes conquêtes peuvent me revenir par héritage, legs ou autrement. Je me détermine à retourner dans mon pays, maintenant surtout que voici venir la saison des semailles, pendant laquelle je puis gagner là-bas, chaque jour, deux réaux et demi et la nourriture, sans plus aller à la chasse aux aventures. Ainsi donc laissons là les folies, et que votre grâce, seigneur Arcapampan, me fasse rendre mes chausses grises, et reprenne ses culottes des Indes à qui je souhaite d'être brûlées. Qu'on me donne aussi ma casaque et mon autre chaperon, et adieu, je m'en vais. Je sais que ma Mari-Guttierez et tous ceux de mon pays m'attendent, car ils m'aiment comme la lumière de leurs yeux. J'en ai assez de ces pages qui ne me laissent pas en repos de tout le jour, de ces démons de cavaliers qui ne font autre chose que m'étourdir avec leurs Sancho par-ci, Sancho par-là. Et bien que l'on mange ici fort gentiment, sinon toujours avec la bouche, du moins sans cesse avec les yeux, je m'aperçois que ce qui est salaires se paye fort mal. Je vois aussi que bien des fois on suppose des fautes aux serviteurs pour leur refuser ce qui leur revient ou les renvoyer mal payés; s'ils ne réussissent pas toujours étant en santé, il est certain qu'en état de maladie, il n'y a ni seigneur qui ordonne ni majordome qui fasse quelqu'œuvre charitable pour les pauvres diables. Enfin, les marmitons de la cuisine ont bien raison de dire que la vie de palais est une vie bestiale, où on se nourrit d'espérances pour mourir à l'hôpital. Ainsi donc c'est dit, seigneur don Carlos, et il n'y a rien à répliquer; demain je suis décidé à jouer des jambes[2]. Il est vrai que si le seigneur

Arcapampomne voulait m'assurer un ducat chaque mois, et deux ou trois paires de souliers par an, avec l'engagement écrit qu'ensuite il ne me les refusera pas, ce dont votre grâce me donnerait la garantie, sans doute il aurait en moi un serviteur pour bien des jours. Si c'est bien là sa volonté, il n'a qu'à le faire, et à me charger du soin de sa paire de mules; puis à me dire chaque soir ce que j'aurai à faire le lendemain matin, où je dois aller labourer ou faucher. Ensuite qu'il me laisse tranquille, il ne sera pas mécontent de mon travail. Il est vrai que j'ai deux défauts, le premier c'est que je suis un peu gourmand, le second c'est que, pour que je me réveille le matin, il est quelquefois nécessaire que mon maître vienne me secouer dans mon lit, ou me battre avec mon soulier ; mais avec cela je suis aussi bien éveillé qu'un daim ; je donne tout de suite à manger à mon ventre et aux mules, je vais à la forge chercher mon soc, je fais aller le soufflet pendant que le forgeron forge, et je reviens à la maison une heure avant le jour en chantant le long du chemin six ou sept séguidilles que je sais et qui sont fort jolies. Puis, pour me rafraîchir l'haleine, je mets à griller quatre têtes d'ail, et quand il commence à faire jour, je monte, ainsi pourvu, sur la mule brune qui est la plus grasse. » Sancho allait continuer, mais don Carlos interrompit son naïf discours. « Il faut faire ponctuellement, lui dit-il, tout ce que je vous ai conseillé, et on remplira toutes les conditions que vous faites. — J'en doute, dit Sancho, et je n'ai pas de confiance en qui n'a pas eu honte de prendre, à un écuyer comme moi, deux réaux et demi pour le premier repas que j'ai fait ici ; ainsi je ne veux rien de lui, et que Dieu le conduise là où il lui sera le plus utile. »

L'Archipampan, qui vit qu'il était question de lui, intervint. «Soyez certain, Sancho, dit-il, que je tiendrai tout ce que le seigneur don Carlos vous a promis en mon nom, et mieux même que vous ne pourrez le désirer ; et que, dans ma demeure, la grâce de Dieu ne vous manquera pas. — La grâce de Dieu, dit Sancho, dans mon pays on appelle ainsi une délicieuse omelette d'œufs et de lard frit. Je sais la faire dans la perfection, et je veux, avec le premier argent que Dieu m'enverra, en faire une, pour moi et pour le seigneur don Carlos, qui sera si bonne que nous nous en mangerons les mains. — J'aurai beaucoup de plaisir à en manger, répondit don Carlos, mais ce sera à condition que pour l'amour de moi vous vous mettrez un chapeau comme ceux dont nous nous servons à la cour, et que vous laisserez là votre chaperon. — De ma vie, répliqua Sancho, je n'ai pu souffrir les chapeaux, et je ne sais à quoi ils sont bons, tandis que le chaperon me va sur la tête comme une bénédiction de Dieu. Et puis enfin il se met à toutes sauces ; s'il fait froid on s'en couvre jusqu'aux oreilles ; s'il fait du vent l'on s'en rabat le revers sur le visage, comme si on avait un capuchon, et on est aussi sûr qu'il tombera, que l'est la roue d'un moulin de se mouvoir toujours. Puis il ne se balance pas de tous les côtés comme font les chapeaux, car si un coup de vent s'en empare il les fait rouler à travers champs comme si la malédiction les poursuivait ; sans compter qu'une douzaine de ces derniers coûte autant qu'une demi-douzaine de chaperons ; puisque chacun de ceux-ci ne va pas au delà de deux réaux et demi, avec la façon et tout le reste. — On voit bien, Sancho, dit l'Archipampan, que vous savez que j'ai besoin de vous et que je ne regarderai à rien pourvu que je vous retienne dans ma demeure, puisque vous demandez tant de choses impossibles ; mais je veux que vous connaissiez ma libéralité, et demain matin je vous ferai payer d'avance deux années de gages à vous et à votre femme ; sans compter que lorsqu'elle arrivera je vous habillerai tous les deux pour Pâques.—Je baise les mains de votre grâce pour ce bon service, répondit Sancho; seulement il me reste à savoir si les terres que je vais ensemencer pour votre grâce, cet automne, sont éloignées; parce que, comme je ne les connais pas, il sera bon que j'aille les voir dimanche prochain. Il faut aussi que je visite les mules, pour savoir si elles ont des vices, et aussi si elles ont de bons harnais et tous les autres objets nécessaires ; attendu que je ne veux pas qu'ensuite votre grâce vienne dire que je suis sans soin.—Tout est comme vous le désirez, Sancho, répliqua don Carlos; ce que nous avons à faire maintenant, c'est d'écrire à votre femme.—Écrivons donc, répondit-il, avec la bénédiction de Dieu, mais que votre grâce fasse attention qu'elle est un peu sourde, et qu'il serait bon de lui écrire un peu haut pour qu'elle entendît. Ainsi donc que votre grâce fasse la croix, et mette :

LETTRE

POUR MARI-GUTTIEREZ, MA FEMME,

à Argamésilla de la Manche, près du Toboso.

« Maintenant qu'elle lui dise que sur ce je finis, et que je ne prie pas pour son âme.—¿ Que faites-vous donc, Sancho, demanda don Carlos, nous ne lui avons encore rien écrit et vous dites que vous finissez?—C'est bon, répondit-il, votre grâce n'y entend rien : ¿ veut-elle donc savoir mieux que moi ce que j'ai à dire? Le diable m'emporte si elle ne m'a pas fait rompre le fil que je tenais avec la plus habile astrologie qui se puisse penser; mais qu'elle écrive, maintenant je me souviens:

« Vous saurez que depuis que je suis parti d'Argamésilla jusqu'à ce moment, nous ne nous sommes pas vus; tout le monde dit que ma santé est très-bonne, seulement j'ai mal aux yeux à force de voir des choses de l'autre monde; plaise à Dieu qu'il en soit de même des vôtres! Faites-moi savoir comment vous va à propos de boisson, et s'il y a assez de vin dans la Manche pour remédier à la soif que vous cause ma présence, et sur votre vie veillez bien à sarcler la mauvaise herbe qui tourmente notre petit jardin. Envoyez-moi les vieilles chausses de drap gris qui sont sur le poulailler, parce que l'Arcapampan m'a donné ici certaines culottes des Indes, avec lesquelles je ne puis me remuer; je les garderai pour vous, parce qu'elles vous conviendront peut-être mieux, car elles ont par devant une petite porte très-commode qui s'ouvre et se ferme avec une seule aiguillette[3]. Si vous voulez venir, je vous ai déjà dit ce que l'Arcapampan nous donnera de gages chaque mois; ainsi donc je vous ordonne de venir ici avant que cette lettre n'en parte, pour servir l'Arcapampanesse, et d'apporter avec vous tous les biens, les meubles et les immeubles que vous avez là-bas, sans oublier une palme de terre, ni une seule feuille du jardin; et ne me répliquez pas, parce que je suis las de vos impertinences, et il n'en serait ni plus ni moins. Je n'ai d'ailleurs pas besoin de vous dire que j'ai l'habitude d'avoir le bâton à la main. Ho! que je te frotte, bourrique de mon beau-père[4]! »

Cela dicté, Sancho s'adressa à don Carlos: « Votre grâce saura, lui dit-il, que les femmes d'aujourd'hui sont des diables, et que si on ne leur donne pas sur la judiciaire, elles ne font rien de bon. Mais il faudra bien qu'elle obéisse, ou bien gare la noire! » En disant cela il détacha sa ceinture, et la prenant à la main avec une extrême colère, il ajouta qu'il savait mieux que le pape la manière de faire marcher Mari-Guttierez. L'Archipampan et toutes les personnes qui étaient dans la salle étaient étonnés d'une simplicité si naturelle, et s'attendaient à voir Sancho donner de la ceinture sur don Carlos; mais il n'en fit rien, et il continua sa dictée.

« Je vous dis donc, Mari-Guttierez, que nous serons ici très-gentiment, bien que vous n'aimiez guère être chez ces hidalgailles⁵; mais l'Arcapampon est un homme de bien, qui m'a juré que, lorsque vous seriez ici, il nous habillerait tous les deux, et nous donnerait d'avance les gages de deux années, qui se montent à un ducat par bête, chaque mois, un pour moi et un pour vous. Voyez donc comme nous serons riches, si nous vivons pour le moins mille mois. Du seigneur don Quichotte, je ne vous dirai rien, sinon qu'il est plus vaillant que jamais, et qu'on l'a fait nonce de Tolède ; si vous en avez besoin, vous le trouverez dans ces maisons-là, quand vous y passerez, et en nombreuse compagnie. L'Arcapampanesse, votre maîtresse, avec qui vous demeurerez, vous baise les mains, et a un plus grand désir de vous écrire que de vous voir ; c'est une femme fort honorable, à ce que dit son mari, bien qu'elle ne me le paraisse guère. Je la trouve fort désœuvrée, et depuis que je suis ici, je ne lui ai jamais vu sa quenouille à la ceinture. On me dit que Rossinante se porte bien et qu'il se donne des airs de grande personne et de courtisan ; je ne crois pas que le roussin fasse de même, du moins ses petits raisonnements ne le prouvent guère ; il paraît toutefois fort ennuyé de rester aussi longtemps à la cour⁶. »

« Je crois que je n'ai plus rien à lui écrire, fit Sancho en changeant de ton ; je lui dis là tout ce qui l'intéresse aussi bien que pourrait le lui dire le meilleur apothicaire du monde, et je suis tout en sueur de lui tirer des lettres de ma tête.—Voyez, Sancho, dit don Carlos, si vous voulez lui faire savoir autre chose, je suis là pour l'écrire, et il y a encore du papier, grâce à Dieu.—Que votre grâce ferme la lettre, fit Sancho, et foin de Mahomet!—On ne peut guère fermer une lettre sans signature, observa don

Carlos ; ainsi donc dites-moi comment vous avez coutume de signer?—Votre grâce a bien de la bonté, répliqua Sancho ; qu'elle sache que Mari-Guttierez n'a pas besoin de tant de rhétorique, et elle ajoutera bien foi à ma lettre, elle qui a foi en tout ce que croit et dit notre sainte mère l'Église de Rome ; il n'y a donc pas besoin de signature, et je ne signe pas. »

La lettre fut relue à haute voix au milieu des rires des assistants, et avec la plus sérieuse attention de Sancho. La lecture finie, l'Archipampan dit à Sancho : «¿Que pensera don Quichotte si vous restez chez moi? Je ne voudrais pas qu'il se fâchât et qu'il vînt ensuite me défier à un combat singulier ; je ne serais nullement content s'il m'obligeait à me mesurer avec lui. — Que votre grâce n'ait aucune crainte, répondit Sancho, je lui parlerai clairement avant qu'il aille à Tolède, et je lui rendrai son âne, sa valise et aussi le gant démesuré du géant Bramidan que j'ai gardé depuis le soir où il nous a été jeté en défi chez le seigneur don Carlos ; il le remettra à l'infante Burlerine, ou bien il le donnera en présent à l'archevêque quand il arrivera pour être nonce de Tolède. Je ne veux rien de personne, et je lui dirai de s'en aller avec Dieu, attendu que de ce moment jusqu'au jour du jugement dernier, je renonce aux combats sans vouloir avoir rien de commun avec eux ; car je sors de leurs mains si battu et si tondu, que mes pauvres épaules en savent quelque chose. J'ai eu bien du mal à m'en tirer dans une hôtellerie il y a deux mois ; et peu s'en est fallu que des comédiens ne me fissent faire More. Ils m'auraient même circoncis, si je ne leur avais dit avec larmes que ce serait toucher à la prunelle des yeux de Mari-Guttierez [7]. J'ai ensuite payé de fort jolies bourrades la défense d'une croupière que mon maître prenait pour une précieuse jarretière. Il est vrai que le seigneur don

Quichotte m'aime tant qu'il va me promettre encore le gouvernement de quelque royaume, d'une province, d'une île ou d'une presqu'île ; mais je lui dirai demain que je ne puis aller avec lui parce que je me suis entendu avec vous; que tout ce qu'il pourra faire ce sera de m'envoyer son gouvernement, que je suis homme à le gouverner aussi bien ici que là-bas. ¿Maintenant votre grâce sait-elle ce que je pense? C'est qu'on ne trouvera peut-être pas un messager sûr pour aller d'ici à Argamésilla, et il vaudrait mieux que, moi qui connais le chemin, je portasse la lettre moi-même; je puis assurer votre grâce que je ne ferai pas autre chose que la remettre fidèlement dans les mains de ma femme, et revenir tout aussitôt.—¿Mais Sancho, dit l'Archipampan, à quoi servait d'écrire si vous voulez y aller vous-même? Ne vus tourmentez pas de cela, je trouverai quelqu'un qui ira vite et qui reviendra de même avec la réponse; mais je doute que cette réponse soit aussi élégante que votre lettre, à laquelle on reconnaît bien, ainsi qu'aux sentences que vous y avez mises, que vous avez utilement étudié à Salamanque toute la science épistolaire qui s'y professe.—Je n'ai pas étudié à Salamanque, répondit Sancho; mais j'ai au Toboso un oncle qui est cette année, pour la seconde fois, majordome du Rosaire, et il écrit aussi bien que le barbier, à ce que dit le curé. Et comme j'ai été bien des fois chez lui, son habileté m'a profité en quelque chose, parce que comme on dit : ¿qui est ton ennemi? c'est celui de ton métier ; dans la huche ouverte toujours le méchant pèche; et enfin qui vole le voleur est digne de pardon. C'est ainsi que je sais écrire des lettres, et si je lui ai volé quelque chose de ce qu'il savait en cela, comme on peut en juger à ce papier, peu importe, il me le devait bien, car j'ai passé un jour et demi à moissonner avec lui, et le diable l'emporte s'il m'a donné un blanc de plus qu'un réal de quatre. Ma femme a été sarcler pendant douze jours dans son héritage au mois de mars, et il ne lui a donné qu'un réal jaune dont nous ne connaissons pas la valeur. Aussi j'aime mieux les doubles et les quadruples maravédis, c'est une monnaie courante, et le roi ou le pape lui-même les recevrait. »

En ce moment on se leva de table pour aller se promener. En même temps l'Archipampan donna ordre à son secrétaire et à son majordome d'envoyer deux serviteurs à Argamésilla porter la lettre de Sancho, avec ordre de ne pas revenir sans la femme. Ainsi fut fait; Mari-Guttierez arriva au bout de quinze jours à Madrid, où Sancho la reçut avec les plus vives caresses.

L'Archipampan fut tous ces jours-là le seigneur le plus joyeux de la cour, et ses amis comme toute sa maison passèrent pendant plusieurs mois de gais instants en compagnie de Sancho et de Mari-Guttierez qui n'était pas moins simple que son mari. Je remets à un autre temps l'histoire de ces bons et candides époux, elle est telle qu'à elle seule elle vaut un livre tout entier [8].

CHAPITRE XXXVI ET DERNIER.

Comment notre bon chevalier don Quichotte de la Manche fut conduit à Tolède par don Alvaro Tarfé, et enfermé dans la Maison du Nonce, pour qu'on y tentât sa guérison.

—◆—

Cependant don Alvaro se préparait à retourner à Cordoue, et prenait congé de tous les seigneurs à qui il avait des obligations. Le soir du jour qui précéda son départ, il fut convenu que pour décider don Quichotte à se mettre en route, un serviteur de l'Archipampan viendrait après le souper, en costume de voyage, comme s'il arrivait de Tolède. Qu'il se dirait envoyé par l'infante Burlerine, avec mission d'emmener le chevalier pour faire lever le siége de la ville, et la délivrer des persécutions du prince de Cordoue. On fit bien la leçon à ce serviteur, on l'informa de ce qu'il avait à dire et à faire, autant en apportant son message que pendant le chemin, ainsi qu'à Tolède, car l'Archipampan décida que pour mieux soutenir la ruse, et d'ailleurs pour qu'il eût des nouvelles du résultat, le serviteur accompagnerait don Quichotte jusqu'à sa destination. Enfin arriva le moment convenu ; le prince Périanée, don Carlos, don Quichotte et don Alvaro étaient à table et achevaient de souper. Le dernier avait à peine prévenu notre héros qu'il partait le lendemain pour Cordoue, en lui demandant ses ordres pour Tolède où il devait passer, lorsqu'entra dans la salle le page de l'Archipampan élégamment vêtu. Après avoir courtoisement salué les assistants il s'adressa à don Quichotte : « Chevalier sans amour, lui dit-il, l'infante Burlerine de Tolède, dont je suis le page, te baise humblement les mains et te supplie aussi instamment que possible de vouloir bien partir avec moi, demain matin sans faute, à la légère et sans bruit, pour la grande ville de Tolède, où elle t'attend de moment en moment, avec son père affligé et tout ce qu'il y a de meilleur et de plus illustre dans le royaume. Sur les quarante jours que le prince de Cordoue nous a accordés, nous n'en avons plus que trois pour délibérer si nous devons rendre la ville ou livrer le cruel tribut qu'il nous a imposé. Si tu ne viens nous prêter le secours de ton bras valeureux, sans nul doute tous les habitants seront mis à mort, la ville saccagée, les temples incendiés; et les vestiges des tours et des palais joncheront le sol de nos rues, servant désormais pour former la chaussée. L'infante, ma maîtresse, et le roi t'attendent avec les meilleurs cavaliers de leur cour à une certaine porte dérobée inconnue de l'ennemi. Le lendemain de ton arrivée, avant le jour, on fera soudain prendre les armes ; puis au cri et avec l'aide de Saint-Jacques, nous tomberons sur les ennemis à l'improviste, et les poursuivrons de telle sorte, qu'ils se disperseront en te laissant la victoire. Alors, si bon te semble, et bien que ce puisse être une récompense fort au-dessous de tes hauts mérites, tu pourras épouser la belle infante Burlerine, qui a repoussé déjà bien des princes et des fils de rois pour te réserver sa main. Ainsi donc, valeureux chevalier, va à l'instant te reposer, afin que partant dès le matin, nous puissions arriver de bonne heure à la ville impériale de Tolède, qui attend à chaque moment la faveur que tu lui destines.— Heureux page, répondit don Quichotte avec beaucoup de gravité, vous êtes arrivé fort à propos, et je pourrai prendre le chemin de Tolède en compagnie du seigneur don Alvaro, qui vient de me dire qu'il compte partir demain matin. Ainsi donc vous n'avez qu'à disposer tout ce qui est nécessaire, afin que nous puissions nous mettre en route dès que le jour paraîtra, et afin que je puisse arriver promptement, et en honorable compagnie, au secours du roi votre seigneur et de l'infante Burlerine, la nièce du sage Alquifé, mon bon ami. Je dois vous dire néanmoins que je ne saurais profiter de l'offre que vous me faites d'épouser l'infante après que j'aurai vaincu et tué l'indigne prince de Cordoue, son ennemi, et ravagé son camp : je suis connu dans tout le monde sous le nom de Chevalier sans amour, et il n'est pas possible que je me consacre à une nouvelle passion, avant d'avoir laissé passer quelques douzaines d'années. Il peut m'arriver en effet, ainsi qu'il est advenu maintes fois à d'autres chevaliers errants, qu'en parcourant comme je le fais une telle multitude de royaumes et de provinces, je vienne à rencontrer quelqu'infante de Babylone, de Transylvanie, de Trébisonde, de Ptolémaïs, de Grèce ou de Constantinople, et à en devenir amoureux. Et si cela m'arrive comme j'en ai la confiance, je devrai, à partir de ce jour-là, m'appeler le Chevalier de l'amour. Alors pour parvenir à mériter cette infante, j'aurai à supporter bien des fatigues, à affronter bien des dangers et des obstacles. Enfin, je délivrerai son royaume ou son empire des mains du redoutable ennemi qui l'aura envahi ; puis j'irai découvrir mon amour à l'infante dans sa chambre même, où j'aurai été introduit bien armé, à petits pas, pendant une nuit obscure et par la porte du jardin, par les soins de son habile camérière. D'abord, comme elle est païenne, elle refusera de m'entendre, moi qui suis chrétien; mais touchée de mes qualités et s'éprenant de moi, cédant d'ailleurs aux raisonnements que je lui ferai sur la vérité de notre sainte religion, elle se mariera avec moi après s'être fait baptiser ainsi que tout son royaume, au milieu de brillantes réjouissances publiques. Puis il me surviendra de telles guerres avec certains sujets rebelles, que tous les historiens à venir auront de grandes et nombreuses choses à raconter. »

Don Alvaro s'apercevant que notre héros commençait à divaguer, se leva pour couper court à sa rêverie. « Allons nous reposer, seigneur don Quichotte, lui dit-il, car nous aurons à nous lever de bon matin si nous voulons arriver en temps opportun à Tolède, d'autant qu'il y aurait péril à trop tarder. Et vous, habile ambassadeur de la noble infante Burlerine, dit-il au page, allez souper, et vous vous coucherez ensuite dans le lit que le majordome vous indiquera. » Le page sortit de la salle, et les autres avec lui, sans que don Quichotte songeât le moins du monde à Sancho[1]. Ce fut sans doute la volonté toute spéciale de Dieu; il faut dire cependant que le lendemain matin, lorsqu'il fut levé, et pendant que les serviteurs sellaient les chevaux, il s'informa de son écuyer; mais don Alvaro détourna son attention en lui disant de ne pas s'en inquiéter, qu'il se disposait à les suivre, et qu'il les rejoindrait en chemin selon qu'il en avait l'habitude.

Enfin, après avoir bien déjeuné et pris congé ensuite du prince Périanée et de don Carlos, nos voyageurs quittèrent la ville et suivirent le chemin de Tolède, non sans rencontrer, pendant la route, de bonnes occasions de s'égayer, principalement à Getafé et à Illescas. Lorsqu'ils approchèrent de Tolède, don Quichotte dit au page de l'infante Burlerine : « Il me semble, ami, qu'avant d'entrer dans la ville, nous ferions bien de tenter un gentil coup de main sur le camp de l'ennemi, car je suis bien armé, et le prince ne s'attend nullement à l'épreuve terrible que ma bravoure destine à son arrogance. Ce serait commencer d'une bonne manière à lui abaisser la crête qu'il porte avec tant de présomption. — Seigneur, répondit le page, l'ordre que j'ai reçu du roi et de l'infante est de nous diriger sans bruit vers l'endroit où ils nous attendent. — Cet ordre est très-sage, fit don Alvaro, et il est certain que ce serait compromettre la victoire que de donner aux ennemis le moindre motif de se mettre sur leurs gardes ; et c'en serait un grand que le bruit que nous ferions, et qui donnerait l'éveil à toutes les sentinelles. — Je reconnais, dit don Quichotte, que ce moyen est plus prudent et qu'il nous permettra davantage de les prendre à l'improviste : ainsi donc, page de l'infante Burlerine, guidez-nous vers l'endroit par où nous devons entrer sans être aperçus, mais je vous préviens que si nous sommes seuls, je veux, avant que d'entrer dans la ville, faire un sanglant carnage de ces païens andalous qui ont eu l'audace d'approcher des murs sacrés de Tolède. » Le page marcha en avant, se dirigeant vers la porte du Cambron, et laissant à sa main gauche celle de Visagra. Mais don Quichotte n'apercevant autour de la ville aucun mouvement de gens de guerre, et voyant d'ailleurs entrer et sortir librement par la porte de Visagra tous ceux qui le voulaient, s'arrêta et appela le page : « Dites-moi, l'ami, lui demanda-t-il, où donc le prince de Cordoue a-t-il placé son camp ; je ne vois ici aucun appareil de guerre ? — Seigneur, répondit le page, l'ennemi est rusé, aussi il est allé se loger de l'autre côté de la rivière, hors la portée de notre artillerie. — En vérité, dit don Quichotte, il est bien ignorant en art militaire, puisqu'il ne voit pas, le sot qu'il est, qu'en laissant ces deux portes libres et dégarnies, il permet d'introduire les secours et les provisions sans obstacle, ainsi que je pénètre aujourd'hui moi-même ; mais enfin, tout le monde ne sait pas tout. »

Nos voyageurs entrèrent, comme je viens de le dire, par la porte du Cambron, et don Quichotte, en traversant les rues, regardait de tous côtés, s'attendant à voir paraître, pour le recevoir, le roi, l'infante et les grands de la cour. À l'entrée de la ville, don Alvaro s'était arrêté, sous le prétexte d'attendre Sancho, mais dans le but réel de pouvoir entrer librement dans la ville jusqu'à son hôtellerie, sans partager l'attention que don Quichotte s'attirerait. Il laissa seulement deux ou trois de ses serviteurs aller avec le page et notre chevalier, qui fut bientôt entouré par une incroyable multitude d'enfants amenés par l'étrangeté de son costume.

Le pauvre homme arriva ainsi et sans y songer jusqu'à la porte de la Maison du Nonce ; en dehors restèrent pour le garder les serviteurs de don Alvaro, et avec lui entrèrent seulement le page de l'Archipampan et un palefrenier pour tenir la bride de Rossinante. Lorsque don Quichotte eut mis pied à terre, le page lui dit : « Je prie votre grâce, seigneur chevalier, de m'attendre ici pendant que je vais monter, pour annoncer à madame l'infante la venue secrète de votre grâce. » Puis il disparut par un escalier, et don Quichotte resta seul au milieu de la cour. Alors, en promenant ses regards autour de lui, il vit cinq ou six chambres dont les fenêtres étaient garnies de barres de fer, et dans ces chambres un grand nombre d'hommes. Les uns étaient couverts de chaînes, les autres avaient les fers aux pieds, d'autres des menottes ; quelques-uns chantaient, quelques autres pleuraient ; un assez grand nombre riaient, d'autres encore péroraient à haute voix ; enfin, chacun agissait selon sa fantaisie. Don Quichotte étonné appela le palefrenier : « ¿ Ami, lui dit-il, quelle est cette maison? dites-moi pourquoi ces hommes sont enfermés, et pour quelle raison quelques-uns sont si joyeux ? » Le palefrenier, à qui don Alvaro et le page de l'Archipampan avaient fait la leçon, répondit : « Seigneur cavalier, votre grâce saura que tous ces hommes sont des espions de l'ennemi que nous avons pris cette nuit dans la ville, et que nous retenons pour les châtier lorsque bon nous semblera. » Don Quichotte demanda pourquoi ils étaient si gais : « C'est, répliqua le valet, parce qu'on leur a dit que d'ici à trois jours la ville se rendrait à l'ennemi, et l'espérance d'une liberté prochaine les empêche de ressentir leur malheur présent. »

Don Quichotte se mit à rire, et laissant là le fou, s'approcha de l'une des fenêtres grillées ; puis regardant dans l'intérieur, il vit un homme accroupi, vêtu de noir, et portant sur la tête un bonnet crasseux ; il avait aux pieds une grosse chaîne, et aux deux mains des liens très-légers en fer qui lui servaient de menottes. De temps en temps il regardait le sol avec tant de fixité, qu'il semblait plongé dans une profonde méditation. Don Quichotte l'appela : « ¿Bon homme, lui dit-il, que faites-vous ici ? » Le prisonnier redressa lentement la tête, et voyant notre héros armé de toutes pièces, il se leva et s'approcha peu à peu de la fenêtre; puis, s'accrochant à la grille, il se tint immobile, considérant don Quichotte sans prononcer une parole. Le bon chevalier était surtout étonné de n'obtenir aucune réponse à plus de vingt questions, et de ce que l'autre ne faisait que de le regarder de haut en bas. Enfin, au bout d'un long moment le prisonnier se prit tout d'un coup, et sans aucun motif, à rire avec tous les signes d'une grande satisfaction ; puis tout aussitôt il se mit à pleurer à chaudes larmes en disant : « Ah ! seigneur cavalier, si vous saviez qui je suis, sans nul doute vous auriez de moi grande pitié! Sachez donc qu'en profession je suis théologien, dans les ordres prêtre, en philosophie Aristote, en médecine Galien, en droit canon Ezpilcueta, en rhétorique Cicéron, en poésie Homère, en musique Amphion, enfin par le sang je suis noble, par la valeur je suis unique, en amour je suis rare, dans les armes sans égal, en toutes choses le premier, je suis enfin le commencement des malheureux et la fin des heureux [2]. »

Le fou allait continuer sur ce ton à la grande surprise de don Quichotte, lorsque celui-ci, voyant qu'il ne lui laissait pas le loisir de parler, l'interrompit en criant : « Ami sage, je ne vous connais ni ne vous ai vu de ma vie, mais je suis tellement peiné de voir en prison une personne aussi savante que vous l'êtes, que je ne veux pas sortir d'ici sans vous avoir rendu votre précieuse liberté, fût-ce contre la volonté du roi et de l'infante Burlerine, sa fille, qui habitent ce royal palais; ainsi donc, cria-t-il à un serviteur qui passait, donnez-moi à l'instant les clefs de cette pièce, et laissez-en sortir sain et sauf cet illustre savant, car telle est ma volonté. » Le serviteur, entendant cet ordre étrange, se mit à rire. « Holà! dit-il, vous nous prenez donc pour des imbéciles; il m'est avis que vous êtes venu ici pour vous guérir de vos péchés, et votre malheur vous a conduit en cette maison. » Cela dit, il monta à la hâte l'escalier. « Seigneur, dit alors le prisonnier à don Quichotte, que votre grâce ne croie personne dans cette maison, il ne s'y dit pas plus de vérités qu'on n'en trouve dans les impressions de Genève. Mais si votre grâce veut que je lui dise la bonne aventure en payement de ses bons offices, qu'elle me donne sa main par cette grille et je lui dirai tout ce qui lui est arrivé de même que tout ce qui lui arrivera, attendu que je suis très-fort en chiromancie. Don

Quichotte qui le croyait tout naïvement, ôta son gantelet et passa sa main entre les barreaux ; mais en même temps il prit au fou un accès de subite furie, et se précipitant sur la main de notre héros, il le mordit trois ou quatre fois, de telle sorte qu'à la dernière il faillit lui trancher le pouce.

La douleur fit pousser à don Quichotte de grands cris auxquels accoururent le palefrenier et trois ou quatre serviteurs de la maison. On arracha le pauvre chevalier au fou qui le lâcha, mais qui se mit à rire tout à son aise dans sa loge. En se voyant blessé, don Quichotte fit quelques pas en arrière et mit l'épée à la main : « Je te jure, faux enchanteur, s'écria-t-il, que si ce n'était pas une honte pour moi que de porter la main sur une race telle que la tienne, je prendrais en un instant vengeance de tant d'audace et de tant de folie. » En ce moment descendirent avec le page de l'Archipampan cinq ou six de ceux qui étaient attachés à la maison, et lorsqu'ils virent don Quichotte l'épée nue et la main ensanglantée, ils se doutèrent de ce que ce pouvait être, et allèrent à lui : « Que votre grâce ne tue personne, seigneur cavalier armé, » lui dirent-ils ; en même temps l'un lui prit son épée, l'autre le saisit par les bras, et d'autres se mirent en devoir de le désarmer. Don Quichotte faisait toute la résistance possible ; mais cela lui servit à peu de chose, et en quelques instants il fut transporté, bien attaché, dans une des chambres de la maison, dans laquelle était un bon lit bien propre, et tous les accessoires nécessaires.

Le page de l'Archipampan l'avait recommandé avec instance, au nom de son maître, aux directeurs de la maison, après les avoir instruits de son genre de folie, de sa position, des qualités de sa personne, et leur avoir remis une certaine quantité de réaux ; puis il s'approcha du pauvre hidalgo qui était un peu calmé : « Seigneur Martin Quichada, lui dit-il, votre grâce est dans un lieu où on s'occupera de sa santé et de sa personne, avec tous les soins et tous les égards possibles. Elle saura qu'on amène chaque jour dans cette maison des gens de bien, comme elle, qui sont malades de sa maladie, et Dieu permet qu'en peu de jours ils soient guéris, et qu'ils puissent sortir d'ici après avoir recouvré la raison qui leur manquait en arrivant ; j'espère qu'il en sera de même de votre grâce, qu'elle reviendra à elle, et qu'elle oubliera la lecture et les chimères des mauvais livres de chevalerie qui l'ont réduite à une aussi triste extrémité. Qu'elle songe à son âme et qu'elle reconnaisse la faveur que Dieu lui a faite en ne permettant pas qu'elle mourût sur le grand chemin, dans l'une des circonstances désastreuses où ses folies l'ont placée tant de fois. » Cela dit, le page sortit, et s'en alla avec les serviteurs de don Alvaro rejoindre ce seigneur à son hôtellerie, et lui rendre compte de tout ; ce qu'il fit également auprès de l'Archipampan en rentrant à Madrid. Don Alvaro s'arrêta quelques jours à Tolède, pendant lesquels il visita souvent don Quichotte, recommandant qu'il fût traité avec tous les égards possibles. Il chargea aussi les amis qu'il avait dans la ville de veiller sur son malade, les assurant qu'en cela ils seraient très-agréables à Dieu, et qu'ils lui rendraient un grand service. Puis il rentra heureusement dans sa patrie et dans sa maison.

Les relations qui précèdent ont été recueillies, non sans de longues recherches, dans les archives de la Manche, et elles sont aussi vraies, pour cette troisième sortie de don Quichotte, que celles qui ont été publiées par l'auteur des deux premières[3]. Quant à la manière dont se terminèrent l'emprisonnement et la vie de notre héros, on ne sait rien de certain, non plus qu'en ce qui concerne les divers événements qui purent lui survenir jusque-là. Il existe néanmoins des conjectures et des traditions dans le souvenir de quelques Manchois, desquelles il résulterait qu'il guérit et qu'il sortit de la Maison du Nonce.

En passant par Madrid il vit Sancho, et comme celui-ci était dans la prospérité, il en reçut quelqu'argent pour retourner chez lui. L'Archipampan et le prince Périanée en firent autant, afin qu'il pût acheter une monture pour faire le voyage plus commodément, attendu que Rossinante était resté dans la Maison du Nonce au service de laquelle il termina ses honorables jours.

Mais comme la folie se guérit difficilement, on assure que lorsqu'il quitta la cour, sa fantaisie le reprit, et qu'achetant un cheval meilleur que le sien, il parcourut toute la vieille Castille où il lui arriva des aventures étonnantes et inouïes.

Ainsi il prit, dit-on, pour écuyer, une fille à gages qu'il rencontra vêtue en homme du côté de la tour de Lodones, et qui s'était enfuie de chez son maître parce qu'elle y était devenue enceinte, et qu'elle craignait d'être maltraitée. Le bon chevalier l'emmena sans savoir qu'elle fût une femme, jusqu'au moment où elle accoucha en sa présence, au milieu du grand chemin. Il en fut grandement surpris, et cet événement fit naître dans son cerveau mille chimères nouvelles ; il la recommanda à un hôtelier de Val de Estillas, et sans écuyer il traversa Salamanque, Avila et Valladolid, prenant le nom de Chevalier des Misères.

Il se trouvera sans nul doute une plume meilleure que la nôtre pour les rendre célèbres.

NOTES

PROLOGUE.

¹ Page 5. — Voir le prologue qui précède les *Nouvelles* de Cervantès ; sans doute il ne pèche pas par excès d'humilité, l'auteur s'y complaît à parler de ses nombreux amis, de la multitude d'inventions qu'il a fait paraître au grand jour ; il cite avec bonheur les titres de ses œuvres : la *Galatée*, le *don Quichotte*, le *Voyage au Parnasse* ; il esquisse son portrait avec complaisance, avec la douce conviction que la postérité lui en saura gré ; il affirme que ses *Travaux de Persilès et de Sigismonde* peuvent rivaliser avec l'œuvre d'Héliodore ; mais tout cela est dit avec ce ton badin qui exclut un reproche trop sévère ; ce serait aujourd'hui, d'ailleurs, et sous certaines comparaisons, parfaite modestie.

² Page 5. — « Je mets *sa* et avec intention, ajoute ici Avellaneda, car Cervantès nous apprend lui-même qu'il n'a qu'une main ; aussi pouvons-nous dire de lui, que vieux par les années, autant que jeune par l'esprit, il a plus de langue que de mains*. »

* J'ai lu en marge d'un exemplaire de l'édition d'Avellaneda de 1732, et en regard de cette plaisanterie, ces deux mots de la main d'un lecteur : *valiente patochada!* (énorme sottise !) Sans doute, s'il y avait eu de la part d'Avellaneda l'intention de faire de l'esprit à propos de la blessure qui priva Cervantès de l'usage d'une main, ce serait un lourd et triste jeu de mots ; mais ce n'est heureusement qu'une citation empruntée à l'une des romances du Cid :

. . . . . . A rienda suelta
Fuyeron los amenguados,
Donde monstraron tener
Lengua asaz y pocas manos.

Ils ont fui les lâches, à bride abattue, prouvant par là qu'ils avaient de la langue assez, mais peu de mains.

—« A la bataille navale de Lépante, il perdit la main gauche d'un coup
« d'arquebuse; blessure qui peut sembler laide, mais qu'il tient pour belle
parce qu'elle fut reçue dans la plus mémorable rencontre qu'aient vue les
siècles passés. »   (CERVANTÈS.—Prologue des *Nouvelles*.)

³ Page **5**.—Avellaneda, au dire de don Gregorio Mayans, était
« jaloux de la gloire de Cervantès, envieux du gain qu'il retirait de
ses ouvrages. » M. Viardot affirme que notre auteur se vantait de
priver Cervantès du débit de son livre. Tout cela se borne à la phrase
qu'on vient de lire : « Il dira que je lui enlève le profit de sa seconde Partie. » Avellaneda, allègue-t-on encore, accable Cervantès
des plus grossières injures ; il l'appelle manchot, vieux, bourru; il
lui reproche sa pauvreté, son emprisonnement. On ne doit pas chercher ce flot d'amertumes ailleurs que dans le prologue que nous
avons sous les yeux, et assurément il faut la passion des commentateurs pour y voir tant de choses. C'est de l'antagonisme sans doute,
c'est Avellaneda se disant offensé, qui s'adresse à l'homme dont il
devient le compétiteur, et qui emploie à son égard des armes que
celui-ci maniait mieux qu'aucun autre ; mais cela va-t-il, comme
quelqu'un me l'écrit, jusqu'à l'impertinence? Le mot est bien fort
pour une aussi faible argumentation.

⁴ Page **6**.—Ceci n'est pas très-modeste, et Avellaneda n'est pas
bien venu à reprocher à Cervantès un défaut qu'il pratique lui-même
à moins justes droits. Écrivain obscur, imitateur inconnu, il lui va
peu de se placer de pair avec Lope de Vega comme but des critiques
du *don Quichotte*. Dans le fond, d'ailleurs, ce reproche manque
d'à-propos, et on ne peut appeler attaques les badinages que Cervantès adresse à l'inépuisable fécondité du grand Lope. Cervantès
n'était, du reste, pas le seul, et nous renvoyons le lecteur à ce que
dit Quevedo, dans le *Tacaño*, de certain poëte, auteur « de
1,400,000 vers sur les onze mille vierges, de 901 sonnets et 12 rondeaux sur les jambes de sa maîtresse, etc., etc. »

⁵ Page **6**.—On sait, en effet, que Lope de Vega fut ministre du
Saint-Office. Marié deux fois, deux fois veuf, il embrassa l'état ecclésiastique, reçut les ordres à Tolède, devint supérieur de la congrégation des prêtres à Madrid, et enfin fut reçu familier par l'Inquisition, sur les preuves qu'il fut appelé à donner, que depuis quatre
générations le sang des Vega n'avait reçu aucun mélange more ou
juif. En cette qualité, l'illustre poëte portait une croix à sa boutonnière, et une croix semblable ornait la porte de sa demeure.

⁶ Page **6**. — Voir ce que j'ai dit à ce sujet dans l'introduction, page 2. On pourrait accroître considérablement le catalogue des œuvres restées inachevées, et continuées par d'autres écrivains.

⁷ Page **6**. — Reproche de mauvaise foi. Ce que dit Cervantès à ce propos est une critique de la manie générale et non une confession ; nous revenons pour preuve au texte de son prologue :

« Quant aux sonnets, épigrammes et éloges qui vous manquent pour mettre en tête du livre, prenez la peine de les *faire vous-même* ; ensuite vous les pourrez baptiser et nommer comme il vous plaira, leur donnant pour parrains le Prêtre-Jean des Indes ou l'empereur de Trébisonde. »

Disons maintenant, en citant l'excellent livre de M. Ferdinand Denis sur le Portugal, ce que c'était que ce personnage proverbial nommé le Prêtre ou Preste-Jean.

« En 1145, l'évêque de Gabala, envoyé de l'Église d'Arménie, signala au pape Eugène III un prince appelé Jean, qui avait ses États derrière l'Arménie et la Perse, à l'extrémité de l'Orient, et qui, réunissant l'empire au sacerdoce, avait fait de nombreuses conquêtes. Lui et ses sujets professaient, dit-on, le nestorianisme. A partir de cette époque, le nom du Prêtre-Jean figure dans une foule de récits, il circule dans toute l'Europe et frappe toutes les imaginations............ »

Celui-ci était le Prêtre-Jean *des Indes*, un autre, dit-on, était roi d'Abyssinie, mais le premier était plus populaire. Voir la nouvelle de Cervantès, *El Zeloso estremeño*. « Je vous enseignerai mieux que le Prêtre-Jean des Indes. »

⁸ Page **6**. — Pas un écrivain de cette époque ne manquait à cette précaution, et à défaut des éloges de ses lecteurs, il se donnait à l'avance la douce émotion gratuite d'applaudissements de commande. Pas un volume ne venait au monde sans être accompagné d'un immense cortége de madrigaux, de sonnets, de stances, d'acrostiches. Chacun y mettait du sien, les amis, les parents, les disciples. Un bel étudiant passait en soutanelle, en petit collet et en grègues vallones, vite l'éditeur courait à lui. « Seigneur licencié, lui criait-il, de grâce, un mot, un vers, une strophe, voici le titre de l'ouvrage et le nom de l'auteur. »

Cervantès, quoi qu'en dise Avellaneda, connaissait tout le ridicule de cette pompe élogieuse, et les dernières pages de sa première partie du *don Quichotte* en font une joyeuse parodie, témoin les épitaphes et les sonnets sur don Quichotte, sur Dulcinée, sur Rossinante et Sancho de la main des académiciens d'Argamésilla ; témoin encore les strophes d'Urgande la Déconnue au livre de Cervantès, les sonnets d'Amadis, de Bélianis, de Roland Furieux, de Solisdan à don Quichotte, ceux d'Oriane à Dulcinée et de l'écuyer d'Amadis à Sancho.

« Mon livre, dit Cervantès dans son Prologue, va manquer encore de sonnets en guise d'introduction, dont les auteurs soient des ducs, des comtes, des marquis, des évêques, de grandes dames ou de célèbres poëtes; bien que si j'en demandais quelques-uns à deux ou trois amis, gens de métier, je sais qu'ils me les donneraient, et tels, que ne les égaleraient pas ceux des plus renommés en notre Espagne. »

Avellaneda lui-même ne s'est pas fait faute de ce petit moyen, et quoi qu'il dise, nous ne saurions prendre pour un personnage illustre le Pedro Fernandez, ami officieux et peut-être imaginaire, qui a signé le sonnet qu'on lira plus loin.

[9] Page 8. — *Célestine* est l'héroïne célèbre et populaire de l'un des ouvrages les plus remarquables de l'ancienne littérature espagnole. Drame et roman tout à la fois, le premier écrit ayant des caractères soutenus, un dialogue animé, il est considéré comme le point de départ et le modèle de tout ce que l'Espagne a produit dans l'art dramatique; c'est le classique par excellence.

Non pas cependant que ce soit, quant au fond, un modèle de moralité, un type pour la société des bons livres, car *Célestine* est l'une de ces vieilles femmes à allures douteuses, de ces duègnes complaisantes, messagères d'amour, confidentes des jeunes seigneurs, qui vivent de la séduction des jeunes filles.

Le mot d'Avellaneda donne une idée de ce qu'était encore au XVIIe siècle, bien qu'elle datât de la fin du XVe, la célébrité de la *Célestine* et des nombreuses continuations qui virent le jour. Les éditions et les traductions de ce livre étrange inondèrent l'Espagne, les Flandres, l'Italie, la France, l'Allemagne, et il n'est pas un écrivain du temps qui n'en ait parlé. Témoin Cervantès qui l'appelle un livre divin, dans l'une des pièces badines qui terminent sa première Partie; témoin Quevedo qui prend *Célestine* pour modèle de deux héroïnes de son *Tacaño*. Le vulgaire, aujourd'hui encore, dit *los polvos de la madre Celestina*, comme nous disons *la poudre de perlinpinpin*; et l'un des dictionnaires espagnols, celui de Sobrino, invoque souvent la *Célestine* pour appuyer l'autorité de certaines locutions.

[10] Page 8. — Ce prologue s'arrête dans l'original au point où je le laisse, et se termine comme la traduction, par des *etc*. C'était l'usage, et la dédicace qui précède n'a pas conclu autrement. « Ami lecteur, semble dire l'écrivain, souffre qu'ici je m'arrête. J'ajouterais aux

choses nécessaires que je viens de t'exposer, bien des phrases inutiles dont je te fais grâce. Si ennuyeuses, elles m'attireraient ta colère ; si spirituelles, ton esprit y suppléera. Et sur ce, comme dit quelque part Cervantès, Dieu te garde des prologues, et me donne la patience de t'en écrire encore. »

11 Page **8**.—Il existait du temps d'Avellaneda onze écrivains portant les prénoms de Pedro Fernandez. Mon embarras est grand pour dire lequel d'entre eux fut l'auteur de ce sonnet.

L'un fit une monographie des fêtes de la très-sainte Mère de Dieu.

L'autre, expert dans la science hippique, écrivit trois ouvrages sur l'art d'élever, de soigner, de dresser les chevaux ; sur la bonne manière de monter à cheval, selon l'antique mode espagnole ; et sur l'usage du caveçon.

Un troisième, chanoine de Compostelle, secrétaire d'Élisabeth de Bourbon femme du roi Philippe IV, publia des discours politiques sur les délibérations du Conseil du roi Philippe III, et traduisit en sermons espagnols sept des livres de Sénèque.

Un quatrième traita des obligations que nous avons à nos anges gardiens.

Un cinquième écrivit sur la navigation.

Un autre, enfin, Pedro Fernandez Villegas, traduisit Dante en vers castillans, la dixième satire de Juvénal, et publia aussi un traité du Mépris du monde et de la Conversion à Dieu, en strophes de huit vers. On lui attribue, en outre, un certain petit livre intitulé *Flosculus sanctorum*, dont je reparlerai, et qui fut mis à l'index.

Je ne dis rien des autres homonymes, et je laisse au lecteur la liberté de choisir parmi ceux-ci l'auteur de notre sonnet ; bien qu'il lui importe peu, sans doute, que ce sonnet soit signé par un Pedro Fernandez, plutôt que par le Prêtre-Jean des Indes ou par l'empereur de Trébisonde, comme ceux dont parle Cervantès.

CHAPITRE Ier.

1 Page **9**.—Cervantès commença ainsi son roman : « Dans un endroit de la Manche dont je ne veux pas me rappeler le nom... » Les commentateurs dirent à ce sujet qu'il était presque généralement admis que cet endroit était Argamasilla de Alba, bourgade relevant du grand prieuré de San-Juan, et dont les habitants avaient emprisonné Cervantès. De ce qui était un doute, Avellaneda fait une certitude, il affirme que la patrie de l'imaginaire hidalgo était Argama-

silla, et c'est d'après lui, sans nul doute, que s'est faite l'opinion des commentateurs. On remarquera toutefois que j'ai mis partout Argamésilla; c'est l'orthographe des éditions d'Avellaneda, de 1614, de 1732 et même de 1851.

² Page 9. — « .... La renommée a conservé dans la mémoire des habitants de la Manche une tradition qui rapporte que la troisième fois qu'il quitta sa maison, don Quichotte se rendit à Saragosse où il assista aux fêtes d'un célèbre tournoi qui eut lieu dans cette ville....... » (CERVANTES. — Ire *Partie, chap.* LII.)

³ Page 10. — J'ai traduit ici, non pas selon le texte, mais selon le bon sens, et sans nul doute selon les intentions de l'auteur.

Dans l'original, et par une inversion illogique, c'est à don Quichotte que vient la pensée d'échapper aux dangers de l'oisiveté :

« *Y para que no volviese á los antiguos desvanecimientos de sus fabulosos libros de caballeria, pasados algunos dias de su encerramiento, empezo con mucha instancia á rogar á su sobrina......* »

« Au bout de quelques jours de captivité et afin de ne pas revenir aux vaines rêveries de ses mauvais livres de chevalerie, il conjura sa nièce..., etc. »

En rétablissant le texte comme je l'ai fait, je crois avoir agi logiquement. Mieux a valu interpréter que traduire.

⁴ Page 10. — Ce Villegas, l'un des treize du même nom qui comptent parmi les écrivains espagnols de quelque célébrité, est Alonso de Villegas, prêtre de la chapelle mozarabe de la cathédrale de Tolède.

Le *Flos Sanctorum*, en espagnol, malgré le titre latin, est un volumineux ouvrage en cinq tomes, qui parurent successivement à Tolède, à Concha et à Barcelone, de 1591 à 1614. Le premier tome, celui qui occupa sans doute les loisirs de don Quichotte, contient « l'histoire générale de la vie de Jésus-Christ et de tous les saints « qu'honore l'Église catholique. »

J'ai dit plus haut qu'un autre Villegas (Pedro Fernandez), traducteur de Dante et de la dixième satire de Juvénal, publia un *Flosculus Sanctorum*, et que ce livre, bien que l'auteur fût prêtre et archidiacre de Burgos, fut mis à l'index.

⁵ Page 10. — Le frère Louis de Grenade fut le plus vénéré des écrivains chrétiens du XVIe siècle. Ses œuvres nombreuses et célèbres lui valurent une grande et sainte renommée.

Le comte de Tendilla, gouverneur de l'Alhambra de Grenade, qui le recueillit orphelin, et l'illustre Juan d'Avila surnommé l'apôtre et l'oracle de l'Andalousie, formèrent et dirigèrent sa jeunesse. Le cardinal don Henri de Portugal, archevêque d'Evora, l'appela auprès de lui pour le seconder dans les soins de son gouvernement spirituel; la reine Catherine, femme du roi don Juan III, voulu récompenser ses vertus en lui offrant l'évêché de Viséo qu'il refusa, puis le siége métropolitain de Braga qu'il déclina l'honneur d'occuper.

Retiré en 1572, à soixante-huit ans, dans une humble cellule du couvent de Saint-Dominique de Lisbonne, il y vécut pendant seize années encore, loin des honneurs du monde, entouré de la gloire la plus grande et la plus pure qu'ait acquise aucun homme de son siècle.

Oracle des plus illustres prélats, vénéré de la Cour, adoré du peuple, honorant de son amitié les deux plus grands capitaines de son temps, André Doria et le duc d'Albe, il mourut à quatre-vingt-quatre ans, laissant de nombreux écrits en latin et en espagnol, modèles d'éloquence religieuse autant que de savoir et de style, et dont la renommée fut européenne.

De ce nombre sont le *Mémorial de la vie chrétienne*, le *Symbole de la Foi*, la *Rhétorique ecclésiastique*, les *Méditations* et le *Guide des pécheurs*, celui de tous qu'il préférait. Il l'avait écrit à Badajos, à quatre-vingt-neuf ans; « il m'a été inspiré, disait-il, par le beau ciel et par l'heureux climat de ce pays. »

⁶ Page **10**. — « Il décida de s'appeler don Quichotte. C'est de là que les auteurs de cette véridique histoire prirent occasion d'affirmer qu'il devait se nommer *Quichada*. » (CERVANTÈS. — Ire *Partie, chap.* 1er.)

« Dès que le laboureur l'eut un peu débarbouillé, il le reconnut. — Eh, bon Dieu! s'écria-t-il, seigneur *Quichada!* (Tel devait être son nom quand il était dans son bon sens....) (CERVANTÈS. — Ire *Partie, chap.* v.)

Malgré cette double affirmation Cervantès change subitement, au chapitre LXXII de sa seconde Partie, le nom patronymique de son héros qu'il appelle *Alonso Quijano* le bon.

Clémencin pense que Cervantès a abandonné le *Quichada* par contradiction, et parce qu'Avellaneda s'en était emparé. Un autre, don Ramon Cabrera, affirme que *Quijano* était le nom véritable de l'individu pris par Cervantès pour modèle; mais qu'il n'osa pas le nommer sans tronquer son nom. Lorsqu'il l'écrit sans hésiter au chapitre LXXII, c'est probablement que l'original n'est plus au nombre des vivants, et qu'on peut désormais le désigner sans scrupule.

C'est là tout ce qu'on sait sur ce grave sujet et sur l'original du *don Quichotte*, sauf encore qu'à Esquivias, d'où la femme de Cervantès était originaire, et où l'illustre écrivain habita longtemps, il y avait deux Alonso Quijano, et un Alonso Quijada de Salazar, chevalier de Santiago.

[7] Page 10.—Avellaneda tue la pauvre nièce de don Quichotte, il n'a pas été plus généreux pour la gouvernante, qu'il fait disparaître sans raconter quel accident la ravit à l'infortuné chevalier. Nous voyons cependant, dans le dernier chapitre de la première Partie, que toutes deux vivaient auprès de lui et l'entouraient de leurs soins. Lorsque don Quichotte rentra à Argamésilla sur une charrette à bœufs, « un petit garçon courut en informer la *gouvernante* et la nièce ; » un instant après « la *gouvernante* et la nièce reçurent le chevalier, le déshabillèrent et l'étendirent dans son lit à ramages. » La disparition secrète de cette bonne gouvernante était-elle donc si nécessaire au roman d'Avellaneda ?

Cervantès, plus humain, conserve les deux excellentes femmes dans sa seconde Partie jusqu'au moment de la mort de don Quichotte, et nous donne même le nom de la nièce, qu'il appelle Antonia et non Madeleine comme le fait Avellaneda.

[8] Page 11.—Je maintiens ici l'excellent usage espagnol de mettre le point d'interrogation au commencement de la phrase aussi bien qu'à la fin. Ainsi placé il avertit le lecteur de l'intention de l'écrivain, et l'aide à l'intelligence de ce qu'il va lire.

« N'est-ce pas un mauvais usage, a dit Franklin à ce propos, de placer le
« point d'interrogation à la fin de la phrase ? Il faudrait au moins qu'il y en
« eût un autre au commencement ; car le lecteur ne le découvre que lorsqu'il
« a déjà mal prononcé, ce qui l'oblige souvent de recommencer sa phrase. »

[9] Page 11.—Avellaneda n'est pas plus bienveillant envers l'âne qu'il ne l'a été pour la nièce et pour la gouvernante. Il tue ou perd tout le monde, et veut faire maison nette. Ginès de Passamont a volé l'âne, sans doute ; mais Sancho le lui a repris en descendant de la Sierra Morena. Avellaneda a perdu de vue les deux passages que voici de la première Partie de Cervantès :

« Ils virent venir, le long du chemin qu'ils suivaient, un homme monté sur
un âne. Sancho Panza, qui ne pouvait voir des ânes sans que son âme y courût
avec ses yeux, n'eut pas plutôt aperçu l'homme, qu'il reconnut Ginès de
Passamont, et par le fil du Bohémien il tira le peloton de sa bête. C'était bien,
en effet, le grison que Passamont avait pour monture. »   (*Chap.* XXX.)

Au chapitre LII, de cette même Partie, lorsque Sancho rentre au village, sa femme accourt au-devant de lui.

« Dès qu'elle vit Sancho, la première question qu'elle lui fit, ce fut si l'âne
se portait bien. Sancho répondit qu'il revenait mieux portant que le maître. »

Le diable d'âne porte malheur à la mémoire de ses historiens ; ici c'est Avellaneda qui nie son existence, ailleurs Cervantès l'avait fait vivre deux fois, et deux pages après l'avoir laissé prendre (chap. xxiii) il le rendait à Sancho « qui s'en allait dessus assis à la manière des femmes. » Cervantès a fait plus tard bonne justice de son inadvertance ; Avellaneda persiste dans la sienne (voir pages 34 et 45), il tient à donner à Sancho un grison tout neuf.

¹⁰ Page **11**. — Voici comment un vieux livre raconte le jeu du roi des coqs :

> Au roy des coqs chacun d'eux son coq porte
> Pour s'employer à la jouste très-forte
> Où vont courir la poulle en tous endrois,
> Puis, conduisant leur roy de façon bonne
> En son logis, quelques noix on leur donne,
> Eux tous criant : Des noix à chacun trois !
> (*Les trente-six figures contenant tous les jeux qui se peurent jamais inventer*, etc. Paris, 1587.)

Voir encore le *Gran Tacaño* de Quevedo, chap. ii.

« Le maître, voulant amuser ses écoliers, décida qu'on ferait un roi des coqs. Il désigna douze d'entre nous : nous tirâmes au sort, et le sort me nomma roi. »

¹¹ Page **12**. — Avellaneda écrivait en 1614 ; le calendrier n'a pas changé depuis, et l'Église fête encore saint Bernard le 20 août.

¹² Page **12**. — Voir le chapitre xxix où la belle Dorothée se fait passer pour la princesse Micomicona, reine du grand royaume de Micomicon en Éthiopie ; ce qui fait espérer à Sancho que don Quichotte épousera la princesse et deviendra le roi de son royaume ; puis lui donnera pour vassaux bon nombre de nègres et de négresses qu'il reviendra vendre en Espagne à bon argent comptant.

¹³ Page **12**. — Don Quichotte, on le voit, était, au moment de l'entrée en matière, dans les dispositions d'esprit où Cervantès l'avait laissé en terminant sa première Partie. Il entrait dans le plan d'Avellaneda de le conduire peu à peu vers une folie complète ; plan logique, car il était impossible que don Quichotte conservât toujours, au milieu de ses aventures, le peu de bon sens qu'il avait sauvé, et que sa maladie, comme toutes celles de l'humaine espèce, ne s'aggravât pas, les causes subsistant.

¹⁴ Page **13**. Voir chap. xx de la première partie pour les moulins à foulon et chap. xvii pour l'aventure de la berne.

« .... Don Quichotte ne fut pas plutôt arrivé devant les murs de la cour, qui n'étaient pas fort élevés, qu'il aperçut le mauvais jeu qu'on faisait jouer à

24.

son écuyer.......... Il essaya de grimper de son cheval sur le chaperon; mais il était si moulu et si harassé qu'il ne put même quitter la selle...... »

[15] Page **14**.—Voici une question des plus maladroites, surtout lorsque le curé lui-même recommandait à tout le monde d'éviter la plus petite allusion aux précédentes dispositions du chevalier. Commise sans doute à dessein par l'auteur, cette maladresse accroît du moins l'anxiété que vient de causer la conversation entre Sancho et don Quichotte.

[16] Page **16**.— « Si le *seigneur curé* veut bien nous en donner la permission. » Un Espagnol, M. Noriega, a publié à Paris, en 1846, un petit livre français, intitulé *Critique et Défense de don Quichotte*, dans lequel figurent plusieurs fragments traduits de Cervantès et que l'auteur donne comme modèles de traduction. Dans ces fragments les interlocuteurs se disent *Monsieur* au lieu de *Seigneur*; ainsi Sancho, parlant à son maître, l'appelle « monsieur le chevalier, » don Quichotte appelle son ami « monsieur le curé » et ainsi de suite « monsieur l'hôte, monsieur l'archer, ces messieurs. » Au bout de la plume d'un Espagnol, d'ordinaire si vain du *Señor*, le « monsieur » a mauvaise allure, et dans le cas présent, entre héros du XVIIe siècle, il est d'une bourgeoisie par trop anachronique.

Qu'aurait donc fait M. Noriega, s'il avait publié ses fragments et son livre à cette époque encore récente où le « monsieur » était à peu près proscrit ? aurait-il traduit : « citoyen chevalier, citoyen curé ? »

Je dirai à M. Noriega, que la meilleure manière de traduire une langue étrangère, c'est d'y conserver le cachet d'originalité qui lui est propre, et d'accepter littéralement toutes les expressions qui appartiennent au caractère particulier de la nation. Traduire ce n'est pas seulement mettre « cavaliers » pour *cavalleros*, « armes » pour *armas*, « amours » pour *amores*, ainsi que disait don Diego de Mendoza, en parlant d'un traducteur intrépide, don Gerónimo de Urrea; c'est s'initier au génie d'une langue, en étudier l'esprit, les beautés, afin d'y soumettre sa langue propre. Le but d'une traduction n'est pas de raconter banalement en français une histoire primitivement écrite en espagnol, c'est de conquérir au profit de la copie le caractère, l'étrangeté de l'original.

Je traduis donc, n'en déplaise à don Francisco de Paula Noriega, « le seigneur curé » et non pas « monsieur le curé » ou « le citoyen curé. »

¹⁷ Page **16**.—Il y a maravédi et maravédi. Celui dont on se sert dans les opéras-comiques français, le maravédi proverbial, vaut un peu plus que rien, la trente-quatrième partie d'un réal, les sept dixièmes d'un centime : 0ᶠ,0079. Le *maravédi de plata* (d'argent), maintenant disparu comme nos pièces de 15 et 30 sous, valait le tiers d'un réal, soit 0ᶠ,09. Enfin il y avait avant Alphonse le Sage, avant l'an 1222, le *maravédi d'or*, dont la valeur nous est inconnue, et le *maravédi vieux* qui valait le sixième du précédent. Le lecteur peut maintenant évaluer ce que coûtait par an le logement militaire à la ville d'Argamésilla ; il choisira entre 0ᶠ,71 ; 8ᶠ,10 ; ou,... quatre-vingt-dix maravédis d'or.

¹⁸ Page **18**.—Cervantès a dit de plus, chap. xiii : « Et les parties que la pudeur cache aux yeux des hommes sont telles, selon ce que j'imagine, que l'esprit peut les exagérer, mais non les comparer. »

Fernando de Rojas disait un siècle auparavant dans le premier acte de la *Célestine* : « Si je pouvais parler de ce qui est secret à nos « yeux, il ne nous serait plus nécessaire de discuter d'une manière « aussi misérable. » Un amant de nos jours serait fort mal appris, et probablement fort mal venu, de faire de semblables allusions aux mérites cachés de sa belle.

¹⁹ Page **19**.—« Verdad es que Aristóteles en el cuarto de sus *Éticas*, entre las cosas que ha de tener una muger hermosa cual él allí la describe, dice que ha de ser de una disposicion que tire á lo grande ; mas otros ha habido de contrario parecer, porque la naturaleza, como dicen los filósofos, mayores milagros hace en las cosas pequeñas que en las grandes ; y cuando ella en alguna parte hubiese errado en la formacion de un cuerpo pequeño, será más dificultoso de conocer el yerro, que si fuese hecho en cuerpo grande. No hay piedra preciosa que no sea pequeña, y los ojos de nuestros cuerpos son las partes más pequeñas que hay en él, y son las más bellas y más hermosas ; así que mi serafin es un milagro de la naturaleza, la cual ha querido darnos á conocer por ella cómo en poco espacio puede recoger con su maravilloso artificio el inumerable número de gracias que puede producir ; porque la hermosura, como dice Ciceron, no consiste en otra cosa que en una conveniente disposicion de los miembros, que con deleito mueve los ojos de los otros á mirar aquel cuerpo, cuyas partes entre si mesmas con una cierta graciosidad se corresponden. »

CHAPITRE II.

¹ Page **24**.—« Don Alvaro como era hombre de sutil entendimiento, luego cayó en todo lo que su huésped podia ser, pues dezia aver imitado a aquellos cavalleros fabulosos de los libros de cavalleria ; y así, maravillado de su loca enfermedad, para enterarse cumplidamente della le dixo : admiro me no poco, señor Quijada, que un hombre cómo v. m. flaco y seco de cara, y que á mi parecer, pasa ya de los cuarenta y cinco, ande enamorado ; porque el amor no se

alcanza sino con muchos trabajos, malas noches, peores dias, mil disgustos, zelos, zozobras, pendencias y peligros, que todos estos y otros semejantes, son los caminos por donde se camina el amor. Y si v. m. ha de pasar por ellos, no me parece tiene sujeto para sufrir dos noches malas al sereno, aguas y nieves, como yo sé por experiencia que pasan los enamorados. Mas diga me v. m., con todo, esa muger que ama ¿es de aqui del lugar, ó forastera? que gustaria en estremo, si fuese posible verla ántes que me fuese, porque un hombre de tan buen gusto, como v. m. es, no es creible, sino que ha de aver puesto los ojos en no menos que en una Diana ephesina, Policena troyana, Dido cartaginense, Lucrecia romana, ó Doralize granadina. »

² Page **25**.— « Esta es pues, señor, la que me eleva los pensamientos; esta me enajena de mi mismo; por esta he estado desterrado muchos dias de mi casa y patria, haciendo en su servicio heróicas hazañas, enviándole gigantes y bravos jayanes y caballeros rendidos á sus piés; y con todo eso ella se muestra á mis ruegos una leona de Africa y una tigre de Hircania, respondiéndome á los papeles que le envio, llenos de amor y dulzura, con el mayor desabrimiento y despego que jamás princesa á caballero andante escribió. Yo le escribo más largas arengas, que las que Catilina hizo al senado de Roma; más heróicas poesías, que las de Homero ó Virgilio; con más ternezas, que el Petrarca escribió á su querida Laura, y con más agradables episodios, que Lucano ni Ariosto pudieron escribir en su tiempo, ni en el nuestro ha hecho Lope de Vega á su Filis, Celia, Lucinda, ni á las demás que tan divinamente ha celebrado; hecho en aventuras un Amadis, en gravedad un Cevola, en sufrimiento un Perineo de Persia, en nobleza un Enéas, en astucia un Ulises, en constancia un Belisario, y en derramar sangre humana un bravo Cid Campeador! »

³ Page **26**.— Le lecteur trouvera au chap. XIII de la 1ʳᵉ Partie de Cervantès, une conversation de même nature entre don Quichotte et le seigneur Vivaldo. D'un côté comme de l'autre il est question de Dulcinée, bien que d'une manière différente; ici de ses mérites, là de sa noblesse; et les deux fragments réunis feraient un éloge complet. Sur un point, don Alvaro et Vivaldo sont d'accord : « Le nom et le titre de Dulcinée du Toboso, dit ce dernier, n'étaient pas encore arrivés jusqu'à mes oreilles. — Race nouvelle, il est vrai, reprend don Quichotte, mais telle, qu'elle peut être le généreux berceau des plus illustres races des siècles à venir. »

Avellaneda, j'en appelle au jugement du lecteur, n'est pas resté au-dessous de son modèle dans la conversation animée et spirituelle qui donne lieu à la présente note.

⁴ Page **26**.— Aldonza, fille de Lorenzo Corchuelo et d'Aldonza Nogalès (Cervantès. 1ʳᵉ Partie, chap. XXV). Dulcinée le rappelle elle-même deux pages plus loin, dans sa lettre à don Quichotte.

⁵ Page **26**.— «...... Que madame Dulcinée se tienne bon! Si elle ne répond pas comme la raison l'exige, je fais vœu solennel à qui m'entend de lui arracher la bonne réponse de l'estomac à coups de pied et à coups de poing. Car

enfin, qui peut souffrir qu'un chevalier errant aussi fameux que votre grâce aille devenir fou sans rime ni raison pour une....? Que la señora ne me le fasse pas dire, parce que je jure Dieu que je lâche ma langue, et que je lui débite le fait à bon marché. Je suis bon pour cela, et elle me connaît mal, car si elle me connaissait, elle jeûnerait de moi. » (CERVANTÈS.—Ire *Partie, chap.* xxv.)

⁶ Page **27**. Je renvoie encore le lecteur, pour comparaison, à la lettre que don Quichotte écrit à Dulcinée, de la Sierra-Morena (chap. xxv de la première Partie). Les deux se ressemblent, celle d'Avellaneda me paraît cependant avoir plus de dignité. Notre écrivain suit pas à pas son illustre modèle; ce n'est pas par défaut d'imagination, c'est comme je l'ai déjà dit par respect pour l'œuvre première, et par fidélité au plan de Cervantès.

⁷ Page **28**.—Je ne citerai pas les deux célèbres *romances* qui rapportent la lettre de Chimène au roi et la réponse de celui-ci (don Fernand et non don Sanche); je me borne à donner des fragments de l'élégante traduction en vers qu'en a faite Creuzé de Lesser en 1814.

Et d'abord la lettre de Chimène :

« Dans son manoir Chimène atteinte
    D'un noir regret
Ne pouvait être plus enceinte
    Qu'elle l'était *.

. . . .

« Roi sage et grand, dût-elle craindre
    Votre courroux,
A vous Chimène ose se plaindre
    Et c'est de vous.
Seulette, et toujours oubliée
    Dans mes ennuis,
On n'est pas si peu mariée
    Que je le suis.

. . . .

Depuis six mois que je l'appelle,
    On le retient;
Ou, quittant la guerre cruelle,
    S'il me revient,
Il revient quand le jour nous quitte
    Plus qu'à moitié;
Et dans mes bras s'endort si vite
    Que c'est pitié **.

* En los solares de Burgos
   A su Rodrigo aguardando, etc.

** Y cuando mis brazos toca,
    Luego se duerme en mis brazos.   (*Romancero del Cid.*)

> Toujours occupé de son glaive,
>   Haussant la voix,
> Dans son lit paisible il ne rêve
>   Que des exploits ;
> Et voilà dès l'aube vermeille
>   Qu'il est dehors,
> Sans s'inquiéter si je veille
>   Ou si je dors.
>
> . . . .

La seconde romance*** est la réponse du roi don Fernand :

> . . . .
> Jusqu'à la fin, d'une âme juste et ferme,
> Permettez-lui de remplir son devoir :
> Car ses combats enfin auront leur terme
> Et son amour ne peut pas en avoir.
>
> Vous prétendez qu'au sommeil il s'adonne,
> Quand par hasard près de vous il accourt.
> D'après cela, souffrez que je m'étonne
> Qu'un tablier soit devenu si court ****.
> . . . .

[8] Page **29**. — « Don Quichotte demanda à Sancho pour quel motif il l'avait appelé le *Chevalier de la Triste-Figure*. — Je vais vous le dire, répondit Sancho ; c'est que je vous ai un moment considéré à la lueur de cette torche que porte ce pauvre diable, et véritablement votre grâce a la plus mauvaise mine que j'aie vue depuis longues années. — Ce n'est pas cela, répondit don Quichotte, mais le sage auquel est confié le soin d'écrire l'histoire de mes prouesses, aura trouvé bon que je prisse quelque nom significatif comme en prenaient tous les chevaliers du temps passé.......... Pour que ce nom m'aille mieux encore, je veux faire peindre sur mon écu une triste et horrible figure. — Il est bien inutile, seigneur, reprit Sancho, de dépenser du temps et de l'argent à faire peindre cette figure-là : votre grâce n'a qu'à montrer la sienne et à regarder en face ceux qui la regarderont, et je vous réponds qu'ils vous appelleront tout de suite l'Homme à la Triste Figure. »

(CERVANTES. — Ire *Partie, chap.* XIX.)

[9] Page **29**. — Amadis s'appela encore, en sa jeunesse *le Damoisel de la mer*, et ensuite, selon les aventures où il se trouva engagé, *le chevalier des Lions, le chevalier Rouge, le chevalier de l'Ile ferme, le chevalier de la Verte Épée, le chevalier du Nain, et le chevalier Grec* ; Bélianis de Grèce était *le chevalier de la Riche-Figure*, Palmerin d'Olive fut surnommé *le chevalier du Soleil* et Esplandian, fils d'Amadis, *le chevalier du Serpent*.

*** Pidiendo á las diez del dia
Papel á su secretario, etc.

**** Pero si os tiene, señora,
Con el brial levantado, etc.   (*Romancero del Cid.*)

¹⁰ Page **30**.—On trouve une expression semblable dans l'historien Frédégaire à propos de Thierry, petit-fils de Brunehaut, qui commettait de tels débordements, que le célèbre saint Columban lui envoya des lettres *pleines de coups de fouet*.

¹¹ Page **30**.—Il y a aussi *blanc* et *blanc*. L'un vaut un demi-maravédi, c'est-à-dire 0ᶠ,0039 ; l'autre valait cinq deniers. C'est sans doute de celui-ci que Sancho veut parler. Au premier compte on aurait une douzaine d'œufs pour 0ᶠ,0468, moins d'un sou.

¹² Page **31**.—« *No señor, dijo Sancho, sino Pedro el Remendon*, » c'est-à-dire Pedro le ravaudeur. Quevedo avait dit dans le *Gran Tacaño* vingt ans auparavant : « Chacun aujourd'hui se donne le *don* gratis, et ceux qui ne l'ont pas avant leur nom le mettent après, tels que les seigneurs Bourdon, Cardon, Gordon, Coridon et tant d'autres. »

¹³ Page **33**.—Voir la note 9 du chapitre 1ᵉʳ. L'erreur continue et Avellaneda persiste à oublier que Sancho, à la fin de la première Partie, a ramené son âne à Argamésilla.

¹⁴ Page **33**.—Mari-Guttierez est le nom authentique de la femme de Sancho, il est du moins le premier que lui donna Cervantès qui, par défaut de mémoire et par étourderie, l'appelle tantôt Juana Panza, tantôt Tereza Cascajo, tantôt encore Tereza Panza.

¹⁵ Page **34**.—C'est après Avellaneda, et peut-être en l'imitant, que Cervantès, au chap. vii de sa seconde Partie, met dans la bouche de Sancho une demande encore plus formelle. « J'en veux venir à ce que votre grâce m'alloue des gages fixes, chaque mois, pendant que je la servirai, et que ces gages me soient payés sur ses biens. Je n'aime pas attendre les récompenses, qui viennent tard, ou mal, ou jamais. Enfin je veux savoir ce que je gagne, peu ou beaucoup. » Don Quichotte est toutefois moins généreux que le nôtre, il emploie cet éternel et spécieux argument que cela ne s'est jamais fait de la sorte, que les écuyers errants ne recevaient pas de salaire, et se contentaient de promesses ou d'espérances. Le chevalier met en un mot le marché à la main, laisse Sancho libre de rester au village, et lui fait entendre qu'il prendra à sa place Samson Carrasco.

Il ne serait pas étonnant que Cervantès, reprenant à Avellaneda cette idée des gages, n'ait voulu cependant conclure autrement pour ne pas paraître trop copier son compétiteur.

CHAPITRE III.

¹ Page **38**.—Don Quichotte, s'il n'avait craint d'en trop dire aurait pu nommer encore Brillador qui fut le cheval de Roland; Bayart que montait Renaud de Montauban; Frontin, le cheval de Roger; Orelia, le cheval du malheureux roi don Rodrigue, et aussi les quatre coursiers du char du Soleil, Pyroéis, Eoüs, Æthon et Phlégon. Bucéphale, on le sait, était le cheval d'Alexandre; Babieca était le nom de celui du Cid; et Pégase appartenait à Bellérophon.

² Page **40**. — Alquifé était l'ami de la célèbre Urgande *la Déconnue*, protectrice d'Amadis de Gaule; il écrivit la chronique d'Amadis de Grèce.

³ Page **40**. — Le *real de à ocho* vaut huit réaux d'argent, ou seize réaux de *vellon*, ou 544 maravédis, ou enfin 4ᶠ,29.

⁴ Page **44**.—Voir au chapitre XVIII de la première Partie, l'histoire de ces deux armées de moutons dont l'une était commandée par le grand empereur Alifanfaron, seigneur de l'île Taprobane, et l'autre par le roi des Garamantes, Pentapolin au bras retroussé. C'est à la suite de cette aventure que don Quichotte perdit la moitié de ses dents, et fit la première expérience du fameux baume de Fier-à-bras qui fut si fatale à Sancho.

CHAPITRE IV.

¹ Page **46**.—« Tous les augures se montrent favorables, ou je ne m'y connais pas, » dit aussi la vieille Célestine—acte IV—(voir la note 9 du Prologue). « Sur quatre hommes que j'ai rencontrés, trois se nomment Jean et deux sont cornards. La première parole que j'aie entendue dans la rue était une parole d'amour. Je n'ai pas fait un faux pas comme les autres fois. Il semble que les pierres s'écartent et me livrent passage; mes jupes ne m'arrêtent pas, je ne sens pas de fatigue en marchant. Tout le monde me salue, pas un chien n'a aboyé après moi; je n'ai vu ni un oiseau noir, ni une grive, ni un corbeau, ni d'autres oiseaux sinistres.......... »

² Page **48**.—Ceci est l'histoire du combat du Maure Albayaldos et du grand maître de Calatrava, raconté par la chronique de Perez Ginez de Hita. Le brave Malique Alabez, alcayde de Ronda, le parrain d'Albayaldos, défie de son côté don Manuel Ponce qu'on surnomma de Léon parce qu'il descendit un jour dans un enclos où deux lions étaient enfermés, afin d'en retirer le gant d'une dame de la cour.

Alabez monte le cheval que lui a donné son oncle, l'alcayde de Los

NOTES DU CHAPITRE IV.

Velez, et son écu porte, en champ de gueules, une bande brune sur laquelle on voit un croissant les cornes en haut, et au-dessus des cornes une belle couronne d'or. Et la lettre dit : *De mon sang*.

« Qu'on me selle, dit la romance, mon cheval gris clair de l'alcayde de Los Velez ; qu'on me donne une rondache de Fez et un harnois éprouvé ; et une lance à deux fers, tous deux de bonne trempe. » (*Romancero de Depping*.)

³ Page **48**. — EL CABALLERO DESAMORADO. *Sans amour* n'est pas la traduction exacte de *desamorado* ; j'aurais dû mettre *qui n'a plus d'amour*, *désaffectionné* ; l'une des deux expressions était trop longue, l'autre peut-être trop moderne. *Sans amour* convient mieux à une devise et à un surnom.

⁴ Page **48**. — Il y a dans le texte tout autre chose, et le mot *Cupido* prête à une mauvaise équivoque dont on chercherait vainement le sens ;

> Sus flechas saca Cupido
> De las venas del Pirú,
> A los hombres dando el Cu
> Y á las damas el Pido.

« Cupidon tire ses flèches des mines du Pérou ; aux hommes il donne le *Cu*, et aux dames il adresse le *pido* (la demande). »

A défaut d'une traduction raisonnable, je me suis borné à jouer, comme l'auteur, sur le mot *Cupidon*, sans être beaucoup plus heureux que lui.

⁵ Page **48**. — Sancho demande à don Quichotte ce que signifie ce *cu*. « C'est, dit le chevalier, un ornement de deux belles plumes que certains se mettent sur la tête. Les unes sont en or, les autres en argent, les autres de cette matière transparente dont on garnit les lanternes. Ainsi ornés ceux-ci appartiennent au signe d'Ariel, ceux-là au signe du Capricorno..... — Ma foi, dit Sancho, si j'avais à me parer de ces plumes-là, je les prendrais d'or ou d'argent. — Cette parure, réplique don Quichotte, ne te convient pas, à toi qui as une femme bonne, laide et chrétienne. »

Cela n'avait aucun sens, un arrangement quelconque valait mieux qu'une traduction littérale.

⁶ Page **49**. — Tout le monde connaît l'histoire de ces deux bons paysans qui faisaient route de compagnie, et auxquels il arriva d'échanger seulement deux paroles pendant toute une journée.

— « Voilà de beaux haricots, dit l'un, le matin.

— Oui, répondit l'autre sur le soir, ils sont d'une belle venue. »

Il faut croire qu'il n'y eut pas moins d'intervalle entre chaque partie du dialogue de don Quichotte et de Sancho, car lorsqu'il a commencé, le soleil était encore loin de s'élever à l'horizon, et, tout bref qu'il est, il paraît, selon le dire de Sancho, nous avoir conduits jusqu'à la chute du jour.

[7] Page **49**. — Don Quichotte, dans la première Partie de son histoire, prend deux fois une hôtellerie pour un château. La première c'est lorsqu'il va faire cette célèbre veillée d'armes où l'assistent deux filles de joie de Séville ; la seconde c'est lorsqu'il a, avec la brune Maritorne, cette nocturne aventure à la suite de laquelle Sancho est berné.

Après ces deux exemples Cervantès s'abstient. Son héros se corrige, et lorsque sur d'autres points sa folie persiste et s'accroît, sur celui-ci, il passe condamnation, et reconnaît avec Sancho que des hôtelleries ne sont pas autre chose.

Avellaneda me semble plus logique. Dans son livre, il est démontré d'une manière invariable pour don Quichotte, que toute *venta* est une forteresse flanquée de tours et de fossés, que tout hôtelier est châtelain, toute Maritorne princesse opprimée.

Sans doute il est monotone de dire toujours la même chose, de voir toujours de la même manière ; mais c'est, après tout, le caractère de la folie, et c'est, par conséquent, la seule manière de faire agir don Quichotte.

[8] Page **49**. — Don Quichotte a le talent de trouver partout la mise en scène des romans de chevalerie. Ceci est le commencement d'un épisode de Florismars de Vasconie.

[9] Page **50**. — Bien que de couleur locale, ceci peut ne pas être du meilleur goût ; mais du moins n'est-ce pas dit trop crûment ? *Comte d'Onglade* est la traduction de *conde de Uñate* ; ce dernier mot est formé de *uña*, ongle.

On trouve du reste un épisode de même genre dans la seconde Partie de Cervantès (chap. XXIX). Don Quichotte et Sancho se laissent emporter dans une barque au courant de l'Èbre. Le maître s'imagine être déjà sous l'équateur, et dit à son écuyer que les navigateurs considèrent l'absence des poux comme un des indices du passage de la ligne. « Cherche sur tes cuisses, lui dit-il, j'imagine que tu es plus net à cette heure qu'une feuille de papier blanc. » Sancho se tâte. « L'expérience est fausse, dit-il. — Tu as trouvé quelqu'un ? demande don Quichotte. — Et même quelques-uns...... »

Je cite maintenant le texte du passage d'Avellaneda :

« Los dos caminantes no supieron que les responder; sino mirándose el uno al otro le dixeron : Señor cavallero, nosotros con ningun sobervio jayan emos peleado, ni tenemos cavallos, ni donzellas que se nos ayan quitado, pero si su merced habla de una batalla que avemos tenido alli, debaxo de aquellos árboles, con cierto número de gente que nos dava harto fastidio en el cuello del jubon y pliegues de los calzones, ya emos avido cumplida vitoria de semejante gente, y sino es que alguno se nos aya escapado por entre los bosques de los remiendos, todos los mas han sido muertos por el conde de Uñate. »

[10] Page **52**.—« ..... Que bien sabes y has leido que una de las cosas por donde los españoles son la nacion mas temida y estimada en el mundo, fuera de su valor y fortaleza, es por la pronta obediencia que tienen á sus superiores en la milicia : esta los hace victoriosos casi en todas las ocasiones; esta desmaya al enemigo; esta da ánimo á los cobardes y temerosos; y finalmente por esta los reyes de España han alcanzado el venir á ser señores de todo el orbe; porque, siendo obedientes los inferiores á los superiores, con buen órden y concierto se hacen firmes y estables, y dificultosamente son rompidos y desbaratados, como vemos lo son con facilidad muchas naciones, por faltarles esta obediencia, que es la llave de todo suceso próspero en la guerra y en la paz. »

[11] Page **55**.— « *Una muy gentil olla de vaca, tocino, carnero, nabos y lerzas, que esta diciendo : Cómeme, cómeme.* »

C'est là le passage que Clémencin veut bien reconnaître comme ayant été imité par Cervantès. Cette faible concession ne vaut pas qu'on en prenne acte.

[12] Page **55**. — Littérairement, *Juan espera en Dios*, est connu comme le pseudonyme sous lequel est signée une comédie, populaire au XVIe siècle, ayant pour titre *Euphrosine*, suite et imitation de la célèbre *Célestine* de Fernando de Rojas.

L'auteur d'*Euphrosine*, Francisco Rodriguez Lobo, Portugais, publia un poëme héroïque, diverses poésies légères, des églogues, des romances, mais rien sur les lapins, ce qui prouve que *Juan espera en Dios* était un nom populaire avant que Lobo l'empruntât pour attirer sans doute à ses œuvres un accueil qu'elles n'auraient pas obtenu sans lui.

[13] Page **56**. — On peut comparer ce repas avec celui que fait le héros de Cervantès dans la première hôtellerie qu'il rencontre (chap. II). J'ai dit qu'Avellaneda avait débuté en imitateur servile : ceci en est une preuve; il en est d'autres plus loin.

Quant à l'hésitation de don Quichotte à se désarmer, tel n'est pas le précédent consacré par Cervantès. Le chevalier (même chapitre) s'abandonne avec confiance aux deux filles perdues qui lui ôtent la cuirasse, les épaulières, les cuissarts et le reste; mais leur empressement s'arrête devant les nœuds de certains rubans verts qui attachent la salade au gorgerin, et que don Quichotte ne permet pas de couper. Cervantès ne s'est pas avisé de ce scrupule emprunté aux lois de la chevalerie errante, et dont notre héros donne plus loin les motifs en rapportant une aventure de don Bélianis de Grèce.

[14] Page **57**.—Cette gracieuse aventure nocturne ressemble aussi à celle qui poussa la grosse Maritorne, contre ses intentions toutefois, dans les bras du chevalier.

Maritorne, l'Asturienne « se piquait d'avoir dans les veines du sang d'hidalgo et ne se tenait pas pour avilie d'être servante d'auberge, disant que des malheurs et des revers de fortune l'avaient jetée dans cet état. » Les confidences de la Galicienne, plus intimes peut-être, sont de même nature. Seulement don Quichotte qui avait supposé à tort à Maritorne d'amoureux projets à son égard, ne comprend pas cette fois les intentions réelles de sa visiteuse. A cela près l'une et l'autre sont pour lui grandes dames, infantes et princesses.

[15] Page **57**.—Ce sont les termes du serment du marquis de Mantoue, l'un des preux du temps de Charlemagne;

> « Je jure de ne jamais peigner mes cheveux blancs ni couper ma barbe, de ne point changer d'habits ni renouveler ma chaussure, de ne point entrer en lieux habités ni ôter mes armes, si ce n'est pour une heure afin de me laver le corps, de ne point manger sur nappe ni m'asseoir à table jusqu'à ce que j'aie tué Charlot ou que je sois mort dans le combat...... »

Ceci est encore de l'imitation sinon du plagiat. Don Quichotte profère ce serment dans la première Partie (chap. x) lorsqu'il médite la conquête d'une salade en remplacement de la sienne brisée par l'écuyer biscaïen.

[16] Page **57**. — On remarquera que dans tout ce dialogue don Quichotte prend, en parlant à la Galicienne, le ton le plus révérencieux. A tous ses interlocuteurs il a dit jusqu'à présent, à la troisième personne « votre grâce (*vuestra merced*), sur le ton de l'égalité. Ici il emploie le « vous » (*vos, os*) de la deuxième personne du pluriel, formule d'humble courtoisie et de profond respect, consacrée, dans le style élevé, aux personnes de haut rang. J'ai maintenu cette distinction, bien qu'elle disparaisse en français, d'autant que le « vous » (*vos, os*) s'emploie aussi en Espagne à l'autre degré de l'échelle, et du supérieur à l'inférieur. Ainsi don Quichotte, parlant à l'hôtelier, lui dit *vos*; l'hôtelier parlant à sa servante emploie la même locution. Le ton seul fait la différence, et le langage écrit est impuissant à en donner l'idée.

[17] Page **58**.—Ceci est encore le sujet d'une puérile concession de

Clémencin à Avellaneda. Le savant commentateur veut bien convenir que Cervantès a pu s'inspirer de cette demande de deux réaux, lorsqu'au chap. xxiii de sa seconde Partie il envoie une suivante de Dulcinée, emprunter à don Quichotte six réaux sur un jupon neuf.

[18] Page **59**.—Les adversaires d'Avellaneda lui ont plusieurs fois reproché l'obscénité de certains passages de son œuvre (voir la préface de M. Viardot, édition illustrée, page 37). Je laisse au lecteur le soin de comparer la scène qu'il vient de lire avec celle où Maritorne, dans la première Partie, pénètre de nuit dans la chambre de don Quichotte. La visite de la Galicienne au chevalier, ses propositions à Sancho, dans les termes rapportés par celui-ci, calquées sur les pages du chapitre xvi de Cervantès, me semblent écrites, au contraire, en termes beaucoup plus modérés.

CHAPITRE V.

[1] Page **62**.—Encore un exemple d'imitation servile, ou mieux de la persistance d'Avellaneda à considérer la folie de son héros sous le point de vue que j'ai posé dans la note 7 du chap. iv.

Don Quichotte, qui a rencontré une fois un châtelain assez vénal pour mettre à prix son hospitalité, ne peut pas trouver naturel que tous ceux qu'il rencontrera agissent de même, et nécessairement à chaque rencontre il doit renouveler sa tentative. Au risque donc de passer pour plagiaire, Avellaneda reprend l'idée de Cervantès. A mon avis, c'est de la déférence, et cet acte justifie l'écrivain aragonais des intentions injurieuses qu'on lui prête un peu gratuitement. Cervantès est moins logique, et son héros n'est pas un fou de bon aloi, si une seule épreuve le corrige de la manie de ne pas payer son écot, aussi bien que de celle de prendre les hôtelleries pour des forteresses. Si l'on compare maintenant les deux scènes, on trouvera qu'Avellenada n'avait pas besoin, pour être exact dans l'application de l'idée, de copier aussi textuellement son modèle :

« Si vous trouvez quelque chose à me recommander, dit don Quichotte, vous n'avez qu'à le dire, et je vous promets que vous serez pleinement satisfait. —Je n'ai nul besoin, répond l'hôte, que votre grâce me venge d'aucun affront; j'ai seulement besoin que votre grâce me paye la dépense qu'elle a faite cette nuit dans l'hôtellerie, aussi bien de la paille et de l'orge données à ses deux bêtes, que des lits et du souper....—Je sais de science certaine, reprend le chevalier, que jamais chevalier errant ne paya logement, nourriture, ni dépense d'auberge........ » (CERVANTÈS.—Ire *Partie*, chap. xvii.)

[2] Page **63**.—Ce passage a une grande ressemblance avec celui

où le héros de Cervantès (chap. XXIX de la première Partie) promet à la belle Dorothée de la remettre en possession de son royaume.

³ Page **64**.—Il y a ici mieux que *fange*. Le texte dit—qu'on me pardonne cet optimisme en présence d'un tel mot—le texte dit *putería*. Le mot se traduit aisément.

⁴ Page **64**.—On voit par là que l'emploi du bouchon de paille, comme moyen d'attirer le chaland, est un très-vieil usage. Ce n'est ici ni le lieu ni l'occasion d'en rechercher l'origine ; on a fait toutefois des travaux beaucoup moins intéressants. Je signale ce passage d'Avellaneda et sa date à un habile écrivain de nos jours qui s'est consacré à l'histoire du *vieux* devenu *neuf*, et qui a bien voulu emprunter à ma traduction du *Tacaño* de Quevedo une note sur l'antique invention du clysoir. Je trouve, du reste, l'hôtelier de « *l'Homme pendu* » très-hardi et très-avancé ; les naturels de la Grande-Bretagne, qui ont coutume de vendre leurs femmes au marché, n'en sont pas arrivés, il me semble, à les orner de bouchons de paille *à la queue*.

⁵ Page **65**.—Text. *Luego que vió todo el caldo revuelto*, « dès qu'il vit tout le bouillon renversé. » Expression figurée et qu'on peut facilement interpréter ; pour dire : Lorsqu'il vit les affaires s'embrouiller, la querelle s'engager, etc.

⁶ Page **67**.—Y a-t-il ici, de la part d'Avellaneda, maladresse ou préméditation ? Il semble peu logique qu'après avoir pris l'hôtellerie du *Pendu* pour un château envers et contre tous, don Quichotte se donne, au dernier moment, un démenti. Le danger qu'il vient de courir lui a-t-il dessillé les yeux, ou bien l'auteur, tout en conduisant son héros pas à pas vers une folie complète, veut-il lui laisser encore quelques éclairs de bon sens ?

⁷ Page **67**.—On comprend qu'ici le bon Sancho, qui n'est pas très-rassuré, s'équivoque, selon sa louable habitude : « Poltrons aux yeux du monde, soit, » veut-il dire, « mais aux yeux de Dieu nous avons fait, etc... »

CHAPITRE VI.

¹ Page **69**.—« Quand le valeureux don Roland eut trouvé près d'une fontaine la preuve qu'Angélique la belle s'était honteusement livrée à Médor, son chagrin fut tel qu'il devint fou, et dans sa furie il arracha les arbres, il troubla l'eau des claires fontaines, il tua les bergers, détruisit les troupeaux, incendia les chaumières, renversa les maisons, abattit les juments, et fit mille autres extravagances dignes d'éternelle renommée. » (CERVANTES.—Iʳᵉ *Partie, ch.* XXV.
(Voir *Orlando Furioso*, cant. XXXII et suiv.)

NOTES DU CHAPITRE VI.

² Page **70**. — Dans le partage à faire entre Cervantès et Avellaneda des pensées neuves et des expressions de quelque valeur, celle du vainqueur qui se pare des hauts faits du vaincu appartient à Avellaneda, et Cervantès ne l'a émise qu'après lui, et d'après lui peut-être, aux chapitres xiv et lxiv de sa seconde Partie.

« Par cette seule victoire, dit le chevalier du Bocage, j'ai vaincu tous les chevaliers du monde, car ce don Quichotte dont je parle les a vaincus tous; or, du moment que je l'ai vaincu lui-même, sa gloire, sa renommée, son honneur ont passé en ma possession. « La gloire du vainqueur, dit le poëte, est d'autant plus grande que le vaincu a plus de célébrité. » C'est donc à moi qu'appartiennent et pour moi que courent le monde les hauts faits du seigneur Don Quichotte. » (*chap.* xiv.)

« Si je suis vaincu, dit encore le chevalier de la Blanche-Lune, la renommée de mes exploits s'ajoutera à la renommée des tiens. » (*chap.* lxiv.)

Avellaneda n'est pas du reste l'inventeur de cette pensée. Elle se retrouve dans la *Araucana* de don Alonso de Ercilla, et, à une époque plus reculée encore, dans un poëme de l'archiprêtre de Hita (xive siècle). Voici ces deux passages :

> *Pues no es el vencedor mas estimado*
> *De aquello en que el vencido es reputado.* (Ercilla.)
>
> *El vencedor ha honra del precio del vencido;*
> *Su loor es atanto cuanto es el debatido.* (Arc. de Hita.)

³ Page **70**. — Cervantès parle aussi deux fois de l'épingle :

« Enfin, il était enchanté et personne ne pouvait le tuer qu'en lui enfonçant, sous la plante du pied, une épingle de trois maravédis. Aussi portait-il toujours à ses souliers six semelles de fer. » (Ire *Partie, chap.* xxvi.)

« On raconte que le célèbre Roland, l'un des douze pairs de France, ne pouvait être blessé que sous la plante du pied gauche; et encore cela ne pouvait être qu'avec la pointe d'une grosse épingle, et non avec aucune autre espèce d'arme. » (IIe *Partie, chap.* xxxii.)

Avellaneda désigne l'épingle fatale de la même manière que Cervantès au chapitre xxvi : *un alfiler de á blanca*. M. Viardot a traduit une *épingle noire*, prenant sans doute le *á* du texte comme privatif, et interprétant « une épingle de quelque chose qui n'est pas blanc. »

Je crois être plus exact en traduisant par la valeur de l'épingle : « une épingle d'un blanc » (ou trois maravédis). Cervantès dit seulement dans la seconde citation « une grosse épingle » (*un alfiler gordo*).

Le blanc, longtemps resté dans notre monnaie, valait 5 deniers, soit, approximativement 0f,02. J'ai évalué ailleurs à 0f,0079 le maravédi proverbial, ce qui donne à peu près trois maravédis pour 2 centimes ou un blanc.

⁴ Page **70**.—Don Quichotte se laisse aller ici à une exagération

sur laquelle je suis heureux d'appeler l'attention du lecteur. Sancho ne se donne sans doute pas la peine d'examiner si un seul coup d'épée doit suffire pour pratiquer une brèche; mais à nous, qui sommes investigateurs, le simple bon sens indique qu'il en faut au moins trois, un à droite, un à gauche et l'autre en dessous, toute part faite à la vigueur du bras et à la bonne volonté du rocher. Tel est en effet le compte que nous donne l'histoire, telle aussi la preuve que fournit, à l'extrémité de la vallée de Gavarnie, la brèche de Roland, au milieu des crêtes du Marboré.

« Rolland s'en vint jusques au pied de la montagne de Césaire, et des-
« cendi de son cheval dessous un arbre delez un grant perron de marbre,
« qu'illec estoit dressé en un moult biau pré au-dessus de la vallée de Raince-
« vaux. Si tenoit encore Durandal s'espée..... Quand il l'ot grant pièce tenue
« et regardée, il la commença à regreter aussi comme en plorant, et dist en
« telle manière : O espée très bele, clere et resplandissante, que il ne con-
« vient pas fourbir ausi comme autres........... Quant il ot einsi s'espée
« regretée, il la leva contre mont et en feri *trois merveilleux cox* au perron de
« marbre qui devant lui estoit; car il la cuidoit briser, parce que il avoit
« paour que elle ne venist aux mains des Sarrazins. Que vous conteroit-on de
« plus? Li perron fut coupé d'amont jusques en terre, et l'espée demoura
« saine et sans nule brisure : et quant il vit qu'il ne la porroit depecier en
« nule manière, si fut trop dolans. » (*Chronique de St-Denis.*)

[5] Page **71**.—La fanègue vaut 56 litres.

[6] Page **72**.—« Et j'ordonne, dit le Cid dans son testament, qu'on me construise un sépulcre avec son mausolée de bronze, dans San Pedro de Cardeña, auprès du Saint-Pêcheur. »

« ..... Ils font route vers la Castille selon l'ordre du bon Cid, ils arrivent à San Pedro qu'on nomme de Cardeña. C'est là que resta le corps du Cid, honneur de l'Espagne. »

« ..... Dans San Pedro de Cardeña est embaumé le Cid.... Il est assis sur son fauteuil, sa noble et vaillante personne a été vêtue et parée ... sa grande barbe blanche indique un homme estimé ; il a la bonne épée Tizona placée à son côté..... » Les choses étant ainsi, un juif était venu. Il réfléchissait en lui-même, raisonnant de cette manière : « Voilà le corps du Cid si vanté; et ils disent que durant sa vie personne ne lui a touché la barbe. Je veux, moi, la toucher et la prendre dans ma main ; puisqu'il est là mort, il ne m'en empêchera pas. Je veux voir ce qu'il fera, s'il me causera quelque peur. »

« Le juif approcha la main pour faire ce qu'il méditait, et avant qu'il eût touché la barbe, le bon Cid avait empoigné son épée Tizona, et l'avait tirée long d'une palme hors du fourreau. Le juif, voyant cela, en conçut un très grand effroi; il tomba à la renverse, à moitié mort d'épouvante. »

(*Romancero del Cid.*)

[7] Page **76**. — Un autre proverbe espagnol dit : *al enemigo, si vuelve la espalda, la puente de plata* (si l'ennemi tourne le dos, fais lui un pont d'argent).

Le Cid dit au roi don Sancho de Castille, dans le drame de Guillem de Castro (*Las Mocedades del Cid*) : « S'il faut faire un pont d'argent à l'ennemi qui s'enfuit, pourquoi poursuivre ainsi ton frère? »

Clémencin affirme dans ses commentaires, que cette maxime est attribuée au grand capitaine Gonzalve de Cordoue.

⁸ Page **77**. — Le comte don Pedro Anzurès (par abréviation Peranzulez) faisait partie, avec le comte d'Orgaz, père de Chimène, avec Diego Laynez, père du Cid, avec Arias Gonzalo, le défenseur de Zamora, du conseil du roi de Castille, de Navarre et de Léon ; il avait élevé l'infante doña Urraca, fille du roi. Il est au nombre des héros populaires de la vieille Espagne ; la romance, la chronique et la légende se sont exercées sur son compte. Il se peut que l'une d'elles lui ait attribué une prière, un *ensalmo*, contre le mal de dents ; mais cette prière échappe à mes recherches et je ne saurais la donner. Je n'en connais qu'une non moins populaire, et que Sancho ne devait pas ignorer, celle de sainte Apolline, dont parle la vieille Célestine (Acte IV):

A la puerta del cielo	A la porte des cieux
Polonia estaba	Apolline était;
Y la virgen Maria	Marie, mère de Dieu,
Alli passaba.	En ce lieu passait.
—¿Diz Polonia, qué haces?	—¿Dis, Apolline, que fais-tu?
Duermes ó velas?	Dors-tu ou veilles-tu?
—Señora mia, ni duermo ni velo,	—Je ne dors, hélas! ni ne veille,
Que de un dolor de muelas	Mais d'une rage de dents
Me estoy muriendo.	Je ressens douleur mortelle.
—Por la estrella de Venus	—Par l'étoile de Vénus
Y el sol poniente;	Et par le soleil couchant,
Por el santissimo Sacramento	Par le très-saint Sacrement
Que tuve en mi vientre,	Qu'en mon ventre j'ai tenu,
Que no te duele mas ni muela ni diente.	Que ne te nuise plus petite ou grosse dent.

⁹ Page **78**. Don Quichotte fait dans l'histoire du Cid une excursion qui ouvre un large champ aux développements, et je crois nécessaire d'exposer rapidement ici le drame chevaleresque où notre chevalier se croit appelé à jouer successivement plusieurs rôles.

Don Fernando Ier, roi de Castille et de Léon, le roi du Cid et de Chimène, meurt et partage ses États entre ses enfants. A l'aîné don Sancho, dit le Brave, il laisse la Castille, l'Estrémadure et la Navarre ; à don Alfonso, Léon et les Asturies ; à don Garcia, la Galice et la Biscaye ; à doña Urraca, sa fille, la ville de Zamora la bien murée.

A peine don Fernando a-t-il fermé les yeux, que don Sancho fait arrêter et enfermer don Garcia, déclare la guerre à don Alfonso, qui chassé de Léon se réfugie à Tolède chez les Mores; puis il va mettre le siége devant Zamora, où doña Urraca s'enferme avec un petit nombre de chevaliers dévoués. De ce nombre sont don Arias Gonzalo, l'un des conseillers du roi don Fernando, père de cinq chevaliers, et Bellido Dolfos ou Adolfos, chevalier de peu de renom.

Bellido médite de délivrer Zamora par un crime, et veut aller frapper don Sancho au milieu de son camp. Par quelques paroles injurieuses prononcées à dessein, il excite la colère de don Arias et de ses fils. Poursuivi par eux, il s'échappe de Zamora et se réfugie dans le camp du roi. Il offre à don Sancho de lui livrer la ville, et de lui faire connaître une entrée secrète que les assiégés ne songent pas à défendre. Le roi accepte, et bien qu'averti de se méfier de Bellido, il va seul avec lui pour reconnaître cette entrée. Bellido frappe le roi de son javelot, dans un moment que les romances seules peuvent avoir la hardiesse de décrire, et rentre dans Zamora. Les chevaliers de Castille, et parmi eux le Cid, accusent Zamora de trahison, et provoquent les défenseurs. Don Diego Ordoñès de Lara est le champion des assiégeants; don Arias Gonzalo et quatre de ses fils s'avancent pour Zamora; car celui qui défie une ville doit combattre à outrance contre cinq chevaliers. La lutte s'engage. L'avant-dernier des fils d'Arias paraît le premier dans l'arène, don Diego le tue, puis le troisième, puis le second; mais ici le combat s'arrête; blessé à la tête, le cheval de don Diego s'emporte, sort de l'arène, et par ce fait, selon les lois de chevalerie, le champion de Castille ne peut plus rentrer en lice. Les juges du camp délibèrent; don Diego est déclaré vainqueur, et Zamora déchargée de tout soupçon.

Dans le passage qui donne lieu à la présente note, don Quichotte croit être don Arias Gonzalo, et rappelle au roi l'avertissement qu'il lui a donné du haut des remparts de Zamora.

—« Le bon Arias, dit la romance XXIX de *la historia del Cid*, le bon Arias, toujours loyal, avertit le roi du haut du mur, en lui disant ces paroles : Je dis à toi, comme à tes chevaliers, que de ces murs est sorti d'Olfos, traître renommé; s'il commet quelque méfait, qu'il ne nous soit pas imputé. »

—« Gare, gare, roi don Sanche! dit encore le *Cancionero de romances*, ne dis point que je me tais : tiens-toi pour bien averti. Un déloyal est sorti de la ville de Zamora : c'est Bellido d'Olfos. Il a fait quatre trahisons, celle-ci sera la cinquième; son père fut un grand traître, mais le fils l'est encore plus. »

—« Bellido, qui tenait le roi par la main (*Historia del Cid*, romance XXIX), entendit ce que disait Arias. —Grand roi, ne croyez pas ce qu'il a dit contre moi. Il veut m'éloigner de vous pour pouvoir garder la ville, parce qu'il sait que je puis vous en procurer l'entrée. Lors lui répondit le roi plein de confiance :—Je le vois bien, cher Bellido, cher d'Olfos, mon bon vassal ; allons, allons au plus vite reconnaître cette porte. »

« LE ROI à *Bellido*.—Je me confie à toi. Partons et continue en chemin de m'instruire des lieux.

BELLIDO.—Je baiserai la trace de tes pas.

LE ROI.—Tu vas être mon favori.

BELLIDO (*à part*).—Tu vas mourir de ma main.
(GUILHEM DE CASTRO. *Las Mocedades del Cid.*)

¹⁰ Page **79**. — Maintenant don Quichotte croit être le roi don Sancho.

¹¹ Page **79**.—Don Sanche, dit le Fort, un javelot en main,
Suivi de Bellido, s'avança dans la plaine.
On les vit, s'élevant sur le coteau lointain,
Observer les remparts de la cité hautaine.
Lors on vit Bellido............ (CREUZÉ DE LESSER.)

¹² Page **79**.—« BELLIDO.—Que cherche ta majesté ?

LE ROI. — Je m'éloigne pour certaine nécessité qui n'épargne pas les rois.

BELLIDO.— Tu peux descendre dans ce ravin où tu seras couvert par les rochers. »   (GUILHEM DE CASTRO.)

« Le bon roi s'était écarté pour faire ce dont personne ne peut se dispenser ; il avait remis son javelot à Bellido.... » (*Historia del Cid, romance* XXIX.)

« BELLIDO (*seul sur la scène*).—Cette fois je suis résolu. Mais quels sont ces frissons qui parcourent toutes mes veines ? Quelle est cette terreur tardive de mon âme...... Et j'attaque un homme sans défense ! *Est-il possible que la majesté royale ait un charme si puissant* * ? Mais déjà mon courage se réveille, je vais le tuer, O ciel ! secours-moi dans cette occasion.   (CASTRO.)

« Aussitôt que Bellido vit le roi tourné et sans défiance, il s'affermit sur ses étriers et lui lança le javelot qui, entré par les épaules, sortit par la poitrine. Le roi tomba sur-le-champ, mortellement blessé. »   (*Romance* XXIX.)

¹³ Page **79**.—« DON ARIAS.—Mais quelle est cette trompette dont le bruit, frappant les échos de ces rochers, semble demander le silence ? Je vois s'approcher un chevalier. Je le reconnais à son courage mieux encore qu'à ses traits. C'est Diego Ordoñez de Lara, celui qu'on appelle *le Brave*. Il est couvert de deuil jusqu'aux pieds de son cheval. Ses vêtements noirs cachent une armure brillante. Il porte un drap mortuaire sur l'épaule, un crucifix à la main. Il s'approche ; il veut sans doute parler. »   (GUILHEM DE CASTRO.)

¹⁴ Page **79**. — « DON DIEGO. — Lâches et faux Zamorans, déloyaux, hommes sans foi, écoutez les vérités que je viens vous dire en face, et dont le ciel m'est témoin. Par le conseil de Zamora, conseil traître et déloyal, est mort le roi don Sancho, tué par Bellido d'Olfos. »   (GUILHEM DE CASTRO.)

« C'est pourquoi je vous accuse, vous et votre ville entière, et les grands et les petits, et les vieux et les enfants, et j'accuse aussi les femmes ; j'accuse morts et vivants, même ceux qui sont à naître ; j'accuse tout Zamora, et les places et les rues, et la plus humble cabane, et le palais le plus beau ; j'accuse le pain, la viande ; j'accuse le vin, les eaux et les poissons de son fleuve, et les

---

* L'occasion d'éprouver pareil sentiment est singulièrement choisie.

oiseaux de son air, et je défie en champ clos quiconque ose soutenir que Zamora est innocente de cet infâme attentat. Je combattrai contre ceux qui ne voudront point l'avouer, c'est-à-dire contre cinq l'un après l'autre, comme est obligé de le faire celui qui défie une commune. » (*Romance* XXXII.)

¹⁵ Page **80**. — Avellaneda fait ici une amplification sur le thème donné par Cervantès au chapitre XXIII de la première Partie :

« O fils de mes entrailles, né dans ma propre maison, jouet de mes enfants, délices de ma femme, envie de mes voisins, soulagement de mes charges, et finalement nourricier de la moitié de ma personne, car avec vingt-six maravédis que tu gagnais par jour, tu fournissais à la moitié de ma dépense. »

CHAPITRE VII.

¹ Page **83**. — Ceci est peu digne. Un homme de robe ne se prête pas d'ordinaire à de semblables plaisanteries. Nous verrons plus loin comment le clerc répare sa faute et blâme pareille spéculation.

² Page **84**. — Maître Elizabad ou Hélisabel était le chirurgien d'Amadis de Gaule et le confident de la reine Grassinde.

³ Page **85**. — Même pensée qu'au chapitre XXX de la première Partie de Cervantès. Ceci est pauvre d'invention, et Avellaneda n'avait que faire de retomber dans les mêmes incidents.

« Sancho courut à son âne, » dit Cervantès, « l'embrassa et dit : « Eh bien comment t'es-tu porté, mon enfant, mon compagnon, cher grison de mes yeux' et de mes entrailles ? »

⁴ Page **87**. — Lirgando ou Lirgandée fut l'historien du chevalier de Phébus ; Alquif ou Alquifé, celui d'Amadis de Grèce, arrière-petit-fils d'Amadis de Gaule ; Urgande la Déconnue, la fée célèbre, partageait l'empire du monde avec les *sages*, avec Friston, Lirgandée, Alquif, Artémidore, Galtenor, etc., elle était l'amie des chrétiens et la protectrice d'Amadis de Gaule, la rivale de la sorcière Melye et des mauvais géants Famongomad et Mandafabul. (*Amadis*.)

⁵ Page **89**. — «.... Deje esas vanidades de aventuras, ó por mejor decir, desventuras; que ya es hombre mayor : no digan que se vuelve á la edad de los niños, echándose á perder á si y á este buen labrador que le sigue, que tan poco ha cerrado la mollera como vuesa merced. »

⁶ Page **90**. — On sait que l'archevêque Turpin a joué un grand rôle dans les légendes et dans les romances sur l'époque de Charlemagne, aussi bien que dans la chronique de Roland le Furieux. Don Quichotte a son idée fixe, et évoque autour de lui tous les personnages du drame où il s'est donné un rôle.

Notre chevalier s'adresse aussi à l'archevêque Turpin au chap. VII de la première Partie de Cervantès, lorsqu'il interrompt par un accès de folie, en se disant Renaud de Montauban, l'inventaire de sa bibliothèque.

⁷ Page **91**. — Réminiscence inexacte de la célèbre romance du More Calaynos :

> Ya cabalga Calaynos
> A la sombra de una oliva,
> El pié pone en el estribo,
> Cabalga de gallardia. (*Cancionero de Romances.*)

Calaynos, seigneur des Claires Montagnes et de Constantine, implore l'amour de l'infante Sévilla, fille d'Almanzor, roi de Sansueña. L'infante, qui a été élevée par une esclave chrétienne, a appris d'elle de ne donner son amour qu'à l'homme qui lui apporterait des arrhes, et elle exige de Calaynos les têtes de trois des douze pairs de France : Olivier, Roland et Renaud de Montauban. Le More chevauche vers la cour de l'empereur Charlemagne à la recherche de ce doux gage de tendresse ; Baudouin le défie et est vaincu ; mais Roland survient, tue Calaynos et porte sa tête à l'empereur.

Dans l'une de ses visions (*Visita de los Chistes*) Quevedo rencontre Calaynos armé de pied en cap, et lui dit que tout le monde en Espagne chante sa romance. Sancho la cite aussi dans la deuxième Partie de Cervantès (chap. IX).

⁸ Page **92**. — *Ici Sancho s'amuse.* Ainsi que Cervantès nous l'a fait connaître, le bon écuyer du seigneur don Quichotte était d'une grosse nature, ayant par-dessus tout du bon sens, de la franchise, et une naïveté à toute épreuve. Il ne mystifie personne, et sa plus grande malice est d'attacher les pieds de Rossinante, la nuit de l'aventure des moulins à foulon.

Maintenant notre homme change. Prend-il enfin son parti sur les folies de son maître, et trouve-t-il plaisant d'en faire accroire aux notables d'Ateca? Je ne le sache pas si fort encore, et ce serait pour lui trop haute comédie. Il me semble plus logique d'admettre que cette pauvre tête ignorante commence à se laisser prendre, et que l'écuyer, devenu disciple, se dispose à être fou comme son maître. L'accident était inévitable, et Avellaneda le prépare habilement.

— « *Pape ou monarque de quelque église.* » Le Sancho de Cervantès n'a pas le même désir :

> « Franchement, dit-il, je trouve qu'il ne me convient pas que mon maître soit archevêque ; car enfin je ne suis bon à rien pour l'Église, puisque je suis marié. » (Ire *Partie*, chap. XXIX.)

« Des gens malintentionnés conseillaient à mon maître de devenir archevêque, et je tremblais qu'il ne lui prît fantaisie de se mettre dans l'Église, ne me trouvant pas en état d'y occuper des bénéfices. Car il faut que vous sachiez une chose,.... je ne suis qu'une bête pour être d'Église.» (IIe *Part.*, *chap.* xiii.)

⁹ Page **93**. — Cervantès, au commencement de sa seconde Partie, conduisait aussi don Quichotte aux joutes de Saragosse (voir la fin du chap. x). Les deux écrivains marchaient ainsi parallèlement vers le même but jusqu'au moment où Cervantès s'aperçut qu'il était précédé par Avellaneda; alors il changea son plan et donna à ses héros un autre itinéraire.

« Don Juan dit au chevalier que l'autre don Quichotte avait assisté à Saragosse à une course de bagues. — En ce cas-là, répliqua notre héros, je n'y mettrai pas les pieds, et je publierai à la face du monde le mensonge de ce moderne historien. — Et d'ailleurs, reprit don Gerónimo, il y a d'autres joutes à Barcelone..... » (IIe *Partie*, chap. lix.)

CHAPITRE VIII.

¹ Page **95**. — Aljaferia. Nom de l'Alcazar ou ancien palais des rois mores à Saragosse.

² Page **97**. — « Mi mujer se llama Mari-Guttierrez tan buena y honrada, que puede con su persona dar satisfacion á toda una comunidad. »

³ Page **99**. — J'emprunte ici à moi-même et aux notes d'une traduction publiée, il y a dix ans, du *Tacaño* de Quevedo (*Don Pablo de Ségovie*) quelques détails sur le supplice auquel assiste don Quichotte.

« L'âne était la grande utilité, la base de la pénalité espagnole; il était le guide et le soutien obligé des coupables condamnés au fouet, au bûcher, à la potence; voleurs, sorciers, assassins ou gens de mauvaise vie. Le condamné au fouet, hissé sur un âne et nu jusqu'à la ceinture, était promené par les principales rues de la ville; un alguazil ouvrait la marche du cortége; des recors formaient la haie; en avant du patient venait un crieur public qui, d'instants en instants, proclamait à haute voix la faute et le châtiment; et en arrière, armé d'un fouet en lanières de cuir, suivait le bourreau.

« Le tribunal fixait la quantité mais non la qualité des coups à recevoir; c'était un compte qu'il laissait à débattre entre le coupable et l'exécuteur. Au patient le plus pauvre ou le plus avare, l'âne le plus lent, le fouet le mieux fourni, marquant sans relâche, sur ses épaules, les temps forts de quelque séguidille chantonnée par le bourreau, *allegro vivace*. Pour un ducat, deux ducats, quatre, six ducats, et selon le chiffre, un âne plus jeune, un fouet plus maigre, et une chanson variant de l'*allegretto* à l'*andantino*, à l'*andante* ou au *largo*. Le métier de bourreau, comme on le voit, ne laissait pas que d'être fort lucratif.

⁴ Page **101**. — Au cri de « aide à la justice, » chaque passant s'arrêtait et prêtait main-forte. « Ce cri, dit Quevedo (*loco citato*, comme écrivent les savants), ce cri, semblable à un coup d'escopette

qui, tiré au milieu d'une ruine, en ferait sortir des centaines d'oiseaux de nuit, amène en un instant sur le lieu de la scène un troupeau de recors. »

⁵ Page **103**. — Ce *Juan Guarisma* paraît être un personnage proverbial dont l'histoire m'est totalement inconnue. J'en ai appelé en vain aux souvenirs de plusieurs Espagnols et à quelques traditions écrites.

CHAPITRE IX.

¹ Page **108**. — Ce passage et ceux du même genre où don Quichotte se complaît en rêveries chevaleresques sont des réminiscences de romans et d'histoires merveilleuses. Qu'on me pardonne d'ignorer quelquefois, contrairement à mon devoir, de quel livre sont tirés ces souvenirs.

² Page **109**. — Don Quichotte a dit plus haut (chap. II, page 29) qu'un héros des temps romantiques s'était appelé le chevalier de l'Ardente-Épée. Voir le récit de la naissance de ce héros dans la chronique de Lisvart de Grèce.

(*Chronica de los famosos y esforzados caralleros Lisuarte de Grecia, hijo de Esplandian, imperador de Constantinopla, y de Perion de Gaula.*—Séville, 1525. *In-fol.*)

CHAPITRE X.

¹ Page **113**. — J'ai blâmé le rôle que joue le licencié Valentin lorsque don Quichotte arrive à Ateca, je blâmerai plus encore celui que prend don Alvaro. A Argamésilla c'est sans intention, apparente du moins, et uniquement parce que l'auteur en a besoin ainsi, qu'il laisse entre les mains du chevalier ce moyen séduisant de reprendre sa vie aventureuse : l'armure de Milan. Il n'est encore à nos yeux que le complice involontaire de nouvelles extravagances. A la porte de la prison, il va même jusqu'à traiter sévèrement don Quichotte, et à s'affliger de ses malheureuses fantaisies. Maintenant ses manières changent, il provoque cette triste folie, il s'en amuse sans remords, et le pauvre hidalgo malade devient un jouet dont il abuse. Singulier accord chez les deux romanciers, chez Cervantès et chez Avellaneda! Ils exploitent leur héros, le ridiculisent à merci, et ne le mettent pas une seule fois aux prises avec un homme assez sérieux, assez humain pour lui faire de sages remontrances, ou au besoin pour lui imposer l'autorité d'un loyal intérêt. Le curé et le bachelier

Carrasco tentent, il est vrai, plusieurs fois de le ramener, ils y sont portés par des motifs de parenté et de voisinage ; messire Valentin l'essaye aussi, mais mollement, sans insistance et seulement par devoir, parce qu'il est serviteur de Dieu; mais les autres ! tous l'excitent, tous le poussent, tous se plaisent à l'enivrer chaque jour davantage. C'est un jouet, un amusement de haut goût, et leur humanité ne va pas jusqu'à en accepter la privation ! Ces remarques me remettent en mémoire le jugement porté sur Cervantès par une femme de grand esprit, et je suis heureux qu'il complète si bien ce que je viens d'exprimer.

« Je n'ai jamais pardonné à Cervantès, dit Mme Sophie Gay, dans son roman d'*Ellenore*, d'avoir fait don Quichotte ridicule. Il comptait sans doute sur le sérieux de l'esprit espagnol pour admirer la loyauté, la sensibilité, le courage de son héros à travers sa folie comique ; autrement il serait inexcusable d'avoir fait rire aux dépens des plus rares vertus humaines : l'amour du prochain, l'abnégation de soi-même, le dévouement au malheur. »

[2] Page **115**.—« *Todas las inmundicias que Dios le ha dado.* » Ceci est au nombre des graves indécences que les commentateurs ont reprochées à Avellaneda ; c'est ce que Clémencin appelle badinage de cabaret et d'écurie. J'ai démontré, dans l'introduction placée en tête de ce volume, que Cervantès ne doit rien à cet égard à son compétiteur ; et je n'ai pas relevé tout ce qu'il risque en ce genre. Sancho qui trouve la belle Dorothée fort à son goût ne souhaite-t-il pas quelque part « que toutes les puces de son lit soient ainsi faites ? »

CHAPITRE XI.

[1] Page **123**.—J'ai supprimé ici une longue description fort oiseuse en cette place, à mon avis, de la décoration du lieu choisi pour la joute, et des arcs de triomphe qui s'élevaient aux deux extrémités de la rue del Coso. C'étaient les statues de Charles-Quint vêtu à la romaine, ayant à sa droite le célèbre duc d'Albe, à gauche don Antonio de Leyva ; de Philippe II, escorté de Philippe III d'un côté, de don Juan d'Autriche de l'autre ; puis des chiffres, des devises, des inscriptions sans nombre, entre autres celle-ci placée auprès de Charles-Quint, à côté d'un groupe de Turcs captifs prosternés sous le pied gauche du grand empereur :

Qui oves amat in lupos sævit.

Je n'aurais pas parlé de cette suppression, qu'on aurait souhaitée si j'avais rigoureusement traduit le tout ; mais j'y suis obligé par l'apostrophe que Cervantès (chap. LIX) adresse à Avellaneda au sujet de cette course de bagues. C'est long sans doute et peut-être déplacé, mais non pas *dépourvu d'invention et pauvre de style.* L'injure n'est pas méritée.

² Page **123**.—Ici encore, et pour le même motif, je me suis abstenu de décrire un à un les costumes des concurrents, et de citer les devises de leurs armes. C'était assurément sans aucun intérêt.

³ Page **124**.—Don Quichotte s'attribue ici le fait du chevalier Garcilasso de la Vega, l'un des ancêtres du célèbre poëte.

Ce chevalier fut surnommé Garcilasso de l'*Ave Maria*, parce qu'il tua en combat singulier un guerrier more qui par moquerie portait les mots *Ave Maria* à la queue de son cheval.

Ce fait eut lieu, en 1340, à la bataille du Rio-Salado, gagnée, devant Tarifa, par les rois de Castille et de Portugal, contre le roi de Maroc Albohacen et contre le roi de Grenade Mahomad. *Garci-Lasso* de la Vega y Mendoza était grand majordome de don Fadrique, frère du roi de Castille, et grand sénéchal du royaume; il commandait l'avant-garde à la bataille. Ses armes portèrent depuis les mots *Ave Maria gratia plena* en lettres d'or sur champ d'or.

> Sobre verde reluzia
> La vanda de colorado.
> Con oro con que venia
> La celeste Ave Maria
> Que se ganó en el Salado.   (*Ancienne romance.*)

⁴ Page **129**.—La vieille Célestine était aussi *mas conocida que la ruda,* « plus connue que la rue. » On sait que cette plante, de la famille des rosacées, était fréquemment employée aussi bien que la verveine, aussi bien que le pouliot, le nard, le laurier blanc, le bec d'or, etc., dans les pratiques mystérieuses ayant pour objet les amours d'autrui.

⁵ Page **130**.—*Maria Castaña la femme du Grand Juif*. Mari-Castaña est un personnage populaire dont l'histoire m'est complétement inconnue. Je ne sais d'elle que ce pauvre refrain devenu proverbial :

> En los tiempos de Mari-Castaña
> Los pollitos solian piar.

« Au temps de Mari-Castaña, les poussins piaulaient. »

⁶ Page **132**.—Sancho, selon sa coutume, fait dire aux proverbes le contraire de ce qu'ils signifient, ainsi « mieux vaut tôt que tard; Dieu aide l'homme matinal; mieux vaut l'oiseau dans la main que la grue qui vole. »

CHAPITRE XII.

¹ Page **134**.—Voir la note 13 du chapitre IV.

² Page **137**.—Cette scène de gloutonnerie bouffonne est un des progrès que fait le caractère de Sancho sous la plume d'Avellaneda. Le lecteur remarquera en effet que ce n'est que dans la deuxième Partie de Cervantès que Sancho nous donne ces preuves de gourmandise qui concourent à sa célébrité. Dans la première Partie il est seulement homme de bon appétit, peu disposé au jeûne; mais nullement avide de bonnes et nombreuses choses comme chez Gamache, comme à Barataria, comme chez le duc et la duchesse. Ainsi, chez les chevriers (chap. XI de la 1ʳᵉ Partie), Sancho attend auprès du feu que les quartiers de chevreau soient cuits assez à point « pour les transvaser de la marmite en son estomac. » Après la déroute des douze prêtres qui accompagnaient un corps mort (chap. XIX), il dévalise un mulet qui était chargé d'excellentes provisions de bouche; ceci n'est que de la précaution, et le repas qui se fait à la suite se passe avec calme. Dans la Sierra-Moréna, le doux péché se montre peut-être un peu plus : Sancho se console de la perte de son âne, volé par Ginesille, en restaurant son estomac avec les débris qui restent du butin fait sur les prêtres du convoi. « Tout en marchant, il tire du sac pour mettre en son ventre, et il se trouve si bien de cette manière d'agir, qu'il ne donnerait pas une obole pour rencontrer une autre aventure. » (chap. XXIII.)

Plus tard, lorsqu'il rencontre le curé et le barbier (chap. XXVI), le pauvre homme demande à manger; mais, tout simplement, quelque chose de chaud. N'est-ce pas naturel? Il descend de la montagne, l'air est vif, et Cardenio a achevé les provisions des bons pères. Bon appétit soit, mais gourmandise point.

Avellaneda développe ce caractère et le présente du côté plaisant. Il fait de Sancho un glouton de premier degré. Me permettra-t-on de dire que c'est peut-être sous l'inspiration de son rival que Cervantès en fait autant dans sa seconde Partie? Et cependant le maître n'est pas content de la hardiesse de son compétiteur, et le Sancho de la seconde Partie de Cervantès se plaint, fort injustement à mon avis (chap. LIX), de ce qu'Avellaneda le peint sous de pareils traits.

³ Page **138**.—Ces boulettes, dans l'espagnol *albondigas* ou *albondiguillas*, étaient un mets fort recherché, et j'en ai retrouvé la

recette, au profit de l'une des futures éditions du *Cuisinier de la ville et de la campagne*. Elles se composaient de viande ou de poisson haché, d'œufs, de lard et d'épices, le tout partagé en petites boules grosses à peu près comme des noix.

Sancho fait à propos de la similitude des deux mots *albondiga* et *alhondiga* (ce dernier signifie grenier) un jeu de mots que je n'ai pas essayé de reproduire.

⁴ Page **139**.—Texte : *Cuerpo de san Ciruelo!* Il faut dire ici la vérité : *Ciruelo* signifie prunier, pour tout le monde, comme *ciruela* signifie prune. Mais dans l'exclamation de Sancho, *san Ciruelo* a une certaine signification bohème et ordurière que je ne saurais donner, et que ma traduction laissera peut-être deviner si on veut bien chercher.

⁵ Page **139**.—Célestine (acte III) en dit autant de sa vieille amie Claudine. « Jamais elle ne revenait sans avoir goûté huit ou dix bonnes choses, et sans rapporter ses deux litres de vin dans sa cruche et autant dans le corps. »

⁶ Page **139**.—Autre recette pour la *Cuisinière bourgeoise*. Ce blanc-manger était fait de blanc de volaille, de lait, de farine de riz et de sucre; on le servait en forme de boulettes. Dans quelques provinces de l'Espagne on n'y mettait pas de blanc de volaille.

⁷ Page **140**.—Je suis obligé ici de me citer encore, et de reprendre une note du *don Pablo de Ségovie*.

« On avait grand soin, au bon vieux temps, si quelqu'un éternuait, de lui dire tout aussitôt « Dieu vous bénisse, » de peur sans doute que le diable ne profitât de l'étourdissement momentané causé par l'éternument, pour s'emparer du patient sous forme de rhume de cerveau. Aujourd'hui on ne dit plus « Dieu vous bénisse, » on aurait trop à faire, grâce au divin tabac de Sganarelle; on se contente de saluer, de s'incliner, et souvent on n'y fait pas attention. Pourquoi, d'ailleurs, ne saluerait-on pas tout aussi bien les gens qui toussent, qui crachent, qui bâillent, ou autre chose?

« Le bâillement a, en Espagne, sa loi, son traitement particulier; c'est un préjugé de vieille date et qui n'est point encore déraciné. Les bonnes femmes de la Manche racontent, pour le justifier, que lorsque le diable transporta Jésus-Christ sur la montagne, le fils de Dieu bâilla. L'action était légitime après un jeûne de quarante jours et après les longs discours de Satan. Jésus donc ayant bâillé, le diable fit un mouvement pour s'introduire par l'ouverture, et c'en était fini du Sauveur, s'il n'eût fait précipitamment, en travers de sa bouche, un signe de croix.—Il y a ici évidemment un anachronisme, le signe de croix date de moins loin, et j'en laisse la responsabilité aux vieilles femmes de la Manche. —Toujours est-il que Satan recula. Et depuis ce temps nul ne bâille en Espagne sans se faire, avec le pouce, une croix devant la bouche. »

⁸ Page **141**.—Trois vares de haut=dix pieds.

⁹ Page **142**.—Voir à ce sujet la note 2 du chapitre vi.

¹⁰ Page **145**.—Il est inutile de rapporter ici la légende de N. D. del Pilar. Elle est par trop populaire. On sait que la Vierge apparut à l'apôtre saint Jacques de Compostelle, qu'elle se posa sur un pilier autour duquel s'éleva depuis l'église cathédrale de Saragosse, qu'elle est la patronne toujours invoquée des Aragonais et la protectrice de leur ville.

¹¹ Page **145**.—J'ai cité ce serment plus haut. Note 15 du chapitre iv.

¹² Page **146**.—Le texte dit : *con la reina de espadas, copas, bastos ni oros*. Il eût été plus correct de ne pas introduire dans le texte nos termes français, et de traduire « la reine d'épée, de coupes, de bâtons et d'or; » mais cela n'eût pas été compris et eût nui au comique de la réplique.

On voit qu'il s'agit des signes des *naïpes*, les cartes espagnoles. Les *oros* sont des petits disques peints en jaune et rappelant des pièces d'or; les épées (*espadas*) ont la lame d'acier et la poignée d'or; les *bastos* sont des branches d'arbre peintes à peu près des couleurs naturelles; les *copas* représentent des coupes ou des calices de couleur jaune et diversement modelés. Ce sont là du reste les figures de nos tarots anciens qui représentaient le roy, la royne ou le cavalier de coupes, de deniers, d'espées et de bâtons; ces derniers, d'abord branches d'arbre, devenant tour à tour massues, bâtons de commandement ou sceptres royaux. Dire maintenant comment et à quelle époque nos quatre couleurs actuelles du jeu de cartes ont remplacé les signes des tarots, c'est le fait des traités intéressants qui se sont faits sur cette matière.

CHAPITRE XIII.

¹ Page **158**.—Littéralement les villes de *Bon-gré* et de *Renommée-du-goût*. L'auteur, assurément, l'a entendu ainsi, et n'a pas voulu parler de Belgrade, la capitale de la Servie, et de Famagouste, ville épiscopale dans l'Asie.

² Page **159**.—« *Vous êtes messager, mon ami, vous ne méritez aucune peine*, » se dit le Sancho de Cervantès au chapitre x de la 2ᵉ Partie, lorsque don Quichotte l'envoie complimenter Dulcinée.

« *Que la faute ne me soit pas imputée, car je ne suis que la messagère du coupable*, » avait dit aussi Célestine en portant la séduction dans le cœur de Mélibée (acte iv).

NOTES DU CHAPITRE XIV.

Cette pensée, très-populaire et devenue proverbiale, est prise à l'une des romances de Bernardo del Carpio (vIII^e siècle).

> Con cartas un mensagero
> El rei al Carpio envió;
> Bernardo, como es discreto
> De traicion se receló.
> Las cartas echa en el suelo,
> Y al mensagero así habló :
> *Mensagero sois, amigo;*
> *Non mereceis culpa, non.*

Elle se retrouve plus tard dans une romance du comte Fernand Gonzalez (xe siècle).

> *Mensagero eres, amigo,*
> *No mereces culpa, no.*

CHAPITRE XIV.

1 Page 163.—Le texte dit : *Vos sois el puerco espin y medio celemin, y el tragador de puercos espines y medios celemines.*

2 Page 167.—Je répète ici qu'il est pénible de voir messire Valentin, un homme grave, dégagé des folies de ce monde, se prêter, après avoir tenté la guérison de don Quichotte, à ces tristes plaisanteries. On aimerait à lui voir faire maintenant à son hôte un accueil plus réservé, plus digne d'un homme qui a charge d'âmes, et à ne pas l'entendre proclamer ce pauvre fou le miroir de la chevalerie errante.

3 Page 169.—Sancho mesure son estime pour les hommes à la capacité de leur estomac. A ses yeux, c'est un grand mérite que de consommer 350 à 400 litres de nourriture par jour.

4 Page 170.—Avellaneda, qui devait toujours avoir le comique en vue, aurait dû faire plutôt de Bracamont un soldat fanfaron comme celui de Quevedo; il eût égayé son livre autrement que par le récit du siége d'Ostende. Le soldat fanfaron est d'ailleurs un des types heureux du roman et du drame espagnols; les vieux livres du xve et du xvie siècle, le théâtre de Lope et de Calderon nous en donnent des preuves fréquentes. Tel est le soldat que rencontre don Pablo sur le chemin de Madrid à Ségovie. Il étale des blessures qui ressemblent plutôt à des cicatrices de furoncles et d'engelures qu'à autre chose ; il parle bien haut de ses exploits en Flandre, au sac d'Anvers ; chaque caillou, chaque ornière lui donne lieu à une démonstration de l'art de fortifier les places ; il jure le Christ, il jure Dieu, prétendant que le juron est inséparable du métier des armes ; et, campé sur la hanche, le poing sur la garde de son épée vierge, il dirait volontiers comme le Garcès de certaine comédie de Calderon (le *Siége de l'Alpujarre*) : « Qu'importe qu'ils soient tous contre moi, si c'est moi qui me défends ! »

⁵ Page **171**.—Sancho fait comme le singe de la fable, et comme certain poëte de nos jours qui prirent, l'un Milo, l'autre le Pirée pour des hommes.

⁶ Page **174**. — *Érase que se era, en hora buena sea, el mal que se vaya, el bien que se venga, á pesar de menga. Érase un hongo y una honga que iban á buscar mar abajo reyes*........

CHAPITRE XV.

¹ Page **175**.—Ce conte du *Riche désespéré* et celui des *Amants fortunés* que dit ensuite l'ermite, sont beaucoup plus longs dans l'original que ceux qu'on va lire. Je n'ai pas voulu les supprimer en entier comme l'a fait don Blas Nasarre, dans l'édition originale de 1803 ; je me suis borné à en éloigner de longs verbiages, des digressions nombreuses, et certains détails d'une révoltante crudité que ne saurait reproduire la plume la plus habituée aux nudités qui se disent aujourd'hui. Ceci n'est donc plus une traduction, mais une imitation corrigée et amendée. On pensera à propos de ces mots : « Crudité révoltante, » que je reconnais ici incidemment l'obscénité tant reprochée à Avellaneda ; mais qu'on remarque que ces deux histoires n'appartiennent pas aux nouvelles aventures de don Quichotte, qu'elles ont été intercalées pour suspendre l'action, pour donner plus de corps au volume. Il me semble, en outre, qu'elles ont été habilement choisies, et que l'action dramatique de l'une, l'allure mystique de l'autre, forment un heureux contraste avec les placides aventures du héros manchois. Ces nouvelles ne sont pas, d'ailleurs, du fonds d'Avellaneda, la seconde, du moins, que d'autres avant lui avaient recueillies parmi des légendes d'outre-Rhin (voir la note qui suit, chap. xx).

CHAPITRE XX.

¹ Page **218**.—Cette curieuse légende a couru le monde. La donnée en est ancienne, et a servi de texte à d'autres récits, avant et après le nôtre, et sous des formes variées.

Elle appartient authentiquement à sainte Béatrix, religieuse de l'ordre de Fontevrault. Elle date du commencement du xiiie siècle, et le premier écrivain qui l'ait recueillie est Césaire d'Heisterbach, moine de Cîteaux, qui mourut en 1247, et qui consacra un livre étendu aux faits merveilleux survenus de son temps dans l'Allemagne, qu'il habitait *(Illustrium miraculorum et historiarum mirabilium libri* xii.—Cologne, in-8º, 1599). La miraculeuse apparition eut lieu à Cologne, dans un monastère dont Césaire ignorait le nom ; et elle produisit un tel effet sur les esprits du temps, qu'un monument élevé à la Vierge, dans la célèbre cathédrale, auprès du tombeau des rois, en conserva longtemps le souvenir. Un siècle après Césaire, et vers 1310, la légende de Béatrix fut racontée par un moine italien, de l'ordre des Dominicains, Jacques Passavanti *(Specchio della vera penitenza.*—Florence, 1573 et 1580, in-12). C'est à celui-ci, sans doute, qu'Avellaneda l'a empruntée, en changeant, du reste, complétement le récit, qui est d'une simplicité extrême dans les livres de Césaire et de Passavanti. Plus près de nous, elle fut reproduite par le R. P. Honoré Niquetus, dans une histoire de l'ordre de Fontevrault ; puis par Vincent Charron, qui, dans un *Calendrier historique de la mère de Dieu,* place au 9 février le retour de Béatrix à son couvent ; puis encore par le P. Théophile Raynaud, de la société de Jésus, dans un étrange chapitre de ses œuvres nombreuses (10 vol. in-fol. —Lyon, 1665), intitulé : *Penitentia sordes turpitudinem extergens.* Enfin, de notre temps, Rutebœuf l'a racontée en vers ; Legrand d'Aussy en a fait un *conte dévot ;* M. Valeri, dans son livre, la *Science de la vie* (1842), a copié la version de Passavanti ; le *Magasin pittoresque,* en 1849, l'a gracieusement redite avec de sages variantes, et le *Musée des Familles,* en 1851, sous une forme tourmentée, accidentée, en a fait un roman abondant en péripéties. Je dirai ailleurs avec plus de détails cette curieuse pérégrination de la *Légende de Cologne* à travers les siècles.

CHAPITRE XXI.

¹ Page **222**.—Cette mention du conte de la bergère Toralva est la première critique que, jusqu'à présent, Avellaneda se soit permise à l'adresse de Cervantès. Encore faudrait-il avoir l'esprit bien chatouilleux pour s'en offenser. C'est là tout ce flot de grossières injures dont les commentateurs de Cervantès se sont tant émus.

CHAPITRE XXII.

¹ Page **230**.—Les Pléiades, les Sept Sages de la Grèce, tout cela est bien savant pour Sancho.

² Page **233**.— « Une âme seule ne chante ni ne pleure, dit aussi Célestine; tu rencontreras rarement dans la rue un moine seul; il est rare qu'une perdrix vole sans compagne; un seul mets dégoûte bien vite; une hirondelle ne fait pas le printemps....... » (Acte VII.)

³ Page **235**.—Cette balafre n'annonce en effet rien qui soit en faveur de la pauvre femme. Célestine, le type du genre, était aussi balafrée; Claudine la mère du page Parmeno, Aldonza Rebollo la mère de don Pablo avaient également le visage orné de ce « Dieu vous garde. » C'était le signe par lequel la Justice marquait ses clientes, ces femmes entre deux âges qui ne vivaient plus des profits de l'amour, et qui se mettaient au service de l'amour d'autrui; artisannes de maléfices, sorcières au petit pied, complaisantes émérites versées dans la connaissance des pratiques occultes. La *cuchillada* (balafre) était le complément des châtiments à elles réservés, le fouet, l'exposition sur l'échelle, la promenade à âne, l'emplumage, etc. Nous allons connaître peu à peu les mérites de Barbara la balafrée; son portrait est calqué de point en point sur celui de la célèbre Célestine.

⁴ Page **236**.—Tel est encore le langage de Célestine (acte IX):
« Je ne puis dire sans larmes combien j'étais honorée alors..... Des serviteurs ! je n'en manquais pas : cavaliers, vieillards, jeunes gens, abbés, dignitaires de tout genre, depuis l'évêque jusqu'au sacristain. Je voyais tomber les bonnets en mon honneur comme si j'eusse été une duchesse.... Ici on m'offrait de l'argent, ailleurs des cadeaux d'un autre genre. Ceux-ci baisaient le bord de mon manteau, ceux-là m'embrassaient au visage pour me faire honneur. Aujourd'hui la fortune m'a mise dans un tel état que tu peux me dire : « Grand bien te fassent tes savates ! »

⁵ Page **237**.—Je cite ce que je ne traduis pas :
« Que me espantó denántes cuando la vi con tan mala catadura; que habia de la cera que destilaba la colmena trasera que naturaleza me dió, para hacer bien hechas media docena de hachas de á cuatro pábilos. »

⁶ Page **238**.—Il y a nécessité de passer ici certains détails sur la vie des étudiants d'Alcala et sur leurs rapports avec Barbara. C'est dit avec une grande franchise, mais non pas avec le meilleur goût.

⁷ Page **238**.—Je passe encore ici quelques lignes : *Lopez con todos los amigos comimos de la olla que vuesa merced se traia bajo sus mugrientas sayas....*

CHAPITRE XXIII.

Page **240**.—Barbara ne dit pas comme tout le monde *ni jour* *ni nuit.* Elle honore ce qui lui est le plus profitable, et comme nos pères les Gaulois elle place les ténèbres avant la lumière.

² Page **241**.—Cette triste aventure arriva aussi à Claudine, la mère de Parmeno :

« Elle fut arrêtée quatre fois, raconte Célestine, et une fois, entre autres, sous accusation de sorcellerie. On la retint une demi-journée sur une échelle dressée au milieu de la place, et avec une espèce de mitre sur la tête. Elle faisait tout avec grâce, et sur Dieu et ma conscience! bien qu'elle fût sur cette échelle, il semblait, à son assurance et à sa fierté, qu'elle ne faisait pas plus de cas que d'un maravédi de tous ceux qui étaient au-dessous. »

³ Page **242**. — *Nata y espuma de la andantesca escudería.* Il faut dire comme Sancho, bien qu'*escudería* soit consacré par le dictionnaire espagnol, et qu'*écuyerie* ne soit pas français. C'est ici le cas, comme faisait Basile à l'endroit des proverbes, d'arranger les mots pour l'usage particulier du traducteur.

⁴ Page **244**.—Bernardo del Carpio était le héros de l'Espagne avant le Cid; il vivait au commencement du ix⁰ siècle, c'est-à-dire plus de cent ans avant l'illustre Rodrigue de Bivar.

Don Sancho Diaz de Saldagne, l'un des comtes du roi don Alfonse le Chaste, devint l'amant d'une autre Chimène, sœur du roi. De cette union naquit Bernardo. Le roi, irrité, mit en prison le comte de Saldagne, et enferma Chimène dans un couvent. Quand Bernardo fut devenu homme, il apprit le secret de sa naissance; alors revêtant des habits de deuil, il se rendit auprès du roi, dont il était le favori, et il demanda la grâce de son père; mais Alfonse jura que tant qu'il vivrait il ne mettrait pas le comte en liberté. Bernardo, fils dévoué, mais sujet fidèle, ne se révolta pas; seulement, chaque fois qu'il rendit service au roi en combattant Mores ou Français, il réclama la liberté de son père. Les autres comtes du royaume de Léon, la reine elle-même, intercédèrent en faveur de don Sancho Diaz, mais toujours Alfonse refusa. Alors Bernardo défia le roi, qui l'envoya en exil. Bernardo se retira à Saldagne avec ses amis, et se mit à courir le royaume de Léon en y faisant de nombreux dégâts.

Cependant Alfonse, qui n'a pas d'héritiers, et qui ne reconnaît pas Bernardo pour le fils de sa sœur, offre son royaume à Charlemagne, sous condition de le défendre contre les Mores. L'empereur de France vient avec son armée et ses douze pairs; mais les Castillans se révoltent, les comtes et les nobles font des remontrances au roi qui retire sa parole, et Charlemagne, furieux, s'avance pour conquérir le royaume. Bernardo se met à la tête des chevaliers de Léon, il entre en campagne contre les Français, et les combat à Roncevaux. Charlemagne est vaincu, son armée mise en fuite, le preux Roland meurt de la main de Bernardo, Léon est sauvé. Le fils du comte de Saldagne s'adresse alors encore une fois au roi et réclame son père. Alfonse cède, et promet à Bernardo qu'il verra le comte libre. Bernardo court le chercher, et le trouve hors de prison, mais mort.

Encore une fois alors, Bernardo défia et insulta le roi, et se retira de Léon, dont il ravagea les terres tant que vécut Alfonse.

⁵ Page **245**.

« Con los mejores de Asturias
Sale de Leon Bernardo,
Todos á punto de guerra,
A impedir á Francia el paso.   (*Romancero general.*)

CHAPITRE XXIV.

¹ Page **255**.— « Nous sommes dans le saint temps de carême. » Ceci n'est pas exact. Nos aventures commencent vers la fête de Saint-Bernard, 20 août, et il y a peu de jours, notre héros, l'ermite, le soldat et les chanoines se sont reposés à l'ombre d'un bouquet d'arbres pour laisser passer le moment des fortes chaleurs. Si nous calculons bien le temps passé chez messire Valentin après l'aventure de la melonnière, le séjour à Saragosse et les petites haltes pour venir jusqu'à Siguenza, où nous sommes, il doit au plus s'être passé un mois. On sait d'ailleurs que le combat contre Bramidan, à Madrid, doit avoir lieu dans les quarante jours, et don Quichotte n'est qu'à moitié chemin. Nous sommes donc seulement au milieu de septembre.

² Page **257**.—Texte : *Le echaron por lo descubierto del pescuezo mas de cuatro cientos piojos.*

³ Page **259**.—Romances du roi Rodrigue qui perdit l'Espagne en 711, pour avoir séduit la fille du comte Julien :

« La Cava et ses demoiselles, disent ces romances que j'abrége, étaient assises en rond dans le jardin, et la Cava leur proposa de se mesurer les jambes avec un ruban de soie jaune. Pour la blancheur et le reste elle eut beaucoup d'avantages sur elles.

« Et le roi vit cela, l'amour l'embrasa, il appela la Cava, à la fin de l'entrevue ce qu'il voulait se fit, et Florinde perdit sa fleur.

« Et le comte Julien, pour venger l'injure faite à ses cheveux blancs, appela les Mores en Espagne, et Rodrigue fut vaincu sur les bords du Guadalété.

« Puis Rodrigue, repentant, se retira chez un saint ermite qui, par l'ordre de Dieu, l'enferma dans un tombeau avec une couleuvre vivante. Pendant trois jours la couleuvre ne fit rien au pauvre roi, mais le quatrième elle le mangea en commençant par la partie qui l'avait tant mérité. »

4 Page **259**. — « Que me traiga la cabeza
De aquel Moro renegado
Que delante de mis ojos
Ha muerto cuatro cristianos.
(*Romances du Siége de Grenade*.)

Voy. le *Tesoro de Romanceros*, publié à Barcelone par don José de Revilla (1840, in-8° à deux col.).

Galinde, Garcilasso, le Bon Maître, Machuca et tous les autres sont les personnages les plus célèbres des deux partis, Mores et Espagnols.

5 Page **260**. — La première Partie de Cervantès ne fait aucune mention de ce passage de don Quichotte par Siguenza. Ce serait après la pénitence de la Sierra-Moréna, après la rencontre de la belle Dorothée, princesse de Micomicon ; rien d'analogue ne se rencontre dans les premiers chapitres du premier roman. Le jeune hidalgo dit aussi que don Quichotte court la campagne depuis deux ans. Cette assertion est inexacte ; un Espagnol, amateur de statistique, a calculé que toutes les pérégrinations de notre héros, comprises dans l'œuvre entière de Cervantès, ont duré seulement cent soixante-quinze jours, et celles-ci ne vont pas à plus de deux mois.

6 Page **262**. — L'espagnol dit *andantesca;* et comme *caballero andante* signifie chevalier errant, il est tout naturel que *provincia andantesca* soit traduit par *province errantesque*.

7 Page **265**. — Le texte dit : *que sabia bravamente de revender doncellas destrozadas por enteras, mejor que Celestina*. Je ne traduis pas.

CHAPITRE XXV.

1 Page **271**. — On comprend que Sancho retourne le proverbe selon sa vieille habitude.

2 Page **276**. — Je crois que j'apporte ici une pudeur inutile. A quoi bon taire le mot quand j'indique la chose, et remplacer par une réticence cet assemblage de quatre lettres que le lecteur a tout de suite prononcé. Le texte dit : *piojos*, la traduction : *poux*.

3 Page **278**. — On me pardonnera de n'avoir mis qu'un n à Ana

selon l'orthographe espagnole. Avec les deux nn la traduction de ces strophes eût été impossible. C'est un petit jeu d'esprit qui présentait d'assez sérieuses difficultés. L'original compte douze couplets, je m'en suis tenu à onze, et c'est peut-être trop.

⁴ Page **279**.—Sancho ne serait décidément pas fâché d'être d'église. Voir à ce sujet la note 8 du chap. vii.

⁵ Page **279**.—On trouvera sans doute que Sancho se fait raisonneur, et qu'il lui vient un assez mauvais esprit; mais licences, croix, cloches, ampoules, tout cela n'est pas de lui. C'est une nécessité de traduction pour exprimer le jeu de mots formé par *cardenales* (*nos han hecho mas cardenales que hay en Roma*, etc.) Le mot espagnol signifie à la fois cloche, ampoule, meurtrissure, et il a été souvent employé dans ce double sens.

Ainsi don Pablo : « Mon père rentra chez lui avec deux cents cardinaux, à qui on ne disait pas : monseigneur. »

CHAPITRE XXVI.

¹ Page **282**.—Sancho s'est longtemps refusé à prendre une auberge pour un château, il y vient enfin. Est-ce une concession aux faiblesses de son maître, est-ce un sarcasme, est-ce plutôt parce que la maladie le gagne?

² Page **282**. — J'ai justifié plus haut (note 3 du chap. xxiii) le mot *écuyerie*.

³ Page **284**.—Avellaneda a-t-il eu l'intention de désigner quelque poëte de son temps sous le portrait du directeur des comédiens? Il est bon que l'on sache que cette haute taille et ce visage bruni sont dans l'original, autrement on soupçonnerait le traducteur de s'être amusé à donner à ce maître cabotin l'image d'un illustre dramaturge et romancier de nos jours.

⁴ Page **285**.—Je répète ici que c'est après Avellaneda, et à peu près avec les mêmes détails, que Cervantès fait rencontrer don Quichotte avec une troupe de comédiens. Le héros de Cervantès prend les siens pour des fantômes, le nôtre y voit l'enchanteur son ennemi entouré d'une bande de soldats. L'épisode de Cervantès est court et se termine, comme tous, par des chutes et des coups; celui-ci est plus étudié et sans contredit plus intéressant; il nous donne une idée complète des mœurs des artistes nomades de ce temps.

⁵ Page **286**. Ce passage est au nombre de ceux pour lesquels

Clémencin et don Grégorio Mayans accusent Avellaneda d'obscénité.

6 Page **292**.—« .... Lo tiene tan bien contado y medido mi muger Mari-Guttierez, que por momento lo reconoce y pide cuenta dello, y por poco que le faltase, lo echaria luego ménos, y seria tocarle en las niñas de los ojos, y me diria que soy un perdulario y desperdiciador de los bienes de naturaleza. »

7 Page **292**.—« .... Y es que no sé de adonde la podremos retajar, porque no tiene debajo del cielo de adonde. »

CHAPITRE XXVII.

1 Page **299**.—La *bulle de composition* s'accordait aux personnes qui avaient des biens appartenant à des inconnus, et qui voulaient mettre d'accord leurs scrupules de restitution avec leur possession accidentelle. Le vendeur de bulles (*bulero*) qui prit Lazarille de Tormès à son service, *tenait* dans sa boutique la bulle de composition parmi celles qu'il débitait pour le compte du gouvernement.

2 Page **300**.—El testimonio vengado.

3 Page **300**.—J'ai dit dans l'*Introduction*, en tête de ce volume, que Cervantès s'est inspiré de cet épisode, le plus heureux assurément de tout le livre d'Avellaneda, lorsqu'il a fait assister son héros à une représentation dans laquelle celui-ci prend parti pour des marionnettes, met l'épée à la main, et disperse à coups d'estoc et de taille le théâtre, les décors, les figures et tout le reste. Clémencin veut bien concéder que Cervantès ait emprunté à Avellaneda quelques passages sans valeur, que je n'aurais pas la pensée de réclamer au profit de celui-ci : le ragoût de vache, le juste et petit soulier, la demande de deux réaux. Il veut bien même avouer que, *pour ces riens, le continuateur aragonais a l'avantage sur les imitations de Cervantès;* mais le savant commentateur ne s'est pas occupé de l'épisode des *Cortès de la Mort;* il ne dit rien, non plus, lorsqu'il arrive à celui des *Marionnettes*, quelque valeur qu'aient ces deux emprunts comparativement à celui qu'il nous impute. Cet homme qui assiste gravement à une représentation, qui s'identifie aux choses dont il est témoin, qui prend fait et cause pour les personnages, qui proteste en faveur de l'innocence opprimée, dégaine et défie l'oppresseur, c'est du haut comique, non moins que la scène où notre héros, après avoir battu Sancho, met le fait sur le compte de Bramidan, et plaint son gémissant écuyer. Cervantès n'a pas emprunté à Avellaneda cette dernière idée, il ne

26.

pouvait tout prendre, mais il s'en est donné tout à l'aise avec l'aventure de la représentation.

Maintenant, dans la comparaison des deux scènes, donnât-on la préférence à celle des Marionettes, parce qu'elle est plus développée et accompagnée de détails plus attrayants, il reste à Avellaneda l'honneur de l'idée, l'avantage d'une sobriété plus grande et d'une exécution plus logique. Il est plus permis à un homme de se laisser prendre à une scène où des personnages animés récitent la belle poésie de Lope de Vega, que de croire à une plaisanterie muette, jouée par des bons-hommes de bois et racontée seulement, au bout d'une baguette, par un jeune garçon ignorant. Quelle que fût la perfection mécanique des joujoux de maître Pierre, don Quichotte, qui interrompait souvent l'interprète pour lui donner des leçons d'à-propos et de correction, n'était pas assez aveugle encore pour s'illusionner si subitement. Il serait trop facile de mettre cela sur le compte d'une lubie spontanée. Rendons généreusement à chacun ce qui lui appartient, et laissons à Avellaneda, quoi qu'on dise, tout le mérite d'une charmante invention.

⁴ Page **303**.—Ceci, en revanche, a une grande ressemblance avec cette grande querelle qui s'élève, au chapitre XLIV de la première Partie de Cervantès, entre Sancho et le barbier à qui avait appartenu le luisant plat à barbe dont le chevalier s'est fait un armet. Le barbier, mis en fuite par don Quichotte, avait laissé là, on se le rappelle, son âne tout bâté. Sancho, qui n'était pas muni de la bulle de composition, et qui se sentait quelque scrupule de s'emparer de l'âne, échangea seulement son bât contre celui du barbier, qui était meilleur. Au chapitre XLIV, le barbier survient, il reconnaît son bien et le réclame, de là la querelle. Il prend le bât d'une main, de l'autre il saisit au collet l'ami Sancho, qui lui allonge des gourmades, et qui déclare que le bât lui appartient de bonne guerre. Don Quichotte assiste à la lutte, applaudit au courage de Sancho, et déclare que le bât n'est pas un bât, mais une selle, pas plus que l'armet n'est un plat à barbe. Sur ce terrain, la dispute prend de grandes proportions; tous les assistants interviennent, les uns pour, les autres contre; ceux-ci, parce qu'ils ne voient que la vérité; ceux-là, pour se prêter à la plaisanterie; les injures s'échangent, on court aux armes; don Quichotte brandit sa lance; la sainte Hermandad s'en mêle; le désordre est à son comble, comme au camp d'Agramant; et on reconnaît enfin que le bât est un bât, et l'armet un bassin de rosette. Le barbier reprend

son bât; on lui paie son plat à barbe huit réaux, et le calme renaît comme par enchantement.

⁵ Page **305**.—*Avis au public* (voir la note 3 du chap. xxii).

⁶ Page **308**.— *Alon que pinta la uva.* « J'en ai assez dit, parlons d'autre chose. »

CHAPITRE XXVIII.

¹ Page **311**.—Don Quichotte, sans que rien l'explique, paraît accorder très-bien dans son esprit l'existence de Barbara comme reine des Amazones et comme habitante d'Alcala. On voit que, ballotté entre sa manière de la voir et les dires de tous ceux qui l'entourent, son esprit trop paresseux ne veut rien éclaircir, et qu'il évite soigneusement de s'expliquer sur quoi que ce soit. Il fait la sourde oreille, et il n'est pire sourd que celui qui ne veut entendre. Il semble que ses organes aient maintenant de la sensibilité sur un seul point; la chevalerie; que son timbre ne résonne que sous cette seule touche, et que son esprit ne sache plus comprendre autre chose.

² Page **312**.—*Ea que leon*, dit Barbara — *Ea que sierpe*, répond Sancho. Textuellement, et dans l'argot de Bohême, *leon* signifie entremetteur; *sierpe*, femme de mauvaise vie.

³ Page **312**.—Si don Quichotte n'avait pas quelque doute sur l'identité de Barbara comme reine, il ne pousserait pas l'oubli des règles de la chevalerie et de la galanterie jusqu'à la faire asseoir à la même table que Sancho, et à vouloir former entre eux un traité d'amitié.

⁴ Page **321**.—*Arceaux* pour traduire *suportales*. Expression que connaissent nos villes du midi, et qui s'applique aux galeries que forment, dans la plupart des rues, les rez-de-chaussée des maisons qui appartiennent de la sorte à la circulation publique. Rien ne donne à une rue un aspect plus triste, ces *arceaux* sont bas—la hauteur d'un rez-de-chaussée ordinaire—plafonnés, soutenus vers la rue par des piliers massifs et carrés, les boutiques ouvrant au fond n'ont que peu d'air et de jour, la *flânerie* n'y est pas d'usage, le passant y marche lentement et la tête basse; et dans les villes d'Espagne, la chaussée où l'herbe croît n'est guère parcourue, comme on disait à Séville et à Cadix, après notre campagne de 1823, que par des chiens ou par des Français.

⁵ Page **323**.—L'équivoque du mot *chevalier* dit à un aubergiste est moins sensible dans l'original, et ne choque pas comme ici. *Caballero* signifie *cavalier* tout aussi bien que *chevalier*, et il devait paraître naturel à l'hôte d'être appelé *cavalier* puisque tel est l'usage. Deux portefaix se diraient l'un à l'autre *votre grâce* et *seigneur cavalier*. Ici donc la traduction exagère l'intention de l'auteur. Il arrive plus souvent au traducteur d'être inférieur à son sujet.

CHAPITRE XXIX.

¹ Page **330**.—Tout ce monde là s'entend trop bien à railler le pauvre don Quichotte; c'est toujours le même esprit et la même manière. Voici un alguazil savant et facétieux plus qu'il n'est permis; nous ne sommes pas habitués à trouver pareille verve et tant de courtoisie chez ses pareils.

² Page **332**.—Ceci me semble également de bien mauvais goût dans la bouche d'un homme sérieux.

³ Page **333**.— ..... *desagradecida á las mercedes que me ha hecho*.... J'ai traduit *ingrate à ses bontés*; c'est une licence de haut style que Barbara, tripière d'une illustre université, peut bien se permettre en passant.

Racine a dit :

« Ces mêmes dignités
Ont rendu Bérénice ingrate à vos bontés, »

et Voltaire (*Mort de César*) :

« Ingrat à tes bontés, ingrat à ton amour. »

⁴ Page **334**.—Nuño Rasura et Layn Calvo furent juges ou comtes de Castille, lorsque les Castillans se séparèrent des royaumes d'Oviedo et de Léon en refusant obéissance. Ils forment l'illustre souche de la famille du Cid.

Layn Calvo épousa doña Teresa, fille de Rasura, et ils eurent pour fils Hernan ou Fernand Laynez; le fils de celui-ci fut Layn Hernandez, le petit-fils Nuño Laynez, l'arrière-petit-fils Diego Laynez —le don Diègue de Corneille—père de Rodrigo-Diaz ou Ruy-Dias de Bivar—le Cid.

CHAPITRE XXX.

¹ Page **340**.—Fernan Gonzalez est une autre grande figure de l'Espagne romantique. Il fut comte de Castille, et Nuño Laynez,

l'aïeul du Cid, fut un de ses chevaliers. Or voici comment Fernan Gonzalez devint seigneur indépendant du comté de Castille qui fut plus tard un royaume. Le comte, feudataire du roi don Sancho Ordoñez de Léon, possédait un beau cheval et un faucon que celui-ci désira et dont il offrit un prix considérable. Fernan Gonzalez stipula que si le roi ne s'acquittait pas à une époque déterminée, la somme serait doublée à chaque jour de retard. La dette du roi devint insolvable, et le comte y renonça à la condition d'être dispensé de foi et hommage.

Fait prisonnier par le roi de Navarre, Fernan Gonzalez fut aimé de l'infante fille du roi, qui le fit échapper de sa prison et s'enfuit avec lui. Plus tard il fut attiré à Léon par le roi don Sancho Ordoñez qui s'empara de lui et le fit jeter en prison. L'infante de Navarre, devenue l'épouse du comte de Castille, apprenant sa captivité, courut à Léon et demanda au roi la grâce de voir Fernan. Le roi le permit, et la comtesse, enfermée avec le comte, prit ses vêtements et lui donna les siens. Le comte sortit en se couvrant le visage, et, sous les murs de Léon, trouva ses chevaliers avec lesquels il rentra en Castille. Le roi don Sancho félicita la comtesse, la fit sortir de prison, la fit reconduire à son mari, engageant les femmes à venir, « soit de grand, soit de petit état, » à prendre exemple sur elle. Aussi fut-il plus d'une fois suivi l'exemple de la comtesse de Castille.

CHAPITRE XXXI.

1 Page **348**.—Ces jeunes seigneurs se prêtent ici, d'un commun accord, à une longue plaisanterie qui n'est ni spirituelle ni de bon goût. Elle produit sur le lecteur, si je dois invoquer mes propres impressions, un effet pénible. Aucun des tristes questionnaires de don Quichotte n'est intéressant, et le résultat de leur comédie est plutôt d'apitoyer davantage sur ce pauvre homme, que chacun pousse un peu plus vers la folie complète. Il n'y a dans tout cela que Sancho qui amuse, et le rire qu'il cause est de bon aloi.

Il y aurait un curieux rapprochement à faire entre les chapitres d'Avellaneda qui traitent du séjour de don Quichotte à Madrid, et ceux de la seconde Partie de Cervantès qui racontent les aventures de notre héros chez le duc et la duchesse. Ici et là don Quichotte subit les mêmes mystifications. Est-ce parce que tel était l'esprit de l'époque, est-ce seulement parce que Cervantès, comme dans d'autres passages de la seconde Partie, s'est mis aveuglément à la remorque d'Avellaneda? Les inventeurs de *suites*, Lesage et les autres, ont suivi le même système ; on ne se contente pas de laisser progresser la folie du pauvre chevalier, on se joue toujours de lui à l'envi, et on le mystifie partout cruellement.

² Page **348**.—C'est la seconde et la dernière fois qu'il est question de l'œuvre de Cervantès avec quelqu'apparence de dédain, encore est-ce bien indirect. Si, ce que nous ne savons pas, Avellaneda avait quelque motif de se plaindre de Cervantès, ainsi qu'il le dit dans son prologue, du moins a-t-il évité de faire servir son roman à ses récriminations. Cervantès, plus offensé, et plus justement sans doute, a eu le grand tort d'attrister, des élans répétés de sa colère, les derniers chapitres de son livre.

³ Page **351**.—Valladolid en Castille, Lisbonne en Portugal, ces deux expressions signifient, sans doute, selon le sens du discours de Sancho que l'une vaut l'autre. Écuyer pour écuyer, maître pour maître, capitale pour capitale. Valladolid a été longtemps, en effet, pour la Castille ce qu'est Lisbonne pour le Portugal : la résidence de la royauté.

CHAPITRE XXXII.

¹ Page **356**.—Ceci va trop loin. Sancho devient enfant gâté et dit trop librement tout ce qui lui passe par la tête.

² Page **357**. — Archipampan n'a aucune signification et équivaut, dans le style familier, à l'expression française « premier moutardier du pape. »

³ Page **363**.—Ceci est textuellement traduit, et nullement arrangé pour produire une mauvaise équivoque. Sancho a dit *por delante y por detrás*, et n'a eu assurément aucune intention répréhensible.

CHAPITRE XXXIII.

¹ Page **370**.—Don Quichotte prouve enfin qu'il a entendu l'histoire réelle de Barbara ; il en parle, mais uniquement pour bien établir qu'il n'en croit pas un mot. C'est l'homme d'Horace, ferme en ses convictions :

Justum ac tenacem propositi virum......

² Page **370**.—On doit s'abstenir ici, comme je l'ai conseillé plus haut, de mal interpréter les paroles de Sancho. L'équivoque est seulement dans les mots, et n'est à coup sûr ni dans sa pensée

ni dans celle de personne. Sancho, que ceci soit bien établi, n'entend parler que de son adresse à faire mouvoir le soufflet des orgues.

³ Page **372**.—Ceci est une mauvaise action. Sancho est d'autant plus injuste, que si nous en jugeons par les portraits qu'il a toujours faits de sa femme, elle dut être rarement tentée de manquer à ses devoirs conjugaux.

⁴ Page **374**.—Voilà encore qui est assurément peu digne et peu généreux, mais de tout temps

« Les petits ont souffert des sottises des grands. »

CHAPITRE XXXIV.

¹ Page **382**.—«Le magnifique établissement d'aliénés, nommé la *Maison du Nonce*, fut fondé, en 1483, par le R. don Francisco Ortiz, chanoine de Tolède, archidiacre de Bribiesca et nonce apostolique. L'édifice actuel a été construit par ordre du cardinal Lorenzana et à ses frais.

L'épître du poëte Alonzo de Ezquerra adressée à Bartolomé Leonardo de Argensola, et qui figure dans le Parnasse espagnol, commence par ce vers :

De esta Casa del Nuncio propiamente. (CLEMENCIN.)

Telle est donc la fin réservée aux aventures de don Quichotte ! C'est triste assurément, mais c'est vrai. Les pauvres humains aiment et cherchent le mal ; ils le provoquent quand il n'existe pas, et quand il est fait, ils songent avec effroi à y trouver un remède déjà impossible. Ainsi agissent don Alvaro, don Carlos, le titulaire, l'Archipampan, ils se jouent sans scrupule avec la pauvre et bonne intelligence de don Quichotte ; ils ne négligent rien de ce qui doit lui faire perdre la tête ; et quand l'effet est produit, quand le maniaque est devenu insensé, quand le jouet, surtout, n'amuse plus autant, ils se regardent et conçoivent quelques remords ! Il n'est plus temps alors d'arrêter les progrès de cette fièvre terrible ; il fallait prévenir, et il n'est plus possible de guérir ! On éloigne le jouet, et on met le fou aux petites-maisons. Manière commode de tranquilliser la conscience et de réparer les torts !

² Page **382**.—*La Casa del Campo* (Maison des Champs) est un joli palais dépendant des biens de la couronne d'Espagne, et situé à une lieue environ de Madrid. Il est entouré de magnifiques jardins, de bosquets, de cabinets de verdure ouverts aux habitants de la

capitale qui en font le but de leurs parties de plaisir. En avant du palais est une belle statue de Philippe III, en bronze, qui fut fondue à Florence, et pour laquelle Quevedo fit un sonnet célèbre entre ses plus célèbres poésies:

¡O cuánta magestad, o cuánto numen
En el tercer Filipo, invicto y santo
Presume el bronce, que le imita! ¡O cuánto
Estos semblantes en su luz presumen!
. . . .

« A la *Casa de Campo*, dit le marquis de Langle, dans un livre charmant intitulé *Mon Voyage en Espagne*, on conserve un arbre superbe. Jamais je n'ai vu d'arbre aussi beau, aussi touffu; on y monte par un escalier; on y a construit des bancs, arrangé des chaises où les jeunes gens et les jeunes filles des environs viennent tous les dimanches s'asseoir, causer, s'embrasser et se faire des promesses dont l'amour sourit et qu'emporte le vent. » (Paris, 1785.)

³ Page **389**.—Burlerine vient de *burla* (moquerie).

CHAPITRE XXXV.

¹ Page **395**.—Sancho a de petites vanités de propriétaire; il se complaît à parler de ce qu'il possède, seulement il ne faut pas trop l'en croire sur parole, car ses propriétés varient chaque fois qu'il en parle.

² Page **397**.—Le texte dit : *Tomar las de Villadiego*, expression proverbiale dont l'origine nous échappe. La Fontaine traduirait : « Tirer ses grègues, gagner au haut. » (Voir la fable du *Coq et le Renard*).

³ Page **401**.—J'ai fait ici une courte suppression et un arrangement que commandait la pudeur; néanmoins l'idée était naïve et il m'en a coûté de ne pas la conserver. Voici, d'ailleurs, le texte, et par les motifs que j'ai dit autre part, j'en donne la traduction, surtout pour les lecteurs à qui l'espagnol n'est pas familier :

« .... Guardar los he para vos, que quizás se os asentarán mejor, y mas que sin mucho trabajo traereis guardado el hornillo de vidrio, pues tienen por delante una puerta que se cierra y abre con una sola agujeta. »

« Je les garderai pour vous, et sans doute elles vous conviendront mieux, d'autant que sans beaucoup de peine vous pourrez mettre en sûreté ce petit joujou de verre, attendu qu'elles ont une porte qui se ferme et s'ouvre avec une seule aiguillette.»

⁴ Page **401**.—*Xo! que te estriego burra de mi suegro!* Apostrophe proverbiale fréquemment employée, et qui se retrouve dans la plupart des anciens auteurs.

⁵ Page **402**.—Hidalgailles, traduction relative du mot espagnol

hidalgotes, dérivé de *hidalgo* avec une terminaison qui indique l'injure ou le mépris.

⁶ Page **402**.—Je pense que cette lettre pleine de gaîté et d'entrain a donné à Cervantès l'idée de faire écrire par Sancho celle qu'il adresse de Barataria à sa femme. Je laisse au lecteur le soin de comparer l'une à l'autre, et je craindrais de céder à une partialité qui est ici dans mon rôle, en donnant la préférence à celle que j'ai traduite. Elle a, qu'on veuille bien le constater, le droit de priorité, et venue la seconde, la lettre semblable chez Cervantès a le caractère d'un acte de dépit jaloux.

⁷ Page **403**.—Texte : *Si no les rogara con vivas lágrimas no tocasen en aquellos arrabales, pues seria tocar á las niñas de los ojos de Mari-Guttierez.* — « Si je ne les avais priés avec de vives larmes de ne toucher à rien dans ce quartier-là, car ce serait toucher à la prunelle des yeux de Mari-Guttierez. »

⁸ Page **405**.—Nul besoin de dire que cette histoire n'a pas été écrite. Cet engagement est comme tant d'autres, qui se font à la légère et qui ne se tiennent jamais. C'était la coutume des écrivains de ce temps de faire des réserves pour l'avenir, et de jeter des jalons sur le terrain qu'ils pensaient un instant à exploiter. Ainsi avait fait Cervantès en terminant sa première Partie, ainsi fait encore Avellaneda à la fin de ce volume, en nous promettant l'histoire du *Chevalier des Misères*. Du reste, si le lecteur tient à connaître une suite quelconque et plus ou moins véridique de la vie de Sancho, il peut rechercher le volume publié en 1741, par un anonyme français, sous le titre : *Sancho Panza alcade de Blandanda*.

CHAPITRE XXXVI ET DERNIER.

¹ Page **409**.—Ceci est nécessaire à l'auteur, mais ne semble pas naturel. Don Quichotte a toujours été trop habitué à Sancho pour ne plus penser à lui.

² Page **413**.—Quelle a pu être l'intention d'Avellaneda en esquissant cette figure ? Est-ce une critique ? Est-ce le portrait d'un homme du temps ? A quel propos ce hors-d'œuvre ? Ce que je passe ici comme fastidieux pour le lecteur, ne nous apprendrait rien à cet égard, et s'il y a eu de la part de l'écrivain une allusion, la cause en disparaît complétement à mes yeux. Que signifient en effet dix-huit citations latines de Virgile, d'Horace, d'Ovide, de Pétrone et de plusieurs autres, toutes fort étonnées sans doute de se trouver réunies ? Elles ne sont pas même bonnes à mettre en épigraphe à la tête des

chapitres qu'on vient de lire. Avellaneda a-t-il voulu laisser au lecteur le soin de les placer à sa guise?

³ Page 415.—On comprend qu'il s'agit ici des deux *sorties* que fait don Quichotte dans la première Partie de Cervantès; l'une qu'il fait seul, et qui a pour issue une rude distribution de coups, et pour conséquence l'auto-da-fé de la bibliothèque; l'autre, à laquelle Sancho prend part et qui occupe le reste de la première Partie. Le départ pour Saragosse, traité à la fois par Cervantès et par Avellaneda, est le sujet de la troisième sortie.

Cette note termine l'œuvre de recherches et de commentaires que je me suis créée; je n'ai plus, selon la coutume des anciens écrivains de l'Espagne, qu'à demander le pardon de mes fautes. Qu'il me soit permis cependant d'ajouter à mon travail—sans qu'il y ait lieu, du reste, à en tirer aucune conséquence nouvelle—un renseignement curieux sur une famille qui fut célèbre dans l'ancienne Castille, et à laquelle notre auteur inconnu a emprunté son nom.

Les Avellaneda descendaient des comtes de Haro, seigneurs de Biscaye. L'un d'eux, et le plus ancien dont parle Argote de Molina, vivait vers 1358 et se nommait Ochoa Martinez de Avellaneda. Ochoa est un nom biscaïen qui signifie loup (*lupus*) et les armes de cette famille portaient d'or aux deux loups ravissants. Ochoa, à la bataille de Najera était du côté de Henri de Transtamare contre le roi don Pèdre; il vivait encore du temps du roi don Juan I, et il assista à la bataille d'Aljubarrota. Il s'allia à don Rodrigo Garcès de Aça qui fut grand maître de Calatrava, et dont le père, Garcia Garcès de Aça, était *seigneur de Montijo* et autres lieux. Ochoa eut pour fils Pero Nuñez de Avellaneda, pour petit-fils don Juan de Avellaneda, et pour arrière-petite-fille, sans descendants mâles, doña Aldonza en qui le nom s'éteignit. Cette dernière héritière des Avellaneda épousa don Diégo de Estuñiga qui fut par elle comte de Miranda, et qui descendait par sa mère de la maison de Guzman.

FIN DES NOTES.

TABLE DES CHAPITRES

Introduction .... Pages	v
Dédicace de l'auteur...........................	3
Prologue de l'auteur...........................	5

LIVRE CINQUIÈME.

Chapitre 1er.—Comment don Quichotte de la Manche revint à ses rêveries de chevalier errant, et comment arrivèrent à son village d'Argamésilla certains cavaliers grenadins........................... 9

Chap. II.—De la conversation que tinrent don Alvaro Tarfé et don Quichotte après le souper. Comment notre héros confie à son hôte son amour pour Dulcinée du Toboso, en lui donnant à lire deux lettres fort curieuses; ce qui démontre au cavalier grenadin l'état de l'esprit de don Quichotte........................... 21

Chap. III.—Comment les cavaliers prirent congé du curé et de don Quichotte, et de ce qui arriva après leur départ au bon hidalgo et à Sancho Panza........................... 36

Chap. IV.—Comment don Quichotte de la Manche et Sancho Panza, son écuyer, partirent une troisième fois d'Argamésilla, de nuit; et de ce qui leur arriva en route pendant cette troisième et célèbre expédition........................... 46

Chap. V.—Comment don Quichotte se prit de querelle avec l'hôtelier en quittant l'hôtellerie........................... 61

Chap. VI.—Du combat non moins étrange que périlleux que notre chevalier soutint contre le gardien d'une melonnière qu'il avait pris pour Roland furieux........................... 68

Chap. VII. — Comment don Quichotte et Sancho arrivèrent à Ateca, et comment un clerc charitable, nommé messire Valentin, les reçut dans sa maison, où il leur fit l'accueil le plus empressé............................... 82

Chap. VIII. — Comment le bon hidalgo don Quichotte arriva à la ville de Saragosse, et de l'étrange aventure qui lui survint au moment de son entrée, avec un homme qu'on emmenait pour le fouetter........................... 94

Chap. IX. — Comment don Quichotte, par une étrange aventure, fut délivré de la prison et de l'exposition honteuse à laquelle il était condamné......................... 105

Chap. X. — Comment don Alvaro Tarfé invita à dîner quelques amis, afin de s'entendre avec eux au sujet des couleurs qu'ils devaient porter aux courses de bagues.. 112

Chap. XI. — Comment don Alvaro Tarfé et d'autres cavaliers de Saragosse et de Grenade coururent la bague dans la rue del Coso, et de ce qui y arriva à don Quichotte.. 122

Chap. XII. — Comment don Quichotte et don Alvaro Tarfé allèrent souper chez le juge qui les avait invités; de l'aventure étrange et imprévue qui survint à notre valeureux hidalgo dans la salle même du festin............. 133

LIVRE SIXIÈME.

Chapitre XIII. — Comment don Quichotte partit de Saragosse pour aller à la cour du roi catholique d'Espagne livrer bataille au roi de Chypre...................... 149

Chap. XIV. — De la bataille qui eut lieu entre Sancho Pança et un soldat écloppé qui revenait de Flandre, et se rendait en Castille accompagné d'un pauvre ermite....... 162

Chap. XV. — Dans lequel le soldat Antonio de Bracamont commence son conte du *Riche désespéré*............. 175

Chap. XVI. — Où Bracamont continue son conte du Riche désespéré.. 182

Chap. XVII. — Où l'ermite commence son conte des *Amants fortunés*... 190

Chap. XVIII. — Où l'ermite raconte la baisse qui survint dans les ressources des Amants fortunés, en raison du peu de modération avec laquelle ils en usèrent............ 198

TABLE DES CHAPITRES.

Chap. XIX. — De la suite des aventures des Amants fortunés jusqu'à leur retour dans leur chère patrie............ 206

Chap. XX. — Où se termine l'histoire des Amants fortunés.. 214

Chap. XXI. — Dans lequel Sancho raconte à son tour une intéressante histoire. Comment les chanoines et le jurat prirent congé de don Quichotte................. 219

Chap. XXII. — Comment don Quichotte et ses compagnons continuèrent leur chemin. De l'étrange et périlleuse aventure qu'ils rencontrèrent dans un bois et à laquelle Sancho veut prendre part en bon écuyer........... 227

Chap. XXIII. — Où Barbara raconte sa vie à don Quichotte et à ses compagnons. Ce qui arriva à nos voyageurs depuis leur arrivée au village jusqu'à leur sortie...... 239

Chap. XXIV. — Comment don Quichotte, Barbara et Sancho arrivèrent à Siguenza. Des aventures qu'ils y rencontrèrent et particulièrement Sancho qui fut conduit en prison................................. 251

LIVRE SEPTIÈME.

Chapitre. XXV. — Comment notre chevalier, au sortir de Siguenza, rencontra deux étudiants ; et des choses gracieuses qui se passèrent entre eux jusqu'à Alcala..... 269

Chap. XXVI. — Des choses gracieuses qui se passèrent entre don Quichotte et une troupe de comédiens dans une hôtellerie voisine d'Alcala..................... 281

Chap. XXVII. — Où se continue le récit des aventures de don Quichotte avec les comédiens................... 296

Chap. XXVIII. — Comment don Quichotte et sa compagnie arrivèrent à Alcala, où notre héros, voulant tenter une périlleuse aventure, fut sauvé de la mort par un hasard étrange................................... 311

Chap. XXIX. — Comment le valeureux don Quichotte arriva à Madrid avec Sancho et Barbara. De la rencontre qu'il fit d'un grand seigneur en entrant dans la ville....... 325

Chap. XXX. — Du combat acharné et périlleux que notre chevalier livra à un page du titulaire et à un alguazil.. 335

Chap. XXXI. — De ce qui arriva à notre invincible chevalier dans la maison du titulaire, où il retrouva don Alvaro Tarfé et don Carlos, beau-frère de son hôte......... 342

Chap. XXXII. — Où se continue le récit des gracieuses preuves de valeur que donnèrent à la cour notre hidalgo don Quichotte et son très-fidèle écuyer Sancho....... 355
Chap. XXXIII. — Où se continue la relation des hauts faits de notre don Quichotte. Du combat qui eut lieu entre le brave Sancho et l'écuyer noir du roi de Chypre, et de la visite que fit Barbara à l'Archipampan........... 367
Chap. XXXIV. — De la manière dont se termina le combat concerté entre don Quichotte et Bramidan de Taillenclume, roi de Chypre. Comment Barbara entra chez les repenties.............................. 381
Chap. XXXV. — De l'entretien qu'eurent ensemble don Carlos et Sancho Panza, relativement au projet que forma celui-ci de retourner dans son pays ou d'écrire à sa femme................................ 393
Chap. XXXVI et dernier. — Comment notre bon chevalier don Quichotte de la Manche fut conduit à Tolède par don Alvaro Tarfé et enfermé dans la Maison du Nonce, pour qu'on y tentât sa guérison................ 406
Notes 417

FIN DE LA TABLE DES CHAPITRES.

Paris. — Imprimerie BONAVENTURE et DUCESSOIS, quai des Augustins, 55.

PUBLICATIONS DE LA LIBRAIRIE DIDIER.

NAPOLÉON LANDAIS.

GRAND DICTIONNAIRE GÉNÉRAL DES DICTIONNAIRES FRANÇAIS, extrait et complément de tous les dictionnaires anciens et modernes les plus célèbres, contenant la nomenclature exacte des mots *académiques, artistiques, géographiques, industriels, scientifiques*, etc.; la conjugaison de tous les verbes irréguliers, la prononciation figurée de tous les mots, les *étymologies* savantes, la solution de toutes les questions grammaticales, etc.; par NAPOLÉON LANDAIS. 12ᵉ édition, augmentée du COMPLÉMENT. 2 très-gros vol. in-4°. 1853 . . . . 40 fr.

Il se publie aussi en 200 livraisons à 20 cent. par séries de 5 livraisons à 1 fr.

COMPLÉMENT DU GRAND DICTIONNAIRE DE NAPOLÉON LANDAIS, dédié aux 95,000 souscripteurs et contenant : 1° les mots nouveaux que l'usage a adoptés, et ceux que les révolutions politiques, les progrès des sciences, des arts et de l'industrie ont introduits dans la langue; — 2° les mots qui depuis quelques années ont reçu de nouvelles acceptions; — 3° ceux qui n'ayant pas été traités d'une manière assez complète laissaient à désirer sous le rapport de la clarté ou de l'exactitude des définitions; — 4° tous les termes qui se rattachent aux grands événements de l'histoire ancienne ou moderne, avec les dates; — 5° enfin une nomenclature géographique entièrement neuve, indiquant la population, les produits, les curiosités naturelles, les monuments remarquables de chaque pays, ville ou localité. — Ouvrage suivi d'un *Dictionnaire des Rimes*, d'un *Dictionnaire des Homonymes, Paronymes, Antonymes*, et d'un *Dictionnaire biographique* renfermant les noms des hommes célèbres de tous les pays et de tous les temps; revu par une société de professeurs, de grammairiens et de savants sous la direction de M. D. CHESUROLLES et L. BARRÉ, professeur de philosophie. 1 fort volume in-4° . . . . 15 fr.

Cet ouvrage est divisé en deux parties contenant :

1° { Les *Petits dictionnaires supplémentaires* de BIOGRAPHIE, des RIMES, etc.;
{ Le *Complément du tome premier*, lettres A à G, du grand dictionnaire.

2° Le *Complément du tome second*, lettres H à Z.

On peut joindre chacune de ces parties au volume dont elle est le complément, ou réunir les deux parties et en former le 3ᵉ vol. du grand dictionnaire.

Le COMPLÉMENT est publié aussi en 75 liv. à 20 cent., ou 15 séries à 1 fr.

GRAMMAIRE GÉNÉRALE DES GRAMMAIRES FRANÇAISES, présentant la solution analytique, raisonnée et logique de toutes les questions grammaticales anciennes et modernes, par NAPOLÉON LANDAIS; 6ᵉ édition 1 vol. in-4, imprimé sur deux colonnes. 1850 . . . . 10 »

PETIT DICTIONNAIRE FRANÇAIS, contenant tous les mots du Dictionnaire de l'Académie et un grand nombre d'autres qui ne s'y trouvent pas, par NAPOLÉON LANDAIS. Nouv. édit. 1 joli vol. gr. in-32 . . . . 1 50

DICTIONNAIRE DES RIMES FRANÇAISES, disposé dans un ordre nouveau d'après la distinction des rimes en *suffisantes, riches* et *surabondantes*, etc., précédé d'un *Traité de Versification*, etc., par NAPOLÉON LANDAIS et L. BARRÉ. 1 joli vol. in-32. 1853 . . . . 2 50

PETIT DICTIONNAIRE BIOGRAPHIQUE UNIVERSEL, renfermant les noms des personnages célèbres de tous les pays et de tous les temps, *extrait du complément du Dictionnaire de N. Landais*, par M. D. CHESUROLLES. 1 joli vol. gr. in-32 . . . . 2 50

Paris. — Imprimerie Bonaventure et Ducessois, 55, quai des Augustins.

PUBLICATIONS DE LA LIBRAIRIE DIDIER.

NAPOLÉON LANDAIS.

GRAND DICTIONNAIRE GÉNÉRAL DES DICTIONNAIRES FRANÇAIS, extrait et complément de tous les dictionnaires anciens et modernes les plus célèbres, contenant la nomenclature exacte des mots académiques, artistiques, géographiques, industriels, scientifiques, etc.; la conjugaison de tous les verbes irréguliers, la prononciation figurée de tous les mots, les étymologies savantes, la solution de toutes les questions grammaticales, etc.; par NAPOLÉON LANDAIS. 12ᵉ édition, augmentée du COMPLÉMENT. 2 très-gros vol. in-4°. 1853. . . . . 40 fr.

Il se publie aussi en 200 livraisons à 20 cent. par séries de 5 livraisons à 1 fr.

COMPLÉMENT DU GRAND DICTIONNAIRE DE NAPOLÉON LANDAIS, dédié aux 95,000 souscripteurs et contenant : 1° les mots nouveaux que l'usage a adoptés, et ceux que les révolutions politiques, les progrès des sciences, des arts et de l'industrie ont introduits dans la langue; — 2° les mots qui depuis quelques années ont reçu de nouvelles acceptions; — 3° ceux qui n'ayant pas été traités d'une manière assez complète laissaient à désirer sous le rapport de la clarté ou de l'exactitude des définitions; — 4° tous les termes qui se rattachent aux grands événements de l'Histoire ancienne ou moderne, avec les dates; — 5° enfin une nomenclature géographique entièrement neuve, indiquant la population, les produits, les curiosités naturelles, les monuments remarquables de chaque pays, ville ou localité. — Ouvrage suivi d'un *Dictionnaire des Rimes*, d'un *Dictionnaire des Homonymes, Paronymes, Antonymes*, et d'un *Dictionnaire biographique* renfermant les noms des hommes célèbres de tous les pays et de tous les temps; revu par une société de professeurs, de grammairiens et de savants sous la direction de M. D. CHÉSUROLLES et L. BARRÉ, professeur de philosophie. 1 fort volume in-4°. . . . . 15 fr.

Cet ouvrage est divisé en deux parties contenant :

1° { Les *Petits dictionnaires supplémentaires* de BIOGRAPHIE, des RIMES, etc.;
   { Le *Complément du tome premier*, lettres A à G, du grand dictionnaire.

2° Le *Complément du tome second*, lettres H à Z.

On peut joindre chacune de ces parties au volume dont elle est le complément, ou réunir les deux parties et en former le 3ᵉ vol. du grand dictionnaire.

Le COMPLÉMENT est publié aussi en 75 liv. à 20 cent., ou 15 séries à 1 fr.

GRAMMAIRE GÉNÉRALE DES GRAMMAIRES FRANÇAISES, présentant la solution analytique, raisonnée et logique de toutes les questions grammaticales anciennes et modernes, par NAPOLÉON LANDAIS; 6ᵉ édition. 1 vol. in-4, imprimé sur deux colonnes. 1850. . . . . 10 »

PETIT DICTIONNAIRE FRANÇAIS, contenant tous les mots du Dictionnaire de l'Académie et un grand nombre d'autres qui ne s'y trouvent pas, par NAPOLÉON LANDAIS. Nouv. édit. 1 joli vol. gr. in-32. 1 50

DICTIONNAIRE DES RIMES FRANÇAISES, disposé dans un ordre nouveau d'après la distinction des rimes en *suffisantes, riches et surabondantes*, etc., précédé d'un *Traité de Versification*, etc., par NAPOLÉON LANDAIS et L. BARRÉ. 1 joli vol. in-32. 1853. . . . . 2 50

PETIT DICTIONNAIRE BIOGRAPHIQUE UNIVERSEL, renfermant les noms des personnages célèbres de tous les pays et de tous les temps, *extrait du complément du Dictionnaire de N. Landais*, par M. D. CHÉSUROLLES. 1 joli vol. gr. in-32. . . . . 2 50

Paris.—Imprimerie Bonaventure et Ducessois, 55, quai des Augustins.